实/用/统/计/技/术/系/列/图/书/

ISO 9000统计技术知识问答

主　　编　周尊英　张铁军　王　岩
主　　审　孙建国

中国质检出版社
中国标准出版社
北　京

内容简介

本书是作者根据国内外有关质量管理、统计学、抽样、控制图等现行有效的标准并参阅国内外有关专家、权威撰写的名著和参考文献等资料，并与质量管理实践及科学研究紧密地联系，结合国际上推荐的统计技术理论和方法编写而成。书中概念标准、规范、严谨，内容新颖，并有所创新。本书以问题解答的形式以尽量多的实例和示例对深奥的统计技术理论加以说明，尽力做到深入浅出、通俗易懂。

全书共十三章，分别阐述了质量管理与统计技术之间的关系及常用的一些统计技术基础知识；并阐述了在 ISO 9000 质量管理体系中常用到的十二大类统计技术，还对质量管理中常用的数据处理方法进行了介绍。

本书对从事 ISO 9000 认证、管理评审、内部审核等人员以及对不同行业的从事质量管理、质量监管、质量检验等部门和人员，特别是对于专职从事企业管理、质检、设计、生产、计量、检验等人员有参考作用。对于科学研究人员也有一定的参考价值。

图书在版编目(CIP)数据

ISO 9000统计技术知识问答/周尊英，张铁军，王岩主编. —北京：中国标准出版社，2012
(实用统计技术系列图书)
ISBN 978-7-5066-6713-5

Ⅰ. ①I… Ⅱ. ①周…②张…③王… Ⅲ. ①质量管理体系-国际标准，ISO 9000 Ⅳ. ①F273.2

中国版本图书馆 CIP 数据核字(2012)第 024501 号

中国质检出版社
中国标准出版社 出版发行
北京市朝阳区和平里西街甲 2 号(100013)
北京市西城区三里河北街 16 号(100045)
网址：www.spc.net.cn
总编室：(010)64275323　发行中心：(010)51780235
读者服务部：(010)68523946
中国标准出版社秦皇岛印刷厂印刷
各地新华书店经销
*
开本 787×1092　1/16　印张 21.25　字数 496 千字
2012 年 4 月第一版　　2012 年 4 月第一次印刷
*
定价 **60.00** 元

《实用统计技术系列图书》编委会

本书编写人员名单

主　　编　周尊英　张铁军　王　岩

副 主 编　王德华　李　建　胡顺峰

　　　　　金　伟　林雨霏　薛秋红

编写成员（以姓氏笔画为序）

　　　　　王文增　王　霞　王　骏　王境堂

　　　　　孙艳辉　苏　征　何桂华　杨立明

　　　　　杨丽君　姜维珍　姜　涛　郭合颜

　　　　　郭　强　相湛昌　高晓晓　耿金培

主　　审　孙建国

前言

改革开放以来，特别是加入WTO以后，我国商品快速进入了国际市场，截至2010年底，中国已连续两年成为世界货物贸易第一出口大国和第二进口大国，对世界经济的发展做出了巨大的贡献。我国虽然是贸易大国，但还称不上是贸易强国。这是因为国际市场竞争日益激烈，我国已逐渐失去劳动密集型、劳动力廉价的优势，而产品质量和科技含量的重要性日益突出，质量的优劣和科技含量的高低取决于质量管理水平。为此，我国在20世纪70年代就开始引进了国际上先进的管理经验，目前大部分企事业单位，甚至一些行政部门也按照ISO 9000标准建立了质量管理体系，为产品质量的提高打下了基础。由于我国的工业化进程起步较晚，总体水平较低，特别是在质量管理发展的三个阶段，没有经历过西方发达国家走过的“统计质量管理阶段”，即以统计技术控制质量的阶段，而是直接进入了全面质量管理阶段。因此，统计技术的理论知识较为薄弱，缺乏如何使用统计技术进行质量管理、质量控制、质量改进和产品科技研发的实践和经验。对国际标准ISO 9000强调的质量管理体系必须以统计技术为基础认识不足。在进行质量认证时对统计技术的应用要求也不严格。因此，我国企业应用统计技术进行产品改进、研发、指导生产、提高产品质量的意识和水平比较低。这也是我国产品质量和科技含量与发达国家存在差距的一项重要原因。

为促进统计技术的普及，提高统计技术应用的整体水平，进而增强我国产品质量的竞争能力。编者查阅了大量国内外的有关质量管理、统计学、抽样、控制图等现行有效的标准并参阅了国内外有关专家、权威编著的名著和参考文献，并紧密地与质量管理实践及科学研究相联系，结合了国际上推荐的统计技术理论和方法编写了这本《ISO 9000统计技术知识问答》。书中的定义概念标准、规范、严谨，内容新颖，并有所创新。本书以尽量多的实例和示例对深奥的统计技术理论加以说明，做到深入浅出、通俗易懂。

编写本书的目的是使大家重视统计技术在质量管理中的作用，加强统计技术在产品开发、研制、控制和生产中的实际应用，促进我国产品质量的总体水平、科技含量及附加值稳步提高，使我国国民经济又好又快的发展，进而扩大我国商品在国际市场上的占有份额和竞争力，使我国成为真正的贸易大国和强国。

本书共分十三章，第一章阐述了质量管理与统计技术之间的关系，并简略地阐述了在质量管理体系中常用的一些统计技术；第二章简要介绍了统计技术一些必要的基础知识；第三章至第十二章阐述了在ISO 9000质量管理体系中常用的十二大类统计技术，它们分别为第三章的描述性统计、第四章的假设检验、第五章的过程能力分析、第六章的统计过程控制(SPC)图、第七章的测(试)量分析、第八章的抽样、第九章的回归分析、第十章的试验设计、第十一章的可靠性分析、第十二章的时间序列分析、统计容差与模拟；第十三章介绍了在质量管理中常用的数据处理方法。

本书可供已经通过或尚未通过ISO 9000认证的不同行业的生产企业、事业、质量管理、质量检验等部门中从事产品质量检验、质量管理、质量监督、管理体系运行和认证等人员作为参考读物。对于提高质量管理水平、普及统计技术的应用、完善和健全质量管理体系、提高和改进产品质量、保证检验结果准确度、加强国际质量管理学术交流等方面将有很大的帮助、促进和推动作用。

在本书的编写过程中，得到了山东出入境检验检疫局、日照出入境检验检疫局有关领导的大力帮助和支持，在此一并表示感谢！

本书由周尊英、张铁军、王岩主编，由孙建国主审。各章编写如下：第一章由李建编写；第二章由胡顺峰执笔；第三章由高晓晓执笔；第四章由王霞编写；第五章由杨立明、薛秋红编写；第六章由姜涛、林雨霏执笔；第七章由姜维珍、王骏编写；第八章由相湛昌、王境堂执笔。第九章由郭合颜、何桂华编写；第十章由苏征、杨丽君编写；第十一章由孙艳辉、郭强执笔；第十二章由金伟、耿金培编写；第十三章由王文增、王德华共同执笔。最后由周尊英统稿定稿，孙建国审读。

由于编者水平所限，书中难免有不当之处，敬请读者批评指正。

编　　者

2012年3月

目　录

第一章

质量管理与统计技术

一、何谓质量、质量管理

1. 质量 quality

一组固有特性满足要求的程度。

注1:术语"质量"可使用形容词,如:差、好或优秀来修饰。

注2:"固有的"(其反义是"赋予的")是指本来就有的,尤其是那种永久的特性。

随着社会进步和科技的发展,"质量"一词已成为人们日常生活中使用频率最高的词汇之一。产品质量、服务质量、工程质量、工作质量、过程质量、检验质量、监管质量等词汇人们也早已耳熟能详。经济运行质量、环境质量、生活质量、生态综合质量等术语也逐渐成为人们议论的话题。

在质量管理中的质量(quality)与物理学中的质量(mass)有着本质上的不同,两者不可混淆。ISO 9000 所指的"质量"是质量管理的对象,有其特定的含义。

质量的主体泛指一切可以单独描述和研究的事物,既可以是产品、体系或过程,也可以是组织、活动或人,或上述各项的任何组合。

这个概念突破了原有定义的狭义性,具有广泛的包容性。对质量定义的理解,要注意以下几个方面:

(1) 质量反映为"满足要求的程度",满足要求的程度才能反映质量的差、好或优秀。要求可以是明示的、通常隐含的或必须履行的需求和期望。

① "明示的"是指明确表述出来的规定要求。如合同的规定、产品的规格、图纸上的标示等。

② "通常隐含的"是指组织、顾客和其他相关方的惯例或一般做法,所考虑的需求或期望是不言而喻的,约定俗成的公认要求。例如,电视机必须有图像和声音,能正常地收看和收听;鸡蛋必须是母鸡生产的,而不是化工原料制作的。这是不言自明的约定要求。

(2) 质量的关注点是"固有特性"。固有特性是产品、过程或体系的内在特性,如螺栓的直径、机器的功率、转速等技术特性。而人为赋予的特性(如产品的价格和交付期)不是固有特性,不反映在产品质量范畴之中。

(3) 质量具有"动态性"和"相对性",质量要求不是固定不变的,随着科技的发展和生活水平的提高,人们会对产品、过程或体系提出新的质量要求。因此,应定期评定质量要求,修订规范,不断开发新产品,改进老产品,以满足社会发展的要求,这就是质量的"动态性"。同时,质量还具有"相对性",不同的国家、不同的地区因自然环境条件不同,消费水平不同和风俗习惯等差异,会对产品提出不同的要求,产品应具有这种环境的适应性。例如,销往欧洲地区的彩色电视机要符合欧洲的电视机制式、电压及电压的波动范围等质量要求,而与内销的彩色电视机不同。

2. 质量管理　quality management

在质量方面指挥和控制组织的协调的活动。

注：在质量方面的指挥和控制活动，通常包括制定质量方针和质量目标，以及质量策划、质量控制、质量保证和质量改进。

对于企业而言，质量管理就是为了保证和提高产品与服务质量而开展的各项管理活动的总称。国际标准化组织质量管理和质量保证技术委员会在总结各国质量管理实践经验的基础上，对质量管理提出的定义是：确定质量方针、目标和职责，并通过质量体系中的质量策划、质量控制、质量保证和质量改进来使其实现的所有管理职能的全部活动。

二、何谓质量管理体系

质量管理体系　quality management system

在质量方面指挥和控制组织的管理体系。

管理即是指挥和控制组织的协调的活动，体系即是相互关联或相互作用的一组要素，管理体系即是建立方针和目标并实现这些目标的体系。因为一个组织包括了若干个不同的管理体系，如质量管理体系、行政管理体系、财务管理体系、档案管理体系或环境管理体系等，而本书的质量管理体系则是专指质量方面而言的管理体系。

三、何谓质量方针和质量目标

1. 质量方针　quality policy

由组织最高管理者正式发布的关于质量方面的全部意图和方向。

注1：通常质量方针与组织的总方针相一致并为制定质量目标提供框架。

注2：本标准(ISO 9000)中提出的质量管理原则可以作为制定质量方针的基础。

质量方针是组织的总方针的一个组成部分，是由最高领导者提出并批准颁发的该组织总的质量宗旨和质量方向。

最高管理者应确保质量方针：

(1) 与组织的宗旨相适应；

(2) 包括对满足要求和持续改进质量管理体系有效性的承诺；

(3) 提供制定和评审质量目标的框架；

(4) 在组织内得到沟通和理解；

(5) 在持续适宜性方面得到评审。

2. 质量目标　quality objective

在质量方面所追求的目的。

注1：质量目标通常依据组织的质量方针制定。

注2：通常对组织的相关职能和层次分别规定质量目标。

最高管理者应确保在组织的相关职能和层次上建立质量目标，质量目标包括满足产品要求所需的内容。质量目标应是可测量的，并与质量方针保持一致。

建立质量方针和质量目标为组织提供了关注的焦点。两者确定了预期的结果，并帮助组织利用其资源达到这些结果。质量方针为建立和评审质量目标提供了框架。质量目标需要与质量方针和持续改进的承诺相一致，其实现需是可测量的。

四、何谓质量策划、质量控制、质量保证、质量改进和持续改进以及质量管理的概念图

1. 质量策划 quality planning

质量管理的一部分，致力于制定质量目标并规定必要的运行过程和相关资源以实现质量目标。

注：编制质量计划可以是质量策划的一部分。

最高管理者应确保：

(1) 对质量管理体系进行策划，以满足质量目标以及质量管理体系的总要求。

(2) 在对质量管理体系的变更进行策划和实施时，保持质量管理体系的完整性。

2. 质量控制 quality control

质量管理的一部分，致力于满足质量要求。

质量控制的目的是使质量满足要求。

3. 质量保证 quality assurance

质量管理的一部分，致力于提供质量要求会得到满足的信任。

组织提供的质量要求应包括明示的、通常隐含的或必须履行的需求或期望。

4. 质量改进 quality improvement

质量管理的一部分，致力于增强满足质量要求的能力。

注：要求可以是有关方面的，如有效性、效率或可追溯性。

质量改进是在保证质量要求"会得到满足"的基础上提高到"增强满足"质量要求。因此，应在有效性、效率或可追溯性等方面加以保证。

5. 持续改进 continual improvement

增强满足要求的能力的循环活动。

注：制定改进目标和寻求改进机会的过程是一个持续过程，该过程使用审核发现和审核结论、数据分析、管理评审或其他方法，其结果通常导致纠正措施或预防措施。

6. 质量管理的概念图

质量管理体系领域内的概念之间的关系如图 1-1 所示：

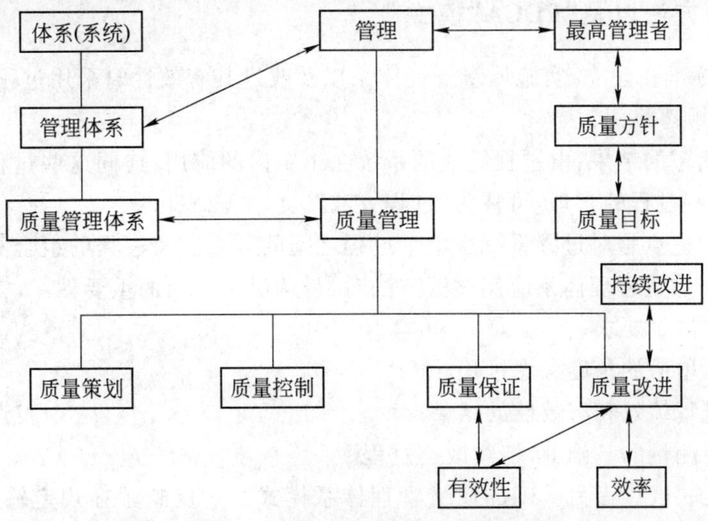

图 1-1 有关质量管理的概念图

五、何谓过程、产品

1. 过程　process

将输入转化为输出的相互关联或相互作用的一组活动。

注1:一个过程的输入通常是其他过程的输出。

注2:组织为了增值通常对过程进行策划并使其在受控条件下运行。

注3:对形成的产品是否合格不易或不能经济地进行验证的过程,通常称之为“特殊过程”。

2. 产品　product

过程的结果。

注1:有下述四种通用的产品类别:

——服务(如运输);

——软件(如计算机程序、字典);

——硬件(如发动机机械零件);

——流程性材料(如润滑油)。

许多产品由分属于不同产品类别的成分构成,其属性是服务、软件、硬件或流程性材料取决于产品的主导成分。例如:产品“汽车”是由硬件(如轮胎)、流程性材料(如燃料、冷却液)、软件(如发动机控制软件、驾驶员手册)和服务(如销售人员做的操作说明)所组成。

注2:服务通常是无形的,并且是在供方和顾客接触面上需要完成至少一项活动的结果。服务的提供可涉及,例如:

——在顾客提供的有形产品(如需要维修的汽车)上所完成的活动;

——在顾客提供的无形产品(如为准备纳税申报单所需的损益表)上所完成的活动;

——无形产品的交付(如知识传授方面的信息提供);

——为顾客创造氛围(如在宾馆和饭店)。

软件由信息组成,通常是无形产品,并可以方法、报告或程序的形式存在。

硬件通常是有形产品,其量具有计数的特性。流程性材料通常是有形产品,其量具有连续的特性。硬件和流程性材料经常被称为货物。

注3:质量保证主要关注预期的产品。

六、简述过程方法以及“PDCA”模式

ISO 9000标准在建立、实施质量管理体系以及改进其有效性时采用过程方法,通过满足顾客要求,增强顾客满意。

为了产生期望的结果,由过程组成的系统在组织内的应用,连同这些过程的识别和相互作用,以及对这些过程的管理,可称为“过程方法”。

过程方法的优点是对过程系统中单个过程之间的联系以及过程的组合和相互作用进行连续的控制。在质量管理体系应用过程方法时,强调以下方面的重要性:

(1) 理解和满足要求;

(2) 需要从增值的角度考虑过程;

(3) 获得过程绩效和有效性的结果;

(4) 在客观测量的基础上,持续改进过程。

图1-2为反映以过程为基础的质量管理体系模式。它反映了在规定输入要求时,顾客起着重要的作用。对顾客满意的监视,要求组织对顾客关于组织是否已满足其要求的感受

的信息进行评价。

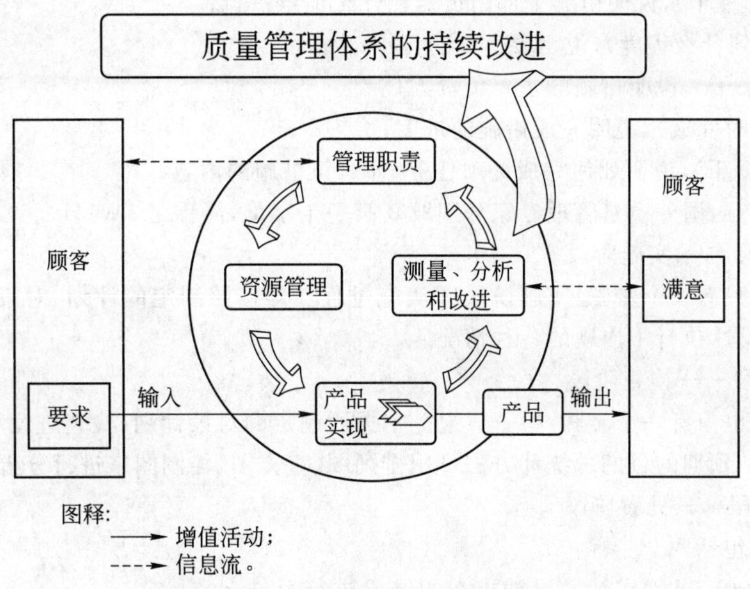

图 1-2　以过程为基础的质量管理体系模式

此外,称为“PDCA”的方法可适应于所有过程,PDCA 模式或称 PDCA 循环是由美国人戴明博士首先提出来的,所以也称“戴明环”。它是 PLAN(策划)、DO(实施)、CHECK(检查)、ACTION(处置)四个英文单词的缩写。任何一个有过程的活动都可按照这四个阶段八个步骤进行,见图 1-3。

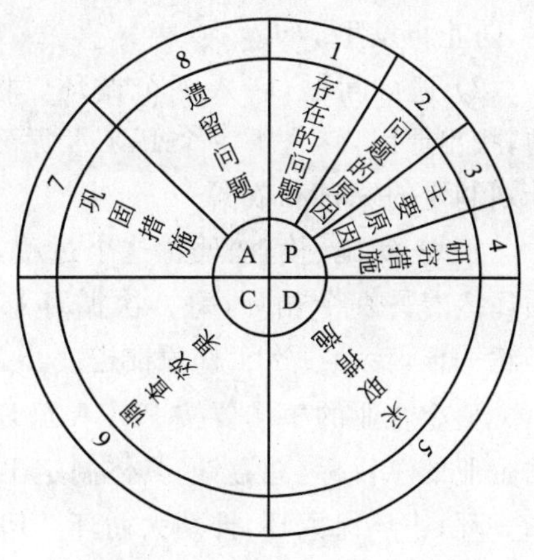

图 1-3　PDCA 循环的八个步骤

(1) P 阶段——策划阶段

根据顾客的要求和组织方针,为提供结果建立必要的目标和过程。这个阶段的工作内容又可包括四个步骤:

1) 分析现状,找出存在的质量问题。一般可通过对用户的访问,用户的信函,反馈的质量信息等了解质量问题;可通过原始记录的分析,现场收集数据应用统计计算、分析了解质量问题;也可用标准对照,与国内外先进产品对比寻找自己的差距等。

在寻找存在质量问题时,常用的统计方法有头脑风暴法、水平对比法、排列图、直方图和控制图方法。

2) 分析产生质量问题的原因。对生产质量问题的原因要加以分析,常用调查表、因果图等统计方法进行分析。

3) 找出影响质量问题的主要原因。影响质量问题的原因可能多种多样,但必须要抓住主要的原因。可应用排列图、散布图等统计方法进行分析。

4) 针对找出影响质量问题的主要原因,制订对策计划。这一步骤很重要,所制定的对策计划要具体,切实可行。计划和对策的拟定过程必须明确以下问题:

Why(为什么),说明为什么要制订各项计划或措施;

Where(哪里干),说明由哪个部门负责在什么地点进行;

What(干到什么程度),说明要达到的目标;

Who(谁来干),说明措施的主要负责人;

When(何时完成),说明完成措施的进度;

How(怎么干),说明如何完成此项任务,即对策措施的内容。

以上这六点,国外质量管理专家分别取其第一个字母,简称之5W1H。

(2) D阶段——实施阶段

这个阶段只有一个步骤:实施阶段即实施过程。即按照制定的计划、对策和标准,严格地去执行,并反馈执行中出现的各种情况。

(3) C阶段——检查阶段

这个阶段也只有一个步骤:检查效果。根据所制定的对策计划,检查进度和实际执行的效果,是否达到预期的目的。统计方法可用排列图、直方图、控制图来进行分析和验证。

(4) A阶段——处置阶段

这个阶段包括两个步骤:

1) 总结经验,巩固成绩。根据检查的结果进行总结。把成功的经验和失败的教训纳入有关的标准、规定和制度,防止再发生。

2) 遗留问题,转入下个循环。根据检查未解决的问题,找出原因,转入下一个PDCA循环中,作为下一个循环计划制定的资料和依据。

策划、实施、检查、处置这个过程,不断反复进行,一个循环接着另一个循环,每一次循环都赋予新的内容,就像车轮一样,转动一次工作就前进一步。如图1-4所示。

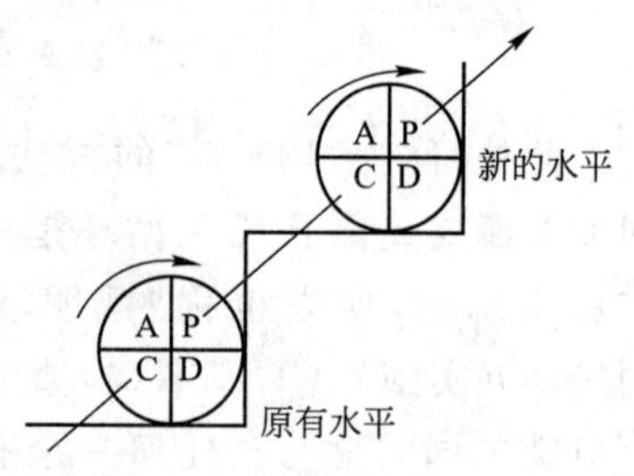

图1-4　不断上升的循环

整个企业的工作要按PDCA循环进行,企业各部门、车间、班组直到个人的工作,也要根据企业的总目标、总方针,具体制定出单位和个人的PDCA工作循环,形成大环套小环,一环扣一环;小环保大环,推动大循环。PDCA循环作为质量管理的一种科学方法,适用于企业各个环节、各方面的质量工作。PDCA模式也是ISO 9001标准重点推荐的过程方法。

七、何谓程序

程序　procedure

为进行某项活动或过程所规定的途径。

注1:程序可以形成文件,也可以不形成文件。

注2:当程序形成文件时,通常称为“书面程序”或“形成文件的程序”。含有程序的文件可称为“程序文件”。

八、ISO 9000(GB/T 19000)族标准都由哪些标准构成

ISO 9000(GB/T 19000)族标准由以下标准构成:

(1) ISO 9000(GB/T 19000)《质量管理体系　基础和术语》

表述质量管理体系基础知识并规定质量管理体系术语。

(2) ISO 9001(GB/T 19001)《质量管理体系　要求》

规定质量管理体系要求,用于证实组织具有能力提供满足顾客要求和适用的法规要求的产品,目的在于增进顾客满意。

(3) ISO 9004(GB/T 19004)《质量管理体系　业绩改进指南》

提供考虑质量管理体系的有效性和效率两方面的指南。该标准的目的是改进组织业绩并达到顾客及其他相关方满意。

(4) ISO 19011(GB/T 19011)《质量和(或)环境管理体系审核指南》

提供质量和环境管理体系审核指南。

以上四个标准共同构成了一组密切相关的质量管理体系标准,在国内和国际贸易中促进相互理解。另外还有部分支持性标准和技术报告,如:

ISO 10012《测量控制系统》

ISO/TR 10005《质量计划编制指南》

ISO/TR 10006《项目管理指南》

ISO/TR 10007《技术状态管理指南》

ISO/TR 10013《质量管理体系文件指南》

ISO/TR 10014《质量经济性管理指南》

ISO/TR 10015《教育和培训指南》

ISO/TR 10017《ISO 9001:2000 统计技术指南》

注:编号中“TR”,表示该文件是技术报告。

其次 ISO/TC 176(国际标准化组织/质量管理和质量保证技术委员会)将根据需要,编写一些宣传性小册子,作为执行 ISO 9000 族标准的指导性文件,包括:《质量管理原则》、《选择和使用指南》、《小型组织实施指南》等。

本书着重介绍 ISO/TR 10017《ISO 9001:2000 统计技术指南》这一指导性技术文件及其所涉及的有关统计技术,这有助于提高质量管理体系的有效性。

九、简述质量管理的发展阶段

从质量管理的发展历史可以看出,对于不同时期,质量管理的理论、技术和方法都在不断地发展和变化,并且有着不同的发展特点。从一些工业比较发达的国家来看,质量管理大致经历了三个阶段:

1. 产品质量检验阶段

这一阶段大约是在 20 世纪 20 年代至 40 年代。20 世纪初,美国工程师泰勒(Toylor)总结了工业革命以来的经验,根据大工业管理实践,提出了一套工业管理理论,其中有一条就是主张:在企业中要想提高效率,就必须把计划职能和执行职能分开。为检查计划执行情况,其间必须有一个检查环节,使产品的检验从制造过程中分离出来,成为一个独立的工序。这是对手工业生产方式的一项重大的改革。自此,在企业管理中产生了一支专职检验队伍及部门。

质量检验对手工业生产来说,无疑是一个很大的进步,因为它有利于提高生产率,有利于分工的发展。但从质量管理的角度来看,质量检验的效能较差,因为它的特点是按照标准的规定,对成品进行检验,即从成品中挑出不合格品,这种质量管理方法的任务只是“把关”,

即严禁不合格品出厂或流入下一道工序，而不能预防废品的产生，仍然造成了人力、物力、财力的浪费。

1924 年，美国统计学家休哈特（W·A·Shewhart）博士提出了“预防缺陷”的概念，并创建了质量控制图。与此同时，道奇（H·F·Dodge）、罗米格（H·G·Romig）等统计专家又提出了“抽样检验法”，在一些企业中推行，取得了明显的效果。但由于当时的生产力发展有限，对产品质量的要求也不太高。所以，用统计技术进行质量管理未被普遍接受。质量检验阶段一直延续到 20 世纪 40 年代。

2. 统计质量管理阶段

这一阶段大约是在 20 世纪 40 年代至 60 年代。由于第二次世界大战对大量产品，特别是军需品的需求，质量检验工作立即显示出其弱点，检验部门成了生产中最薄弱的环节。由于事先无法控制质量，以及检验工作量大，军火生产常常延误交货期，影响前线军需供应。这时几乎被人们遗忘的、未被普遍接受的休哈特“防患于未然”的控制图法及道奇、罗米格的“抽样检验法”被重新重视起来。美国政府和国防部组织统计技术专家相继制定了三个质量控制标准。

第二次世界大战后，美国的产业界顺利地从战时生产转入到和平生产，统计技术在国民工业生产中得到了广泛的应用。随后，在欧美各国相继推行。这标志着将事后检验的观念转变为预防质量事故的发生，并事先加以预防的观念，使质量管理工作前进了一大步。

但是这个阶段曾出现了一种偏见，就是过分地强调统计技术，忽视了组织管理工作和生产者的主观能动性。使人们误认为“质量管理就是统计技术”、“质量管理是少数数学家和学者的事情”，因而对统计技术质量管理产生了一种高不可攀、望而生畏的感觉。这种倾向也阻碍了统计技术的推广。在统计质量管理阶段统计技术起到了关键的作用，特别是描述性统计、质量控制图以及统计抽样等统计方法得到了广泛的应用。

3. 全面质量管理阶段

第二次世界大战以后，生产力发展迅速，科学技术日新月异，产品更新换代频繁，用户对产品质量的要求越来越高，越来越全面。1960 年，美国的质量管理专家费根堡出版了《全面质量管理》一书，系统地阐述了全面质量管理，因此其理论就成为一门系统的科学。以后，日本引进了这种理论，并结合本国的国情加以改进和发展，使这套理论日臻完善。

1949 年，日本为了提高产品竞争能力，开始举办质量管理学习班，学习质量管理的基础知识，1950 年他们邀请美国专家戴明博士讲学，以后又到美国去考察。但是由于片面地认为产品质量低，主要是因为技术落后，把引进新技术作为重点，生搬硬套地学习统计质量管理方法，收效不大。1954 年日本又聘请美国质量管理专家朱兰博士进行质量管理普及方法的讲学，开始把企业管理工作纳入不断提高产品质量的轨道。从 1960 年开始，日本企业创造了全面质量控制（TQC）的质量管理方法，广泛地开展 QC 小组活动，全面质量管理不断扩大和开展。20 世纪 70 年代以后，日本的全面质量管理便超过了美国。

除了日本以外，欧洲各国也十分重视质量管理的研究开发工作，欧洲质量管理组织（EOQC）是世界上最大的区域性国际质量管理组织，也是东西方质量管理领域内合作得较好的典型。欧洲各国从单纯的检验发展到全面质量管理，但对质量检验工作仍然十分重视。欧洲对培养人们的质量意识也十分重视，提出保证产品质量、不断改善人类生活，把质量看作保证和提高人民生活的重要条件。

1978年以来，我国引进了全面质量管理理论，并在机械、纺织、电子、化工、兵器、基建等行业相继推行。1980年国家经委颁发《工业企业全面质量管理暂行办法》，成为在全国范围内推行全面质量管理工作的纲领性文献。此后，全面质量管理在全国各地区各行业的许多企业广泛推行，有力地促进了企业管理，调动了广大职工参加企业管理的积极性和创造性，提高了工作质量、工程质量和产品质量，取得了显著的效果。自20世纪90年代制定并发布ISO 9000标准以来，ISO 9000标准成为全面质量管理的唯一国际标准。

总的来说，以上质量管理发展的三个阶段的质的区别是，质量检验阶段靠的是事后把关，是一种防守型的质量管理；统计质量控制阶段主要靠在生产过程中实施控制，把可能发生的问题消灭在生产过程之中，是一种预防型的质量管理；而全面质量管理，则保留了前两者的长处，对整个系统采取措施，不断提高质量，可以说是一种进攻型或者是全攻全守型的质量管理。三个阶段之间既有区别又有联系，每一个新阶段都是在前一阶段的基础上发展起来的，是吸收了前一阶段的精华，弥补了不足之处而逐步形成的，因此，仍然保留着前阶段行之有效的方法。其联系和区别参见表1-1。

表1-1 质量管理三个阶段的特点对照表

阶段 特点 项目	产品质量检验阶段（20世纪20年代至40年代）	统计质量管理阶段（20世纪40年代至60年代）	全面质量管理阶段（20世纪60年代至今）
质量标准	保证产品符合既定标准	按既定标准控制	以用户需求为标准
特点	事后把关	过程控制	全面控制、以防为主
工作重点	重在过程、成品检验	过程控制	产生、形成、实现全过程
检测手段	技术检验	技术检验加统计技术	经营管理、专业技术、统计技术
管理范围	产品质量	产品质量、工序质量	产品质量、工序质量、工作质量
标准化程度	未制订标准化要求	部分标准化	严格实行标准化管理
类型	防守型	预防型	全攻全守型
管理者	监工	专业技术人员	全员

十、简述统计技术在质量管理体系中的作用

从以上质量管理的三个发展阶段可以看出统计技术在质量管理中始终起着重要的作用。自ISO 9000标准产生以来，统计技术更加显示出它质量管理中的重要性。在原1994版的ISO 9000标准中统计技术是质量管理体系的20个要素之一。而在ISO 9000的2000版和2008版的标准中，对统计技术的要求比1994版的要求更加明确、更加严格。在ISO 9000《质量管理体系 基础和术语》中明确规定了统计技术是质量管理体系的基础，并在2.10条款中专门强调了“统计技术的作用”。国际质量管理专家为了使统计技术更好地在质量管理体系中发挥作用，还专门制定了ISO/TR 10017：2003(E)《ISO 9001：2000统计技术指南》这一标准作为ISO 9000标准统计技术的应用指导。另外与之相关的还有：ISO 10576-1《统

计方法　与规定要求符合性的评定指南　第 1 部分：通用原则》；ISO/TR 13425《统计方法在标准化和规范中的选择指南》；ISO 手册第 4 版，1995《质量控制中的统计方法　第 1 部分：术语和符号　验收抽样》；ISO 手册第 4 版，1995《质量控制中的统计方法　第 2 部分：测量方法和统计数据的结果解释　过程控制》等相关标准和文件。

应当承认我国自开展 ISO 9000 质量管理体系认证以来，这一先进的质量管理模式促进了我国产品质量的提高和国民经济的大力发展，成绩是显著的，这一点不可否认。但事实也不得不承认，我国在质量体系认证中还存在着许多的不足之处，如形式上表面上文章做的多些，为应对认证而补充材料或存在作假材料的现象等。特别是以统计技术作为质量管理体系的基础，普遍没有给予足够的重视，不少内审员甚至是评审员对统计技术的知识也是知之甚少，一些已认证的企业，统计技术还是空白，大部分企业也仅有流程图、因果图等几张统计图表予以应付。这正是我国与欧、美、日等发达国家在质量管理上存在巨大差距的根本原因，也是我国的产品质量相对落后的原因之一。试想既然国际质量管理专家公认统计技术是质量管理体系的基础，那么没有基础的质量管理体系则好像是一座空中楼阁，也不会牢固，也不会有多大的实用价值。先进发达国家的质量管理是以统计技术为基础的质量管理。因此，如果统计技术可有可无的话，国际质量管理专家在制定 ISO 9000 系列标准时为什么还要如此重视统计技术？因此，可以这样说，没有以统计技术为基础的质量管理体系，是不完善、不健全、不牢固的，它缺乏理论的指导和支持，不利于产品质量的持续改进。

另外，由于我国的质量发展阶段没有经历过统计质量管理阶段，这也是我国的统计技术的应用普遍落后的原因所在。因此，企业在建立 ISO 9000 质量管理体系时，统计技术应贯穿于体系运行的始终。

十一、简述 ISO/TR 10017(GB/Z 19027)标准概况

ISO/TR 10017：2003《ISO 9001：2000 统计技术指南》(GB/Z 19027—2005)是国际标准化组织质量管理和质量保证技术委员会(ISO/TC 176)制订的指导性技术文件。本指导性技术文件是 ISO 9000 族标准的组成部分，并与其保持一致。旨在帮助组织在建立、实施、保持和改进符合 ISO 9001：2008 所要求的质量管理体系时，确定可使用的统计技术。

实际上，在所有过程的运行和结果中都可以观察到变异，甚至在明显稳定的状态下也是如此。不但在产品和过程可量化的特性中可观察到变异，并且从市场调研到顾客服务以及产品最终处置的整个寿命周期的各个阶段都可看到变异的存在。

统计技术有助于变异的测量、表述、分析、解释和建模。对数据进行分析有助于更好地理解变异的性质、程度和原因，从而有助于解决甚至预防由这些变异所可能引发的问题。

统计技术能使组织更好地利用可获得的数据做出决策，因而有助于持续改进产品和过程的质量，以使顾客满意。统计技术适用的范围很广，如市场调研、设计、开发、生产、验证、采购、改进、测量、数据分析、安装和服务等。

为了在质量管理体系中更有效地应用统计技术，该标准还针对 ISO 9001 的一些具体条款中必须使用的定量数据及适宜的统计技术进行指导。该标准还推荐了十二大类常用的统计技术，有助于满足组织的需求。它们分别为：描述性统计、试验设计、假设检验、测量系统分析、过程能力分析、回归分析、可靠性分析、抽样、模拟、SPC 图、统计容差法、时间序列分析。并对它们的概念、用途、益处、局限性与注意事项、应用示例等分别进行了简明的介绍。

十二、简述统计技术在 ISO 9001 标准中潜在需求的识别

ISO/TR 10017 中的表 1 对与 ISO 9001 条款的实施可能有关的定量数据的需求做了识别。针对已识别的定量数据的需求所列出的一个或多个统计技术适当应用于这些数据时，将使组织获得潜在的利益，具体的定量数据的需求及支持性统计技术见表 1-2。

表 1-2 定量数据的需求及支持性统计技术

ISO 9001 条款	使用定量数据的需求	统计技术
4 质量管理体系 4.1 总要求	见本指导性技术文件的引言	
4.2 文件要求 4.2.1 总则	未识别出需求	
4.2.2 质量手册	未识别出需求	
4.2.3 文件控制	未识别出需求	
4.2.4 记录控制	未识别出需求	
5 管理职责 5.1 管理承诺	未识别出需求	
5.2 以顾客为关注焦点	确定顾客要求的需求； 评价顾客满意的需求	见本表 7.2.2 条款； 见本表 8.2.1 条款
5.3 质量方针	未识别出需求	
5.4 策划 5.4.1 质量目标	未识别出需求	
5.4.2 质量管理体系策划	未识别出需求	
5.5 职责、权限与沟通 5.5.1 职责和权限	未识别出需求 未识别出需求	
5.5.2 管理者代表	未识别出需求	
5.5.3 内部沟通	未识别出需求	
5.6 管理评审 5.6.1 总则	未识别出需求	
5.6.2 评审输入 a) 审核结果	获得并评审审核数据的需求	描述性统计；抽样
b) 顾客反馈	获得并评价顾客反馈的需求	描述性统计；抽样
c) 过程的绩效和产品的符合性	评价过程的业绩和产品的符合性的需求	描述性统计；抽样；过程能力分析；SPC 图
d) 预防措施和纠正措施的状况	获得并评审来自预防和纠正措施的数据的需求	描述性统计
5.6.3 评审输出	未识别出需求	

续表 1-2

ISO 9001 条款	使用定量数据的需求	统计技术
6　资源管理 6.1　资源提供	未识别出需求	
6.2　人力资源 6.2.1　总则	未识别出需求	
6.2.2　能力、培训和意识 a)	未识别出需求	
b)	未识别出需求	
c) 评价所采取措施的有效性	评价人员的能力和培训有效性的需求	描述性统计;抽样
d)	未识别出需求	
e)	未识别出需求	
6.3　基础设施	未识别出需求	
6.4　工作环境	监视工作环境的需求	描述性统计;SPC 图
7　产品实现 7.1　产品实现的策划	未识别出需求	
7.2　与顾客有关的过程 7.2.1　与产品有关的要求的确定	未识别出需求 未识别出需求	
7.2.2　与产品有关的要求的评审	评价组织满足已确定的要求的能力的需求	描述性统计;测量分析;过程能力分析;抽样;统计容差法
7.2.3　顾客沟通	未识别出需求	
7.3　设计和开发 7.3.1　设计和开发策划	未识别出需求	
7.3.2　设计和开发输入	未识别出需求	
7.3.3　设计和开发输出	验证设计输出满足输入要求的需求	描述性统计;试验设计;假设检验;测量分析;回归分析;可靠性分析;抽样;模拟;时间序列分析
7.3.4　设计和开发评审	未识别出需求	
7.3.5　设计和开发验证	验证设计输出满足设计输入的需求	描述性统计;试验设计;假设检验;测量分析;过程能力分析;回归分析;可靠性分析;抽样;模拟;时间序列分析
7.3.6　设计和开发确认	确认产品满足需求和规定用途的需求	描述性统计;试验设计;假设检验;测量分析;过程能力分析;回归分析;可靠性分析;抽样;模拟

续表 1-2

ISO 9001条款	使用定量数据的需求	统计技术
7.3.7　设计和开发更改的控制	评审、验证和确认设计更改所产生的影响的需求	描述性统计；试验设计；假设检验；测量分析；过程能力分析；回归分析；可靠性分析；抽样；模拟
7.4　采购 7.4.1　采购过程	确保采购的产品符合规定的采购要求的需求 评审供方提供满足组织要求的产品的能力的需求	描述性统计；假设检验；测量分析；过程能力分析；回归分析；可靠性分析；抽样 描述性统计；试验设计；过程能力分析；回归分析；抽样
7.4.2　采购信息	未识别出需求	
7.4.3　采购产品的验证	确定并实施检验和其他活动，以确保采购的产品满足规定要求的需求	描述性统计；假设检验；测量分析；过程能力分析；可靠性分析；抽样
7.5　生产和服务提供 7.5.1　生产和服务提供的控制	监视和控制生产和服务活动的需求	描述性统计；测量分析；过程能力分析；回归分析；可靠性分析；抽样；SPC图；时间序列分析
7.5.2　生产和服务提供过程的确认	确认，监视和控制其输出不易测量的过程的需求	描述性统计；过程能力分析；回归分析；抽样；SPC图；时间序列分析
7.5.3　标识和可追溯性	未识别出需求	
7.5.4　顾客财产	验证顾客财产的特性的需求	描述性统计；抽样
7.5.5　产品防护	监视搬运、包装和贮存对产品品质的影响的需求	描述性统计；回归分析；可靠性分析；抽样；SPC图；时间序列分析
7.6　监视和测量设备的控制	确保监视和测量过程以及设备与要求相一致的需求 要求时评价以往测量的结果有效性的需求	描述性统计；测量分析；过程能力分析；回归分析；抽样；SPC图；统计容差法；时间序列分析 描述性统计；假设检验；测量分析；回归分析；抽样；统计容差法；时间序列分析
8　测量、分析和改进 8.1　总则	未识别出需求	
8.2　监视和测量 8.2.1　顾客满意	监视和分析与顾客感受有关的信息的需求	描述性统计；抽样
8.2.2　内部审核	策划内部审核方案和报告审核数据的需求	描述性统计；抽样
8.2.3　过程的监视和测量	监视和测量质量管理体系过程，以证实过程实现所策划的结果的能力的需求	描述性统计；试验设计；假设检验；测量分析；过程能力分析；抽样；SPC图；时间序列分析

续表 1-2

ISO 9001 条款	使用定量数据的需求	统计技术
8.2.4 产品的监视和测量	在产品实现的适当阶段，监视和测量产品的特性，以验证产品的要求得到满足的需求	描述性统计；试验设计；假设检验；测量分析；过程能力分析；回归分析；可靠性分析；抽样；SPC 图；时间序列分析
8.3 不合格品控制	确定已交付的不合格品的范围的需求； 重新验证已得到纠正的产品，以确保符合要求的需求	描述性统计；抽样； 见本表 8.2.4 条款
8.4 数据分析	获取和分析与以下各方面有关的数据，以评价质量管理体系的有效性，并评估改进的可能性的需求： a) 顾客满意； b) 与产品要求的符合性； c) 过程的特性及趋势； d) 供应者	见本表 8.2.1 条款； 见本表 8.2.4 条款； 见本表 8.2.3 条款； 见本表 7.4.1 条款
8.5 改进 8.5.1 持续改进	使用以下各方面的定量数据，改进质量管理体系过程的需求： ——设计和开发； ——采购； ——生产和服务提供； ——监视和测量装置的控制	见本表 7.3.3、7.3.5、7.3.6 条款 见本表 7.4.1、7.4.3 条款 见本表 7.5.1、7.5.2、7.5.5 条款 见本表 7.6 条款
8.5.2 纠正措施	分析与不合格有关的数据，以帮助理解其原因的需求	描述性统计；试验设计；假设检验；过程能力分析；回归分析；抽样；SPC 图；时间序列分析
8.5.3 预防措施	分析与不合格和潜在不合格有关的数据，以帮助理解其原因的需求	描述性统计；试验设计；假设检验；过程能力分析；回归分析；抽样；SPC 图；时间序列分析

十三、简述六西格玛管理模式的含义

西格玛(SIGMA)“σ”是希腊字母，在统计学上表示总体标准差，用来表示数据的分散程度。

六西格玛最初的含义是建立在统计学中最常见的正态分布基础上的，它考虑了 1.5 倍标准差 σ 的漂移，这样落在 6σ 之外的概率只有百万分之三点四，即一百万次出差错的机会中，只有 3.4 次发生的可能，其实质就是：不要做错，建立做任何事一开始就要成功的理念。见图 1-5 所示。

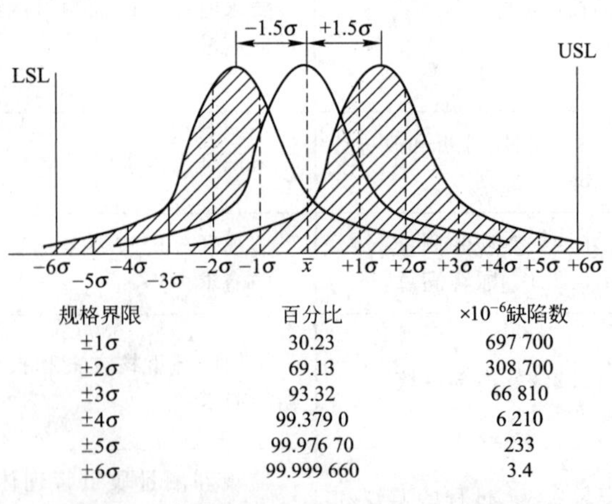

图 1-5 移动 $\pm 1.5\sigma$ 后，不符合规格限的概率为 3.4×10^{-6}

在六西格玛管理中强调的是“度量”的重要性，没有度量就没有管理。这里不仅要度量产品质量特性符合顾客要求的程度，还要度量服务乃至工作过程等。因此，六西格玛质量的含义已经不仅局限于产品质量特性，还包括了企业的服务和工作质量。如果一个企业的核心业务过程能够达到六西格玛质量水平，那么就意味着这个企业可以用最短的周期、最低的成本满足顾客要求。也就是说六西格玛管理是以经济性为核心特征的现代质量管理，它是把顾客放在第一位，利用数据和事实来驱动更好地解决质量问题的办法。因此，六西格玛管理是过程或产品业绩的统计量；是业绩改进趋于完美的一个目标；是实现持续领先和卓越的一个管理系统。

进入 20 世纪 90 年代以后，全球的市场竞争日益激烈，这在客观上要求企业必须提高产品质量和管理效率。在这样的背景下，摩托罗拉公司在 1993 年率先提出六西格玛管理模式并在企业中推行。自从采取六西格玛管理后，该公司平均每年提高生产率 12.3%，因质量缺陷造成的损失减少了 84%，摩托罗拉公司因此取得了巨大的成功，成为世界著名跨国公司，并于 1998 年获得美国鲍德里奇国家质量管理奖。不过让六西格玛管理模式声名大振的还是美国通用电气公司(GE)，该公司自 1995 年推行六西格玛管理模式以来，由此所产生的效益每年呈加速度递增：每年节省的成本为 1997 年 3 亿美元、1998 年 7.5 亿美元、1999 年 15 亿美元；利润率从 1995 年的 13.6%提升到 1998 年的 16.7%。GE 的总裁韦尔奇因此说：“六西格玛是 GE 公司历史上最重要、最有价值、最赢利的事业。我们的目标是成为一个六西格玛公司，这将意味着公司的产品、服务、交易零缺陷”。

六西格玛管理模式在摩托罗拉和 GE 两大公司推行并取得立竿见影的效果后，立即引起了世界各国的高度关注，各大企业也纷纷效仿引进和推行六西格玛管理，从而在全球掀起了一场“六西格玛管理”浪潮。

目前，我国的一些著名大型企业如青岛海尔、武钢等也实施了六西格玛管理，使企业的质量水平得到了显著地提高。

六西格玛管理是以统计技术为理论导向，对于发挥团队精神实行项目突破性改进以及创新型社会的建设是一种行之有效的管理模式。

十四、简述六西格玛管理模式的特点

六西格玛管理模式具有以下特点：

1. 适用范围广

六西格玛管理法主要是用来发现生产或消费过程中哪里出了问题，哪里会影响到顾客的满意度，寻找业绩的突破机会，为顾客和企业创造更大的价值。因此，它是一个业绩改进的目标，适用于各行各业。

2. 量化管理

数据是关于自然社会现象和科学现象的定量或定性的记录，是科学研究和产品质量评价的基础，研究数据就是对数据进行采集、分类、统计分析等一系列活动的统称。由于数据的客观性，因此只有用数量化的方式描述管理问题，才会更确切地反映客观现实，只有量化才会对效益进行评估。因此，它是基于数据和事实的决策方法。

3. 顾客至上

六西格玛管理的实质即是要达到顾客和组织的双赢。按照经济学原理——价值等于质量与价格的比。如果假定价格一定，质量与价值成正比，质量越好的产品价值越高。自然而然地会受到顾客的青睐，顾客的满意度提高。但企业可能需要很大的投入，对顾客有益的不一定会对企业有益。作为企业而言，毕竟是以赢利为目的。因此这个问题困扰了许多质量管理专家。

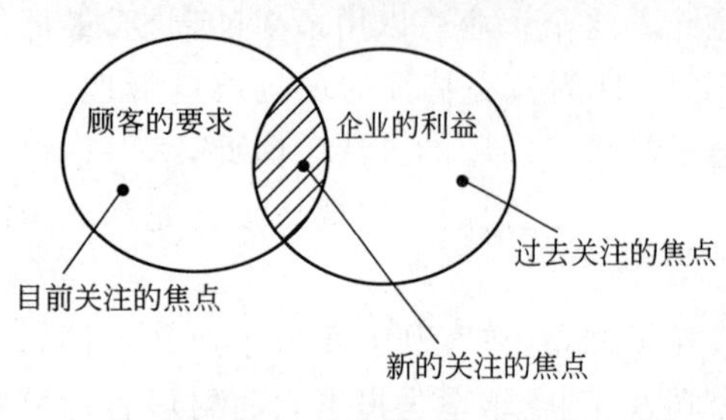

图 1-6 六西格玛关注顾客和企业两个方面

传统的做法是将大部分注意力集中在顾客方面，而且企业为实现顾客满意所作的各种努力与赢利所作的努力之间是断裂的，没有任何联系。六西格玛则强调从整个经营的角度出发，而不只是强调单一产品、服务或过程的质量，将注意力同时集中在顾客和企业两个方面。见图 1-6。

4. 以 DMAIC 模型为核心

六西格玛管理注重流程中的每一个环节，并采用 DMAIC（界定、测量、分析、改进、控制）方法对关键流程进行改进。不断发现、不断开拓、不断进取。因此，它是系统解决问题的工具。

5. 充分发挥团队精神

从上至下必须要清楚主要目标是改善企业，获得良好的收益。只有充分发挥团队合作精神，才会使六西格玛管理得以成功实施，才会使企业有条不紊地运行，不断成长壮大。因此，它是一个赢得竞争力的管理系统。

六西格玛开始主要针对制造业，通过数据收集、研究分布规律，利用正态分布分析它可能产生的缺陷数。以后逐渐发展到其他所有行业，包括服务业。

十五、简述六西格玛管理的实施

实施六西格玛管理有三个关键的要素（见图 1-7）：

六西格玛组织（OFSS，organization for six sigma）——以黑带团队为基础；

六西格玛策划（PFSS，planning for six sigma）——以项目策划为关键；

六西格玛改进（IFSS，improvement for six sigma）——以 DMAIC 过程为程序。

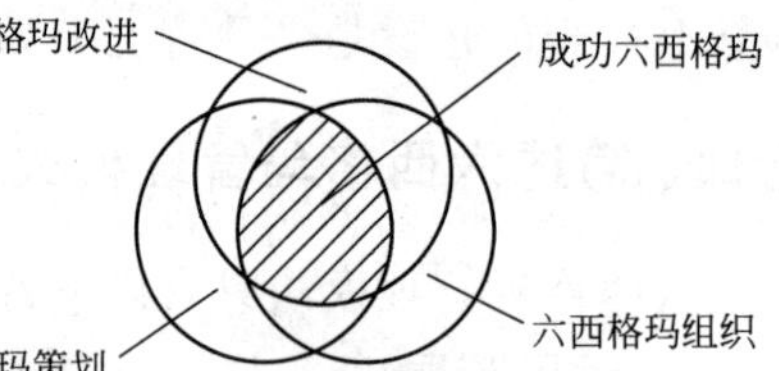

图 1-7 六西格玛管理的三要素

1. 六西格玛的组织（OFSS）

以黑带团队为基础的六西格玛组织是实施六西格玛突破性改进的成功保证。图 1-8 为六西格玛组织结构的示意图。

（1）高层执行领导

高层执行领导是推行六西格玛获得成功的核心。六西格玛管理是从上而下推行，始终取决于组织的最上层，其在六西格玛管理中负有以下职责：

1）建立组织的六西格玛管理的愿景；

2）成立六西格玛领导小组，并赋予特定的任务；

3）确定组织的战略目标和组织业绩的度量系统；

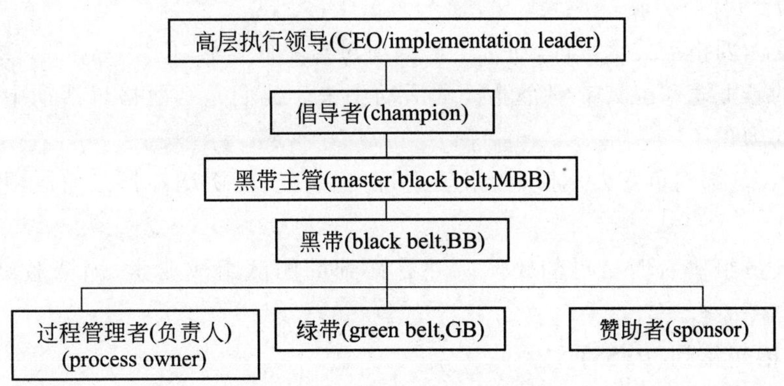

图 1-8 六西格玛的组织结构

4）确定组织的经营重点；

5）在组织中建立促进应用六西格玛管理方法与工具的环境。

(2) 倡导者

六西格玛管理倡导者是一名高层管理人员，也是推行六西格玛领导小组的一员，是企业推行实施六西格玛管理的关键角色，对六西格玛的活动负责，在六西格玛管理中负有以下职责：

1）负责六西格玛管理在组织中的部署；

2）构建六西格玛管理基础，例如：部署人员培训、制定六西格玛项目、选择标准并批准项目、建立报告系统、提供实施资源等；

3）向执行领导报告六西格玛管理的进展；

4）负责六西格玛管理实施中的沟通与协调。

(3) 黑带主管

黑带主管又称黑带大师或大黑带，他的职责是为参加项目的黑带提供指导和咨询。在绝大多数的情况下，黑带主管是六西格玛管理的专家。其负有以下职责：

1）对六西格玛管理理念和技术方法具有较深的了解和体验，并传递到组织中来；

2）培训黑带和绿带，确保他们掌握了适用的工具和方法；

3）为黑带和绿带的六西格玛项目提供指导；

4）协调和指导跨职能部门的六西格玛项目；

5）协助倡导者和管理层选择和管理六西格玛项目。

(4) 黑带

黑带是六西格玛管理中关键的一个职位。他们专职从事六西格玛改进项目。他们组织、管理、激励、指导一支特定的团队开展工作。他们负有以下职责：

1）领导六西格玛项目团队，实施并完成六西格玛项目；

2）向团队成员提供适用的工具和方法的培训；

3）识别过程改进机会并选择最有效的工具和技术实现改进；

4）向团队传达六西格玛管理理念，建立对六西格玛管理的共识；

5）向倡导者和管理层报告六西格玛项目的进展；

6）为绿带提供项目指导。

(5) 绿带

绿带接受六西格玛技术培训,通常培训的项目与黑带类似,但层次略低。绿带的作用是把六西格玛的新概念和工具带到企业日常活动中去。他们是六西格玛活动中人数最多的,也是最基本的力量。

过程管理者(部门负责人)对六西格玛进行支持、配合、协调和帮助完成项目的改进、落实和保持。

由以上人员组建六西格玛的团队。并有详细的团队组成要素、团队激励和团队培训规定。

2. 六西格玛策划(PFSS)

六西格玛突破性改进的成功,取决于项目的选择。评价一系列潜在的6SIGMA项目并从中挑选出最有希望被团队解决的项目是非常重要的。挑选项目要基于两个"M":

Meaningful——有意义,项目真正有利于顾客和企业经营。经团队的努力可以达到的。

Manageable——可管理的,即便于管理的,也就是团队以后五个活动步骤DMAIC(界定、测量、分析、改进和控制)都能够在这个范围内得以实施。

具体的项目选择还应遵照有关的评价原则和程序进行。

3. 六西格玛改进(IFSS)

六西格玛项目选定之后,团队要让不同的成员在一起合作,使所有的成员能够共同完成他们所做的工作,关键是要有一个共同的方法或程序。用六西格玛管理语言来描述就是DMAIC过程——解决问题的模型:

(1) 界定(define)

找到那些使顾客不满意的问题。包含以下四个方面的工作:

1) 阐明团队使命,陈述价值、问题和机会;

2) 识别过程中最重要的角色——顾客,应明确其需求;

3) 进行劣质成本分析;

4) 实施缺陷分析。

(2) 测量(measurement)

在生产过程中收集资料并对其进行量化。测量是六西格玛管理的关键工作,是以事实和数据驱动管理的具体体现。测量阶段有两个主要目的:

1) 收集数据,确认问题和机会并进行量化;

2) 梳理数据,为查找原因提供线索。

(3) 分析(analysis)

研究数据资料,通过分析寻找"问题的根源"。分析产生问题的原因可从以下几个方面考虑:

1) 方法:工作中使用的程序或技术。

2) 机器:工作中的硬件设施,例如计算机或制造业用的机器。

3) 材料:数据、指令、数字或事实、表格和文件。

4) 测量:有缺陷的数据往往起因于测量过程、测量方法以及测量对象。

5) 人:最重要的也是最难控制的因素。

6）环境：从天气到经济状况，考虑对过程或绩效的影响。

所有这些因素联合起来共同影响结果，这些原因类型有时称为“5M 和 1E”。

（4）改进（improvement）

运用手中的资料获得解决问题的方案。在改进阶段项目团队要做到：

1）确定因果关系，以预测、改进和优化过程性能。

2）策划试验设计方案，还要应用筛选的试验方法来识别关键输入变量或“关键的少数”原因。

（5）控制（control）

通过监控来维持和改进既得的成果。控制阶段应注意如下细节：

1）制定过程监控程序，明确已经做出的改变；

2）制定应变计划；

3）聚集关注点，集中在少数重要关键的测量上。

六西格玛突破性改进方法——DMAIC 过程分五个步骤实施。它的过程活动的重点和经常使用的统计技术和工具如表 1-3 所示。

表 1-3　DMAIC 过程活动重点及其统计技术和工具

阶段	活动要点	常用的统计技术和工具		
D 界定阶段	项目启动， 寻找 $y=f(x)$	·头脑风暴法； ·树图； ·SIPOC； ·平衡记分卡；	·SDCA 分析； ·亲和图； ·因果图； ·流程图；	·顾客之声； ·劣质成本； ·项目管理； ·立场图
M 测量阶段	确定基准， 测量 Y, X_s	·排列图； ·因果图； ·散布图； ·过程流程图； ·测量系统分析；	·失效模式分析； ·过程能力指数； ·劣质成本； ·PDCA 分析； ·水平对比法	·直方图； ·趋势图； ·检查表； ·抽样计划；
A 分析阶段	确定要因， 确定 $y=f(x)$	·头脑风暴法； ·因果图； ·PDSA 分析； ·审核； ·水平对比法；	·清洁（5S 法）； ·劣质成本分析； ·试验设计； ·抽样计划； ·假设检验	·多变量图； ·回归分析； ·方差分析； ·箱线图；
I 改进阶段	消除要因， 优化 $y=f(x)$	·试验设计； ·质量功能展开； ·正交试验； ·响应曲面法	·展开操作（EVOP）； ·测量系统分析； ·过程改进；	
C 控制阶段	维持成果， 更新 $y=f(x)$	·控制图； ·统计过程控制； ·防差错措施；	·过程能力指数； ·标准操作程序（SOPS）； ·过程文件控制	

从表中可以看出六西格玛管理模式，需要大量的统计技术予以支持。当前我国正面临产品和食品安全、产品质量优化、节约能源、降低能耗、绿色环保等诸多亟待解决的问题，需

要我们在这些诸多方面有所突破。因此,我国的企业应当在建立 ISO 9000 质量管理体系的基础上,进一步采用和实施六西格玛这一先进的管理模式,使我们的产品质量能够全面赶超国际上发达国家的先进水平。

十六、简述六西格玛管理与 ISO 9000 标准之间的关系

ISO 9000 标准和六西格玛管理有许多相同或相似之处,例如,组织的质量管理工作以顾客为关注焦点,采用过程方法,强调组织领导积极参与质量工作的重要性,提倡全员参与,要求组织建立用统计技术分析过程和数据测量操作程序等方面,两者要求基本上是一致的。但两者之间并不存在相互替代的关系,两者之间既有许多相同之处,也有许多不同之处,它们所起的作用各有千秋。

(1) ISO 9000 标准为组织的质量管理工作提供了一个基础平台,而六西格玛管理法给组织的质量管理工作带来了一个新的、垂直的方法体系。

ISO 9000 标准在组织的质量管理工作中只是起基础性的作用,仅仅为组织架设了一个基础质量平台。六西格玛管理系统是一种通过密切关注顾客、流程管理、流程改进和合理利用数据及事实,来实现和维持成功的业务管理的系统。六西格玛管理法是一项以数据为基础,追求完美的质量管理方法。它的核心是将所有的工作作为一种流程,采用量化的方法,分析流程中影响质量的因素,找出关键的因素加以改进从而达到更高的客户满意度。即采用 DMAIC(界定、测量、分析、改进、控制)方法对组织的关键流程进行改进。DMAIC 由下列四个要素构成:最高管理承诺、有关各方参与、培训方案和测量体系。六西格玛管理法是全面质量管理的继承和发展。因此,它为组织带来了新的、垂直的质量管理方法。

(2) ISO 9000 是组织进入国际市场的"准入证",六西格玛管理法则是组织"入住"国际市场的"通行证"。

当今世界各国在经济方面的相互合作和相互竞争日益增强,在激烈的市场竞争中,许多国家为了保护自身的利益,设置了种种贸易壁垒,包括关税壁垒和非关税壁垒。而其中非关税壁垒主要是技术壁垒。为了消除贸易技术壁垒,组织除应按国际标准组织生产外,还要符合质量认证的要求。所以取得 ISO 9000 认证就等于组织得到了进入国际市场的通行证。但是一个组织要想长期、稳定地在国际市场上占有一席之地,仅仅依靠 ISO 9000 认证还是不够的。组织还需采用一些有效的质量管理方法,以确保组织质量得到持续改进,而六西格玛管理法则是一种特别优秀的方法。

(3) 统计技术的应用。

就统计技术的应用而言,如果说 ISO 9000 质量管理体系必须以统计技术为基础的话,那么六西格玛质量管理则是在统计技术的理论基础上发展起来的一种质量管理模式。就培训内容而言,在 ISO 9000 族标准(除 ISO/TR 10017:2003(E)"ISO 9001:2000 统计技术指南"标准外)培训中统计技术的内容只占较小的一部分,而在六西格玛质量管理培训(包括黑带主管、黑带、绿带)中,统计技术的理论和应用占有相当大的部分。因此,统计技术的应用与质量管理层次和水平有着密切的关系,统计技术应用的越多越深,其质量管理的层次和水平就越高。

综上所述，ISO 9000 为企业实现质量管理的系统化、文件化、法制化、规范化奠定了基础。而六西格玛管理法作为一种现代质量管理理论，还具有更丰富的内涵，尤其包括了企业长期的经营管理战略。它是指企业为了保证产品质量，综合运用一整套质量管理思想、体系、手段和方法进行的系统管理活动，并更加注重了统计技术理论的应用。因此，ISO 9000 与六西格玛管理的正确关系是相辅相成，互为补充。对于任何一个组织来说，应该依据 ISO 9000 标准建立起健全完善的质量管理体系，同时实施六西格玛管理法，以推进和加强组织的质量改进工作。

第二章 统计技术基础知识

一、何谓统计、统计技术、统计方法和统计工具

1. 统计　statistical

"统计"一词有三方面含义:(1)统计工作。指搜集、整理和分析客观事物总体数量方面资料的工作过程,是统计的基础。(2)统计资料。统计工作所取得的各项数字资料及有关文字资料,一般反映在统计表、统计图、统计手册、统计年鉴、统计资料汇编和统计分析报告中。(3)统计科学。研究如何搜集、整理和分析统计资料的理论与方法。统计工作、统计资料、统计科学三者之间的关系是:统计工作的成果是统计资料,统计资料和统计科学的基础是统计工作,统计科学既是统计工作经验的理论概括,又是指导统计工作的原理、原则和方法。

在 ISO 9000 质量管理中,统计就是指有目的地收集数据,整理数据,并使用相应的方法制图、列表与分析数据的过程。在实施产品质量管理时,必须要以质量数据为依据,才能做出对产品质量的具体判断。所以就需要收集数据、整理数据以及使用相应的一些方法分析数据。因此,质量管理包含了大量的统计工作。统计的基本要素包括总体、样本、推断及推断的可靠性等内容,在以后的章节中将对这些要素进行详细地介绍。

2. 统计技术　statistical techniques

统计技术是以概率论为理论基础,研究随机现象中确定的数学规律的学科。是应用数学的一个分支。统计技术是一个大的概念,是指整个学科而言,指的是一门技术的总概括。

3. 统计方法　statistical methods

统计方法即是收集、分析和解释带随机性波动数据的方法。它是指统计技术中的具体方法。如排列图是统计技术中的一种方法,显著性检验是统计技术中的一种方法等。原则上不应称排列图、显著性检验等为统计技术,但在实际应用和习惯上这两种概念往往相混淆,不那么严格区分。

4. 统计工具　statistical tool

统计工具是指简化的统计方法。统计工具的开发是日本质量管理专家在质量管理工作中的一大贡献。统计技术的理论基础是概率论,但概率论这一理论对于基层的工人甚至对于一般的技术人员来说也是难以理解的,因此也妨碍了统计技术的推广应用。为此,针对基层工人和初级技术人员的特点,20 世纪 60 年代日本质量管理专家开发了因果图、排列图、调查表、散布图、控制图、直方图等图表(图解)法。这些方法简便、易行、易懂、直观、质量改进的效果明显,所以质量管理中也称作质量改进工具和技术或称作描述性统计。

所谓的工具,指不讲统计方法的原理和设计,也不讲对统计结果的分析,只讲操作步骤。好比工人在生产过程中操作各种工具,如榔头、扳手、螺丝刀等,并不要求工人掌握这些工具的设计原理和制造工艺,只要能在适用条件下得心应手地使用这些工具就可以了。

因此,在一些国际标准如 ISO 9000 标准中把这些统计工具作为产品质量改进的工具和

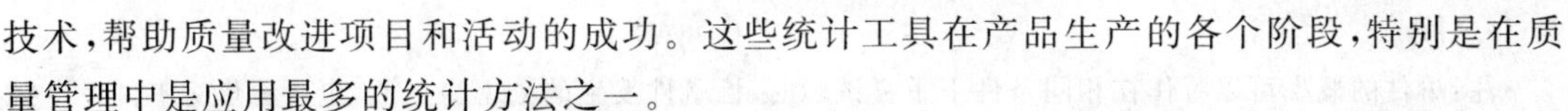

技术,帮助质量改进项目和活动的成功。这些统计工具在产品生产的各个阶段,特别是在质量管理中是应用最多的统计方法之一。

二、何谓总体、样本、样本量,简述总体与样本的关系

1. 总体　population

所研究个体/单位产品的全体。

注 1:总体可以是真实的、有限的;或完全虚构的,无限的。

注 2:从一个有限、真实的总体中持续抽样,可获得实际频率或频率分布;而从一个基于概率分布的一个虚构总体的理论模型出发,也能获得实际频率或频率分布,由此可进行预测。

注 3:总体可以是一个包括未来产出的,正在进行中过程的结果。

注 4:总体可由可区分的物体组成,也可由散装材料组成。

2. 样本　sample

由一个或多个抽样单元构成的总体的子集。

注 1:样本的抽选有许多不同的方法,随机的和非随机的。在许多领域中有时需要使用有倾向性的抽样(如在人类遗传学领域,通过异常孩子来发现有此类遗传倾向的家庭)来收集数据,所得的也是一个样本。在调查抽样中,经常使用与某已知变量大小成比例的概率抽选抽样单元以获得有倾向性的样本。

注 2:样本既可指构成抽样单元的具体物品、散料、服务……,也可指这些抽样单元(单位产品/个体)的某个特性值。在限定前一种含义时,样本中的每个抽样单元(单位产品/个体)也称为"样品"。

3. 样本量　sample size

样本中所包含的抽样单元的数目。

注:在多阶抽样中,样本量是指最后一阶抽样完成后,样本中抽样单元的总数。

4. 总体与样本的关系

总体即一个统计问题中所涉及个体的全体。即是指研究事物的全体或产品的整批。

在产品质量分析中全部产品的质量特性值的数据称为全体,其数量往往是很大的,甚至是无限的。所以总体的全部数据往往是不可能得到的。

总体分布中心 μ 和总体标准差 σ 是质量保证、质量控制和质量改进的研究对象。但 μ 和 σ 又不可知,如何进行研究,这就需要用样本分布的特性值(样本数字特征)来推断总体分布的特性值。

样本即按一定程序从总体中抽取的一组个体。在此是指由总体中的一部分质量数据所组成。样本大小 n 是组成样本数据的数量。样本分布指样本中单值 x 的分布。表征样本分布主要有表征数据分布中心位置的样本均值 $\bar{x}$ 和表征数据离散程度的样本标准差 S。

总体与样本、总体均值与样本均值、总体标准差与样本标准差的关系如图 2-1 所示。

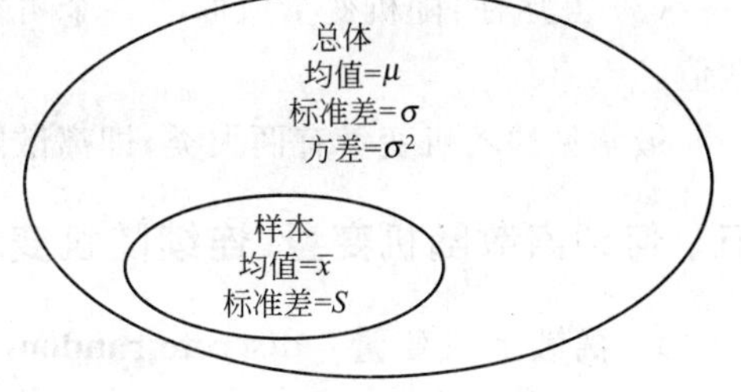

图 2-1　总体与样本之间的关系

三、何谓概率(或称{事件 A 的}概率)

概率　probability $P(A)$

赋予事件闭区间[0,1]中的一个实数。即度量事件发生可能性大小的实数,其值介于 0

与1之间。

注:事件的概率可以看作在相同条件下重复试验时,该事件发生的频率稳定值,也可看作对事件发生的相信程度。或它可以关联到一个事件发生的长期试验发生的频率或信任度,对于一个高信任度,概率靠近1。

例如,投钱币时,蒲丰(Buffon J. L.)投过4 040次,得2 048次正面,出现正面频率为2 048/4 040=0.506 9;皮尔逊(Pearson K.)投过24 000次,得到12 012次正面,出现的频率为0.500 5,频率稳定到常数0.5,故出现的正面概率为0.5。

事件越容易发生,其出现的概率越大。事件越不易发生,其出现的概率越小。必然事件出现的概率为1,不可能事件出现的概率为0。

四、何谓随机变量

随机变量 random variable

一维情形:定义在样本空间上,取值为实数的函数。

k 维情形:定义在样本空间上,取值为 k 元有序实数的函数。

注:样本空间即是所有可能结果的集合。

量可分为常量和变量。常量即是只取固定数值的量,如圆周率 $\pi=3.141\ 6$,自然常数 $e=2.718$ 等。变量是数值可以变化的量,它是相对于常量而言的。

所谓随机变量即是所取值随试验结果而定,且有一定的概率分布的变量。

随机变量是变量中的一种类型,随机变量的数值是由随机因素的作用而发生的。随机变量在相继取值的过程中,下一个数值的大小是不可预测的。

产品的质量是一种随机现象,反映质量特性的数据就是一种随机变量。若反映质量特性的随机变量是数字数据,又有计量值数据、计数值数据(计件值数据和计点值数据)之分,各自服从一定的分布。

随机变量具有以下特点:

(1) 随机性:即在试验前只知道它的可能的取值范围,而不能预知它具体取什么值。

(2) 统计规律性:由于试验的各个结果的出现有一定概率,于是随机变量取值也有一定的概率。

(3) 互斥性:随机变量所取的各个可能值是互斥的,即当其取某个数值后,不能再取其他值。

最常见的随机变量有两大类,即离散随机变量和连续随机变量。

五、何谓离散随机变量、连续随机变量

1. 离散随机变量 discrete random variable

分布函数为离散分布的随机变量。

如果一个随机变量只可能取数轴上有限个或可数个孤立的值,并且对应于这些有确定的概率,则称这个随机变量为离散随机变量。离散随机变量的取值为计数值数据。

注:离散分布包括二项分布,泊松分布,超几何分布以及多项分布等。

2. 连续随机变量 continuous random variable

分布函数为连续分布的随机变量。

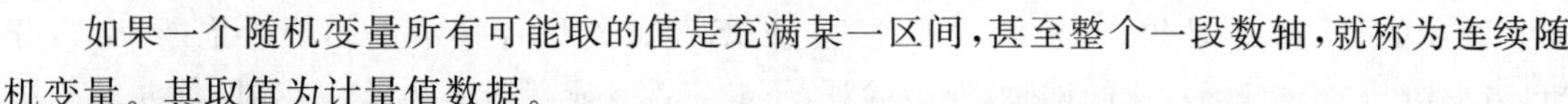

如果一个随机变量所有可能取的值是充满某一区间，甚至整个一段数轴，就称为连续随机变量。其取值为计量值数据。

在此应注意，在实际测试工作中，由于测试结果受仪器分辨力的限制，取值总是离散的，但是其可能的取值应是连续的，因此应将其视为连续随机变量。

注：连续分布包括正态分布，标准正态分布，t 分布，F 分布，Gamma 分布、x^2 分布，指数分布，Beta 分布，均匀分布，Ⅰ型极值分布，Ⅱ型极值分布，威布尔分布，对数正态分布，多维正态分布以及二维正态分布等。

六、何谓标准化随机变量、标准化样本随机变量

1. 标准化随机变量　standardized random variable

标准差等于 1 的中心化随机变量。

注 1：若随机变量的均值为 0，标准差为 1，它本身就是标准化的，例如，区间$(-\sqrt{3},\sqrt{3})$上的均匀分布的均值为 0，标准差为 1，故是标准化随机变量；标准正态分布自然也是标准化。

注 2：若随机变量 X 的分布的均值为 μ，标准差为 σ，则相应的标准化随机变量为$(X-\mu)/\sigma$。

2. 标准化样本随机变量　standardized sample random variable

随机变量与其样本均值的差除以样本标准差。

示例　假设样本观测值为 9，13，7，6，13，7，19，6，10，7，试计算它们的观测标准化随机变量。

经计算：观测样本均值为 9.7，观测样本标准差为 4.192，它们的观测标准化随机变量为：

$$-0.17;0.79;-0.64;-0.88;0.79;-0.64;2.22;-0.88;0.07;-0.62。$$

可以对后者进行统计分析，它们的均值为 0，标准差为 1。

注 1：标准化样本随机变量应区别于理论上的标准化随机变量。将随机变量标准化的目的在于使得其均值为 0，标准差为 1，便于解释、比较和计算。

注 2：标准化样本观测值的观测样本均值为 0，观测样本标准差为 1。

七、何谓分布函数（或称〔随机变量 *X* 的〕分布函数）

〔随机变量 *X* 的〕分布函数　distribution〔of a random variable*X*〕*F*(*x*)

随机变量 X 的取值落在$(-\infty,x]$上这一事件发生的概率。

注：随机变量 X 的分布函数是 x 的函数，它给出了随机变量 X 值小于或等于这一事件的概率，即 $F(x)=P(X\leqslant x)$。

分布函数的意义就是：X 是一个随机变量，x 是任意实数，那么“X 取小于(或小于或等于)x 之值”时，这个事件的概率。

八、何谓独立

独立　independent

若两组随机变量有联合概率分布，其任何一组的条件分布都不随另一组的取值而变化，则称它们是独立的。否则称它们是相依的。

在产品质量检验、科学研究、标准制定等工作中，广泛应用独立这一术语。

两次测试独立（两次重复测定）的意思是它们不相互依赖，一次测试结果的取值与另一次测试结果取值无关。

独立的对立术语是相依，相依为不独立，在 ISO 9000 统计技术中如统计推断、回归分析、方差分析、正交试验、协同试验、能力验证、不确定度评定等统计方法应用时，都要求测试必须相互独立，否则检验人员的结果相互交流、参考、照抄，那么测试结果的有效性就难以令人信服。

九、何谓 *p* 分位数

***p* 分位数 *p*-quantile；*p*-fractile(X_p，x_p)**

对 $0<p<1$，使分布函数 $F(x)$ 大于或等于 p 的所有 x 的下确界。

示例 1　考虑二项分布，表 2-1 给出参数 $n=6$，$p=0.3$ 的二项分布的概率函数。分布的某些 p 分位数为：

$x_{0.1}=0$，　$x_{0.25}=1$，　$x_{0.5}=2$，　$x_{0.75}=3$，　$x_{0.90}=3$，　$x_{0.95}=4$，　$x_{0.99}=5$，　$x_{0.999}=5$。

由于二项分布是离散的，它的 p 分位数都是整数。

表 2-1　二项分布的示例

x	$P(X=x)$	$P(X\leqslant x)$	$P(X>x)$
0	0.117 649	0.117 649	0.882 351
1	0.302 526	0.420 175	0.579 825
2	0.324 135	0.744 310	0.255 690
3	0.185 220	0.929 530	0.070 470
4	0.059 535	0.989 065	0.010 935
5	0.010 206	0.999 271	0.000 729
6	0.000 729	1.000 000	0.000 000

示例 2　考虑标准正态分布，表 2-2 是对分布函数的某些数值及对应的 p 分位数。

表 2-2　标准正态分布的示例

p	满足 $P(X\leqslant x)=p$ 的 x	p	满足 $P(X\leqslant x)=p$ 的 x
0.1	−1.282	0.95	1.645
0.25	−0.674	0.975	1.960
0.5	0.000	0.99	2.326
0.75	0.674	0.995	2.576
0.841 344 75	1.000	0.999	3.090
0.9	1.282		

由于 X 分布是连续的，第二列的标题也可以写为：满足 $P(X<x)=p$ 的 x。

注 1：对于连续分布，如果 p 是 0.5，则 0.5 分位数即为中位数。对 p 等于 0.25，相应的 0.25 分位数被称为下四分位数。对于连续分布，分布的 25% 低于 0.25 分位数而分布的 75% 高于 0.25 分位数。当 p 等于 0.75，相应的 0.75 分位数被称为上四分位数。

注 2：通常，分布的 $100p\%$ 小于 p 分位数；分布的 $100(1-p)\%$ 大于 p 分位数。但很难确定离散分布的中位数，因为会有很多值满足定义。

注 3：如果 F 是连续且严格递增的，则 p 分位数是 $F(x)=p$ 的解，此时定义中的“下确界”可被替换为“最小值”。

注 4：如果分布函数在某一个区间上的都等于常数 p，则这个区间上的所有值都是这个分布的 p 分位数。

注 5：p 分位数的定义，仅适用于一维分布。

进行假设检验时，需根据设定的显著性水平和自由度查出临界值，将它和统计量比较，以做出假设为真或非真的判断，临界值就是分位数。取定一个小概率 α（如 $\alpha=0.05$，0.01 等），x_α 或 $x_{1-\alpha}$ 常用作单侧（尾）假设检验的临界值。$x_{\alpha/2}$ 或 $x_{1-\alpha/2}$ 常用作双侧（尾）假设检验的临界值。在检验结果的准确度评价中，显著性检验使用较多的是双侧（尾）检验，有时也用到单侧（尾）检验。

对不同随机变量，x_p 表值常列于统计技术表上或附于专业书刊后，这样由 p 可查出 x_p 值。本书附录为常用的分位数表。

十、何谓中位数、样本中位数

1. 中位数　median

0.5 分位数。

注 1：中位数是在实际中最常用的 p 分位数之一。连续一维分布的中位数满足：总体的一半大于或等于中位数，另一半小于或等于中位数。

注 2：中位数的定义，仅适用于一维分布。

2. 样本中位数　sample median

若样本量 n 为奇数，则是第 $(n+1)/2$ 个次序统计量；若样本量 n 为偶数，则是第 $n/2$ 与第 $(n/2)+1$ 个次序统计量之和除以 2。

注 1：对于样本量为 n 的随机样本，其随机变量按照非降顺序从 1 到 n 排列，如果样本量为奇数，则样本中位数为第 $(n+1)/2$ 个随机变量，如果样本量为偶数，则样本中的中位数为第 $n/2$ 与第 $(n/2)+1$ 个随机变量的平均值。

注 2：样本中位数是分布中间位置的一个估计，各有一半的样本单元大于等于或小于等于它。

注 3：样本中位数在实际问题中是有用的，它提供了一个对数据极端值不敏感的估计量。例如，中位收入和中位房价都是常用的统计指标。

十一、何谓四分位数

四分位数　quartile

0.25 分位数或 0.75 分位数。

注 1：0.25 分位数称为下四分位数；而 0.75 分位数称为上四分位数。

注 2：分位数的定义，仅适用于一维分布。

在 ISO 9000 常用统计技术的试验设计和能力验证中四分位数是常用的一种稳健性统计方法。

十二、何谓概率分布

概率分布　probability distribution

由随机变量导出的概率测度。

随机变量的概率分布即是给出一个随机变量取任何给定值或取值于任何给定集合的概率的函数。

注：随机变量在全部集合取值的概率为1。概率分布简称分布。

结合 ISO 9000 质量管理中的产品质量可以以质量统计的观念来理解概率分布的概念：

1. 产品质量具有变异性(不均匀性、不一致性)

产品质量是一种随机现象，由于影响产品质量的不确定因素(人、机、料、法、环)无时无刻都在变化着，所以产品质量具有变异性。例如，要求工人在车床上加工100根 $\phi20$ mm 的圆轴，要求每一根圆轴的直径必须保证恰好为20.00 mm，恐怕任何技艺高超的工人也无法完成这样的加工任务。由于质量的变异性，应当给出一个公差范围。如果下达的任务为车制100根 $\phi20\pm0.10$ mm 的圆轴，则任何一名熟练的车工都可以完成。这是因为产品质量具有变异性。

2. 产品质量的变异具有规律性(分布)

产品质量虽然具有变异性，但并不是漫无边际的变异，是在一定的范围内，而且符合一定规律的变异。如工人在接到指令加工 $\phi20\pm0.10$ mm 的圆轴，必然要尽可能的加工出 $\phi20\pm0.00$ mm 的圆轴，因为产品质量的变异性，而不可能保证每一件产品都是 $\phi20\pm0.00$ mm，而是在19.90 mm～20.10 mm 范围内分布，但也不是平均分配，而是在接近20.00 mm 处出现的数据最多，偏离20.00 mm 越远，数据出现的几率就越少。图2-2反映了以上的情况，实际就是质量数据(随机变量)的分布。当产品质量特性属连续型随机变量即为计量数据时，其分布大部分如图2-2所示。

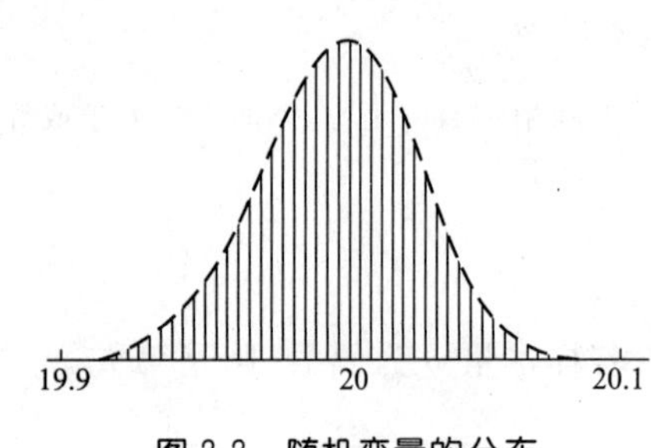

图2-2　随机变量的分布

随机变量的概率分布分为离散型随机变量的概率分布和连续型随机变量的概率分布这两大类。

离散型随机变量的概率分布主要有二点分布(0-1分布)，二项分布、负二项分布、泊松分布、超几何分布、几何分布、整数均匀分布、任意离散分布、多项分布等。在质量管理中，特别是在抽样检验中应用最多的是二项分布和泊松分布。

连续型随机变量的概率分布主要有正态分布、标准正态分布、均匀分布、三角分布、对数正态分布、指数分布、威布尔分布、Beta 分布、Cauchy 分布、Gamma 分布、Laplace 分布、Logistic 分布、对数 Logistic 分布、最大极值分布、最小极值分布等。

在不同的行业、不同的领域中，随机变量有不同的出现形式，它们用不同的概率分布来描述，故有多种分布及应用，如在不确定度评定中常用均匀分布和三角分布；计数抽样中常用二项分布和泊松分布；产品分析常用超几何分布；放射性测定常用泊松分布；可靠性寿命试验用指数分布和威布尔分布；极值分析中用极值分布；Beta 分布、Gamma 分布常用于寿命研究及准确度研究等。它们在概率分析中都很重要。

在 ISO 9000 质量管理中，最常用的则是正态分布、标准正态分布和由正态分布导出的统计量分布或称导出分布也称抽样分布(正态分布随机变量的样本函数)的 χ^2 分布、t 分布、F 分布。它们在质量管理中有着广泛的应用，并且是概率分布的基础。

十三、何谓离散概率分布

离散概率分布　discrete probability distribution

(离散分布　discrete distribution)

样本空间是有限的或可列无限多的概率分布。

示例　离散分布的示例有多项分布、二项分布、泊松分布、超几何分布等。

注 1:“离散”意味着样本空间是有限的,或是无限可列的,其中序列是显式的,如缺陷数为:0,1,2,…。例如,二项分布对应于一个有限的样本空间{0,1,2,…,n};而泊松分布对应于一个可列无限样本空间{0,1,2,…}。

注 2:验收抽样中的计数数据涉及离散分布。

注 3:离散分布的分布函数是间断的。

十四、何谓连续概率分布

连续概率分布　continuous probability distribution

(连续分布　continuous distribution)

分布函数在 x 点的值可以被表示为一个非负函数从 $-\infty$ 到 x 的积分的概率分布。

示例　任何一个含有在工业应用中出现的计量数据实际上都会产生连续分布。

注 1:连续分布的例子有正态分布,标准正态分布,t 分布,F 分布,Gamma 分布、χ^2 分布,指数分布,Beta 分布,均匀分布,Ⅰ型极值分布,Ⅱ型极值分布,威布尔分布以及对数正态分布等。

注 2:在验收抽样中的计量数据服从连续概率分布。

十五、何谓概率密度函数

概率密度函数　probability density function {$f(x)$}

从 $-\infty$ 到 x 的积分给出一个连续分布在 x 处的分布函数值的非负函数。

示例 1　在实践中经常遇到的各种连续分布及相应的概率密度函数。常用的分布包括正态分布,标准正态分布,t 分布,F 分布,Gamma 分布,x^2 分布,指数分布,Beta 分布,均匀分布,多维正态分布和二维正态分布等。

示例 2　对由 $F(x)=3x^2-2x^3$,$0\leqslant x\leqslant 1$ 定义的分布函数,对应的概率密度函数是 $f(x)=6x(1-x)$,$0\leqslant x\leqslant 1$。

注 1:如果分布函数 F 是可微的,则概率密度函数是

$$f(x)=\mathrm{d}F(x)/\mathrm{d}x$$

注 2:从 $f(x)$ 的图中可以看到它的对称或偏斜、陡峭或平坦、重尾或轻尾、单峰或多峰等特性。在频率直方图上画一条适当的 $f(x)$ 可以直观地评判该分布与数据的拟合程度。

注 3:概率密度函数的常用缩略语是 pdf。

十六、何谓 k 阶样本矩

k 阶样本矩　sample moment of order k

随机样本中随机变量的 k 次幂的和除以和中的项数。

注 1:对于样本量为 n 的随机样本{$X_1,X_2,\cdots,X_n$},k 阶样本矩为 $\frac{1}{n}\sum_{i=1}^{n}X_i^k$。

注 2:k 阶样本矩也称为 k 阶样本原点矩。

注 3：一阶样本矩即为样本均值。

注 4：虽然本定义中 k 可取任意值，但在实际中常用的是 $k=1$〔样本均值〕，$k=2$〔与样本方差和样本标准差有关〕，$k=3$〔与样本偏度系数有关〕和 $k=4$〔与样本峰度系数有关〕的情形。

十七、何谓均值、样本均值

1. 均值 mean(μ)(一阶矩 moment of order=1)

(连续分布)x 和概率密度函数 $f(x)$ 乘积在直线上的积分。

示例 设连续随机变量 X 的概率密度函数 $f(x)=6x(1-x)$，$0\leqslant x\leqslant 1$，则 X 的均值为

$$\int_0^1 6x^2(1-x)\mathrm{d}x = 0.5$$

注 1：连续发布的均值用 $E(X)$ 表示，计算公式为

$$E(X) = \int_{-\infty}^{+\infty} xf(x)\mathrm{d}x$$

注 2：不是所有随机变量的均值都存在。例如，若 X 的概率密度函数为

$$f(x)=[\pi(1+x^2)]^{-1},$$

则由于对应于 $E(X)$ 的积分是发散的，从而均值不存在。

2. 样本均值 sample mean(平均数 average)(算术平均值 arithmetic mean)

随机样本中随机变量的和除以和中的项数。

示例 如本章第六题中的示例，观测值的和为 97，样本量为 10，样本均值为 9.7。

注 1：样本均值作为统计量，常用作总体均值的估计量。算术平均值是它的同义词。

注 2：对样本量为 n 的随机样本 $\{X_1, X_2, \cdots, X_n\}$，样本均值为 $\overline{X} = \frac{1}{n}\sum_{i=1}^{n} X_i$。

注 3：样本均值就是一阶样本矩。

十八、何谓方差、样本方差

1. 方差 variance(V)

随机变量的中心化概率分布的二阶矩。

注：方差可以等价地定义为随机变量与其均值的差的平方的期望。随机变量 X 的方差可以表示为

$$V(X)=E\{[X-E(X)]^2\}$$

2. 样本方差 sample variance(S^2)

随机样本中随机变量与样本均值差的平方和用和中项数减 1 除。

示例 如本章第六题中的示例，样本观测值与样本均值差的平方和为 158.10，样本量 10 减 1 为 9，计算得方差为 17.57。

注 1：对样本量为 n 的随机样本 $\{X_1, X_2, \cdots, X_n\}$，样本均值为 $\overline{X}$，则

$$S^2 = \frac{1}{n-1}\sum_{i=1}^{n}(X_i - \overline{X})^2$$

注 2：样本方差作为一个统计量“差不多”等于该随机变量与样本均值差的平方的平均数(其中“差不多”是指这里平均用 $n-1$ 而不是用 n 作分母)，用 $n-1$ 做分母是为总体方差提供一个无偏估计量。

注 3：$n-1$ 称为自由度。

注 4：样本方差可以近似认为是中心化样本随机变量的二阶样本矩(仅以 $n-1$ 代替 n)。

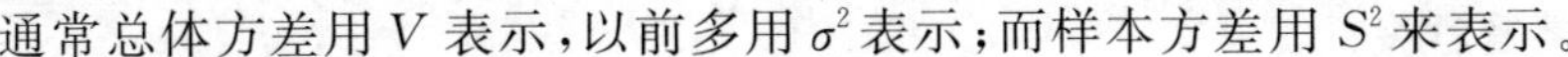

通常总体方差用 V 表示，以前多用 σ^2 表示；而样本方差用 S^2 来表示。

十九、何谓标准差、样本标准差

1. 标准差　standard deviation(σ)

方差的正平方根。

2. 样本标准差　sample standard deviation(s)

样本方差的非负平方根。

示例　如本章第六题中的示例，观测样本方差为 17.57，观测样本标准差为 4.192。

注 1：实际中样本标准差用来估计总体标准差。

注 2：样本标准差是分布离散程度的一个度量。标准差愈大，随机变量愈发散，标准差愈小，随机变量愈集中。

通常在质量管理中，总体标准差用符号 σ 表示；而样本标准差用符号 s 来表示。

标准差是重要的分散度量，标准差也称标准偏差。又称均方根，因为它是偏差 $X-E(X)$ 的平方平均再开方。

偏差 $X-E(X)$ 有正有负，但平方后恒为正，再平均开方后取正值，它是各偏差的均方根值，代表了各个偏差而不计其正负，且能将绝对值大的偏差显露出来。

在产品质量检验中，方差和标准差是度量产品质量变异性（稳定性、均匀性、一致性、分散性）的最佳指标。方差由于它具有可加性和传递性，因此，在样品的抽样与制样方案设计中得到了广泛的应用。

二十、何谓变异系数、样本变异系数

1. 变异系数　coefficient of variation(CV)

〈正随机变量〉标准差除以均值。

注 1：变异系数通常用百分数表示。

注 2：不赞成使用以前的术语“相对标准差”。

2. 样本变异系数　sample coefficient of variation

样本标准差除以非零样本均值的绝对值。

注：变异系数通常表示成百分数。

标准差虽然是表示产品质量稳定程度的很好的一个指标，但它只与各个数值的离差有关，而与各个数值本身的大小无关，这样在有些场合下就不能客观地反映出不同产品质量稳定（均匀、精密）程度的高低。

示例　甲、乙两名车工，分别加工 $\phi10$ 和 $\phi20$ 的工件 3 根，其测量的结果如下：

甲：10.0，10.1，10.2；乙：20.0，20.1，20.2。

问甲、乙两名车工谁加工工件的精密度更高些？

解：甲、乙车工加工的工件测量的结果经计算得出：

甲：$\bar{x}_1=10.1$，$S_1=0.1$，$CV_1=0.99\%$；

乙：$\bar{x}_2=20.1$，$S_2=0.1$，$CV_2=0.50\%$。

若仅以标准差来表示加工的精密程度，甲、乙两名车工加工的标准差都是 0.1，但这显然与事实不符，事实上乙的明显好于甲，若用变异系数则就非常明了，乙车工加工工件的精密程度明显高于甲的精密程度。

在纺织品的质量检验中，把变异系数称为均方差不均率；在矿产品机械采样设备中，要求采样设备在定质采样中，采取的每一份样的重量大体上均匀一致，重量变异系数则是它的一项重要考核指标。

二十一、何谓偏度系数、样本偏度系数

1. 偏度系数　coefficient of skewness(γ_1)

随机变量的标准化概率分布的3阶矩。

注1：偏度系数一个等价定义是对$(X-\mu)/\sigma$的三次幂取期望，即$E[(X-\mu)^3/\sigma^3]$。

注2：偏度系数用于度量分布的对称性。对称分布的偏度系数等于0（在有关的矩都存在的前提下）。偏度系数等于0的分布有：正态分布、$\alpha=\beta$时的Beta分布及t分布（若有关的矩存在）等。

2. 样本偏度系数　sample coefficient of skewness

随机样本的标准化样本随机变量三次幂的算术平均值。

示例　如本章第六题中的示例，观测样本偏度系数的计算结果为0.971 88。如本例中的样本量为10的情形，样本偏度系数不够稳定，因此应谨慎使用。根据注1给出的另一公式计算出的值为1.349 83。

注1：对应于定义中公式为

$$\frac{1}{n}\sum_{i=1}^{n}\left(\frac{X_i-\overline{X}}{S}\right)^3。$$

注2：偏度系数是对分布不对称性的度量。如果偏度系数接近零时，意味着真实分布近似对称；偏度系数不为零时，意味着在某一侧尾部可能有极端值。有偏的数据也会在样本均值与样本中位数的差异上体现出来。正偏（右偏）数据表明可能有少数大的极端值。同样，负偏（左偏）数据表明可能有少数小的极端值。

注3：样本偏度系数也是标准化样本随机变量的三阶样本矩。

从以上定义可见偏度系数标准化样本随机变量三次幂的算术平均值，而标准化样本随机变量四次幂的算术平均值称为峰度系数，它们常用于假设检验中的正态性检验，详见第十三章第十一题的有关内容。

二十二、何谓协方差、样本协方差

1. 协方差　covariance(σ_{XY})

在联合概率分布下，两个中心化随机变量乘积的均值。

注1：中心化随机变量即是随机变量减去其均值。

注2：协方差是两个随机变量的阶联合中心矩。

注3：协方差的公式表示是

$$E[(X-\mu_X)(Y-\mu_Y)]。$$

其中$\mu_X=E(X)$，$\mu_Y=E(Y)$。

2. 样本协方差　sample covariance(S_{XY})

随机样本中两个随机变量对各自样本均值的离差的乘积之和被求和项数减1除。

示例1　考虑下列三个变量的10组观测值。在这个示例中，只考虑x和y。

示例 1 的观测结果表

i	1	2	3	4	5	6	7	8	9	10
x	38	41	24	60	41	51	58	50	65	33
y	73	74	43	107	65	73	99	72	100	48
z	34	31	40	28	35	28	32	27	27	31

X 的观测样本均值是 46.1,Y 的观测样本均值是 75.4,X 与 Y 的样本协方差等于:

$[(38-46.1)\times(73-75.4)+(41-46.1)\times(74-75.4)+\cdots+(33-46.1)\times(48-75.4)]\div 9=257.178$

示例 2 在上例的表中,考虑 y 和 z,Z 的观测样本均值是 31.3,Y 与 Z 的样本协方差等于

$[(73-75.4)\times(34-31.3)+(74-75.4)\times(31-31.3)+\cdots+(48-75.4)\times(31-31.3)]\div 9=-54.356$

注 1:样本协方差 S_{XY} 由下式给出

$$\frac{1}{n-1}\sum_{i=1}^{n}(X_i-\overline{X})(Y_i-\overline{Y})。$$

注 2:用 $n-1$ 除是为总体协方差提供一个无偏估计量。

注 3:协方差是两个随机变量相互依赖性的一种度量。当随机变量相关时,存在协方差;当随机变量完全独立时,协方差等于 0。

协方差常应用于回归分析的回归系数的计算。详见第九章的有关内容。

二十三、何谓相关系数、样本相关系数

1. 相关系数 correlation coefficient

在联合概率分布下,两个标准化随机变量乘积的均值。

注:本术语中的“相关”一般也称为“简单相关”,因为只涉及两个变量。

2. 样本相关系数 sample correlation coefficient(r_{xy})

样本协方差用相应样本标准差的乘积来除。

示例 1 如本章第二十二题中的示例 1。X 的观测标准差为 12.945,Y 的观测标准差为 21.329。从而 X 和 Y 的观测样本相关系数为

$$\frac{257.178}{12.945\times 21.329}=0.9312。$$

示例 2 如本章第二十二题中的示例 2。Y 的观测标准差为 21.329,Z 的观测标准差为 4.165。从而 Y 和 Z 的观测样本相关系数为

$$\frac{-54.356}{21.329\times 4.165}=-0.612。$$

注 1:样本相关系数的计算公式如下

$$\frac{\sum_{i=1}^{n}(X_i-\overline{X})(Y_i-\overline{Y})}{\sqrt{\sum_{i=1}^{n}(X_i-\overline{X})^2\sum_{i=1}^{n}(Y_i-\overline{Y})^2}}$$

这个表达式等价于样本协方差与两方差乘积的平方根的比。有时用 r_{xy} 表示样本相关系数。观测样本

相关系数是基于实现值(x_1, y_1)，(x_2, y_2)，…，(x_n, y_n)的。

注 2：观测样本相关系数在$[-1,1]$之间。取值接近于 1 表示强的正相关，取值接近于 -1 表示强的负相关。取值接近于 1 或 -1 表明数据点近似在一条直线上。

二十四、何谓标准误差

标准误差　standard error($\sigma_{\hat{\theta}}$)

估计量 $\hat{\theta}$ 的标准差。

示例　如果以样本均值作为总体均值的一个估计，且随机变量的标准差为 σ，则样本均值的标准误差为 $\sigma/\sqrt{n}$，其中 n 是样本中观测值的个数。标准误差的一个估计是 $S/\sqrt{n}$，其中 S 是样本标准差。

注 1：估计量($\hat{\theta}$)即是用于对参数 θ 估计的统计量。

注 2：通常在应用中，标准误差特指样本均值的标准差，记为 $\sigma_{\overline{X}}$，此时也常简称为"标准误"。

二十五、何谓二项分布

二项分布　binomial distribution

具有以下概率函数

$$P(X=x)=\frac{n!}{x!(n-x)!}p^x(1-p)^{n-x}$$

的离散分布，其中参数 n 为正整数，$x=0,1,2,\cdots,n$，且 $0<p<1$。

注 1：二项分布是 $k=2$ 时的多项分布。

注 2：二项分布给出了在 n 次独立试验中，两个可能发生的结果之一出现次数的概率。在这里，每次试验都包含两个相互对立的事件，且每个事件在每次试验中发生的概率都相等。

注 3：二项分布的均值是 np，二项分布的方差是 $np(1-p)$。

注 4：二项分布的概率函数可用以下二项系数表达

$$C_n^x=\binom{n}{x}=\frac{n!}{x!(n-x)!}$$

在产品质量检验中，常常遇到这样的一些情况，其检验所得的两种结果是互斥的。比如产品的合格与不合格；细菌检验中出现的阳性与阴性反应等。类似这种互斥事件发生的概率分布便遵循二项分布。二项分布大量地用在抽样检验中，特别是在计件值的抽样中，如在产品管理的型式检验中，其所采用的 GB/T 2828 计数检验标准中常用的概率分布就是二项分布。而在抽样验收中连续批的 OC 曲线也都是按二项分布进行设计的。

下面举例说明二项分布在产品抽样检验中的应用。若产品的不合格品率为 p，那么它的合格品率则为 $1-p$，从中随机抽取 n 件样品，那么 x 件不合格品的概率 $P(X=x)$为多少？由于 n 件样品中有 x 件不合格品，总共有 C_n^x 种可能的组合，而由于每件组合的概率都是 $p^x(1-p)^{n-x}$，所以 n 件样品中出现 x 件不合格品的概率就可以用以上公式方便地计算出，请看下面的具体示例。

示例 1　已知某工厂生产的设备的二等品率为 40%，若从中随机抽取 15 台设备进行检验，求 10 台设备为二等品的概率是多少？

解：$P(X=10)=C_{15}^{10}\times 0.4^{10}\times(1-0.4)^{15-10}$，

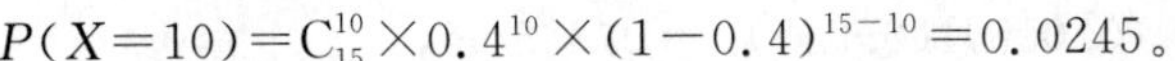

$P(X=10)=C_{15}^{10}\times 0.4^{10}\times(1-0.4)^{15-10}=0.0245$。

故随机抽取的 15 台设备中有 10 台设备是二等品的概率为 2.45%。

示例 2 某工厂生产的一批产品中不合格品率为 15%，重复抽取样品检查，共抽取 4 个样品，试求 4 个样品中不合格品数的概率分布？

解：4 个样品中全部是合格品的概率为

$$P(X=0)=C_4^0(0.15)^0\cdot(1-0.15)^4=0.522\,0;$$

4 个样品中有 1 个不合格品的概率为

$$P(X=1)=C_4^1(0.15)^1\cdot(1-0.15)^3=0.368\,5;$$

4 个样品中有 2 个不合格品的概率为

$$P(X=2)=C_4^2(0.15)^2\cdot(1-0.15)^2=0.097\,5;$$

4 个样品中有 3 个不合格品的概率为

$$P(X=3)=C_4^3(0.15)^3\cdot(1-0.15)^1=0.011\,5;$$

4 个样品中全是不合格品的概率为

$$P(X=4)=C_4^4(0.15)^4\cdot(1-0.15)^0=0.000\,5。$$

以上的计算还可以从二项分布数值表中直接查出，二项分布表可查阅 GB/T 4086.5—1983《统计分布数值表　二项分布》。注意示例 2 中的重复抽样检查，意思就是有放回的抽样。

二十六、何谓泊松分布

泊松分布　Poisson distribution

具有以下概率函数

$$P(X=x)=\frac{\lambda^x}{x!}e^{-\lambda}$$

的离散分布，其中 $x=0,1,2,\cdots$，且参数 $\lambda>0$。

注 1：当 $n\to\infty$，$p\to 0$，而 $np\to\lambda$ 时，二项分布的极限即是参数为 λ 的泊松分布。

注 2：泊松分布的均值和方差都等于 λ。

注 3：泊松分布的概率函数给出的是一个过程的某特定性质在单位时间内，在满足了一定条件下（如发生的强度和时间独立），发生次数的概率。

泊松分布与二项分布在产品验收及质量控制应用中，都是非常重要的离散型随机变量的概率分布。尤其是泊松分布更为重要，特别适于计点值数据的抽样。在 GB/T 2828 等一些计数抽样标准中的数学模式，其中就有泊松分布。这是因为在二项分布中，当 n 很大时有

$$P(X=x)=C_n^x p^x(1-p)^{n-x}。$$

计算起来非常麻烦，但在我们的产品检验工作中还常常遇到这类问题。如试验次（件）数很大，而某事件发生的概率（或不合格频率）p 又很小（如 $p\leqslant 0.1$），而 np 又是一个较小的有限常数（0.1～10），如玻璃器皿的气泡数；纸张的污点；印刷品的印刷错误；布匹的疵点；汽车、自行车、电视机等产品的缺陷个数等计点值数据的抽样检查（只计算样本中每个或每百个样品所含的缺陷个数的抽样检查），大都属于这类情况。这时就可以根据泊松分布给出的公式来近似的计算二项分布。此时泊松分布参数 $\lambda=np$。

示例 1 一批产品不合格品率 $p=0.015$，求任取 100 件产品中有 1 件不合格品的概率？

解：按二项分布计算

$$P(X=1)=C_{100}^{1}(0.015)^{1}(0.985)^{99}=0.335\ 95,$$

由于 $n=100$ 很大，而 $p=0.015$ 又很小，故可以用泊松分布计算，这时 $\lambda=np=100\times0.015=1.5$，

$$P(X=1)=\frac{e^{-1.5}}{1!}\times1.5=0.334\ 695。$$

可以看出，这两种计算得到的结果十分相近，但泊松分布简单得多。

示例 2　已知一台电子仪器，由 1 000 个电子元件组成，每一元件在一年的工作期间内，发生故障的概率为 0.001，求在一年内有两个元件发生故障的概率？

解：根据题意发生故障的元件数服从二项分布，但 n 很大，p 又很小，$\lambda=np=1\ 000\times0.001=1$，故可用泊松分布进行近似地计算有

$$P(X=2)=\frac{1^2}{2!}e^{-1}=0.184。$$

泊松分布有专门的数值表可查，这样就可大大简化计算工作。请查阅 GB/T 4086.6—1903《统计分布数值表　泊松分布》。

二十七、何谓超几何分布

超几何分布　hypergeometric distribution

具有以下概率函数

$$P(X=x)=\frac{\frac{M!}{x!(M-x)!}\cdot\frac{(N-M)!}{(n-x)!(N-M-n+x)!}}{\frac{N!}{n!(N-n)!}}$$

的离散分布，其中参数 $N,M(\leqslant N),n(\leqslant N)$ 是正整数，其取值范围为 $\max(0,n+M-N)<x<\min(M,n)$。

注 1：以上公式经变换得

$$P(X=x)=\frac{n!(N-n)!M!(N-M)!}{N!x!(n-x)!(M-x)!(N-n-M+x)!}。$$

注 2：超几何分布源于从总数为 N，且有 M 个被标记的个体（如不合格品）的总体（批）中不放回抽取，一个样本量为 n 的简单随机样本中，恰好包含 x 个被标记的个体的概率。

注 3：下表为更好地理解超几何分布示例。

超几何分布的示例表

选项	个体总数	标记的个体数	未标记的个体数
总体	N	M	$N-M$
样本	n	x	$n-x$
未被抽中的个体	$N-n$	$M-x$	$N-n-M+x$

注 4：在特定条件下（如 n 远比 N 小），超几何分布可用二项分布 $B(n,p)$ 来逼近，其中 $p=M/N$。

注 5：超几何分布的均值为 $\frac{nM}{N}$，方差为 $n\frac{M}{N}\left(1-\frac{M}{N}\right)\frac{N-n}{N-1}$。

超几何分布在产品质量的不放回抽样检验情况下，被广泛地应用。这是超几何分布与二项分布的区别。在抽样检验中，设有一批产品，其批量 N 为有限数，假定其中包括 M 件不

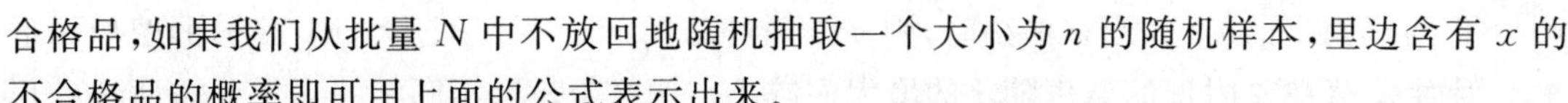

合格品，如果我们从批量 N 中不放回地随机抽取一个大小为 n 的随机样本，里边含有 x 的不合格品的概率即可用上面的公式表示出来。

示例 1 某企业生产的 6 件产品中有 4 件不合格品，如果仅在这 6 件产品中随机不放回地抽查 2 件，问这 2 件产品中不合格品的分布如何？

解:不含不合格品的概率为

$$P(X=0)=\frac{2!(6-2)!4!(6-4)!}{6!0!(2-0)!(4-0)!(6-2-4+0)!}=\frac{1}{15}=0.067。$$

含有 1 件不合格品的概率为

$$P(X=1)=\frac{2!(6-2)!4!(6-4)!}{6!1!(2-1)!(4-1)!(6-2-4+1)!}=\frac{8}{15}=0.533。$$

含有 2 件不合格品的概率为

$$P(X=2)=\frac{2!(6-2)!4!(6-4)!}{6!2!(2-2)!(4-2)!(6-2-4+2)!}=\frac{6}{15}=0.400。$$

示例 2 今有 50 件产品，其中有 3 件是不合格品。现从中不放回地随机抽取 4 件，问 2 件是不合格品的概率为多少？

解:

$$P(X=2)=\frac{4!(50-4)!3!(50-3)!}{50!2!(4-2)!(3-2)!(50-4-3+2)!}=0.014。$$

抽样 4 件有 2 件是不合格品的概率为 0.014。

超几何分布是理论上最严密的计算方法，故在孤立批或单批的抽样标准中的 OC 曲线，其接收概率都是按超几何分布进行计算的。但这种计算一般都比较复杂，所以当批的不合格品率 $p<10\%$，且批量 N 远大于样本 $n(N/n>10)$ 时，这时的超几何分布可用二项分布和泊松分布近似地计算。

二十八、何谓正态分布

正态分布 normal distribution, Gaussian distribution

具有如下概率密度函数

$$f(x)=\frac{1}{\sigma\sqrt{\pi}}e^{-\frac{(x-\mu)^2}{2\sigma^2}}$$

的连续分布，其中 $-\infty<x<\infty$，参数满足 $-\infty<\mu<\infty, \sigma>0$。

注 1：正态分布是应用统计中使用最广泛的概率分布之一。它的密度函数曲线根据其形状，常被称为“钟形曲线”。正态分布不仅是描述随机现象的一种模型，也是平均数的极限分布。作为统计中的一个参照分布，它经常用来评判试验结果的“不寻常性”。

注 2：正态分布的位置参数 μ 是其均值，尺度参数 σ 是其标准差。

正态分布也称拉普拉斯·高斯分布。此分布常记为 $N(\mu,\sigma^2)$。

正态分布具有以下性质：

① 单峰曲线，分布密度曲线的最高点在 $X=\mu$ 处，最大值为 $\frac{1}{\sqrt{2\pi}\cdot\sigma}$。

② 以直线 $X=\mu$ 为对称轴，当 X 向左向右远离时，曲线逐渐下降，且以 X 轴为水平渐进线，整条曲线呈现“中间高，两边低，左右对称”的形状。整条曲线和 X 轴围成的面积等于 1。

③ 曲线在 $X=\mu\pm\sigma$ 处有拐点，从拐点处曲线改变下降的方向。

④ 对于固定的 μ 值,当 σ 越小时,则 $f(x)$ 越高,图形越尖。σ 越大,则 $f(x)$ 的图形越低平。因而 X 落在 μ 附近的概率随 σ 的增大而减小。图 2-3 表示不同 σ 的正态分布曲线的形状情况。

⑤ 对于固定的 σ 值,改变 μ 值,则 $f(x)$ 的图形沿着 X 轴平行移动,而不改变形状,见图 2-4。

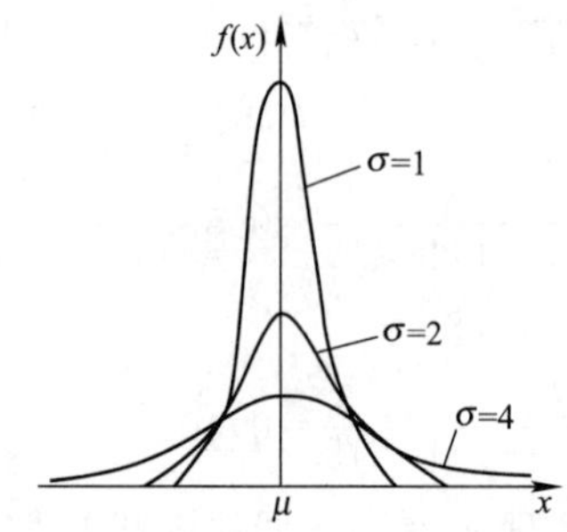

图 2-3　不同标准差的正态分布曲线

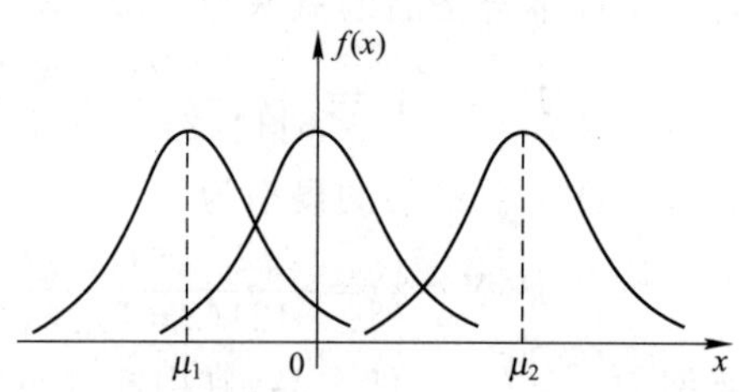

图 2-4　固定 σ 值改变 μ 值的分布曲线

上述性质也可形象的概括为:单峰性、对称性、有界性、抵偿性。

单峰性是指它是单峰曲线,即距 μ 近的值比距 μ 远的值出现的概率大。

对称性是指绝对值相等的正负值出现的概率大致相等。

有界性是指在一定的条件下的有限测试中,很大和很小的测试值不会出现。

抵偿性是指随着测试次数 n 的增大,平均值趋近于 μ。

图 2-3 反映了标准差的影响,显然标准差 σ 表征了产品质量特性值的离散程度(稳定性、一致性、均匀性)。

图 2-4 反映了分布中心 μ 的影响,显然分布中心 μ 表征了产品质量特性值的分布中心的位置。

分布中心 μ 和标准差 σ 称之为正态分布的特征(性)值(分布参数)。在研究产品质量特性时,其分布的特征值 μ 和 σ 反映了质量的总体平均水平和质量波动的状况。因此分布特征值是质量管理、控制和质量改进的研究对象。

在产品检验时,许多计量类型的特性值都服从正态分布。例如,利用水尺计重和衡器得到的重量、分析天平所称取的质量、尺子量度物体的长度、材料试验机测试的强度、重量分析和容量分析所得到的试验结果等。特别是测试误差中的随机误差一般都服从正态分布,故还有把正态分布称为随机误差分布。与正态分布有关的分布很多,根据中心极限定理,大量、独立、均匀小的随机变量之和服从正态分布。大量为 15 个以上,在要求不高时,至少是 3 个以上。独立即互不相依。均匀小为数值差不多。故在测试中,当测试受到数值大小差不多(即无特别大的)、独立、至少为 3 个以上因素的影响时,测试服从正态分布。以上也是测试结果不确定度评定的重要理论依据。

二十九、何谓标准正态分布

标准正态分布　standardized normal distribution, standardized Gaussian distribution

$\mu=0, \sigma=1$ 的正态分布。

注 1：标准正态分布的概率密度函数为

$$f(x)=\frac{1}{\sqrt{\pi}}\mathrm{e}^{-x^2/2}。$$

其中$-\infty<x<\infty$。

注 2：一般正态分布数值表都是关于标准正态分布的，包括其概率密度函数、分布函数及分位数等（参见 GB/T 4086.1）。附表 1 为《标准正态分布函数表》。

正态分布函数的概率计算比较复杂。为简便起见，就需要进行标准化随机变量的转换。

令 $X=\mu+u\sigma$ 则 $u=\frac{X-\mu}{\sigma}$。

变换之后一般正态分布就变成了如定义所示的标准正态分布，此标准正态分布的均值 $\mu=0$，标准差 $\sigma=1$，以符号 $N(0,1)$表示。

在对从事产品检验的实验室进行能力验证时，所用的 Z 评估、稳健统计技术以及离群值的判断等统计方法都需把一般的正态分布变换成标准正态分布，以便进行正确的评估。

三十、简述正态分布的概率计算

利用标准正态分布的概率分布函数 $F(u)$，可以求出任意正态分布 $N(\mu,\sigma^2)$落在(a,b)的概率 $P(a\leqslant x\leqslant b)$，但计算起来比较复杂。为了简便起见，统计工作者将标准正态分布制成表，见附表 1《标准正态分布函数表》。利用此表可以求得标准正态分布的累积分布函数。

根据正态分布的对称性质得知，对于任意两个对称点 $-x_0$ 和 x_0，$F(-x_0)$和 $F(x_0)$有如下关系：$F(-x_0)=1-F(x_0)$。因此若在标准正态分布表中查不到 $F(-x_0)$，可用上式间接求出 $F(-x_0)$。$-x_0$ 和 x_0 的关系可从图 2-5 和图 2-6 的图形中看出。

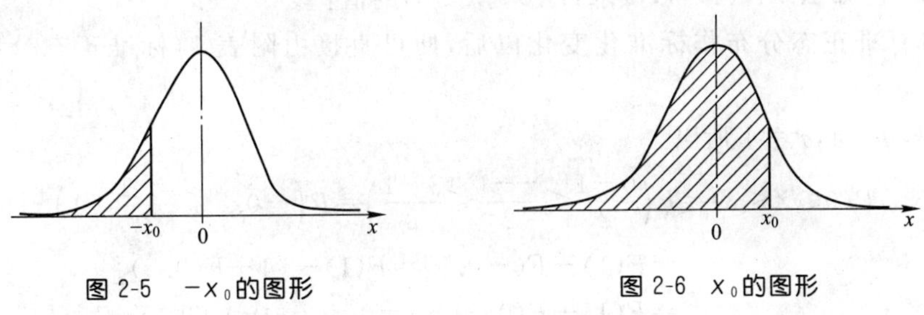

图 2-5 $-x_0$的图形　　图 2-6 x_0的图形

示例 1 已知 $X\sim N(0,1)$，试求：$P(-1\leqslant x\leqslant 1)$、$P(-2\leqslant x\leqslant 2)$、$P(-1.96\leqslant x\leqslant 1.96)$、$P(-3\leqslant x\leqslant 3)$的值？

解：由于分布服从标准正态分布，故可直接在标准正态分布函数表（附表 1）中查出。再根据它的对称性质，可以方便地计算出它们的区间概率。

$$P(-1\leqslant x\leqslant 1)=F(1)-F(-1)=0.682\ 6,$$
$$P(-2\leqslant x\leqslant 2)=F(2)-F(-2)=0.954\ 4,$$
$$P(-1.96\leqslant x\leqslant 1.96)=F(1.96)-F(-1.96)=0.950\ 0,$$
$$P(-3\leqslant x\leqslant 3)=F(3)-F(-3)=0.997\ 3,$$

对于一般正态分布 $N(\mu,\sigma^2)$都可以利用标准化随机变量 u 换算成标准正态分布 $N(0,1)$，因此利用以上结果可得

$$P(\mu-\sigma \leqslant X \leqslant \mu+\sigma)=P(-1 \leqslant X \leqslant 1)=0.682\ 6,$$
$$P(\mu-2\sigma \leqslant X \leqslant \mu+2\sigma)=P(-2 \leqslant X \leqslant 2)=0.954\ 4,$$
$$P(\mu-1.96\sigma \leqslant X \leqslant \mu+1.96\sigma)=P(-1.96 \leqslant X \leqslant 1.96)=0.950\ 0,$$
$$P(\mu-3\sigma \leqslant X \leqslant \mu+3\sigma)=P(-3 \leqslant X \leqslant 3)=0.997\ 3。$$

以上的计算如图 2-7 所示。从图中可以看出,正态分布的随机变量超出$(\mu-3\sigma,\mu+3\sigma)$的区间的概率非常小,仅为 1－0.997 3＝0.002 7＜0.003,即平均 1 000 次试验不足 3 次此类事件的发生,这是一个小概率事件。在一次试验中一般不会发生,这就是习惯上所称的 3σ 原则。它是质量控制图、过程能力分析等统计技术的理论依据,也是目前国际上比较先进的"六西格玛质量管理模式"的理论基础。同样可以看出,超出$(\mu-2\sigma,\mu+2\sigma)$的区间的概率也是很小的,小于 5%,即 20 次最多有 1 次机会。特别是$(\mu-1.96\sigma,\mu+1.96\sigma)$的区间,这是一个常用的概率值,它的概率正好为 0.95。这就是我们日常产品检验工作中常用的显著性水平 α 一般采用 0.05 的理论依据。

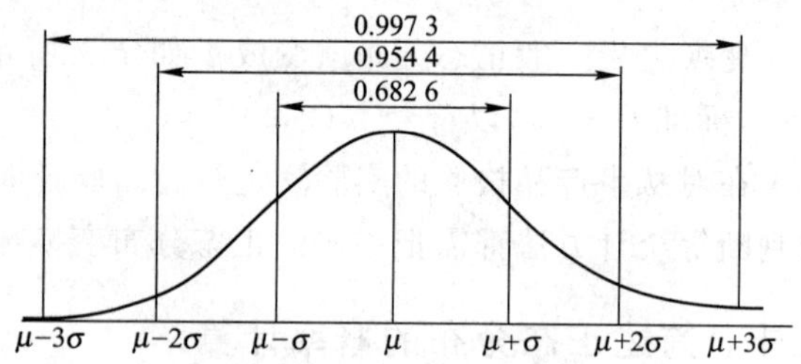

图 2-7　正态分布的概率区间

示例 2　已知 $X \sim N(0,1)$,试求:$P(X \leqslant -2)$的值?

解:$P(X \leqslant -2)=1-F(2)=1-0.977\ 2=0.022\ 8$。

同样,在上例中的 $P(-1 \leqslant x \leqslant 1)$等也可以采用这种方法计算。

$$P(-1 \leqslant X \leqslant 1)=F(1)-F(-1)=F(1)-[1-F(1)]=2F(1)-1$$
$$=2\times 0.841\ 3-1=0.682\ 6。$$

示例 3　已知 $X \sim N(1,4)$,试求:$P(0 \leqslant X \leqslant 3)$的值?

对于非标准正态分布作标准化变化以后,便可直接由附表 1《标准正态分布函数表》查得。

解:此处 $\mu=1,\sigma^2=4$ 所以

$$P(0 \leqslant X \leqslant 3)=P\left(\frac{0-1}{2} \leqslant \frac{x-1}{2} \leqslant \frac{3-1}{2}\right)=P\left(-0.5 \leqslant \frac{x-1}{2} \leqslant 1\right)$$
$$=F(1)-F(-0.5)=F(1)-[1-F(0.5)]$$
$$=F(1)+F(0.5)-1=0.841\ 3+0.691\ 5-1$$
$$=0.532\ 8。$$

示例 4　已知我国成年男子身高均值为 168 cm,标准差为 5.5 cm。试计算 ① 身高小于 160 cm 的概率? ② 身高高于 180 cm 的概率? ③ 身高介于 160 cm～180 cm 的概率?

解:① 身高低于 160 cm 的概率为

$$P(X \leqslant 160)=P\left\{\frac{X-168}{5.5} \leqslant \frac{160-168}{5.5}\right\}$$
$$=P\{u \leqslant -1.45\}=1-F(1.45)=1-0.926\ 5$$
$$=0.073\ 5。$$

② 身高高于 180 cm 的概率为

$$P(X>180)=P\left\{\frac{X-168}{5.5}>\frac{180-168}{5.5}\right\}$$

$$=P\{u>2.18\}=1-F(2.18)=1-0.985\,4$$
$$=0.114\,6。$$

③ 身高介于 160 cm～180 cm 的概率为

$$P(160\leqslant X<180)=P\left\{\frac{160-168}{5.5}\leqslant\frac{X-168}{5.5}<\frac{180-168}{5.5}\right\}$$
$$=P\{-1.45\leqslant u<2.18\}=F(2.18)-F(-1.45)$$
$$=0.985\,4-0.073\,5=0.911\,9。$$

三十一、何谓抽样分布

抽样分布　sampling distribution

统计量的分布。

抽样分布则是由正态分布总体导出的统计量分布(正态分布随机变量的样本函数),也称导出分布。最重要的有 χ^2 分布、t 分布和 F 分布,并在 ISO 9000 质量管理中有着广泛的应用。

三十二、何谓 t 分布

***t* 分布　*t* distribution, Student's distribution**

具有如下概率密度函数

$$f(t)=\frac{\Gamma[(\nu+1)/2]}{\sqrt{\pi\nu}\Gamma(\nu/2)}\times\left(1+\left(\frac{t^2}{\nu}\right)^{\frac{-(\nu+1)}{2}}\right)$$

的连续发布,其中 $-\infty<x<\infty$,参数 ν 是正整数,称为自由度。t 分布也称学生分布。

注 1:在实际中,t 分布被广泛运用于当总体的标准差由样本数据(样本量为 n)估计的情况下,评估样本均值。将样本 t 统计量与自由度为 $n-1$ 的 t 分布比较,可衡量样本均值是否能很好刻划总体均值。

注 2:以下两个独立随机变量的商服从 t 分布。分子服从标准正态分布,分母是 χ^2 分布除以它的自由度所得商的正平方根。

t 分布的期望 $E(t)=0$。

方差 $D(t)=\frac{\nu}{\nu-2}, \nu>2$。

1. t 分布具有的特征

① t 分布曲线是一种以 0 为中心,两侧对称的类似于标准正态分布 $N(0,1)$ 的曲线形状。

② $t=0$ 时所对应的纵坐标为分布曲线的峰值,即 $f(t,\nu)$ 最大。

③ t 分布曲线为单峰曲线,其离散程度较正态分布曲线大,尤其是自由度小的 t 分布,更为明显。

④ t 分布是随着自由度 ν 而变化的一族曲线,图 2-8 给出了不同自由度对应的 t 分布曲线。

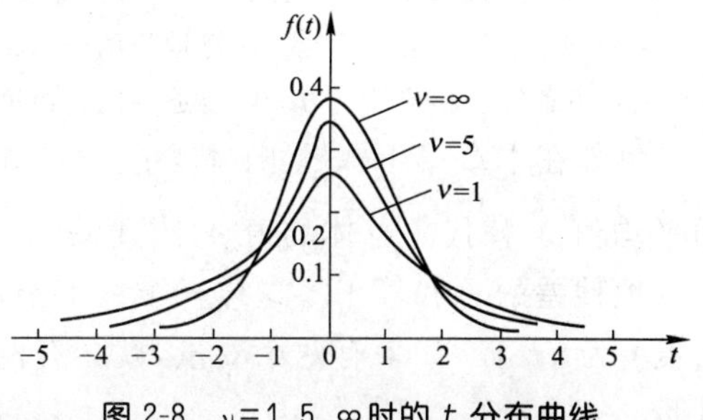

图 2-8　$\nu=1,5,\infty$ 时的 t 分布曲线

从图中可以看出,随着 ν 的变化,t 分布曲线的峰度也随之变化。这种变化完全取决于

标准差 S 和自由度 ν。当 $\nu<10$ 时，曲线低平，t 分布曲线与正态分布曲线差别较大。当 $\nu>30$ 时，t 分布曲线与正态分布曲线很近似；当 $\nu>100$ 时，可用正态分布代替 t 分布；当 $\nu\to\infty$ 时，t 分布曲线和正态分布曲线是严格一致的。

为实际使用方便起见，统计工作者制作了 t 分布表，见附表 4《t 分布的分位数表》。附表 4 给出了双侧和单侧 t 分布的分位数表。在 t 分布表上查到的 t 值，双侧是指 $1-\alpha/2$ 的值，单侧是指 $1-\alpha$ 的值。由于在日常的产品检验中，都是以样本推断总体，为了节约检验费用和提高工作效率，大部分都是抽取小样本进行检验；而且在绝大多数的情况下方差是未知的。由于这些原因，t 分布在产品质量管理中得到了广泛的应用。它主要用于市场调研、原料采购、产品质量验收、过程控制、测量与测试等方面的统计推断。

2. t 检验有三种使用方法

(1) 与真实值(或理论值、总体均值)的比较

这属于单一总体的检验，比如一批产品的品质指标或重量是否符合规定的要求；用密码标样考核检验人员或实验室的检测值是否准确(在实验室认证、质量许可证的考核、检验人员上岗、技术比对、能力验证等大都采用这一方法)；用已知的标准样品来判断新检验方法、非标准方法或对新研制的仪器进行准确度试验等。都需要采用这种 t 检验方法。

(2) 两个样本均值差异的显著性检验

这属于两个总体之间的检验。在这方面的应用很多。比如不同的工厂、工艺、原料、人员、设备所生产的产品质量是否一致；不同的仪器、方法、实验室、检验员等检验的结果是否一致等类似的统计推断。

(3) 成对对比检验

成对对比检验属于均值检验。可以认为是单一总体的检验，也可以理解属于两个总体之间的检验。实际上它是成对观测值之差的总体均值与零或预先指定的值相比较的一种方法。这是检验不同处理方法(不同工厂、原料、方法、人员、设备)间是否存在偏倚或系统误差的最好方法。

t 分布还有其他一些用途，如检查两条回归直线的一致性。估计检测结果置信区间等。

三十三、何谓自由度

自由度　degrees of freedom(ν)

和的项数减去和中诸项数的约束数。

注：自由度的概念最早出现在将样本方差作为总体方差的估计量，是用 $n-1$ 去除离差平方和。自由度是用来调整参数的。自由度也被广泛地应用于 GB/T 3358.3《统计学词汇及符号　第 3 部分：实验设计》，那里的均方都等于相应的平方和除以适当的自由度。

例如在本章第十八题，样本方差的计算公式中的自由度 $\nu=n-1$，这是因为在此式中用平均值 $\overline{X}$ 替代了总体均值 μ，用残差 $X_i-\overline{X}$ 替代了随机误差。有一个变量时，由于存在 n 项残差的总和等于零这样一个约束条件，所以在 n 项残差中有一项是不独立的，故自由度 ν 为 $n-1$。如果有两个变量，就会有两项约束条件，即自由度 $\nu=n-2$，如 F 分布的统计量。

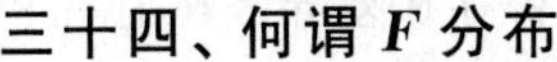

三十四、何谓 *F* 分布

***F* 分布　*F* distribution**

具有如下概率密度函数

$$f(x)=\frac{\Gamma[(\nu_1+\nu_2)/2]}{\Gamma(\nu_1/2)\Gamma(\nu_2/2)}(\nu_1)^{\nu_1/2}(\nu_2)^{\nu_2/2}\frac{x^{(\nu_1/2)-1}}{(\nu_1 x+\nu_2)^{(\nu_1+\nu_2)/2}}$$

的连续分布，其中：$x>0$，ν_1 和 ν_2 都是正整数，分别为第一自由度与第二自由度。

注 1：*F* 分布在估计独立方差比时，特别有用。

注 2：*F* 分布是两个独立随机变量的比的分布，它们都服从 χ^2 分布，并且分别除以各自的自由度。

$F(\nu_1,\nu_2)$ 的期望、方差分别为

$$E(F)=\frac{\nu_2}{\nu_2-2},\nu_2>2$$

$$D(F)=\frac{2\nu_2^2(\nu_1+\nu_2-2)}{\nu_1(\nu_2-2)^2(\nu_2-4)},\nu_2>4$$

式中的 ν_1 是分子的自由度，称为第一自由度；ν_2 是分母的自由度，称为第二自由度。在实际应用时，先不确定哪一个是第一自由度 ν_1，哪一个是第二自由度 ν_2，而是比较一下计算出 S_1^2 和 S_2^2 的大小，把大的作为分子，其所对应的自由度定为 ν_1；小的作为分母，其所对应的自由度定为 ν_2。这样计算出来的 *F* 值总是大于 1 或等于 1。为使用方便，统计工作者制作出 *F* 分布表，见附表 5《*F* 分布分位数表》。表中给出了不同置信概率下和不同 ν_1 和 ν_2 时的显著性检验的临界值 $F_{1-\alpha}(\nu_1,\nu_2)$ 和 $F_{1-\alpha/2}(\nu_1,\nu_2)$。查表时应注意上端横行中是第一自由度 ν_1（即方差大者），左边的纵行是第二自由度 ν_2（即方差小者），两者不可颠倒。

F 检验在产品质量检验中，常来用作检验两个总体间的精密度（方差）是否一致，在两个总体进行均值检验时，需先进行 *F* 检验，当经检验方差一致（齐性）后，才能进行均值检验。在进行新检验方法、非标准方法或新研制仪器的准确度试验中的精密度估计中必须使用 *F* 检验。在质量管理中 *F* 检验常用于两批（不同的工厂、时间、工艺、处理等）的物料或生产的产品质量变异（精密度、均匀、稳定）是否一致。

三十五、何谓卡方分布

卡方分布　chi-squared distribution（χ^2 分布，χ^2 distribution）

具有以下概率密度函数

$$f(x)=\frac{x^{\frac{\nu}{2}-1}\mathrm{e}^{-x/2}}{2^{\nu/2}\Gamma(\nu/2)}$$

的连续分布，其中 $x>0$，参数 $\nu>0$ 称为自由度。

注 1：对于来自已知标准差 σ 的正态分布，统计量 $\frac{(n-1)S^2}{\sigma^2}$ 服从自由度为 $n-1$ 的 χ^2 分布。它是获得 σ^2 置信区间的基础。χ^2 分布的另一个重要应用是用于分布的拟合优度检验。

注 2：χ^2 分布是参数为 $\alpha=\nu/2,\beta=2$ 的 Gamma 分布。

注 3：χ^2 分布的均值为 ν，方差为 2ν。

注 4：Γ 分布（Gamma 分布）是连续型随机变量 *X* 的一种概率分布。

χ^2 分布的应用主要有以下三个方面：

① 利用 χ^2 分布比较检验测试值的总体方差与已知方差之间是否存在差异。在监视和测试装置的控制、检测方法的确认等方面常应用它来进行精密度检验。

② 利用 χ^2 分布来对正态分布总体的方差 σ^2 进行区间估计。在准确度试验中常用 χ^2 分布对方差进行区间估计。

③ 利用 χ^2 分布来解决理论频数和实测频数是否符合的问题。尤其是用于离散型数据的显著性检验。如在生物、医学领域中的应用。

为使用方便，附表 3《χ^2 分布的分位数表》列出了不同自由度 ν 和不同概率的 χ^2 分布表。

三十六、何谓均匀分布

均匀分布　uniform distribution, rectangular distribution

具有以下概率密度函数

$$f(x)=\frac{1}{b-a}$$

的连续分布，其中，$a \leqslant x \leqslant b$。

注 1：当 $a=0, b=1$ 时，该均匀分布是典型随机数发生器的分布。

注 2：均匀分布的均值是 $(a+b)/2$，均匀分布的方差是 $(b-a)^2/12$。

注 3：〔0，1〕上的均匀分布是 $\alpha=1, \beta=1$ 时的 Beta 分布的特殊情况。

实际工作中，均匀分布是很有用的，例如在某一数组中，其每个值都有同等可能取到，就是一个均匀分布。再例如，在任意连续发布中，在一个相对很小的区域内，都可以近似地看成是均匀分布，如在测量(试)不确定度评定时，当对 B 类不确定度评定无任何信息时，仅知它在某一区间内变化时，可直接采用均匀分布。在随机模拟(蒙特卡罗〔Monte Carlo〕)中也有广泛地应用。

第三章 描述性统计

一、何谓描述性统计，简述它的用途、益处、应用示例、局限性和注意事项

1. 描述性统计的概念

描述性统计(descriptive statistics)是指以揭示数据分布特性的方式汇总并表达定量数据的方法。

通常，组织所关心的数据特性是其中心值(最常用是均值)以及散布和离散程度(通常通过极差或标准差来度量)。另一个关心的特性是数据的分布，对此有描述分布的形态的定量测度(如描述对称性的“偏度”)。

描述性统计提供的信息通常可通过各种图解(图表)法进行简明有效地传递，这些图解法包括数据相对简单地显示，如：

① 趋势图(也称“运行图”)，它是通过一段时间内所关心的特性值形成的图，来观察其随着时间变化的表现；

② 散布图，通过将一个变量绘制在 x 轴上，另一个变量的相应值绘制在 y 轴上，帮助分析两个变量之间的关系；

③ 直方图，描述所关心的特性值的分布。

图解法有很多，它们有助于对数据的解释和分析，其范围可从上面描述的相对简单的工具(诸如条形图和饼分图等)，到包括专门换算更复杂性质的技术(如概率图)，以及包括多维空间和变量的图示。

图解(图表)法十分有用，通常用来揭示在定量分析中不易发现的数据异常特征。图解法在调查或验证变量之间关系的数据分析中，以及在估计描述这些关系的参数中都有着广泛的应用。此外，图解法也以有效的方式在汇总和表示复杂数据或数据的关系中发挥着重要的作用，尤其是对非专业人员更是如此。在质量管理中图解法令人可使大家对产品质量的状况清晰明了、一目了然。

描述性统计被认为是统计分析的重要组成部分。

2. 描述性统计的用途

描述性统计用于汇总和表征数据，它通常是对定量数据进行分析的初始步骤，并常常是使用其他统计方法的第一步。

如果满足统计假设，则在规定的误差界限和置信水平内，样本数据的特性可作为推断总体特性的基础。

描述性统计方法包括的内容很多，如：调查表、流程图、水平对比法、分层图、头脑风暴法、因果图、树图、关联图、折线图、条形图、箱线图、饼分图、直方图、排列图、散布图、趋势图、概率图等很多方法。应用较多的有趋势图、散布图、直方图、条形图、因果图等。这些方法在ISO 9004《质量管理体系 业绩改进指南》的多处条款中提及它们的作用。

3. 描述性统计的益处

描述性统计提供了一种高效和相对简单地汇总和表征数据的方式，同时也提供了一种表达信息的便利方式。尤其是图解（图表）法是一种非常有效的展示数据和传递信息的方法。

描述性统计可适用于包含数据使用的所有场合，它有助于数据的分析和解释，并可为决策提供有价值的帮助。

4. 描述性统计的应用示例

描述性统计适用于能收集到定量数据的几乎所有领域，它能够提供有关产品、过程或质量管理体系的一些其他方面的信息，也可用于质量评审。下面就是一些应用示例：

① 汇总产品质量特性的关键测度（例如中心值和离散程度）；

② 描述一些过程参数的表现，如炉温；

③ 表征服务业提供服务的交付时间或响应时间；

④ 汇总从顾客调查中所获得的数据，如顾客满意或不满意；

⑤ 说明测量数据，如仪器设备的校准数据；

⑥ 通过直方图展示过程特性的分布，并与其规范限进行比较；

⑦ 利用趋势图，展示一段时间内的产品特性结果；

⑧ 通过散布图，评价过程变量（如温度）与产量之间可能存在的关系。

5. 描述性统计的局限性与注意事项

描述性统计提供了样本数据特征（如均值和标准差）的定量测度。然而，这些测度受到样本量和所使用的抽样方法的限制。除非满足基本的统计假定，否则，不能根据这些定量测度对所抽取样本的总体特性作出正确估计。

二、简述描述性统计在 ISO 9000 质量管理中的应用

描述性统计所提供的信息通常是通过各种图解（图表）法来表达和展现。因此，在以前的国际质量管理和质量体系标准中把这类统计方法称为图解法。由于这些统计方法有助于质量改进项目和活动的成功，故在有些标准中又把这些方法称为质量改进工具和技术。在 ISO 9004 标准中，提到了许多这样的质量改进工具和技术。大体上可分为以下两类。

1. 适用于数字数据的工具

质量改进的决策应尽可能地以数字为依据。应使用适宜的统计技术，对数字数据中所反映的差异、趋势和变化进行分析。

2. 适用于非数字数据的工具

某些质量改进的决策建立在非数字数据的基础上，这类数据在营销、研究和开发以及管理者的决策中起着重要的作用。应运用适当的工具正确处理这类数据，使其转化成可供决策用的信息。表 3-1 列出了质量改进的步骤及可用的工具和技术。表 3-2 列出了质量改进工具和技术及其应用。

表 3-1　质量改进的步骤及可用的工具和技术

步骤	可用的工具和技术
收集数据	调查表
识别改进机会	水平对比法、头脑风暴法、分层图、树图、控制图、直方图

续表 3-1

步骤	可用的工具和技术
排列改进机会	排列图
调查可能原因	流程图、因果图、散布图、调查表
确定主要原因	排列图
确定因果关系	因果图、散布图
采取改进措施	流程图、因果图、头脑风暴法、分层图、树图
确认改进	控制图、直方图、排列图
保持改进成果	控制图、直方图

表 3-2 质量改进工具和技术及其应用

序号	工具和技术	应　用
1	调查表	系统地收集数据与信息资料，以获取对事实的明确认识
适用于非数字数据的工具和技术		
2	分层图	将大量的有关某一特性主题的观点、意见或想法按组归类
3	水平对比法	把一个过程与那些公认的占领先地位的过程进行对比，以识别质量改进的机会
4	头脑风暴法	识别可能的问题解决办法和潜在的质量改进机会
5	因果图	分析和表达因果关系；通过识别症状、分析原因、寻找措施、促进问题解决
6	流程图	描述现有的过程；设计新程序
7	树图	表示某一主题与其组成要素之间的关系
8	矩阵图	根据各因素之间的相关程度，寻找解决问题的方法
9	亲和图	将有关某一特定论题的各种观点、意见或想法进行归类处理
10	对策表	对策表就是按“5W1H”的原则来回答“5W1H”的问题，制定相应的对策
11	过程决策程序图	在制定行动计划或进行方案设计时，预测可能出现的障碍和结果，并相应地提出多种应变计划的方法
适用于数字数据的工具和技术		
12	控制图	诊断：评估过程的稳定性； 控制：决定某一过程何时需要调整及何时需要保持原有状态； 确认：确认某一过程的改进
13	直方图	显示数据波动的形态；直观地传达有关过程情况的信息；决定在何处集中力量进行改进
14	排列图	按重要性顺序显示每一项目对总体效果的作用；排列改进的机会
15	散布图	发现和确认两组相关数据之间的关系；确认两组相关数据之间的关系

应当注意的是虽然描述性统计提供了样本的数据特性(例如均值和标准差)的量度，然而这些量度受到样本大小和所使用的抽样方法的限制。除非满足抽样有关的统计假设，否则不能根据这些量度对所抽取样本的总体特性作出正确的评估。

三、何谓老七种工具、新七种工具以及七套七种工具

统计技术的理论基础是概率论，但概率论这一理论对于企业的基层工人甚至对于一般的技术人员来说也是难以理解的，因此也妨碍了统计技术的推广应用。为此，针对基层工人和初级技术人员的特点，20 世纪 60 年代日本质量管理专家开发了因果图、排列图、调查表、散布图、控制图、直方图和分层法，称为质量管理常用的（老）七种工具。随着质量管理的不断深化，20 世纪 70 年代日本质量管理专家又开发出系统图、关联图、矩阵图、矢线图、KJ（亲和图）法、PDPC（过程决策程序图）法和矩阵数据解析法，称为质量管理的新七种工具。

目前，描述性统计的各种方法在 ISO 9000 质量管理体系中得到了广泛的应用，特别是在六西格玛管理中经质量管理专家们的研讨，又整合推出了实用的七套七种的工具箱。该工具箱包括七组改进工具，每一组又包括七种工具。这是一个强大而又易于使用的工具箱，可用于日常改进和突破性改进项目。它们分别是：

① 七种设计工具；

② 七种统计工具；

③ 七种项目工具；

④ 七种精益工具；

⑤ 七种顾客工具；

⑥ 七种质量控制工具；

⑦ 七种管理工具。

七套七种工具中的每一套，都集合了七种工具。这些工具是真正意义上的工具、方法和思维模型的混合体。图 3-1 中列出了七套七种工具箱中的 49 种工具：

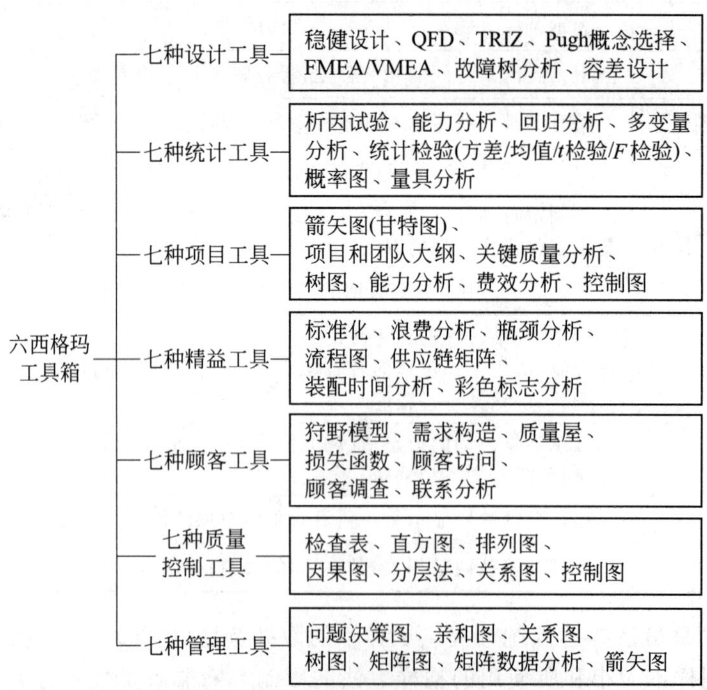

图 3-1　七套七种工具箱中的 49 种工具概览

四、何谓调查表,简述其应用

1. 调查表的概念

调查表(questionnaire)又称检查表、统计表、检验结果统计表、质量分析表等称谓。它是统计图表的一种,是用来记录、收集和整理数据所用的图表。调查表适用于数字数据分析和非数字数据分析的两种情况。

2. 调查表的应用

调查表用于系统地收集数据,以获得对事实的明确认识。

调查表是收集和记录数据的一种形式,它便于按统一的方式收集数据并进行分析。

3. 程序

① 确定建立收集数据的具体目的(将要解决的问题)。

② 识别为达到目的所需要的数据(解决问题)。

③ 确定由谁以及如何分析数据(统计工具)。

④ 编制用于记录数据的表格,并提供记录以下信息的栏目:谁收集的数据,何时、何地、以何种方式收集数据。

⑤ 通过收集和记录某些数据来试用表格。

⑥ 必要时,评审和修订表格。

4. 调查表的类型

根据调查的内容调查表又可分为以下几种类型:

① 不合格品项目调查表。主要用来调查生产现场不合格品项目频数和不合格品率,以便继而用于排列图等分析研究。

② 缺陷位置调查表。用来记录、统计、分析不同类型的外观质量缺陷所发生的部位和密集程度,进而从中找出规律性,为进一步调查或找出解决问题的办法提供事实依据。

③ 质量分布调查表。是计量数据进行现场调查的有效工具。即根据以往的资料,将某一质量特性项目的数据分布范围分成若干区间而制成的表格,用以记录和统计每一质量特性数据落在某一区间的频数。

④ 矩阵调查表。一种多因素调查表,它要求把产生问题的对应因素分别排成行和列,在其交叉点上标出调查到的各种缺陷和问题以及数量。

调查表在质量管理中可以用于企业进货验收的记录统计,通过该表可以对所购物料的大体状况有一比较明确的了解。表 3-3 是对采购的××配件缺陷位置的调查表。

表 3-3　××配件缺陷位置调查表

产品名称:××配件	合同号:T01-08	
进货单位:×××制造厂	批号:05318	
件数:568	检查方法:全数检查	
检验员(签字):×××	时间:2007 年 3 月 20 日	
缺陷类别	检验结果	小计
表面光洁度不够	正正正正丅	22
砂眼	正正一	11
加工尺寸超差	正	5
硬度不达标	正正正	15
其他	正丅	7
合计	正正正正正正正正正正正正	60

调查表没有固定的格式,可以根据采购的物料特点自行设计,只要达到对进货物料的质量状况清晰明了即可。

五、何谓流程图,简述其应用

1. 流程图的概念

流程图(flow diagram)是用图的形式将一个过程的步骤表示出来,通过对过程实际情况的详细了解来调查改进的机会。通过对一个过程中各步骤之间关系的研究,通常能发现故障的潜在原因。

流程图的分类,流程图从使用范围可分为概要流程图和细化流程图两类。如产品质量检验从报检、审单、抽样、制样、化验、数据处理到结果报告的出具,这一大的过程称为概要流程图。而具体的抽样、制样、化验等步骤的流程图可称作细化流程图。

流程图的形式,在解决实际问题时,可使用流程图的多种形式,大体上有"上下"流程图、矩阵流程图、"前后"流程图等形式。

2. 流程图的应用

① 描述现在的过程;

② 设计新过程。

流程图应用非常广泛,可以用于从材料的采购直至产品的销售以及售后服务的所有过程,也可以用于所有质量管理的全过程。

流程图由易识别的符号构成。一般所使用的符号如图 3-2 所示。

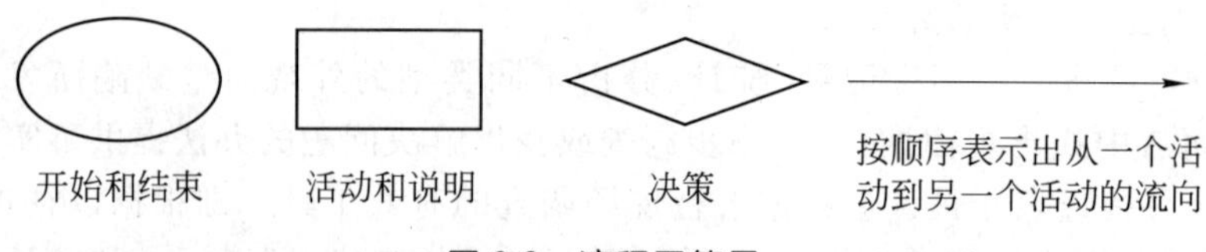

图 3-2 流程图符号

3. 流程图绘制程序

(1) 描述某一现有的过程

① 确定该过程的开始和结束;

② 观察从开始到结束的整个过程;

③ 观察该过程的步骤(活动、决策、输入、输出);

④ 绘制表示该过程的流程图的草案;

⑤ 与该过程有关的人员一起评审该流程图草案;

⑥ 根据评审结果对流程图加以改进;

⑦ 对比实际过程验证流程图;

⑧ 注明日期,以备将来使用或参考(它可用作该过程设计操作记录,也可用于判别设计改进的机会)。

(2) 设计一个新过程

① 规定该过程的开始和结束;

② 将过程中的步骤具体化并加以确定(活动、决策、输入、输出);

③ 绘制表示该过程的流程图草案;

④ 与将要参与该过程的人员一起评审该流程图草案；

⑤ 根据评审结果对流程图加以改进；

⑥ 注明日期，以备将来使用或参考。

4. 应用示例

图 3-3 所示的流程图是表示企业采购件的进货过程。

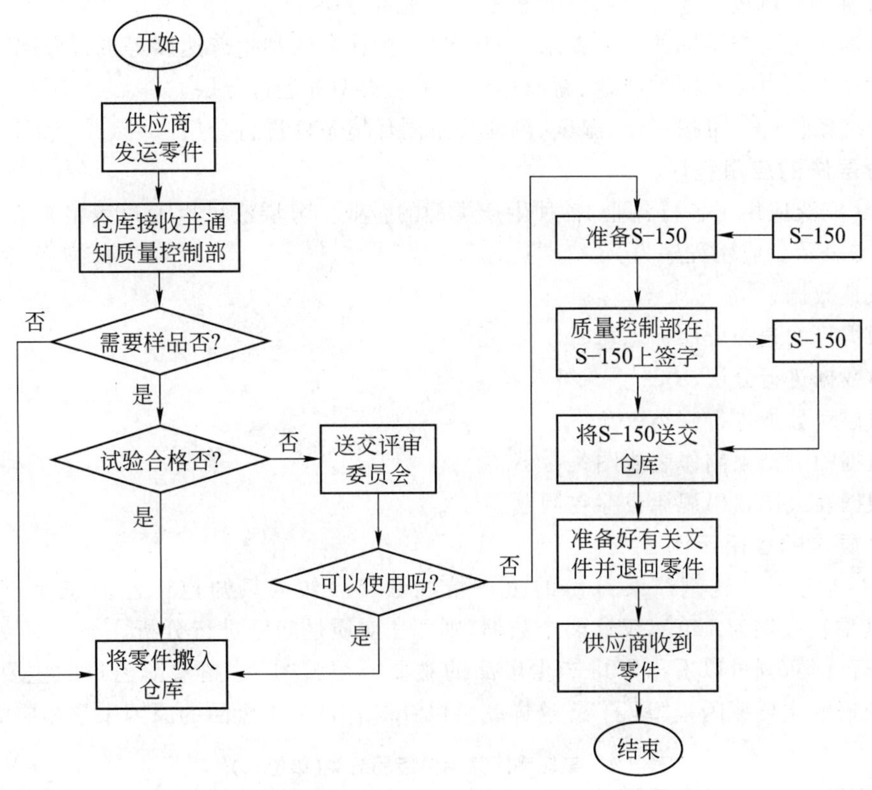

图 3-3　采购件进货过程流程图

六、何谓分层法，简述其应用

1. 分层法的概念

分层法(stratification)也称为分类法、分组法，是整理质量数据的一种重要方法。所谓分层法即是将收集到的数据按不同的目的、特征加以分类，把性质相同或条件一致的数据归在一起，以便进行分析比较。它是数据分析与整理的一项基础工作。

2. 分层的作用

① 是分析数据、利用数据的基础；

② 为有效地使用其他工具与技术创造条件；

③ 可以提高数据的使用价值，便于找到原因和采取正确的措施。

3. 分层的原则

① 相同、相近类型或同性质的数据分在一层；

② 不同层的数据差异应尽量大。

4. 分层的方法

分层的目的不同,分层的方法一般也不同。通常可以按以下标志进行:

① 人员——可按年龄、性别、学历、职称、职业等进行分层。

② 时间——可按不同的班次、日期等进行分层。

③ 测试——可按测试设备、测试方法、测试人员、抽样方法和环境条件等进行分层。

④ 材料——可按产地、批号、供方和成分等进行分层。

⑤ 方法——可按不同的工艺要求、操作参数、操作方法和生产速度等进行分层。

⑥ 设备——可按不同的产地、新旧程度和工艺类型等进行分层。

⑦ 环境条件——可按温度、湿度、场地等不同环境条件进行分层。

5. 分层法的应用程序

分层法广泛应用于各行各业,各种生产类型的企业。分层法可以通过表格来表示,也可通过图形来表示。应用程序为:

① 收集数据;

② 根据目的选择分层标志;

③ 对数据进行分层;

④ 以层对数据进行归类;

⑤ 根据归类结果制作表或图;

⑥ 根据表或图找出规律或存在问题。

6. 分层法的应用示例

表 3-4 列出了某轧钢厂某月份的生产情况数字。如果只知道甲乙丙三个班共轧钢 6 000 t,其中轧废钢为 169 t,仅这两个数据,则无法对质量问题进行分析。如果对废品产生的原因进行分类,则可以看出甲班产生废品的主要原因是“尺寸超差”,乙班的主要原因是“轧废”,丙班的主要原因是“耳子”。这样就可以针对各自产生废品的原因采取相应的措施。

表 3-4 某轧钢厂某月份废品分类(单位:t)

废品数量 / 废品项目	班次			合计
	甲班	乙班	丙班	
尺寸超差	30	20	15	65
轧废	10	23	10	43
耳子	5	10	20	35
压痕	8	4	8	20
其他	3	1	2	6
合计	56	58	55	169

七、何谓水平对比法,简述其应用

1. 水平对比法的概念

水平对比法(benchmarking)就是把一个过程与那些公认的占领地位的过程进行对比,以识别质量改进机会的一种方法。

2. 水平对比法的应用

水平对比法把产品和服务的过程和性能与公认的领先者进行比较，这有助于认清目标和确定计划编制的优先顺序，以使自己在市场竞争中处于有利地位。

3. 水平对比法的应用程序

(1) 确定对比的项目

此项目应是过程及输出的关键特性。应注意做到“以己之短比他人之长”，寻找自己的差距和不足。过程输出对比应直接与顾客的需要相联系。

(2) 确定对比的对象

对比的对象可能是直接的竞争对手或不是竞争对手，但在对比项目上是公认的领先者。

(3) 收集数据

可以通过直接接触、考察、访问、人员或专家调查以及技术刊物等途径获取有关过程性能和顾客需要的数据。

(4) 归纳并分析数据

分析的目的是针对所有有关项目制定最佳的实践目标。

(5) 进行对比

根据顾客的需要和竞争者及非竞争者的绩效确定质量改进的机会。

(6) 制定改进工作的措施计划

按 5W1H 的要求项目制定改进工作的措施计划。通过对措施计划的实施、检查和处置，决定是否还有必要继续开展第二、第三个 PDCA 循环。使质量水平不断持续改进。

八、何谓头脑风暴法，简述其应用

1. 头脑风暴法的概念

头脑风暴法(brain storming)是引导和启发小组成员创造性地思考，从而产生和澄清大量观点、问题或议题的一门技术。

2. 头脑风暴法的应用

头脑风暴法用于识别可能的问题解决办法和潜在的质量改进机会。

头脑风暴法是引导小组成员创造性地思考，从而产生和澄清大量观点、问题或议题的一门技术。

3. 头脑风暴法的应用程序

头脑风暴法的应用包括两个阶段：

(1) 产生阶段

组织者重申头脑风暴法的原则，本次头脑风暴会议的目的，然后小组成员提出各种观点。本阶段的目标就是产生尽可能多的观点。

(2) 澄清阶段

小组重温这些观点，确保每位成员理解所有的观点。在头脑风暴会议结束时，对观点作出评估。

4. 头脑风暴法的原则

① 确定组织者；

② 明确阐述头脑风暴会议的目的；

③ 每位小组成员依次提出一个观点；

④ 如可能，可对本小组其他成员的观点进行补充；

⑤ 在此阶段，既不评价也不议论观点；

⑥ 把所有的观点公开记录下来；

⑦ 本过程持续到不再有新观点产生为止；

⑧ 重温所有观点并加以明确。

九、何谓因果图，简述其应用

1. 因果图的概念

在找出主要质量问题以后，为分析产生质量问题的原因，以确定因果关系的图表称为因果图[Cause & Effect(Fishbone Diagram)]。因果图又称鱼刺(骨)图、树枝图，也称石川图。

2. 因果图的应用

① 分析因果关系；

② 表达因果关系；

③ 通过识别症状、分析原因、寻找措施、促进问题的解决。

因果图是用于考虑并展示已知结果与其潜在原因之间关系的一种工具。许多潜在的原因可归纳原因类别与子原因，形成类似于鱼刺的样子，因此该统计工具又称鱼刺图。

3. 因果图的绘制程序

① 明确、扼要地确定结果。

② 规定可能原因的主要类别。需要考虑的因素包括：数据和信息系统；环境；设备；材料；测量；方法；人员。

③ 开始画图，把“结果”画在右边的方框中，然后把主要的各类原因放在它的左边，作为“结果”框的“输入”。

④ 寻找所有下一层次的原因并画在相应的主枝上，并继续发展下去。一个完整的因果图至少有两层，许多因果图有三层或更多层。见图 3-4。

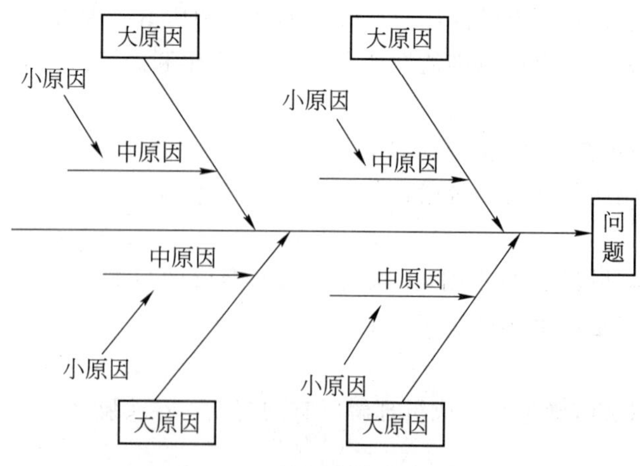

图 3-4 因果图的结构示意图

⑤ 从最高层次的原因中选取和识别少量的(3～5 个)可能对结果有最大影响的原因，对它们开展进一步的工作，如收集数据、采取控制措施等。

4. 绘制因果图时注意事项

① 绘制因果图的另一种方法是用头脑风暴法收集所有可能的原因，然后用分层法把它们归纳成原因类别和子原因。

② 在某种情况下，列出一个过程的主要步骤作为原因类别可能是有益的，例如，当将某一过程流程作为改进的结果时，常常利用流程图来规定这些步骤。

③ 绘制出因果图后，经过进一步完善可成为一个“活工具”，从中获得新的知识和经验。

④ 因果图一般由小组集体绘制，但拥有足够过程知识和经验的个人也可绘出。

因果图在质量控制中应用较多，图 3-5 是某实验室对煤炭发热量测试偏低的原因分析。

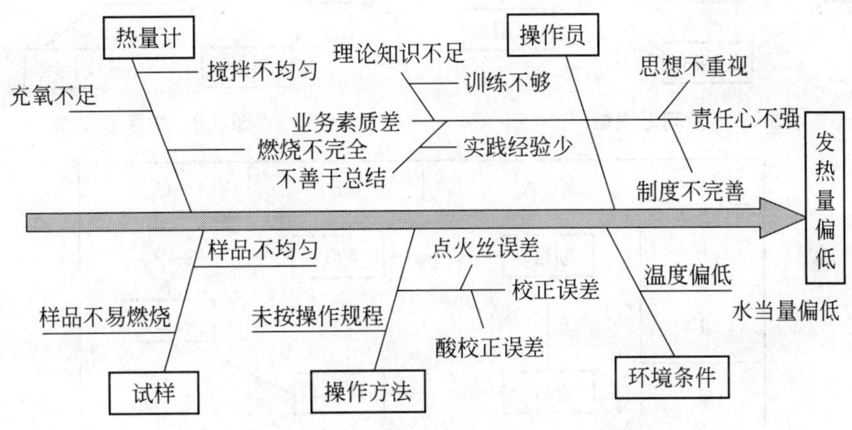

图 3-5 测试发热量偏低的原因分析

十、何谓关联图，简述其应用

1. 关联图的概念

关联图(inter-relationship diagraph)也称为关系图。它是用箭线把存在的问题与其影响因素之间的因果(或目的与手段)关系表达出来，然后根据逻辑关系确定出主要因素并寻找解决问题措施的一种方法。

2. 关联图的类型

按图形结构分，关联图可分为中央集中型、单向汇集型、关系表示型和应用型 4 种。

(1) 中央集中型。是指把重要项目或应解决的问题尽量放在图的中央位置，从和它们关系最为密切的因素开始，把有关的各种因素从近到远排列在其周围。见图 3-6。

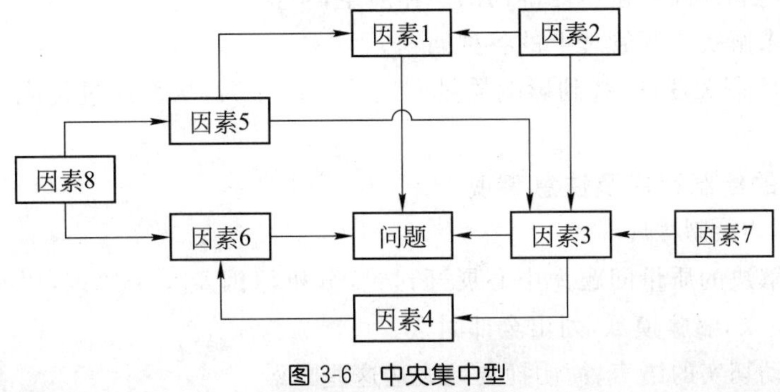

图 3-6 中央集中型

(2) 单向汇集型。是指把重要项目或应解决的问题放在图形的右(或左)侧，将各因素按主要因素关系的顺序，尽量从左(或右)向右(或左)侧排列。见图 3-7。

(3) 关系表示型。是用来表示各种活动项目之间或因素之间的因果关系，图形排列较为灵活。见图 3-8。

(4) 应用型。是指以上述 3 种形式为基础而加以组合运用的关联图。见图 3-9。

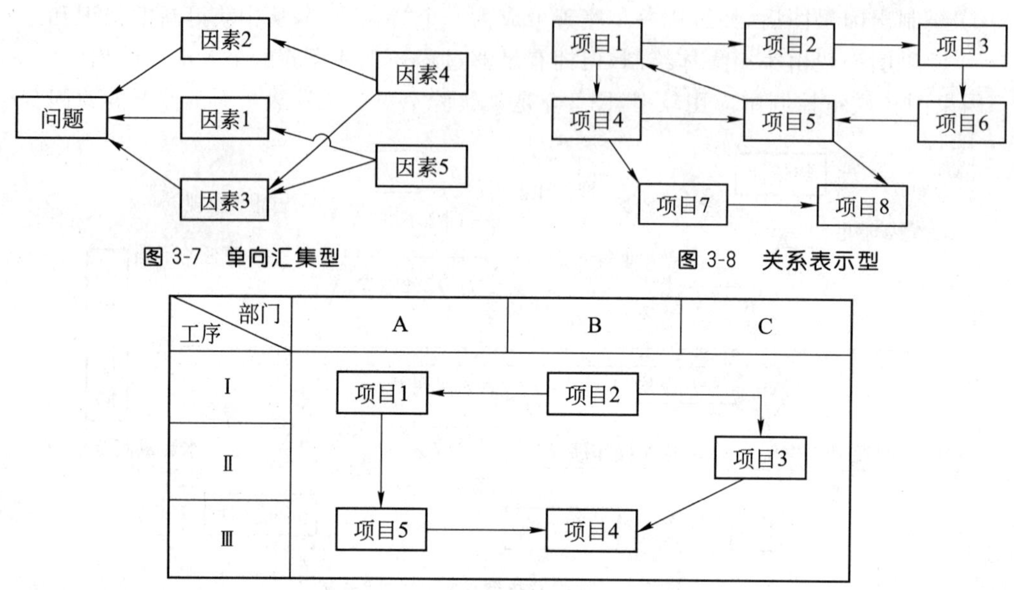

图 3-7　单向汇集型

图 3-8　关系表示型

图 3-9　应用型

3. 关联图的用途

关联图是抓住问题的核心，指导有效的解决问题的方法。因此，它不仅可以用来解决企业质量管理方面的问题，而且也可以应用于社会现象的分析。对于厂矿企业的质量管理而言，它的主要用途是：

① 用于厂矿企业推行全面质量管理计划；

② 用于制定质量管理和质量保证的方针及其展开；

③ 用于制定生产过程中减少不合格品的措施；

④ 用来寻求解决索赔问题的措施；

⑤ 用来制定质量管理小组的活动计划；

⑥ 用于改进和提高质量职能部门的工作质量；

⑦ 用来寻求解决工序管理上的各种问题。

总之，通过绘制关联图，找到影响质量问题的关键原因，从而通过优先解决主要问题而解决质量问题。

4. 关联图的绘制程序及注意事项

(1) 关联图的绘制程序

① 以所要解决的质量问题为中心展开讨论，分析原因及其子原因，以及各因素的因果或目的与手段关系，顺藤摸瓜，列出全部因素。

② 使用生动切实的语言、简明扼要地表达这些因素。

③ 把因果关系用箭头加以连接。

④ 从图中掌握全貌。

⑤ 进一步归纳出重点因素或项目。

⑥ 针对重点因素或项目采取对策。

(2) 绘制关联图的注意事项

为保证关联图的应用取得成效，在作图时，应当掌握以下注意的事项：

① 要解决的问题和所要达到的目标用▭表示；

② 尽可能用生动的语言表达因素，最好用短语、短句(名＋动、动＋宾、名＋形)，而不宜仅用名词；

③ 注意箭头指向，即原因→结果，手段→目的；

④ 原因分析要彻底，要捕捉比中间因素更基本的因素；

⑤ 重点因素或项目要有特殊的标记；

⑥ 为了归纳重点项目，应反复修改图形。

5. 关联图的应用

关联图是解决复杂因素所构成问题的有效方法。其制作与使用比较自由，不拘形式，由有关人员共同深挖问题的原因，讨论应将什么问题作为重点优先解决，从广阔的视野看全貌，这样有利于整理信息，便于了解问题的关键，明确各个部门的关系，便于协作，有利于质量改进活动，找出解决问题的切实对策。

例如某厂装配合格率偏低，产生不少废品，一直认为操作人员水平低是主要原因，运用关联图进行重新探讨，发现许多与以往观点不同的因素，最后由现场工人责任转向管理责任，找出教育培训不够，生产时间安排太紧等问题，着手解决，废品率大幅下降。见图 3-10。

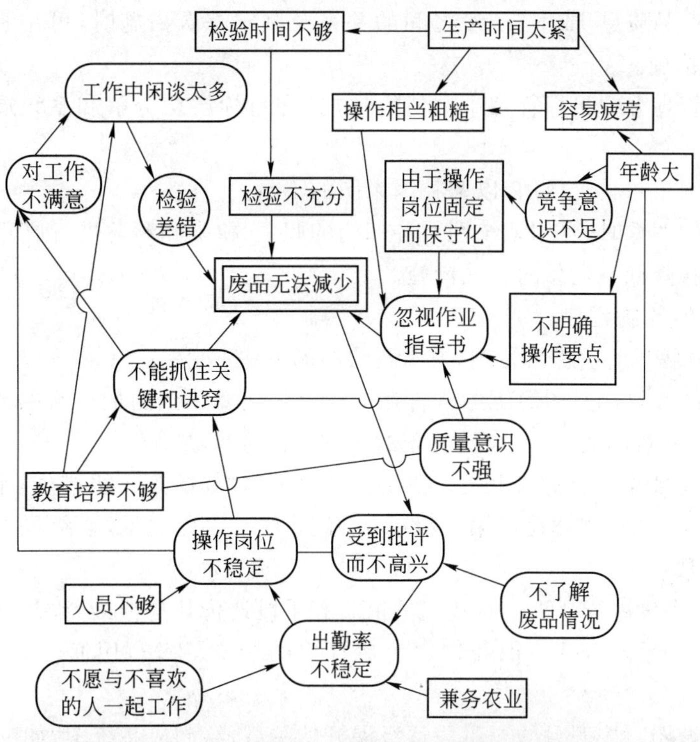

图 3-10　寻找废品损失原因的中央集中型关联图

十一、何谓系统图，简述其应用

1. 系统图的概念

系统图(system diagram)是把用于功能分析的功能系统图的思路和手段，应用到质量管理中的一种方法。也就是把要实现的目的与需要采取的措施和手段，系统地展开，并绘制成图，达到明确问题的重点，寻找出最佳的手段、措施和目的的方法。如图 3-11 所示。

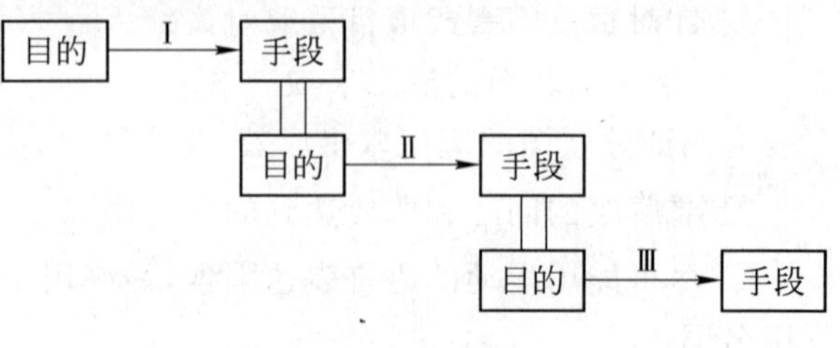

图 3-11 系统图的基本形式

2. 系统图的分类

系统图根据其使用的目的可分为两类。

① 因素展开型系统图。是把所研究的对象按构成因素展开为“目的 → 手段”关系的一种图形。

② 措施展开型系统图。是把要解决的问题或要实现的目的(目标)和手段(措施)加以系统展开的一种图形。

3. 系统图的用途

系统图不但可用于明确质量管理的重点和寻找改进的措施，而且对于质量管理者在处理其他事情时，也是一种很好的思考方法。

① 用于新产品开发中质量设计的展开。

② 制定质量保证活动计划和建立质量体系时进行质量职能的展开。

③ 在处理产品质量、成本、产量之间的关系及制定综合措施时，可用系统图展开，通过分析，找出重点措施。

④ 在质量管理方针目标管理中，将质量方针和目标层层分解和系统展开，使之落实到各基层单位。

⑤ 可以同因果图联合使用，以弥补因果图的不足。

⑥ 进行机构调整时，可用系统图对各部门的职责、权限和利益进行展开。

⑦ 用于寻找降低不良品的有效措施。

4. 系统图的绘制程序

下面以措施展开型系统图为例，说明其绘制的方法。

① 确定目的和目标。用简练的语言在卡片上写出要达到的最终目的或目标，同时要写明为什么要达到此目的或目标，以及实现的条件和注意事项。

② 找出实现目的的措施和手段。找出实现目的、目标的第一级措施、手段，然后以这一级的措施、手段为目的，继续找出第二级的措施、手段。以此类推，逐级展开，直到找到最后一级的措施、手段。

③ 对措施、手段进行评价。对找出的措施和手段评价其是否得当，并决定其取舍。

④ 绘制措施、手段卡片。把经过评价后提出的措施、手段，用通俗易懂的语言写在卡片上。

⑤ 绘制系统图。按照目的—手段逐级展开的关系，绘制成系统图，如图 3-12 所示。

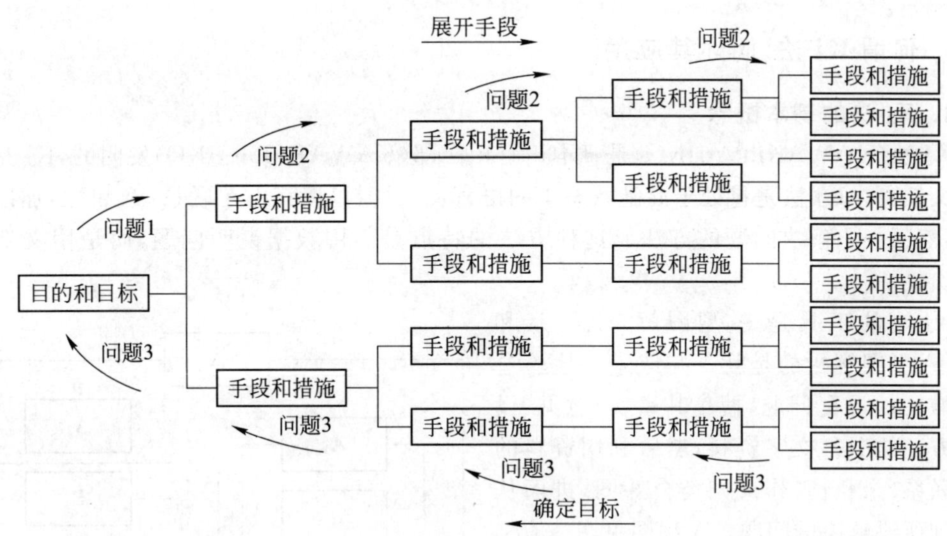

图 3-12 系统图的绘制方法

⑥ 验证措施、手段。系统图绘制完成后,要对实现目的的手段进行验证,看能否达到目的。

⑦ 制定措施计划。根据所绘制的系统图最后一级的措施、手段,制订出实施的措施计划。计划中要明确具体的内容、进度要求、负责者、检查者等。

5. 系统图的应用示例

某厂机械车间在开展 QC 小组活动中,分析车轮轴承质量问题时应用的系统图,如图 3-13 所示。

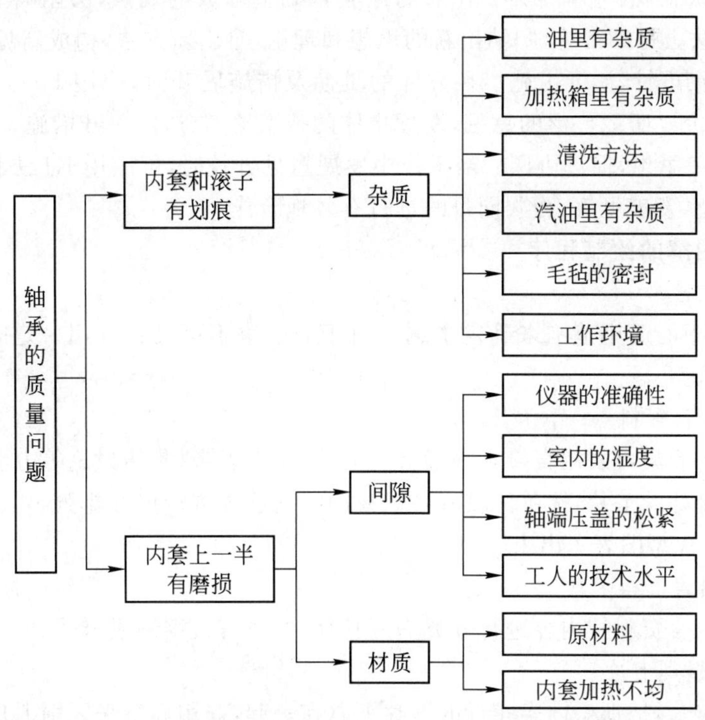

图 3-13 分析车轮轴承质量的系统图

十二、何谓 KJ 法，简述其应用

1. KJ 法的基本概念

KJ 法（KAWAKITA JIKO）是日本川喜田二郎（KAWAKITA JIKO）发明的，KJ 是川喜的英文缩写。KJ 法是将处于混乱状态中的语言文字资料，按其内在联系（亲和性）加以归纳整理，然后找出解决问题的方法。这种方法的特点是不用数据说明问题，而是用文字说明问题。

KJ 法的工具是 A 型图解（也称亲和图）。A 型图解指的是就未知或未经检验过的领域中的混乱问题，搜集其事实、意见、设想等方面的语言文字资料，然后利用资料的内在联系（亲和性）作成归类合并图，进而从中找到所要解决的问题。A 型图见图 3-14。

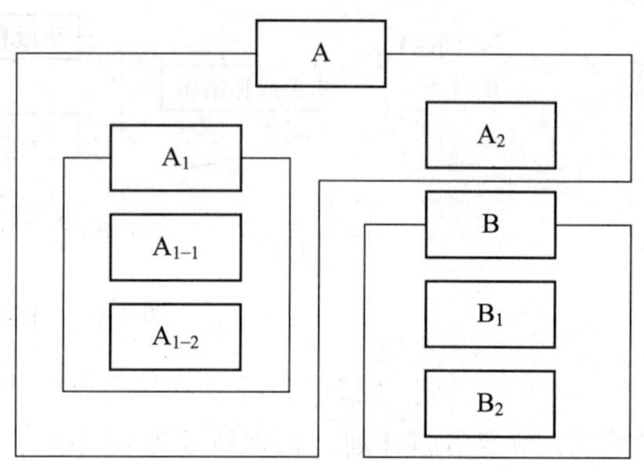

图 3-14　A 型图

2. KJ 法的主要用途

① 用于研究新的情况，发现新问题。对于自己尚未经历或未认识的事情，应用 KJ 法掌握其实际情况，从而发现和认识新问题，找到解决问题的方法。

② 用于归纳问题、整理见解。应用 KJ 法对细小、杂乱、理不出头绪的问题进行归纳，系统地思考和整理问题，提出明确的看法和见解。

③ 用于打破常规、标新立异。在旧的经验基础上形成的观点，会阻碍事物的发展。因此，可以用 KJ 法去打破常规，归纳出新的思想和理论，拿出新方法，构成新见解。

④ 用于贯彻方针，展开措施。在方针的贯彻及措施展开时，应用 KJ 法，使决策层和员工一起讨论、研究。听取广泛的意见，发挥集体的智慧落实方针，展开措施。

⑤ 用于统一思想，促进协调。当工作中发展意见分歧时，可应用 KJ 法将各个成员的不同意见归纳汇总，发表见解，为共同目的进行有效地合作。

3. KJ 法图解的绘制程序

（1）确定主题

根据 A 型图的适用范围来确定主题。对于非解决不可又容许用一定时间来解决的问题，就可以确定为主题。

（2）收集语言资料

语言资料的收集可采用直接观察、面谈、阅览、个人思考、集体讨论等方法。

把最终绘制好的卡片，按照比较容易寻找的相互位置进行展开排列，用适当的记号画出其相互关系，用 A 型图表示出来。

（3）制作语言资料卡片

将收集的语言资料按内容进行分类，并用简明的语言文字制成卡片。

（4）汇总、整理卡片

反复阅读卡片，把那些内容相近的卡片汇总在一起，并用标签来区别卡片的分类。

（5）绘制 A 型图解

(6) 口头发表

边看 A 型图,边按其内容进行讲解。

(7) 写出书面报告

根据绘制的 A 型图,写出分析报告,指明结论、方案和计划。

4. KJ 法的应用示例

图 3-15 为讨论如何提高国产自行车质量的 A 型图解,通过召集有关人员座谈讨论,为改进自行车质量、降低成本提供了大量的语言资料。

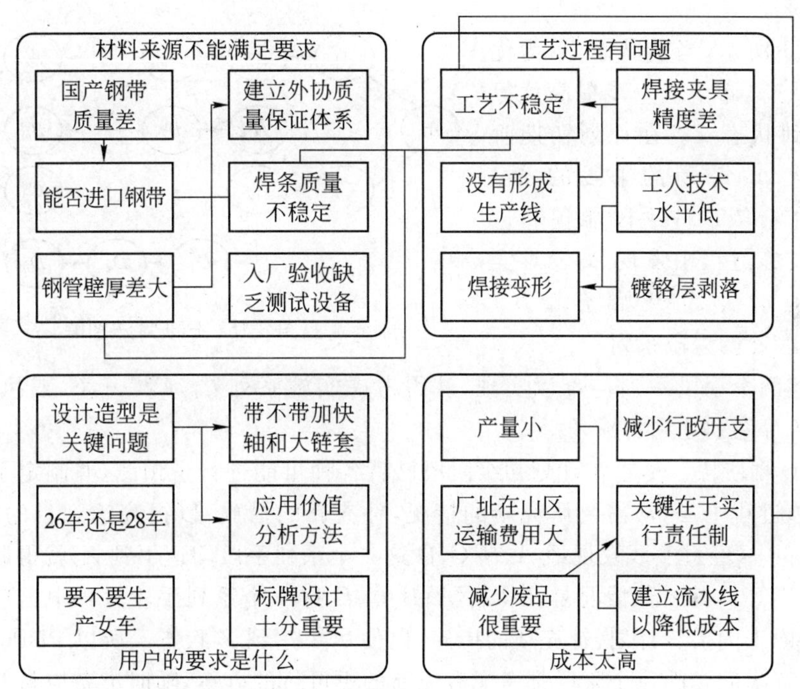

图 3-15 如何提高国产自行车质量的 A 型图

十三、PDPC(过程决策程序图)法

1. PDPC 法的基本概念

PDPC 法(Process Decision Program Chart)也称过程决策程序图法,PDPC 是过程决策程序图(Process Decision Program Chart)的英文缩写。它是一种对于事态进展中可以设想的各种结果,确定其达到最佳结果途径的方法。利用这种方法可以确定达到所期望的某种结果的过程与步骤,它是运筹学中的过程决策图在质量管理中的运用。

为了达到预定的质量目标而制定的实施计划,有时因各种原因使事态没能按照预想的那样发展,从而使当初确定的解决方法贯彻不下去。PDPC 法正是针对这一问题而提出来的。它先对可能考虑到的各种情况都进行预测,并提出相应的预防措施,同时在事态发展中随时进行预测和修正,以引导事态向所希望的结果发展。以便达到预期的目的。

2. PDPC 法的特点

(1) PDPC 法是动态方法

在过去的质量管理方法中，从掌握质量问题开始到具体实施项目各个阶段的一系列计划，凭已有的经验就可以准确地预见执行过程中可能产生的问题。然而许多问题却需要在包括未确定因素的情况下加以解决，这就需要对解决质量目标进程中出现的新情况进行分析，找出实现目标的更适当手段。PDPC 法正是为满足以上需要而引进到质量管理中，它的动态特征可以从其应用步骤中看出。

1）计划初期阶段。根据已掌握的技术知识、经验和资料，就要达到的目标根据事态发展的各种可能性预先制订几个系列的措施方案，并规定执行系列措施方案的时间顺序或平行执行的时间。

如图 3-16 所示，当前状态 A_0 为优等品率低的状态，希望进一步提高优等品率使之达到状态 Z。在计划初期阶段，可考虑从 A_0 到 Z 的手段的 A_1，A_2，…，A_n，并希望这些手段能顺利进行。假设在实施过程中发现 A_3 较难实现，为此又提出从 A_2 开始经由 B_1，B_2，…，B_m 到达 Z 的手段系列。

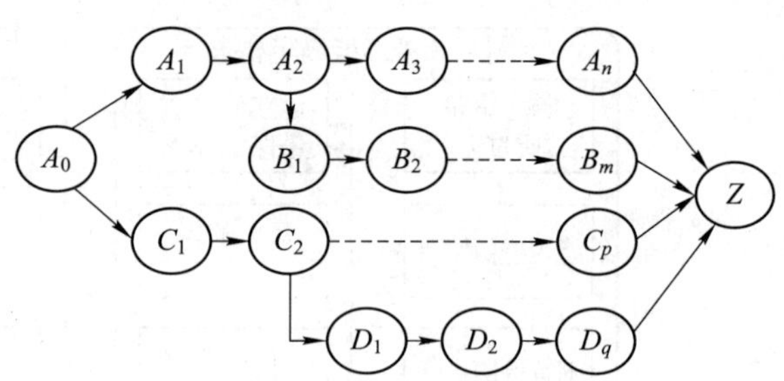

图 3-16　PDPC 法图解

如果上述两个手段系列均难以实现，就得考虑实施系列 C_1，C_2，…，C_P 或执行 C_1，C_2，D_1，D_2，…，D_q 等系列达到目标 Z。

2）应变计划阶段。尽管在计划初级阶段已就各种可能进行了预测，并制定了相应的措施。但在实施过程中，经常需要研究新的情况，补充新的措施，以提高达到目的的可能性。比如在图 3-16 中，经过实践发现经 A、B、C、D 这 4 个系列手段均达不到 Z，就得制定新的措施系列 E 或 F 等。另一种情况是在执行 A、B、C、D 这 4 个系列手段过程中出现了新的情况，也应改变原来的措施计划，补充新的措施，以便尽快达到 Z 状态。所以 PDPC 法是一种动态方法，在解决问题的每个阶段都考虑有无新的更可行的方案，随时准备应付各种不测事态的发生。

（2）PDPC 法与系统图法的区别和联系

PDPC 法与系统图法的相同点是 PDPC 法为了解决问题能够考虑到用手段、措施的形式进行展开，它确实具有目的→手段这一部分，属系统图式的展开。不同点在于系统图法以目的→手段的体系展开是静态的，而 PDPC 法把用线连接着的展开事项的系列手段，像从某种状态按时间顺序转移到另一状态那样按时间顺序排列，因此它是动态的。

3．PDPC 法的主要用途

① 在方针目标管理中，用以制订动态的方针目标的实施对策计划。

② 用于制订新产品试制计划或新产品开发设计的实施计划。

③ 用于制订生产工序中防止发生质量问题的控制措施。

④ 用于预测可能发生的重大事故和制订系统解决的措施。

⑤ 用于选择处理顾客投诉的方案。

4．PDPC 法的绘制程序

① 组织与要解决问题的有关人员进行讨论。

② 从讨论中提出达到理想状态的手段、措施。

③ 预测各种手段、措施的实施结果。如果手段、措施无法实施或实施结果不理想,还得提出另外的方案。

④ 将各种手段、措施按紧迫程度、所需工时、实施可能性给予评分。然后就当前可实施的手段、措施预测其结果,并据此确定各项实施的先后顺序,最后用箭线向理想状态连接。

⑤ 对于性质不同的手段、措施,根据它们的相互关系决定先后顺序。若从某一路线得到的情报对其他路线的研究有影响,则可用虚线把相互关联的手段、措施连接起来。

⑥ 注明各项手段、措施的实施单位和完成时间。

⑦ 不断修改 PDPC 图。根据最初作出的 PDPC 图进行具体实施时,若出现新的情况、新问题,应召集有关人员进行评定、修正原方案,必要时重做 PDPC 图。

5. PDPC 法的应用示例

某机械厂为提高轴承组装质量,解决轴承内套外径一半磨损实施中所用的 PDPC 法实施决策图,如图 3-17 所示。

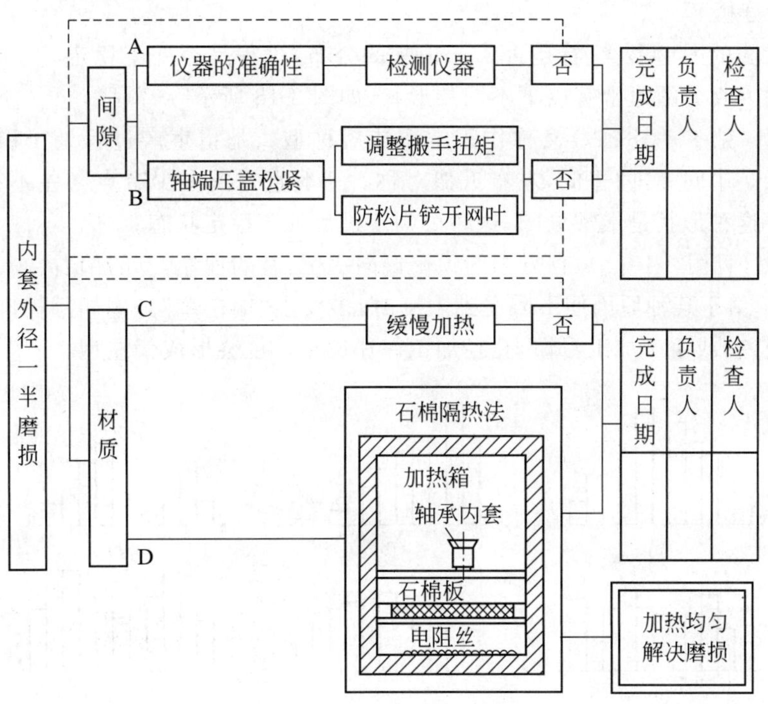

图 3-17 PDPC 法实施决策图

十四、何谓直方图,简述其应用

1. 直方图的基本概念

直方图(histogram)是频数分布的一种图形表示,由一些相邻的长方形组成,每个长方形的底宽等于组距,面积与组的频数成比例。

要注意从不等组距的组中产生数据的情况。

众所周知在相同条件下制造出来的产品,其质量特性也不会完全相同,但也不会相差太

大，总是在一个范围内变动，这种变动有一定的规律性。直方图就是直观而形象地把质量分布规律用图形表示出来的一种统计工具。利用直方图可以分析和掌握过程质量状况、计算过程能力指数和估算产品的不合格品率。

2. 直方图的用途

① 能比较直观地观察出产品质量特性值的分布状态，借此可判断出生产过程是否处于统计受控状态，并进行过程质量分析。

② 便于掌握过程能力及保证产品质量的程度，并通过过程能力来估算产品的不合格品率。

③ 用以简练及较精确地计算产品的质量特性值。

④ 判断生产过程是否发生异常或判断产品是否出自同一总体，例如利用煤岩分析的直方图判断主焦煤中是否掺入了瘦煤、气煤或肥煤等，以此来防止焦煤贸易中的掺假作伪现象。

3. 直方图的观察、判断

(1) 形状分析

观察直方图的图形形状，看是否属于正常的分布，过程是否处于稳定状态，判断产生异常分布的原因。直方图通常有以下不同的形状，如图 3-18 所示。

1) 标准型(见图 3-18(a))又称作正常型或对称型。是指生产过程处于稳定状态的图形。它的形状是中间高，两边低，左右近似对称。一般直方图多少有点参差不齐，主要应看整体的形状。这种形状是最常见的，这时可判定过程处于稳定状态。

2) 偏态型(见图 3-18(b))直方图的顶峰偏向一侧，有的偏左，有的偏右。

① 偏左　由于某种原因使下限受到限制时，多发生"偏左型"。例如用标准值控制下限摆差等形位公差；或由于加工习惯，孔径加工往往偏小。也会形成偏左型。

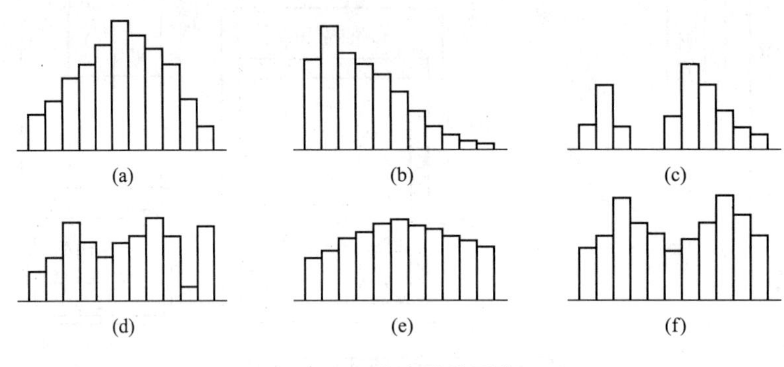

图 3-18　直方图的形状

② 偏右　由于某种原因使上限受到限制时，多发生"偏右型"。例如用标准值控制上限；或由于加工习惯，如加工轴的外园时往往偏大，也会形成偏右型。

3) 孤岛型(见图 3-18(c))在直方图旁边有孤立的小岛出现。当生产过程中有异常原因，如原料发生变化，或由不熟练工人替班加工，或测试有误时，或掺假作伪，会造成孤岛型分布。

4) 锯齿型(见图 3-18(d))直方图如锯齿一样凹凸不平，大多是由于分组不当或检测数据不准而造成的。应查明原因，采取措施，加以纠正。

5）平顶型（见图 3-18(e)）直方图没有突出的顶峰。这主要是在生产过程中有缓慢变化的因素影响而造成的，如机床刀具的磨损、操作者的疲劳等。

6）双峰型（见图 3-18(f)）直方图中出现的两个峰，这是由于观测值来自两个总体，两个分布，现在混合在一起造成的。例如，两种有一定差别的机床或原料所生产的产品混在一起，或者两个工段或两个工人所加工的产品混在一起造成的，例如主焦煤中掺入了贫煤或肥煤。

(2）与规格界限的比较分析

当生产过程处于稳定状态（即直方图为标准型）时，还需要进一步将直方图与产品的规格界限（公差）进行比较，以判断产品满足公差要求的程度。

1）理想型（见图 3-19(a)）直方图的分布中心 $\bar{x}$ 与公差中心 T_m 近似重合，其分布在公差范围内，且两边有些余量。这种情况，一般来说是很少出现不合格品的。

2）偏心型（见图 3-19(b)、(c)）直方图的分布在公差范围内，但分布中心和公差中心有较大的偏移。这种情况，工序如稍有变化，就可能出现不合格品。因此应调整，使分布中心 $\bar{x}$ 与公差中心 T_m 近似重合。

3）无富裕型（见图 3-19(d)）直方图的分布在公差范围内，两边均没有余地。这种情况应立即采取措施，设法提高过程能力，缩小标准差。

4）胖型（见图 3-19(e)、(f)、(g)）直方图的分布超过公差范围。图 3-19(e)、(f)说明质量分布中心偏离，分散程度也大。这时应缩小分散程度，并把分布中心移到中间来。图 3-19(g)说明加工的精度不够，应提高加工精度，缩小标准差，也可从公差制订的宽严程度来考虑。

5）瘦型（见图 3-19(h)）直方图的分布在公差范围内，且两边有过大的余地。此情况虽然不会出现不合格品，但很不经济，属于质量过剩。除特殊精密及危及安全的器件外，一般可以适当放宽要求，以降低成本，提高竞争力。

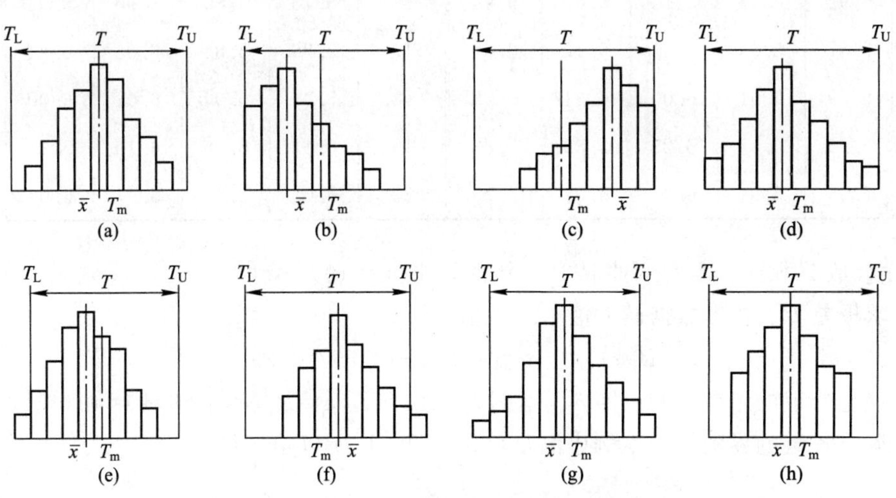

图 3-19　直方图分布与规格界限比较

4. 直方图的制作程序

① 收集数据。数据个数一般为 50 个以上，最低不少于 30 个。

② 求极差 R。用数据中的最大值减去最小值确定数据的极差 $R=x_{\max}-x_{\min}$。

③ 确定所画直方图的组数 k 和组距 h。分组通常在 6～12 之间,并以此组数 k 去除极差 R,得出每组组距 h。$h=R/k$。

④ 确定各组的界限值。分组的组界值要比抽取的数据多一位小数,以使边界值不致落入两组内。因此先取测量值单位的 1/2。例如测量单位为 0.001 mm,组界的末位数应取 0.001 mm/2=0.000 5 mm。然后用最小值减去测量单位的 1/2,作为第一组的下界值;再将此下界值加上组距,作为第一组的上界值,依次加到最大一组的上界值。为了计算需要,往往要决定各组的中心值(组中值)。每组的上下界限值相加除以 2,所得数据即为组中值,组中值为各组数据的代表值。

⑤ 制作频数分布表。将测得的原始数据分别归入到相应的组中,统计各组的数据个数,即频数。

5. 直方图的应用示例

示例　某钢铁厂生产的钢板厚度其尺寸要求标准为 6 mm,现从生产的批中随机抽取 100 个样品进行测量,尺寸如表 3-5 所示,试绘制直方图。

表 3-5　钢板厚度尺寸数据表

组号	尺寸					组号	尺寸				
1	5.77	6.27	5.93	6.08	6.03	11	6.12	6.18	6.10	5.95	5.95
2	6.01	6.04	5.88	5.92	6.15	12	5.95	5.94	6.07	6.00	5.75
3	5.71	5.75	5.96	6.19	5.70	13	5.86	5.84	6.08	6.24	5.61
4	6.19	6.11	5.74	5.96	6.17	14	6.13	5.80	5.90	5.93	5.78
5	6.42	6.13	5.71	5.96	5.78	15	5.80	6.14	5.56	6.17	5.97
6	5.92	5.92	5.75	6.05	5.94	16	6.13	5.80	5.90	5.93	5.78
7	5.87	5.63	5.80	6.12	6.32	17	5.86	5.84	6.08	6.24	5.97
8	5.89	5.91	6.00	6.21	6.08	18	5.95	5.94	6.07	6.00	5.85
9	5.96	6.05	6.25	5.89	5.83	19	6.12	6.18	6.10	5.95	5.95
10	5.95	5.94	6.07	6.02	5.75	20	6.03	5.89	5.97	6.05	6.45

解:① 收集数据。本示例抽取 100 个数据,即 $n=100$。

② 求极差 R。找出数据最大值和最小值,计算

$$R=x_{\max}-x_{\min}=6.45—5.56=0.89。$$

③ 确定分组的组数 k 和组距 h。本例 $k=10$,组距 $h=R/k=0.89/10\approx0.09$。

④ 确定各组的界限值。本例中测量单位为 0.01,所以第一组的下界值为

$$x_{\min}-\frac{\text{测量单位}}{2}=5.56-\frac{0.01}{2}=5.56-0.005=5.555$$

第一组的上界值为:5.555+0.09=5.645;

第二组的上界值为:5.645+0.09=5.735;

……

⑤ 记录数据。记录各组的数据，整理成频数表（见表 3-6），并记入①组界值；②组中值；③频数标志；④各组频数（f_i）。

表 3-6 频 数 表

组号	组界值	组中值 x_i	频数标志	频数 f_i(100)
1	5.555～5.645	5.60	丅	2
2	5.645～5.735	5.69	下	3
3	5.735～5.825	5.78	正正下	13
4	5.825～5.915	5.87	正正正	15
5	5.915～6.005	5.96	正正正正正一	26
6	6.005～6.095	6.05	正正正	15
7	6.095～6.185	6.14	正正正	15
8	6.185～6.275	6.23	正丅	7
9	6.275～6.365	6.32	丅	2
10	6.365～6.455	6.41	丅	2

⑥ 画直方图。在方格纸上，横坐标取分组的组界值，纵坐标取各组的频数，用直线连成直方块，即成直方图，如图 3-20 所示。

⑦ 在直方图上，要注明数据数 n 以及平均值 x_i 和标准差 s，要画出规格或公差标准。

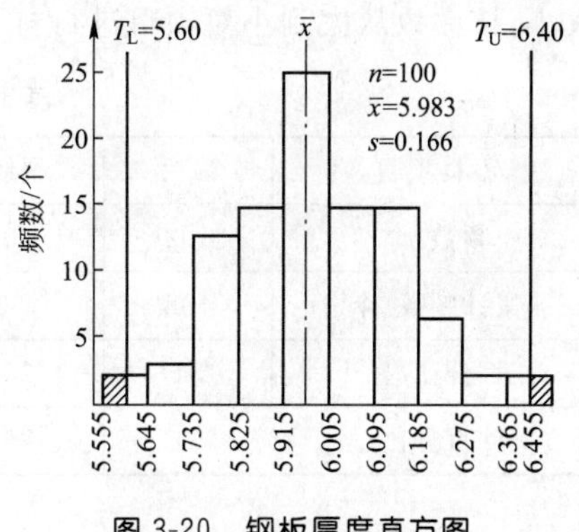

图 3-20 钢板厚度直方图

十五、何谓排列图，简述其画法及应用

1. 排列图的基本概念

排列图（Pareto Diagram）是为寻找主要问题或影响质量的主要原因所使用的图。它是由两个纵坐标、一个横坐标、几个按高低顺序依次排列的长方形和一条累计百分比折线所组成的图。排列图又称为主次因素分析图或称帕累托（Pareto）图。是一种为了对从发生频次最高到最低的项目进行排列而采用的简单图示技术。此图是建立在帕累托原理的基础上，即少数的项目往往产生主要的影响。通过区分最重要的与较次要的项目，可以用最少的努力获取最佳的改进效果。

排列图按下降的顺序显示出每个项目在整个结果中的相应作用。相应的作用可以包括发生次数、与每个项目有关的成本或影响结果的其他测量方法。矩形用于表示每个项目相应的作用，累计频数线用于表示各项目的累计作用。排列图是找出影响产品质量的主要问题，以便确定质量改进关键项目的图表。

排列图最早由意大利经济学家帕累托用于统计意大利的财富分布状况。他发现少数人占有社会上大部分财富，而绝大多数人处于贫困状态，即所谓“关键的少数与次要的多数”这一相当普遍的社会现象。美国质量管理学家朱兰博士把这个原理应用到质量管理中来，成为在质量管理改进活动中寻找关键问题的一种有力工具。

2. 排列图的用途

排列图主要用于：

① 指出重点，即按重要顺序显示每一个项目对整体的作用。

② 识别质量改进的机会。

③ 用于检查质量改进措施的效果。利用制作实施改进措施前后的排列图，并进行对比，就能判定改进措施是否有效。

3. 排列图的应用程序

为了更好地理解排列图的应用，下面结合示例说明如何制作和分析排列图。

① 选择要进行质量分析的项目。

② 选择用于质量分析的度量单位，如出现的次数(频数)、成本、不合格品数等。

③ 选择用于质量分析的时间范围，所选定的时间段应足够长，以确保所获得的数据有代表性。

④ 收集资料，即依照事先选定的时间范围，收集各项目的数据资料。例如，已知某电阻厂造成某型号电阻不合格的不良项目有 15 种，现根据各种不良项目出现的机会大小归为 6 种：油漆、沾污、裂纹、电镀、变形和其他。为了进一步提高电阻的质量水平，决定根据上月份所生产的 140 个不合格电阻分别统计各种不良项目发生的频数。并根据项目对应数据的大小，按频数从大到小对项目进行排列，见表 3-7 第 2 行，累计频数见第 3 行。

表 3-7　电阻不合格品的统计

不良项目	沾污	裂纹	油漆	电镀	变形	其他	合计
频数/个	102	50	26	14	4	4	200
累计频数/个	102	152	178	192	196	200	—
百分比/%	51	25	13	7	2	2	100
累计百分比/%	51	76	89	96	98	100	—

⑤ 求百分比，即求各项目对应的数据在合计数中所占的百分比。上例计算所得百分比结果如表 3-7 第 4 行所示。

⑥ 求累计百分数，即利用各项目对应的累积和除以合计数，求各项目的累计百分数。上例计算所得百分数如表 3-7 第 5 行所示。

⑦ 作图。

4. 作图的步骤

① 画坐标。画两个纵坐标，一个横坐标。为美观起见，横坐标的长度一般不大于纵坐标的高度，但不小于纵坐标高度的 2/3；在横坐标的左端点画纵坐标，表示质量问题的度量单位，其高度等于合计数；在横坐标的右端点画纵坐标，其高度与左纵坐标的高度相同，表示百分数，最高点为 100%。由表 3-7 可知，上例中的合计数为 $n=200$，坐标见图 3-21。

② 确定横坐标的等分数，画矩形。即以项目总个数为等分数，把横坐标分成若干等分，根据各项目对应数据的大小，从左到右在各等分下方标出项目；以等分为宽，各项目对应的数据为高，画出每个项目对应的矩形。

上例项目总数为 6，故把横坐标分成 6 个等分，按表 3-7 的不良项目顺序在图 3-21 坐标的下方标出不良项目，同时以各个不良项目的对应频数为高画矩形，结果见图 3-21。

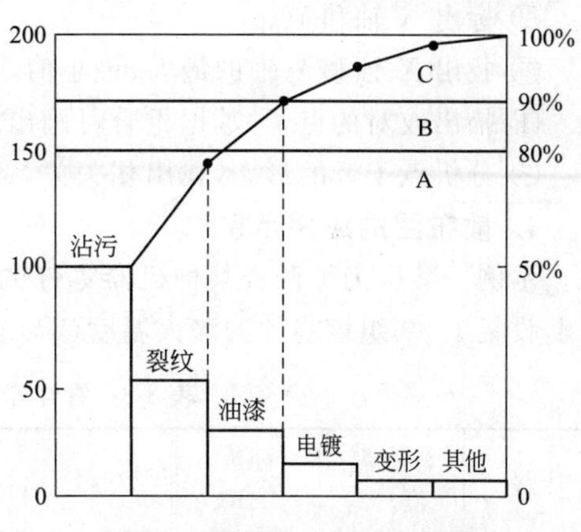

图 3-21　电阻不良项目排列图

③ 标累计百分数点，画累计百分比曲线。以各个项目所在矩形的右端为横坐标，以该项目的累计百分数为右纵坐标，画累计百分数点；把相邻的累计百分数点用线段连接起来，即得到累计百分比曲线。上例的累计百分比曲线见图 3-21。

④ 确定重点，即关键的少数。过右坐标的 80％、90％点画水平横线，把图分成 3 部分，从下至上依次记为 A 区、B 区、C 区。落在 A 区的累积百分比点对应的项目称为重点项目，落在 B 区的累积百分比对应的项目为次重点项目，落在 C 区的累积百分比对应的项目为不重要项目。该例沾污和裂纹为重点项目，是影响质量问题的关键，可以在两项目上加以努力，可获取最佳的质量改进效果。

十六、何谓散布图，简述其应用

1. 散布图的概念

散布图(scatter plot)就是将两个非确定性关系的变量的数据对应列出，用点子画在坐标图上，来观察它们之间关系的图表。

2. 散布图的用途

① 用以发现两组相关数据之间的关系并确认相关数据之间的预期关系。

② 从成对数据形成的点子云形状直观地判断数据之间的关系。进而可用相关系数、回归方程进行定量的分析处理。点子云的各种形态如图 3-22 所示。

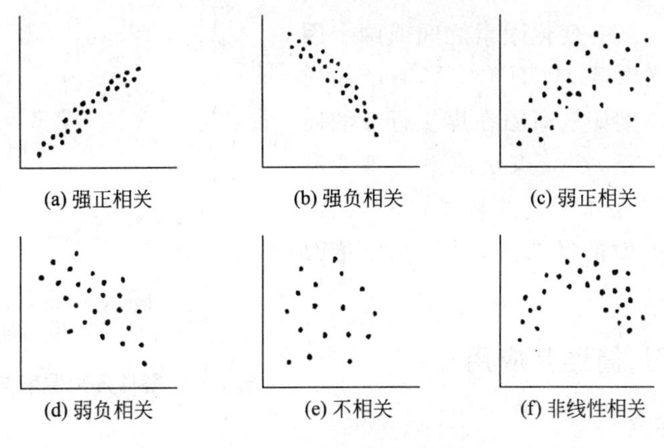

图 3-22　点子云形态图

3. 散布图的制作程序

① 将要研究的两组相关数据收集对应数据(x, y)，以 30 对为佳；

② 标出 X 轴和 Y 轴；

③ 找出 X 轴和 Y 轴的最大、最小值，标定 X 轴和 Y 轴（长度大致相等）；

④ 描出成对的点子，数据重合可画出同心圆；

⑤ 分析点子云的形态，找出相关关系的类型和相关程度。

4. 散布图的应用示例

示例　某厂为了调查某种机器零件的淬火温度与硬度的相关关系，从最近的生产日报表上收集了 30 组该零件的淬火温度（℃）与硬度 y（HRC）之间的对应数据，见表 3-8。

表 3-8　零件淬火温度 x 与硬度 y 数据表

序号	淬火温度/℃	硬度/HRC	序号	淬火温度/℃	硬度/HRC	序号	淬火温度/℃	硬度/HRC
1	810	47	11	840	52	21	810	44
2	890	56	12	870	53	22	850	53
3	850	48	13	830	51	23	880	54
4	840	45	14	830	45	24	880	57
5	850	54	15	820	46	25	840	50
6	890	59	16	820	48	26	880	54
7	870	50	17	860	55	27	830	46
8	860	51	18	870	55	28	860	52
9	810	42	19	830	49	29	860	50
10	820	53	20	820	44	30	840	49

按上述散布图的制作程序进行作图。见图 3-23。

在质量管理中，散布图常用来分析和判断质量问题中质量特性与某一变化因素之间或两个因素之间是否存在相关关系，进而确定影响产品质量因素的有效手段。例如散布图在煤炭行业的质量管理中应用非常广泛，广大煤炭质量管理专家经过了详细地调查研究和大量的科学试验，制作出了许许多多行之有效的散布图，对煤炭质量改进起到了很大的促进作用。

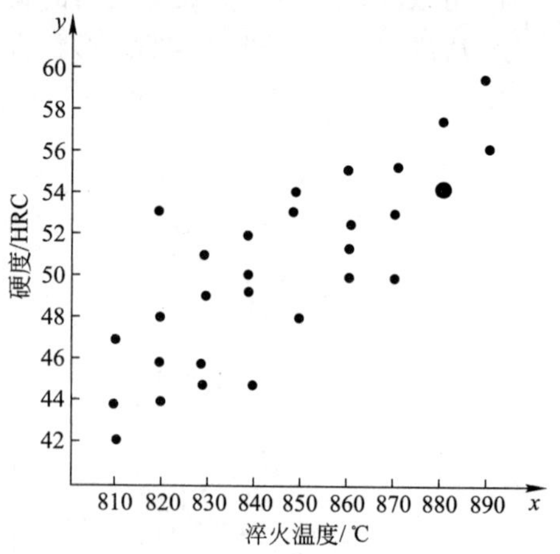

图 3-23　零件淬火温度与硬度关系散布图

十七、何谓趋势图，简述其应用

1. 趋势图的定义

趋势图（trend chart）又称为运行图、折线图、波动图、走势图等。是标有特征值的时间顺序图示方法。它是通过一段时间内所关心的特征值形成的图，来观察其随着时间变化的表现。

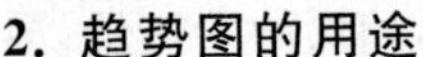

2. 趋势图的用途

趋势图主要是直观地反映质量数据随着时间变化的趋势与走向，为决策提供统计依据。可以利用该图随时掌握和了解产品质量特性的动态变化，及时采取和调整措施，确保产品质量符合顾客需求。

3. 趋势图的制作程序

① 确定需要研究与时间变化的项目，并收集随着时间推移的数据。

② 建立直角坐标系。横坐标表示时间系列；纵坐标表示项目的质量特性值。

③ 根据不同时间对应的不同质量特性值，在坐标系中标出相应的点。

④ 按顺序将这些点用线段连接起来，即成为趋势图。

⑤ 趋势图除简单的一条折线外，也可以根据需要做一些较复杂的趋势图。例如在图上加上目标值、公差界限等，可同时看出质量特性值与目标值或公差范围相比较的变化趋势。

4. 趋势图的分类

根据对质量目标值的要求不同，趋势图分类。

(1) 望目值。检测值 x_i 愈接近目标值 m 愈好。望目值的应用非常普遍，特别是在机电行业使用的更多，如用车床加工一批 $\phi100\pm0.02$ mm 的轴，那么直径 100.00 mm 即是目标值，即加工轴的直径愈接近 100.00 mm 愈好。图 3-24 是出口某动力煤挥发分(V_{daf}%)的望目值趋势图。

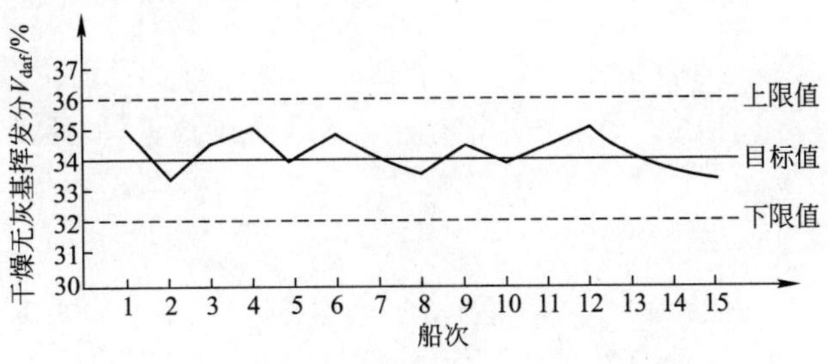

图 3-24 出口某动力煤干燥无灰基挥发分趋势图

(2) 望小值。检测值 x_i 愈接近零愈好。这类的指标在质量管理中非常多，如细菌数、农药残留、杂质等有害有毒元素或成分越少越好。图 3-25 是出口某焦煤全硫($S_{t,d}$%)的望小值趋势图。

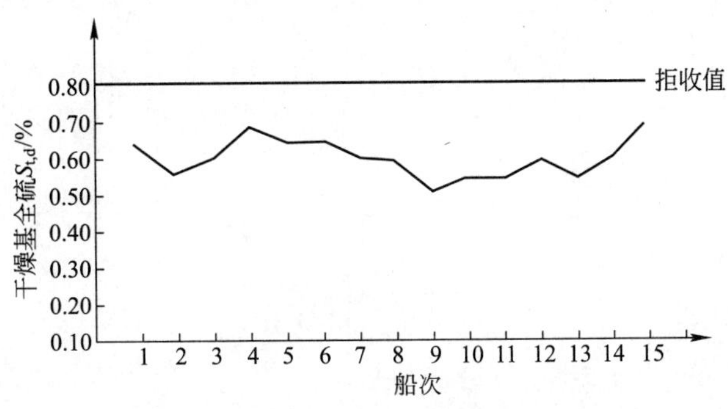

图 3-25 出口某焦煤干燥基全硫趋势图

（3）望大值。检测值 x_i 愈大愈好。质量管理中这类指标也有不少，如煤的发热量、饲料中的蛋白质、矿产品中的品位等含量愈高愈好。图 3-26 为出口无烟煤发热量（$Q_{gr,ad}$ /（MJ/kg））的望大值趋势图。

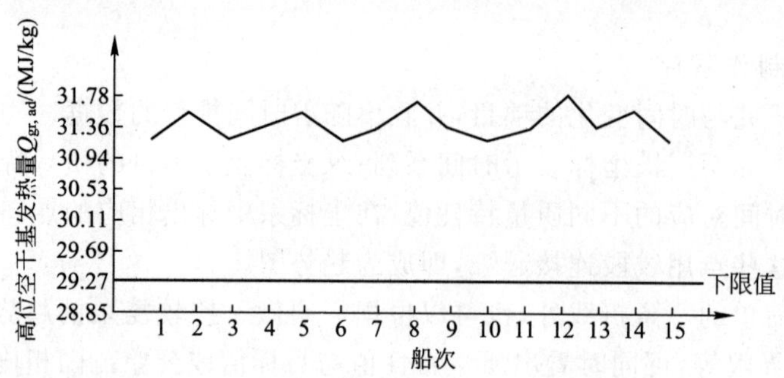

图 3-26　出口某无烟煤高位空干基发热量趋势图

5. 趋势图的注意事项

（1）趋势图用于质量管理中的动态监控时，必须随时进行观察分析；

（2）趋势图与质量控制图的外形相似，但两者有本质的区别，不能混为一谈。通过趋势图可以一目了然地了解质量特性是否处于稳定状态，然后才能确定是否可以制作质量控制图。因此，趋势图可以看作是制作质量控制图的初始阶段。

第四章 假设检验

一、何谓假设检验，简述其用途、益处、局限性与注意事项及应用示例

1. 假设检验的概念

假设检验(hypothesis testing)也称显著性检验，即是在规定的风险水平上确定一组数据(一般是来自样本的数据)是否符合已给定假设的统计方法。假设可能是关于某一特定统计分布或模型的假定，也可能是关于某一分布的参数值(如均值)。

假设检验的方法包括评价以数据形式存在的证据，从而决定是否应该拒绝或接受关于统计模型或参数的给定假设。

在 ISO 9000 质量管理体系中采用的许多统计技术中明确或隐含地引用了假设检验，如抽样、SPC 图、试验设计、回归分析和测量分析等。

2. 假设检验的用途

假设检验的用途很广，它可使人们在规定的置信水平判断有关总体参数(来自样本的估计)的假设是否正确。因此，假设检验可用于检验总体参数是否符合特定标准，也可用来检验两个或多个总体的差别。假设检验在做出决策时也十分有用。

假设检验也可用于模型假定的检验，如检验总体的分布是否正态，样本数据是否随机等。

假设检验程序还可在规定的置信水平下，用来确定可能包括的所研究参数真值的取值范围(称为置信区间)。

3. 假设检验的益处

假设检验允许以规定的置信水平对总体的某些参数做出判断。因此，假设检验可能有助于做出依赖于这些参数的决策。

假设检验还能对总体分布的性质以及就样本数据自身的特点做出判断。

4. 假设检验的局限性与注意事项

为确保假设检验的结论有效，必须充分满足基本的统计假设，特别是样本应为独立的和随机抽取的。而且，样本量决定了得出结论的置信水平。也就是说假设检验是用样本推断总体，样本的抽取又是随机的。所以不可能是绝对正确的，也存在犯错误的风险。

在理论上，对如何从某种假设检验做出有效推断，还存在着争议。

5. 假设检验的应用示例

当必须对某一参数或某个或多个总体(通过样本估计而来)的分布做出判断时，或对样本数据自身进行评价时，假设检验有着广泛的应用。例如假设检验可用于以下方面：

(1) 检验总体的均值是否达到给定值

例如，检验总体的均值是否达到目标值(法律法规规定值、合同值、图纸设计等)或标准规定值；检验两个(或多个)总体的均值是否相同；检验某些产品或过程的质量特性是否有改

进等。

这是在产品质量验收和实验室中经常遇到的问题。例如，两批外协件的品质是否一致；所采购的零部件是否达到图纸规格的要求；比较不同批次的零件是否一致；企业的产品质量是否符合质量标准的要求；检验员的检验结果是否准确；两个实验室、两名检验员或两种检验方法、两台检验仪器的检验结果是否一致、是否存在显著性差异（实质性偏倚）；新研制的产品质量是否优于以前的产品质量等，都需要进行假设检验。例如，采用符号检验、秩和检验、U 检验和 t 检验等。

(2) 检验总体的标准差（方差）是否达到给定值

这是检验产品质量精度是否一致的问题。例如，比较两批外协件的精度是否一致；比较不同批次的零件的精度是否一致；判断企业的产品的质量是否稳定、是否均匀；两个实验室、两名检验员或两种检验方法、两台检验仪器的检验结果的精密度是否一致，是否存在显著性差异；都需要进行标准差检验（方差检验）。

用于总体方差检验的方法有：F 检验、χ^2 检验、Cochran 法检验、Bartlett 法检验、秩和检验等。

(3) 总体比率（不合格品率）的检验

例如，检验总体的缺陷率不超过给定值；检验两个过程的输出中缺陷品率的差异等。主要用于计数值数据（离散型）的比率（缺陷率、不合格品率）的检验。主要方法有：正态分布法检验、泊松分布法检验、二项分布法检验、χ^2 检验等。

(4) 总体正态性的检验

例如，检验总体的分布是否正态；检验样本数据是否从单个总体中随机抽取等。

在进行统计推断时，许多统计方法是建立在已知分布类型的前提条件下进行的，最多的是建立在正态分布类型的基础上进行的。但当怀疑总体的正态分布时，就应进行正态性检验。用于正态性检验的方法有偏度-峰度法检验、柯尔莫哥洛夫-斯米尔诺夫法检验、W 法检验、相关系数法检验、正态概率纸法检验等。

假设检验还常用于“离群值”的判断；参数的区间估计；检验某些产品或过程特性是否有改进；在规定的置信水平，确定接受假设或拒绝假设所需的样本量；利用样本数据，确定总体均值可能存在的置信区间等方面。

二、何谓估计、估计量、估计值

1. 估计　estimation

通过从总体中抽取的随机样本，获得对该总体的一种统计表示的方法。

注 1：特别地，估计程序包含由估计量到具体估计值的过程。

注 2：估计是一个相当广泛的概念，包括点估计、区间估计或总体性质的估计。

2. 估计量　estimator $\hat{\theta}$

用于对参数 θ 估计的统计量。

注 1：样本均值是总体均值 μ 的一个估计量。例如对于正态分布，样本均值是总体均值 μ 的估计量。

注 2：此处所讲的“估计量”是一个宽泛的概念，包括某参数的点估计，也包括用于预测的区间估计。估计量也包括该估计量和其他特殊形式的统计量。

3. 估计值　estimate

估计量的观测值。

注:估计值是从观测值中获得的数值。对于一个假定的概率分布中参数的估计,估计量是指为了估计参数的统计量。而估计值是在估计量中使用观测值的结果。

三、何谓偏倚、无偏估计量

1. 偏倚 bias

估计误差的期望。

注1:估计误差即是估计值与待估计的参数或总体特性值的差。

注2:实际中的偏倚的存在可能导致不幸的结果。例如,低估材料的强度的偏倚可能导致设备的失效。在调查抽样中的偏倚导致根据民意测验结果引起决策的失误。

2. 无偏估计量 unbiased estimator

偏倚为0的估计量。

示例1 一个由 n 个独立随机变量组成的随机样本,服从于均值为 μ,标准差为 σ 的正态分布。样本均值 $\overline{X}$ 和样本方差 S^2 分别是均值 μ 和方差 σ^2 的无偏估计量。

示例2 在方差 σ^2 的极大似然估计中,分母用 $n-1$ 代替 n,则它是无偏估计量。在应用中也经常使用样本标准差,注意使用 $n-1$ 作为除数的样本方差的平方根并不是总体标准差的无偏估计量。

四、何谓假设、原假设、备择假设

1. 假设 hypothesis H

关于总体的陈述。

注:通常这个命题与分布族中的一个或几个参数,或与此分布族本身有关。

2. 原假设 null hypothesis H_0

用统计检验方法来检验的假设。

示例1 在独立同分布正态随机变量的随机样本中,均值和标准差未知,对均值 μ 的一个原假设是:"均值小于或等于某给定值 μ_0"。上述原假设一般写成形式:$H_0:\mu\leqslant\mu_0$。

示例2 原假设也可为"总体的统计模型是正态分布"。对此原假设,均值和标准差可以不确定。

示例3 原假设也可为"总体的统计模型是对称分布"。对此原假设,分布形式可以不确定。

原假设通常记为 H_0。若有可能,原假设与备择假设的命题应互斥。

3. 备择假设 alternative hypothesis H_1, H_A

对从所有不属于原假设的可能容许概率分布中选择的一个集合或其子集的陈述。

示例1 对原假设的示例1中,对应原假设的备择假设是"均值大于该给定值",表示为:$H_1:\mu>\mu_0$。

示例2 对原假设的示例2中,对应原假设的备择假设是"总体的统计模型不是正态分布"。

示例3 对原假设的示例3中,对应原假设的备择假设为"总体的统计模型是由非对称分布构成的"。对这个备择假设,非对称分布的具体形式没有确定。

注1:在需要特别指定备择假设时,一般将原假设的补充,作为备择假设。

注 2：备择假设既可以记为 H_1，也可记为 H_A，不存在优先选用的问题。

注 3：备择假设是与原假设相对立的一种陈述。对应的检验统计量用于在原假设和备择假设之间进行抉择。

注 4：不能脱离原假设和统计检验来考虑备择假设。

五、何谓统计检验(显著性检验)

统计检验(statistical test)也称显著性检验(significance test)，即是判断是否拒绝原假设，支持备择假设的方法。

示例 1 作为例子，如果一个实际的连续随机变量在 $-\infty$ 到 $+\infty$ 之间取值，怀疑它的真实的概率分布不是正态分布，则可按以下步骤构造假设：

——考虑所有在 $-\infty$ 到 $+\infty$ 上取值的连续概率分布；

——猜测真实的概率分布不是正态分布；

——原假设为：概率分布是正态分布；

——备择假设为：概率分布不是正态分布。

示例 2 如果随机变量服从正态分布，标准差已知，怀疑它的期望值 μ 与给定值 μ_0 有偏离，则可以按示例 3 中的情形 3 的步骤构造假设。

示例 3 本示例考虑统计检验的三种可能情形。

情形 1：猜测过程均值大于目标值 μ_0。这个猜测导致如下假设：

原假设：$H_0: \mu \leqslant \mu_0$；

备择假设：$H_1: \mu > \mu_0$。

情形 2：猜测过程均值小于目标值 μ_0。这个猜测导致如下假设：

原假设：$H_0: \mu \geqslant \mu_0$；

备择假设：$H_1: \mu < \mu_0$。

情形 3：猜测过程均值与目标均值不相容，但方向不确定。这个猜测导致如下假设：

原假设：$H_0: \mu = \mu_0$；

备择假设：$H_1: \mu \neq \mu_0$。

在这三个情形中，假设的形成是从考虑备择假设和基本条件偏离的猜测导出的。

示例 4 本示例考虑两批产品(1 和 2)中的不合格品的比例 p_1 和 p_2，范围皆于 0 和 1 之间，怀疑两批产品是不同的，因此猜测两个批不合格品率也不同。这个猜测导致如下假设：

原假设：$H_0: p_1 = p_2$；

备择假设：$H_1: p_1 \neq p_2$。

注 1：统计假设是一个方法，利用样本观测值来判断真实的概率分布是属于原假设还是备择假设，在一定条件下，这种程序是有效的。

注 2：因为判断是在样本观测的基础上作的，这可能导致第一类错误，即原假设为真时拒绝原假设；或第二类错误，即备择假设为真时，没有拒绝原假设。

六、何谓区间估计

区间估计 interval estimator

由一个上限统计量和一个下限统计量所界定的区间。

注 1：区间的一个端点可以是 $+\infty$，$-\infty$ 或是参数值的一个自然界限。如“0”是总体方差区间估计的一个自然下限。在此情形，区间称为是单侧的。

注 2：区间估计可结合参数估计给出。区间估计通常是以假定在重复抽样下，区间包含所估计的参数确定比例或其他某种概率意义下给出的。

注 3：区间估计通常有三种：参数的置信区间，对未来观测的预测区间和分布被包含一个确定比例的统计容忍区间。

七、何谓置信区间、单侧置信区间、双侧置信区间

1. 置信区间 confidence interval

参数θ的区间估计(T_0,T_1)，其中作为区间限的统计量T_0，T_1，满足$P[T_0<\theta<T_1]\geqslant 1-\alpha$。

注 1：置信度反映了在同一条件下大量重复随机抽样中，置信区间包含参数真值的比例。

注 2：一个与置信区间相关的量是$100(1-\alpha)/\%$，称为置信系数或置信水平，其中α是一个小的数。对任意确定但未知的总体θ值，$P[T_0<\theta<T_1]\geqslant 1-\alpha$。置信系数通常取为 95%或 99%。

2. 单侧置信区间 one-sided confidence interval

其中一个端点固定为$+\infty$，$-\infty$或某个自然确定边界的置信区间。

注 1：这是将置信区间应用在$T_0=-\infty$或$T_1=+\infty$时的情形。单侧置信区间出现在只对一个方向感兴趣的情形。例如，在移动电话安全音量测试中，关心的是安全上限。安全上限表示在假定安全条件下产生的音量的上界。在结构的力学测试中，关心的是设备失效的置信下限。

注 2：另一种单侧置信区间的情况出现在参数有自然边界(例如为 0)的情形中。在用泊松分布作为顾客投诉次数的模型时，0 是自然下限。又如一个电子元件可靠度的置信区间可以为(0.98，1)，其中 1 是可靠度的自然上限。

3. 双侧置信区间 two-sided confidence interval

若θ是要估计的总体分布未知量，$T_1\leqslant T_2$是两个统计量，使区间$[T_1,T_2]$以一定的概率包含θ，则称此区间是θ的一个双侧置信区间。T_2和T_1分别称为置信区间的上下限。

在产品质量检验中，使用最多的是平均值的双侧置信区间。因为在实际检验工作中都是由样本来估计总体，即从样本所测得的平均值作为总体均值的估计值。但两者之间有一定的差异。这样我们可以根据样本测得的平均值给出一个范围，那么总体均值的真值就有$1-\alpha$的可能性在此范围内。该范围即是双侧置信区间：$\bar{x}\pm t.S/\sqrt{n}$或$\bar{x}\pm t.S_{\bar{x}}$，其中t是学生分布的分位数，它是概率和自由度的函数。最常用的概率为 95%，自由度$\nu=n-1$。

需指出的是，自由度ν在以前的教科书及标准中都写为f，目前出版的标准大都改写为ν，两者写法不同，但含义是一致的。

示例 对一批铁矿石进行了 5 次测试，测得的铁含量结果分别是(%)：67.48，67.37，67.47，67.43，67.40，求该批铁含量的置信区间($\alpha=0.05$)。

解：

$$\bar{x}=\sum x_i/n=67.43,$$

$$S=\sqrt{\frac{\sum(x_i-\bar{x})^2}{n-1}}=0.046,$$

查t分位数表(见附表 4)有$t_{0.975}(4)=2.78$，

因此(双侧)置信区间为

$$\begin{aligned}&\bar{x}\pm t.S/\sqrt{n}\\&=67.43\pm 2.78\times 0.046/\sqrt{5}\end{aligned}$$

$=67.43\pm0.06$。

所以有95%的把握认为该批铁矿石的铁含量在67.37%～67.49%之间。

八、何谓显著性水平、置信水平及显著性结果

1. 显著性水平　significance level α

(显著性检验)原假设为真时,而被拒绝的最大概率。

注:如果原假设是一个简单假设,则当原假设为真时,拒绝它的概率是一个确定的值。

2. 置信水平　confidence level

$[T_1,T_2]$是θ的一个双侧或单侧置信区间,$1-\alpha$是0和1之间的常数,若对一切θ,有

$$P[T_1<\theta<T_2]\geqslant 1-\alpha$$

则称$1-\alpha$为该置信区间的置信水平。

注1:当$P[T_1<\theta<T_2]=1-\alpha$时,$1-\alpha$也常称为置信系数或置信度。

注2:置信水平$1-\alpha$通常取接近于1的值,如0.90、0.95、0.99等。

3. 显著性结果　significance result

(在所选取显著性水平α下)导致拒绝原假设的检验结果。若假设未被拒绝,则称检验结果为不显著。

注:这里所说的"显著"与日常所说的"显著"在含义上是不同的。这里是指检验结果与原来的假设有显著性差异(显著性差异也称实质性差异)。即是说在一定的显著性水平α下,检验的结果不包含在总体参数的置信区间之内。同样,所谓结果"不显著",并不是检验结果与原假设没有差异,而是说实际检测值落在总体参数置信区间之外的机会小于α。通常$P>0.05$时,我们称检验结果不显著;$P<0.05$时,我们称检验结果为显著性结果;$P<0.01$时,我们称检验结果为非常显著。

九、何谓第一类错误、第二类错误

1. 第一类错误　type Ⅰ error

拒绝事实上为真的原假设的错误。

注1:事实上,第一类错误是一种不正确的判定。因此,要使这种不正确判定的概率尽可能小。要使第一类错误的概率为0,只有永不拒绝原假设,而不管证据如何。当然这是不可能的。

注2:在有些情况下(如检验二项参数p),由于结果的离散性,有可能达不到预先设定的显著性水平,如0.05。

以前的教科书中常称作第Ⅰ类错误,即以真当假。犯第Ⅰ类错误的概率,以前常称作Ⅰ类风险,用显著性水平α表示。α一般取较小的数值,如0.10、0.05、0.01等。

若该假设是正确的,但由于抽取样本是随机的,有可能得到一个样本的均值$\bar{x}$落到接受区域之外,则否定了这一正确的假设,这就犯了第一类错误。把本来正确的结果当作不正确的结果而舍弃,也就是以"真"作"假"的错误。

可以用一个不太恰当的比喻来说明这一问题,假如有一箱苹果共有100个,其中有95个是好的,5个是坏的(说明该箱苹果总体上是好的)。有一买方随机抽取3个来判断该箱苹果的质量,由于是随机抽样,总有可能抽到3个或2个苹果是坏的(虽然这样的概率很小)。若买方以此就判断该箱苹果总体是坏的,这就犯了第一类错误,也叫做"弃真"的错误。也有人把它称作生产方或卖方风险。

在产品质量检验过程中把合格产品误判为不合格;在验收过程中把该接受的批误判为

拒收批；在过程控制中把处于正常统计控制状态的生产过程误判为过程异常；在假设检验中把没有显著性差异的误判为有显著性差异等，都属于犯第一类错误。

2. 第二类错误 type Ⅱ error

没有拒绝事实上不为真的原假设的错误。

注：事实上，第二类错误是一种不正确的判定。因此，要使这种不正确判定的概率尽可能小。第二类错误通常是在当样本量不够大，因而不足以揭示与原假设的偏离时发生。

以前的教科书中常称作第Ⅱ类错误，即以假当真。犯第Ⅱ类错误的概率，以前常称作Ⅱ类风险。用 β 表示。β 一般取 0.10、0.05 等。以图 4-1 来说明第二类错误，μ_0 是正确的，μ_1 是不正确的，但由于在统计检验中是以样本推断总体，抽样又是随机的，所以从 μ_1 这一不正确的总体中，有可能抽取到样本的均值 $\bar{x}$ 落到 μ_0 的接受区域之中，即落到 β 的阴影部分，而被接受下来。这就犯了第二类错误，即把不正确的结果当作正确的结果接受，犯了以“假”作“真”的错误。

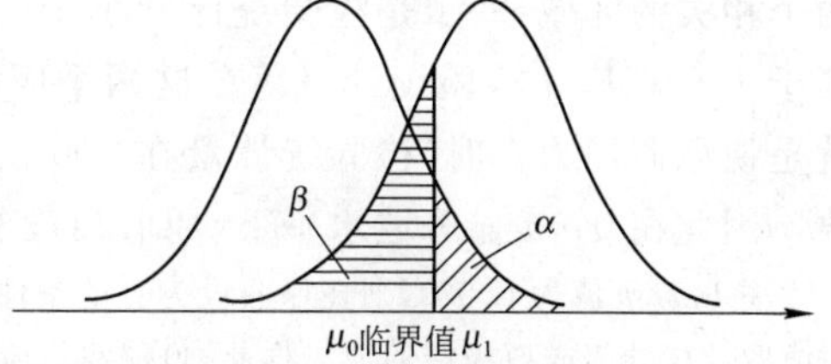

图 4-1 两类错误概率的关系

仍以苹果为例来说明这一问题。假如上例中的苹果 95 个是坏的，仅有 5 个是好的(即总体是坏的)，买方随机抽取 3 个进行质量验收，有可能抽到 3 个或 2 个全是好的(虽然这样的概率很小)。则以此来判断该箱苹果是好的，这就是把不正确的结果当作正确的结果接受下来，所以也叫“纳伪”的错误，还有人把它称作使用方或买方的风险。

在产品质量检验过程中把不合格产品误判为合格；在验收过程中把拒收批误判为接受批；在过程控制中把处于异常的生产过程误判为正常的统计受控状态；在假设检验中把有显著性差异的误判为没有显著性差异等，都属于犯第二类错误。

总之，统计技术的应用不可能没有不犯错误的风险。减少 α(提高置信概率)，会增大犯 β 错误的概率；增大 α，则犯第一类错误的危险性也就增加了。但无论犯哪一类错误，都会因判断失误而造成损失。应该采用一种能保证 α 和 β 都较小的方法，但在样本容量固定时，要同时使 α 和 β 都很小是不可能的，只有增大样本的容量，犯错误的概率才会减小。

十、何谓 p 值

***p* 值 *p* value**

在原假设为真时，获得检验统计量的观测值及更不支持原假设的其他值的概率。

示例　随机样本的观测值为 9、13、7、6、13、7、19、6、10、7，为解释方便，假定这些观测值来自一个标称均值为 12.5 的过程，并且从先前经验看，相关的工程技术人员认为过程是一致低于该标称值。为便于研究，合适的假设是：

原假设：H_0 ：$\mu \geqslant 12.5$；

备择假设：H_1 ：$\mu < 12.5$。

样本均值是 9.7，正如所猜测的那样，比标称值小。但是它是否距 12.5 足够远，从而可以支持猜测？本例中，检验统计量值为 −1.976 4，相应的 p 值为 0.040，这表明如果过程的真实的均值等于 12.5 时，则在 100 次观测中，最多有 4 次机会使检验统计量的值等于或低于-1.9764。如果预先设定的显著性水平是0.05，则据此拒绝原假设，支持备择假设。

若将此问题稍作不同的考虑。想象所关心的是过程偏离了目标值12.5，但偏大还是偏小不定，这样导致以下假设：

原假设：　　$H_0: \mu=12.5$；

备择假设：　　$H_1: \mu\neq 12.5$。

假定从随机样本中收集到相同数据，检验统计量也一样，其值为-1.9764。对这个备择假设，感兴趣的问题是"看到这样一个极端值或更极端的概率是多少？"，在这种情形下，有两个相关的区域：一个是检验统计量小于或等于-1.9764；另一个是检验统计量值大于或等于1.976 4。t检验统计量落在这两个区域中的一个的概率是0.08（单侧值的两倍）。也就是说原假设为真时，检验统计量在100次观测中大约会有8次机会取次极端值或更极端值。因此在0.05显著性水平下，原假设没有被拒绝。

注1：若p值为0.029，则在原假设为真的条件下，每100次观测中，仅有不到3次的机会使检验统计量的值取此极端值或更极端的值。据此，迫使我们应拒绝原假设，因为这是个相当小的p值。更正式地，如果显著性水平定为0.05，而p值0.029小于0.05，因而拒绝原假设。

注2：有人将p值称为显著概率，但它不能与显著性水平混淆，后者在应用中是指定的常值。

p值的具体应用可详见本章的第二十四题。

十一、何谓统计量、检验统计量

1. 统计量　statistic

由随机变量完全确定的函数。

注1：由随机抽取的方法获得的样本称作随机样本，一般是指实际观测值。统计量即是随机样本中随机变量的函数。

注2：若$\{X_1, X_2, \cdots, X_n\}$是来自未知均值$\mu$和未知标准差$\sigma$的正态分布的随机样本，则样本均值$(X_1+X_2+\cdots+X_n)/n$是一个统计量；而$[(X_1+X_2+\cdots+X_n)/n]-\mu$不是统计量，因为它包含了未知参数$\mu$。

2. 检验统计量　test statistic

用于统计检验的统计量。

注：检验统计量用来评判考察的概率分布是否与原假设或备择假设相符。

十二、简述总体均值的估计与总体均值区间估计的方法

1. 总体均值μ的估计

（1）用样本的算术平均值来估计μ

$$\bar{x}=\sum x_i/n \tag{4-1}$$

样本算术平均值$\bar{x}$对总体均值μ来说是一个无偏、一致、有效的估计值。平均值$\bar{x}$的标准差较单个测值x_i的标准差小，只相当于后者的$1/\sqrt{n}$，如果单个测值x_i在总体中μ左右摆动，则n次的平均值$\bar{x}$也在μ左右摆动，但$\bar{x}$比单值x_i更靠近μ，$\bar{x}$在μ左右的摆动幅度则要小的多，即多次测值平均值$\bar{x}$比单值x_i更为精确，这就是用样本算术平均值$\bar{x}$来估计μ的理由。无论是利用数字特征法，还是利用极大似然法所得的均值估计量都是式(4-1)。

（2）用样本中位数Me估计总体均值μ

中位数Me定义为样本$x_1, x_2, \cdots, x_n$的函数，按次序统计量法，将样本观测值按大小次

序排列：$x_1 \leqslant x_2 \leqslant \cdots \leqslant x_n$，取居中的一个数（若 n 为偶数时，取居中的两数的平均值）为 Me 的观测值，样本中位数为

$$\mathrm{Me}=\begin{cases} x_{k+1}, & 若\ n=2k+1, \\ \frac{1}{2}(x_k+x_{k+1}), & 若\ n=2k。\end{cases} \tag{4-2}$$

用中位数 Me 作 μ 的估计值，一般认为它是无偏的。但其准确性要比算术平均值 $\bar{x}$ 差一些，但它的最大好处是快捷和简便，它与两端的极值变化无关，而且不要求测试数据必须遵循正态分布。

2. 总体均值 μ 的区间估计

设 $X \sim N(\mu, \sigma^2)$，如果 σ 已知，则对应于置信概率 $1-\alpha$，均值 μ 的置信区间为

$$\mu=\bar{x} \pm u_{\alpha/2}/\sqrt{n}。 \tag{4-3}$$

设 $X \sim N(\mu, \sigma^2)$，如果 σ 未知，则对应于置信概率 $1-\alpha$，均值 μ 的置信区间为

$$\mu=\bar{x} \pm t_{1-\alpha/2}(\nu) S/\sqrt{n}。 \tag{4-4}$$

由于在日常质量控制中，σ 大都未知，所以我们通常使用的是式(4-4)，式中 t 值可由附表 4 查出，S 为样本标准差，n 为样本容量，ν 为自由度 $\nu=n-1$，α 为显著性水平，通常 α 取 0.05，总体均值 μ 的置信区间是指，有 95％的把握，总体均值在 $(\bar{x}-t_{1-\alpha/2}(\nu)S/\sqrt{n}, \bar{x}+t_{1-\alpha/2}(\nu)S/\sqrt{n})$ 这一区间内。

置信区间是反映试验精密度的一个重要指标，置信区间愈大，精密度越低，反之则高。

示例 估计某批钢件的屈服点，抽取 10 件样品，测量值（t/cm^2）分别为：5.11、5.20、5.20、5.15、5.27、5.23、5.35、5.15、5.00、5.28，试估计该批钢件的屈服点及其置信区间（$\alpha=0.05$）。

解：

$$\bar{x}=\sum x_i/n=5.194,$$

$$S=\sqrt{\frac{\sum(x_i-\bar{x})^2}{n-1}}=0.098\,6,$$

查附表 4，$t_{0.975}(9)=2.262$，

$$t_{0.975}(9) \times S/\sqrt{n}=0.070,$$

代入式(4-4)得 $\mu=\bar{x} \pm t_{1-\alpha/2}(\nu)S/\sqrt{n}=5.194 \pm 0.070$。

所以这批钢材在 95％的置信水平下，屈服点估计为 5.194，屈服点在 5.124～5.264（t/cm^2）之间。

对于总体均值的单侧置信区间由下列不等式中的一个确定：

$$\mu<\bar{x}+t_{1-\alpha}(\nu)S/\sqrt{n} \quad 或 \quad \mu>\bar{x}-t_{1-\alpha}(\nu)S/\sqrt{n}。$$

有关总体均值估计和置信区间估计的详细内容见 GB/T 3360《数据的统计处理和解释 均值的估计和置信区间》和 GB/T 4889《数据的统计处理和解释 正态分布均值和方差的估计与检验方法》。

十三、简述总体方差、总体标准差的估计及其区间估计的方法

1. 总体方差 σ^2、总体标准差 σ 的估计

(1) 用贝塞尔公式估计 σ

$$S=\sqrt{\frac{\sum(x_i-\bar{x})^2}{n-1}} \tag{4-5}$$

若用极大似然法，解似然函数得到的方差估计量为

$$\hat{\sigma}^2=\frac{1}{n}\sum(x_i-\bar{x})^2 \tag{4-6}$$

此处$\hat{\sigma}^2$不是总体方差的无偏估计量，而常用修正样本方差S^2，它是σ^2的无偏估计

$$S^2=\frac{1}{n-1}\sum(x_i-\bar{x})^2 \tag{4-7}$$

标准差实际上是方差的平方根，亦称均方（根）差，与式(4-5)是一致的，现在流行用S来估计总体标准差σ。

(2) 用极差R估计σ及σ^2

样本极差R定义为样本$x_1,x_2,\cdots,x_n$的函数，利用次序统计量法，将它按大小次序排列。取最大值与最小值之差为R的观测值，并记为

$$R=x_{\max}-x_{\min} \tag{4-8}$$

样本极差本身就是衡量总体离散程度的一个尺度，由于其计算简便，所以在需要估计总体标准差σ的场合，可以用极差R来估计σ，总体标准差估计值$\hat{\sigma}$和R有下述关系：

$$\hat{\sigma}=\frac{1}{d_n}R \tag{4-9}$$

d_n与$1/d_n$的数值见表4-1。一般d_n可近似地取为：

$$\frac{1}{d_n}\approx\frac{1}{n}\sqrt{n-\frac{1}{2}},\quad 2\leqslant n\leqslant 10 \tag{4-10}$$

表4-1　系数d_n表

n	d_n	$1/d_n$	n	d_n	$1/d_n$
2	1.128	0.886	7	2.704	0.369
3	1.693	0.591	8	2.847	0.351
4	2.059	0.486	9	2.970	0.337
5	2.326	0.429	10	3.078	0.325
6	2.534	0.395			

用样本极差来估计σ，其缺点是不如S用得可靠，当n愈大时，两者差别也愈大。当$n>10$时，如果用R来估计σ，可将数据分成个数相等的组（譬如5个为一组），求出各组数据的极差，然后用这些样本极差的平均值作为式(4-5)中的R（此时d_n为d_5），即得σ的估计值$\hat{\sigma}$。它的平方即是σ^2的估计值。

2. 总体方差σ^2、总体标准差σ的区间估计

我们已经得知式(4-3)是总体方差σ^2的无偏估计量，它服从标准正态分布的独立随机变量的平方和并服从χ^2分布，其统计量为

$$\chi^2=\frac{(n-1)S^2}{\sigma^2} \tag{4-11}$$

服从$\chi^2(\nu)$分布，因为χ^2分布的密度曲线对$x=0$是不对称的，为确定置信区间的临界点，有

$$P\left(\chi^2_{\alpha/2}<\frac{(n-1)S^2}{\sigma^2}<\chi^2_{1-\alpha/2}\right)=1-\alpha \tag{4-12}$$

由不等式 $\chi^2_{\alpha/2}<\frac{(n-1)S^2}{\sigma^2}<\chi^2_{1-\alpha/2}$ 可得出正态总体方差 σ^2 的区间估计为

$$\left[\frac{(n-1)S^2}{\chi^2_{1-\alpha/2}},\frac{(n-1)S^2}{\chi^2_{\alpha/2}}\right] \tag{4-13}$$

由此可得出总体标准差 σ 的区间估计为

$$\left[\frac{\sqrt{n-1}S}{\sqrt{\chi^2_{1-\alpha/2}}},\frac{\sqrt{n-1}S}{\sqrt{\chi^2_{\alpha/2}}}\right] \tag{4-14}$$

示例 从某机床加工的一批零件中随机抽取 16 件，测得的长度(mm)如下：
12.15、12.12、12.01、12.28、12.16、12.03、12.01、12.06、
12.07、12.11、12.08、12.01、12.06、12.09、12.13、12.03，
试求该批零件长度的方差估计值 S^2 和标准差估计值 S 以及它们的置信区间($\alpha=0.05$)。

解： $\bar{x}=\sum x_i/n=12.09$，

$$S=\sqrt{\frac{1}{n-1}(\sum x_i-\bar{x})^2}=0.071,$$

$S^2=0.005\,04$。

查附表 3《χ^2 分布的分位数表》得

$$\chi^2_{0.025}(15)=6.26,\chi^2_{0.975}(15)=27.49。$$

将上列数据代入式(4-9)即得

$$\frac{(n-1)S^2}{\chi^2_{0.975}}=\frac{(16-1)\times0.005\,04}{27.49}=0.002\,75,$$

$$\frac{(n-1)S^2}{\chi^2_{0.025}}=\frac{(16-1)\times0.005\,04}{6.26}=0.012\,08。$$

因而总体方差 σ^2 的置信区间($\alpha=0.05$)为(0.002 75,0.012 08)。

进而代入式(4-10)得出总体标准差 σ 的置信区间($\alpha=0.05$)为(0.052 4,0.109 9)。所以该批零件长度的方差估计值为 0.005 04，其置信区间为(0.002 75,0.012 08)。该批零件长度的标准差估计值为 0.071，其置信区间为(0.052 4,0.109 9)。

十四、何谓单侧检验、双侧检验

1. 单侧检验 one-sided test

在检验统计量是一维的情形，以小于(大于)一给定数的所有数值的集合作为拒绝域的检验。

注：拒绝域即是检验统计量取值的一个集合，如果该统计量的观测值属于这个集合，则原假设被拒绝；否则原假设不被拒绝，拒绝域亦称否定域。

2. 双侧检验 two-sided test

在检验统计量是一维的情形时，以直线上一个有限区间的外部作为拒绝域的检验。

选择单侧检验还是双侧检验取决于备择假设。即临界域为单侧有界的假设检验称为单

侧检验，临界域为双侧有界的假设检验称为双侧检验。

上述的定义可以这样来理解。统计检验有单侧检验与双侧检验之分。双侧检验只要求验证由样本所得到的统计量与总体参数之间或两个总体参数之间有无显著性差异。一般的原假设 H_0 以 $\mu=\mu_0$ 或 $\sigma^2=\sigma_0^2$ 等形式来表示。而单侧检验则要求统计量大于或小于总体参数，而两个总体参数也有显著大于或小于对方的现象存在。一般原假设 H_0 以 $\mu>\mu_0$ 或 $\mu<\mu_0$ 等形式表示。进行单侧检验时，H_0 拒绝域位于概率分布图形的一端。而进行双侧检验时，H_0 拒绝域则位于概率分布图形的两端。

十五、简述假设检验的步骤

假设检验的步骤无统一遵循的格式，但在各参考书中所介绍的格式都是大同小异，大体上可按以下步骤进行：

① 根据实际需要提出原假设，以 H_0 表示；与之相对应的备择假设以 H_1 表示（需要时）。注意：双侧检验的原假设 H_0 常用等于目标值表示，备择假设 H_1 常用不等于目标值表示；单侧检验的原假设 H_0 常用大于等于或小于等于目标值表示，备择假设 H_1 常用小于或大于目标值表示。

② 选择检验统计量。根据样本的观测值进行计算，一般统计量有 $U(Z)$、t、χ^2、F 以及二项分布、泊松分布、正态性检验等各种参数的统计量。

③ 给定显著性水平 α，并根据 α 及自由度 ν，查出数学统计表中的临界值。

需注意，进行双侧检验时，应根据 $\alpha/2$ 或 $1-\alpha/2$ 确定临界值；进行单侧检验时，应根据 α 或 $1-\alpha$ 确定其临界值。使用最多的显著性水平 α 是 0.05 或 0.10。

④ 根据计算的统计量结果及从表中查出的临界值进行比较，做出统计推断，是否接受原假设或备择假设。

⑤ 根据假设检验的统计结论，对实际问题进行说明或解释。

十六、简述假设检验的类别和常用方法

假设检验的类别及其方法很多，根据所检验参数（或分布模型）的不同，基本可分为以下几类：

（1）总体均值的检验

这是在产品验收和实验室中经常遇到的问题，比如两批货物的品质是否一致；新旧两种检验方法的准确度是否相同；检验员的检验结果是否准确；两个实验室或两种仪器的检测结果是否有实质性偏倚；新研制的仪器或试验方法是否优于以前的仪器或方法等，都需进行均值检验。

均值检验属于准确度试验中的正确度试验，即系统误差（偏倚）检验。检验方法有符号检验、秩和检验、$U(Z)$检验，t 检验等。

（2）总体方差的检验

方差在数据处理及商品检验中的应用很广。由于方差是衡量检测精度的一个重要指标，故也称等精度检验，常用来判断实验室检测是否达到预期的精度，两组或实验室检测精度是否一致，各室的检测结果是否为等精度（方差齐性）；另外它也反映了产品生产的稳定性、品质的均匀性，因此颇为重要。

方差检验属于准确度试验中的精密度试验。用于总体方差的检验方法有 χ^2 检验、F 检验、Cochran 法检验、Bartlett 法检验、秩和检验等。

(3) 总体比率(不合格品率)的检验

主要用于计数值数据(离散型)的比率(不合格品率)检验。主要方法有正态分布法检验、泊松分布法检验、二项分布法检验、χ^2 检验等方法。

(4) 正态性检验

在进行统计推断时，许多统计方法是建立在已知分布类型的前提条件下进行的，最多的是建立在正态分布类型的基础上进行的。当怀疑总体的正态分布时，就应进行正态性检验。用于正态性检验的方法分为有方向检验(包括偏度检验、峰度检验)、无方向检验(包括 W 检验、D 检验)、多方向检验(偏度和峰度联合检验)还有相关系数法检验、正态概率纸法检验等方法。

由于正态性检验在质量管理中应用较少。进一步了解可见第十三章的第十一题，更详细了解可参阅 GB/T 4882《数据的统计处理和解释 正态性检验》。

十七、简述单一总体均值假设检验

1. σ 已知时的均值检验用 U 检验法

这类问题是：已知样本来自正态总体，问是否有理由说它是来自均值为 μ_0 的正态总体。即设 $x_1, x_2, \cdots, x_n$ 是从正态分布总体 $N(\mu, \sigma^2)$ 里抽取的一个样本，σ_0 已知，μ 为未知参数。可使用 U 检验法(亦称 Z 检验法)进行检验。

U 检验(U-test)即是检验统计量服从正态分布的检验。

例如，对于一个方差已知的正态总体，关于均值的检验。U 检验法的步骤如下：

① 建立统计假设

$H_0: \mu=\mu_0$　　$H_1: \mu\neq\mu_0$　　双侧检验

$H_0: \mu=\mu_0$(或 $\mu\geqslant\mu_0$)　　$H_1: \mu<\mu_0$　　单侧检验

$H_0: \mu=\mu_0$(或 $\mu\leqslant\mu_0$)　　$H_1: \mu>\mu_0$　　单侧检验

② 选择检验统计量

$$u=\frac{\bar{x}-\mu_0}{\sigma_0/\sqrt{n}},$$

并根据样本检测值计算出统计量 u 值。注意：该统计量服从标准正态分布 $N(0,1)$。

③ 给定显著性水平 α(α 一般取 0.05)

由附表 1《正态分布函数表》查得临界值 u_α，由于统计量服从正态分布，当 $\alpha=0.05$，双侧检验时，$u_{1-\alpha/2}=1.96$。

④ 统计推断

当 $H_1: \mu\neq\mu_0$ 时，拒绝域是：$|u|>u_{1-\alpha/2}$；

当 $H_1: \mu<\mu_0$ 时，拒绝域是：$u<u_\alpha$；

当 $H_1: \mu>\mu_0$ 时，拒绝域是：$u<u_{1-\alpha}$。

示例 1　某质量监管部门从某厂抽取由若干金属线组成的样本作断裂强度试验。已知这类金属线的断裂强度服从正态分布，标准差为 10 kg。按照标准要求该金属线的平均断裂强度为 500 kg，由 5 根金属线组成的样本，其断裂强度平均值为 504 kg。试判断该厂的产品是否符合标准要求($\alpha=0.05$)?

解：

(1) 假设 $H_0: \mu=\mu_0=500\ \text{kg}, H_1: \mu\neq 500\ \text{kg}$。

(2) 计算统计量

$$u=\frac{\bar{x}-\mu_0}{\sigma_0/\sqrt{n}}=\frac{504-500}{10/\sqrt{5}}=0.89。$$

(3) 给定显著性水平 $\alpha=0.05$,查附表 1 得出 $u_{1-\alpha/2}=u_{0.975}=1.96$。

(4) 统计推断

$|u|=0.89<1.96=u_{0.975}$,故接受 H_0,认为该厂的产品符合标准要求。

2. σ 未知时的均值的检验用 t 检验法

U 检验法虽然可用于均值检验,但它的条件必须是方差 σ^2 已知。而在日常进行的商品检验与质量验收中,大多数情况下不具备这一条件,这时就要根据样本的观测数据计算出样本标准差 S 对总体标准差 σ 作为近似估计量,在这种情况下需使用 t 检验法。

t 检验(t-test)即是检验统计量服从 t 分布的检验。

即从正态分布总体中随机抽取样本进行检验,计算观测值的算术平均值和标准差,用其算术平均值来检验总体均值是否等于(或大于或小于)某给定值(理论值、目标值、标准样品标准值等)。这类问题在质量管理中经常会遇到。t 检验的检验步骤如下:

① 建立统计假设

$H_0: \mu=\mu_0$	$H_1: \mu\neq\mu_0$	双侧检验
$H_0: \mu=\mu_0$(或 $\mu\geqslant\mu_0$)	$H_1: \mu<\mu_0$	单侧检验
$H_0: \mu=\mu_0$(或 $\mu\leqslant\mu_0$)	$H_1: \mu>\mu_0$	单侧检验

② 选择检验统计量

$$t=\frac{\bar{x}-\mu_0}{S/\sqrt{n}},$$

并根据样本观测值计算出统计量 t 值。

③ 给出显著性水平 α(α 一般取 0.05)

根据 $v=n-1$,由 t 分位数表(见附表 4)查出 $t_{1-\alpha/2}(\nu)$ 或 $t_{1-\alpha}(\nu)$ 值。

④ 统计推断

当 $H_1: \mu\neq\mu_0$ 时,拒绝域是:$|t|>t_{1-\alpha/2}(\nu)$;

当 $H_1: \mu<\mu_0$ 时,拒绝域是:$t<t_{\alpha}(\nu)$;

当 $H_1: \mu>\mu_0$ 时,拒绝域是:$t>t_{1-\alpha}(\nu)$。

当 t 值没有落在拒绝域时,接受 H_0,即总体均值与给定值无显著性差异。

示例 2　某产品的某成分的含量标准要求为 4.77%,质检人员随机抽取 9 个样品进行测定,测试的结果如下(%):4.74,4.77,4.77,4.77,4.81,4.82,4.73,4.86,4.81。问该产品是否符合标准要求($\alpha=0.05$)?

解：

(1) 假设 $H_0: \mu=4.77\%$。

(2) 计算统计量

$$\bar{x}=\frac{1}{n}\sum x_i=4.79(\%),$$

$$S=\sqrt{\frac{1}{n-1}\sum(x_i-\overline{x})^2}=0.042,$$

$$t=\frac{\overline{x}-\mu_0}{S/\sqrt{n}}=\frac{4.79-4.77}{0.042/\sqrt{9}}=1.43。$$

(3) 给定显著性水平 $\alpha=0.05$,查附表 4,得 $t_{0.975}(8)=2.31$。

(4) 统计推断。因为检验统计量 $t<t_{0.975}(8)$,所以该产品的含量符合标准要求。

十八、简述两个总体均值假设检验

1. σ 已知时的均值检验用 U 检验法

当两组观测值的总体分别服从正态分布 $N(\mu_1,\sigma_1^2)$,$N(\mu_2,\sigma_2^2)$,其中 σ_1^2 和 σ_2^2 为已知值。两组观测值的样本大小为 n_1,n_2。给定显著性水平 α,可采用 U 检验法,U 检验法(双侧检验)的步骤如下:

① 建立统计假设 $H_0:\mu_1=\mu_2$。

② 选择检验统计量

$$u=\frac{\overline{x}_1-\overline{x}_2}{\sqrt{\frac{\sigma_1^2}{n_1}+\frac{\sigma_2^2}{n_2}}}$$

并根据样本观测值计算出统计量 u 值。

③ 给出显著性水平 α,由附表 1《正态分布函数表》查得临界值 u_α,由于统计量服从正态分布,当 $\alpha=0.05$ 时,$u_{1-\alpha/2}=1.96$。

④ 统计推断

当 $|u|<u_{1-\alpha/2}$ 时,则接受假设 H_0,认为两个总体之间无显著性差异;

当 $|u|>u_{1-\alpha/2}$ 时,则拒绝假设 H_0,认为两个总体之间存在显著性差异。

示例 1 抽样检验两种工艺生产的细纱,第一种抽 10 根,它们的强度检测数据为:1.642、1.855、1.949、1.986、2.040、2.133、2.297、2.362、2.582、2.915。第二种抽 12 根,它们的强度检测数据为:2.104、2.222、2.247、2.286、2.237、2.367、2.385、2.512、2.707、2.751、3.158、3.172。现已知 $\sigma_1=0.3315$,$\sigma_2=0.3112$。显著性水平 $\alpha=0.05$,试检验两种工艺的细纱强度是否一致($\alpha=0.05$)?

解:

(1) 假设两种工艺的细纱强度是一致的,即 $H_0:\mu_1=\mu_2$。

(2) 计算统计量

$$\overline{x}_1=2.176,\quad \overline{x}_2=2.520$$

$$u=\frac{\overline{x}_1-\overline{x}_2}{\sqrt{\frac{\sigma_1^2}{n_1}+\frac{\sigma_2^2}{n_2}}}=\frac{|2.176-2.520|}{\sqrt{\frac{0.3315^2}{10}+\frac{0.3112^2}{12}}}=2.49。$$

(3) 显著性水平 $\alpha=0.05$,$u_{1-\alpha/2}=u_{0.975}=1.96$。

(4) 统计推断。因为 $2.49>1.96$,故否定 $H_0:\mu_1=\mu_2$ 的假设,即认为两种工艺的细纱强度存在显著性差异。

2. σ 未知时的均值的检验用 t 检验法

两个总体的 σ 未知时,均值检验通常使用 t 检验法。方法是从两个方差一致的总体中分别取得两个独立的样本，用其算术平均来检验两个总体均值是否相等，公共方差根据两个样本进行估计。但必须注意在进行两个总体均值的假设检验时，除要求这两个总体是互相独立外，还要求这两个总体的方差无显著性差异（精密度一致或方差齐性），只有在确认两个总体的方差无显著差异后，才能使用 t 检验法。即在进行 t 检验之前必须先进行 F 检验，通过 F 检验认为两总体方差一致后，再进行 t 检验。t 检验（双侧检验）步骤如下：

① 建立统计假设　$H_0: \mu_1 = \mu_2$。

② 选择检验统计量

$$t = \frac{|\overline{x_1} - \overline{x_2}|}{\sqrt{\frac{1}{n_1} + \frac{1}{n_2}} \cdot \sqrt{\frac{(n_1-1)S_1^2 + (n_2-1)S_2^2}{n_1 + n_2 - 2}}}。$$

③ 给出显著性水平 α，查出临界值 $t_{1-\alpha/2}(v)$（由附表 4 查出）。

④ 统计推断

若 $t < t_{1-\alpha/2}(v)$，则接受 H_0，即两个总体均值间无显著性差异；

若 $t > t_{1-\alpha/2}(v)$，则拒绝 H_0，即两个总体均值间存在显著性差异。

示例 2　甲、乙两名检验员使用同一台热量计，用同一批号的苯甲酸各自独立标定热容量 5 次，他们的检验结果（J / K）如下：

甲：10 434　10 472　10 465　10 445　10 470

乙：10 418　10 436　10 456　10 455　10 433

试问甲、乙检验员所标定的热容量是否存在显著性差异（$\alpha = 0.05$）？

解：

(1) 假设 $H_0: \mu_1 = \mu_2$。

(2) 在进行均值检验之前，首先应进行精密度检验，查验检验结果间的精密度是否一致，即先进行 F 检验。

经计算：$S_{甲} = 16.81$，$S_{乙} = 16.04$；

F 检验：$F = \frac{S_{甲}^2}{S_{乙}^2} = \frac{16.81^2}{16.04^2} = 1.098$。

查 F 表（见附表 5）得 $F_{0.975}(4,4) = 9.60$，因 F 统计量显著小于 F 表值，所以检验结果间的精密度一致。

(3) 计算统计量

$$\bar{x}_{甲} = 10\ 457,\quad \bar{x}_{乙} = 10\ 440;$$

$$t = \frac{|10\ 457 - 10\ 440|}{\sqrt{\frac{1}{5} + \frac{1}{5}} \cdot \sqrt{\frac{(5-1) \times 16.81^2 + (5-1) \times 16.04^2}{5+5-2}}}$$

$$= 1.638。$$

(4) 给定显著性水平 $\alpha = 0.05$，查 t 分位数表（见附表 4）$t_{0.975}(8) = 2.306$。

(5) 统计推断。因为 $t = 1.638 < 2.306 = t_{0.975}(8)$，所以应当接受原假设，即认为两检验员标定的检验结果间无显著性差异。

3. 成对对比检验

成对对比检验是成对（两个总体）观测值之差与零或预先指定的值相比较的方法，大都是指均值（差值平均值）与零的比较。即是在成对观测值情形下两均值的比较。

(1) 成对对比的应用范围

这个方法可用来确定两种处理间的差异。在这种情形,X_i是第一种处理的第i个样本观测值,Y_i是第二种处理的第i个样本观测值。术语"处理"应该理解为广义的。例如:所比较的两种处理可以是两种工艺、两种生产方法、两种操作方法、两台仪器、两个实验室或两名化验员等,以便发现两种处理之间的显著性差异。

(2) 成对对比的应用条件

如果满足下列两个条件,则这个方法能够有效地应用:

1) 差$d_i=X_i-Y_i$的系列可看作独立随机变量系列;

2) d_i的分布是正态分布或近似正态分布。

成对对比法的检验步骤如下:

① 建立统计假设$H_0:D=0$(或给定的值)。

② 选择统计量

$$t=\bar{d}\cdot\sqrt{n}/S_d。$$

③ 给定显著性水平α,一般$\alpha=0.05$,由t分位数表(附表4)查出$t_{1-\alpha/2}(v)$值。

④ 统计推断

$t<t_{1-\alpha/2}(v)$,两个总体均值间无显著性差异。

$t>t_{1-\alpha/2}(v)$,两个总体均值间存在显著性差异。

示例3 某港口从国外引进一套煤炭机械采样设备,为检验该采样设备所采样品B与约定真值A(停止皮带上所采样品)之间有无显著性差异,利用不同的煤种进行了12组试验,测得的特性值干燥基灰分(A_d,%)的数据如下:

A(停带):	7.55	7.09	8.26	5.14	7.74	7.80	6.90	6.63	12.38	12.81	9.89	9.86
B(设备):	7.46	6.97	7.43	6.07	7.41	8.24	6.71	6.77	11.89	13.19	9.22	8.90
d_i(差值):	0.09	0.12	0.83	−0.93	0.33	−0.44	0.19	−0.14	0.49	−0.38	0.67	0.96

试问该采样设备所采集的样品与停止皮带样品间有无显著性差异($\alpha=0.05$)?

解:

(1) 建立统计假设$H_0:D=0$。

(2) 选择、计算统计量

$$差值平均值\ \bar{d}=\sum(A_i-B_i)/n=0.149\ 2,$$

$$差值标准差\ S_d=\sqrt{\sum(d_i-\bar{d})^2/(n-1)}=0.557\ 8,$$

$$t=\bar{d}\cdot\sqrt{n}/S_d=0.1492\times\sqrt{12}/0.557\ 8=0.926\ 6。$$

(3) $v=12-1$,$\alpha=0.05$,查t分位数表(附表4),$t_{0.975}(11)=2.201$。

(4) 统计推断。因为统计量$t<t_{0.975}(11)$,所以机械采样与停止皮带采样之间无显著性差异存在。

十九、简述单一总体方差假设检验(χ^2检验法)

在质量管理中,常常要检验一批数据的方差是否比设定的值(已知值)大,或小或一致。例如,检验购进的原材料的方差(精度、均匀性、稳定性)是否与供应商宣称的一致。改进工作后的产品精度(方差)是否比改进前的产品精度(方差)有所提高或降低。类似这类问题则需要进行单一总体方差的检验,通常采用χ^2检验法。

χ^2检验(chi-square test)即检验统计量服从χ^2分布的检验。

χ^2检验的步骤如下:

① 建立统计假设　$H_0: \sigma^2=\sigma_0^2$　　$H_1: \sigma^2\neq\sigma_0^2$　双侧检验;

$H_0: \sigma^2=\sigma_0^2$(或$\sigma^2\leqslant\sigma_0^2$)　$H_1: \sigma^2>\sigma_0^2$　单侧检验;

$H_0: \sigma^2=\sigma_0^2$(或$\sigma^2\geqslant\sigma_0^2$)　$H_1: \sigma^2<\sigma_0^2$　单侧检验。

② 选择统计量

$$\chi^2=\frac{(n-1)s^2}{\sigma_0^2}\quad 或\quad \chi^2=\frac{\sum(x_i-\bar{x})^2}{\sigma_0^2}。$$

③ 给定显著性水平α。由χ^2值表(附表3)查出临界值$\chi^2_{\alpha/2}(v)$、$\chi^2_{1-\alpha/2}(v)$或$\chi^2_{\alpha}(v)$、$\chi^2_{1-\alpha}(v)$。

④ 统计推断。当双侧检验时,$\chi^2_{\alpha/2}(v)<\chi^2<\chi^2_{1-\alpha/2}(\nu)$则接受$H_0$。单侧检验时,$\chi^2$值应小于$\chi^2_{\alpha}(v)$或$\chi^2_{1-\alpha}(v)$,则接受$H_0$。

示例1　某企业采购的某种型号的电池,其寿命(单位:h)服从方差$\sigma_0^2=5\ 000$的正态分布,先从该企业购进的一批该型号电池中随机抽取26节进行测试,测得的样本方差$S^2=7\ 200$,试问购进的这批电池的寿命波动与以往的有无显著性变化($\alpha=0.02$)?

解:　(1) 假设$H_0: \sigma^2=5\ 000$。

(2) 计算统计量

$$\chi^2=\frac{(n-1)S^2}{\sigma_0^2}=\frac{(26-1)\times 7\ 200}{5\ 000}=36。$$

(3) 显著性水平$\alpha=0.02$,由附表3查得$\chi^2_{0.01}(25)=11.524$,$\chi^2_{0.99}(25)=44.314$。

(4) 统计推断。因为$\chi^2_{0.01}(25)=11.524<36<44.314=\chi^2_{0.99}(25)$,所以接受$H_0$,即可认为购进的这批电池的寿命波动与以往的无显著性变化。

以上是一双侧检验的示例。下面再举一个单侧检验的示例加以说明。

示例2　某机械零件的内径服从正态分布,根据设计要求,其标准差不得超过0.30(单位:cm),现从该产品中随机抽取了25件进行检验,测得的样本标准差$S=0.36$,问检验结果是否说明该产品的标准差明显增大($\alpha=0.05$)?

解:

(1) 假设$H_0: \sigma^2=(0.30)^2$,$H_1: \sigma^2>(0.30)^2$。

(2) 计算统计量

$$\chi^2=\frac{(n-1)S^2}{\sigma_0^2}=\frac{(25-1)(0.36)^2}{(0.30)^2}=34.56。$$

(3) 显著性水平$\alpha=0.05$,由χ^2分位数表(附表3)查得:$\chi^2_{0.05}(24)=36.415$。

(4) 统计判断。由于$34.56<36.415$,故接受H_0,则认为在$\alpha=0.05$水平下,该产品的标准差没有超过0.30,说明该产品合格。

二十、简述两总体方差假设检验(*F*检验法)

在质量管理中,常常要检验两批数据的方差(精密度、稳定性或均匀程度)是否一致、是

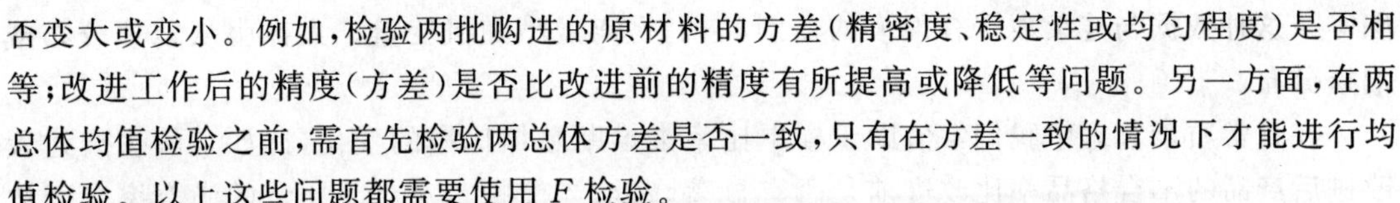

否变大或变小。例如,检验两批购进的原材料的方差(精密度、稳定性或均匀程度)是否相等;改进工作后的精度(方差)是否比改进前的精度有所提高或降低等问题。另一方面,在两总体均值检验之前,需首先检验两总体方差是否一致,只有在方差一致的情况下才能进行均值检验。以上这些问题都需要使用 F 检验。

F 检验(F-test) 即检验统计量服从 F 分布的检验。

F 检验的方法步骤如下:

① 建立统计假设 H_0 : $\sigma_1^2=\sigma_2^2$ H_1 : $\sigma_1^2\neq\sigma_2^2$ 双侧检验;

H_0 : $\sigma_1^2=\sigma_2^2$(或 $\sigma_1^2\leqslant\sigma_2^2$) H_1 : $\sigma_1^2>\sigma_2^2$ 单侧检验;

H_0 : $\sigma_1^2=\sigma_2^2$(或 $\sigma_1^2\geqslant\sigma_2^2$) H_1 : $\sigma_1^2<\sigma_2^2$ 单侧检验。

② 选择统计量

$$F=\frac{S_1^2}{S_2^2}。$$

③ 给定显著性水平 α。根据自由度 $v_1=n_1-1$,$v_2=n_2-1$,对应于以上三对假设,它们各自的拒绝域分别为:

——H_1 : $\sigma_1^2\neq\sigma_2^2$时,拒绝域是:$F<F_{\alpha/2}(\nu_1,\nu_2)$或$F>F_{1-\alpha/2}(\nu_1,\nu_2)$;

——H_1 : $\sigma_1^2>\sigma_2^2$时,拒绝域是:$F>F_{1-\alpha}(\nu_1,\nu_2)$;

——H_1 : $\sigma_1^2<\sigma_2^2$时,拒绝域是:$F<F_{\alpha}(\nu_1,\nu_2)$。

由附表 5 查出它们的临界值。

注:查表时应注意 ν_1 是方差较大者的自由度为横行,ν_2 是方差较小者的自由度为纵行。

④ 统计推断。当计算的 F 不在拒绝域内,则接受原假设。

示例 使用两台热量计分别测定同一煤样的热量 8 次,其测定结果(J/g)如下:

第一台:24 020 24 080 24 110 24 090 24 080 24 070 24 130 24 060

第二台:24 160 24 110 24 040 24 060 24 080 24 090 24 020 24 080

试问这两台热量计测定的结果是否具有相同的精密度($\alpha=0.05$)?

解:

(1) 假设 H_0 : $\sigma_1^2=\sigma_2^2$。

(2) 计算标准差和方差

$$S_1=33,\quad S_1^2=1\ 089;$$
$$S_2=43,\quad S_2^2=1\ 849。$$

(3) 计算统计量

$$F=\frac{S_2^2}{S_1^2}=\frac{1\ 849}{1\ 089}=1.70。$$

(4) 给定显著性水平 $\alpha=0.05$。应查 $F_{1-\alpha/2}(v_1,v_2)$,则 $F_{0.975}(7,7)=4.99$。

(5) 统计推断。因为 $F=1.70<4.99=F_{0.975}(7,7)$,则接受 H_0,所以两台热量计测定精密度是一致的。

二十一、简述单一总体比率假设检验

以上所探讨的假设检验问题都是针对连续变量进行的,随机变量都假定服从正态分布。但在实际工作中,常遇到另外的一类情况,所有的度量结果都是离散的,如合格、不合格、缺陷等。这种数据与连续数据有很大的差别，它们是离散型随机变量。大都服从二项分布或泊松分布。

在日常质量管理中我们常借助于样本比率去推断总体比率的变化，比如了解生产过程改进后产品的不合格品率比改进前是否有显著降低，当前顾客对产品质量的满意率是否比过去有显著提高等类似的问题。这类问题通常可以通过单一总体比率检验进行处理。

根据中心极限定理，在大样本的条件下，若 $np>5$，$n(1-p)>5$ 时，则可将二项分布问题转化为正态分布问题近似地求解。这时样本比率 $\hat{p}$ 近似地服从数学期望 p，方差为 $\frac{1}{n}p(1-p)$ 的正态分布

$$\hat{p}\sim N\left[p,\frac{1}{n}p(1-p)\right]。$$

因此，我们用 Z 统计量作为总体比率的统计量，Z 的定义为

$$Z=\frac{\hat{p}-p_0}{\sqrt{p_0(1-p_0)/n}}\sim N(0,1)。$$

示例　现抽检一批自行车零件，据以往的资料得知其不合格品率为 10.5%，在抽检的 100 个零件中，发现有 7 个不合格品，问抽检的不合格品率是否有所改变？

解：

(1) 统计假设 $H_0: p=0.105$。

(2) 计算统计量

$$Z=\frac{\hat{p}-p_0}{\sqrt{p_0(1-p_0)/n}}=\frac{|0.07-0.105|}{\sqrt{0.105(1-0.105)/100}}=1.14。$$

(3) 显著性水平 $\alpha=0.05$，$Z_{1-\alpha/2}=Z_{0.975}=1.96$。

(4) 统计推断。因为 $Z=1.14<1.96=Z_{0.975}$，所以认为该批自行车零件的不合格品率没有发生变化。

二十二、简述两个总体比率假设检验

在质量管理中有时还需要对两个总体的比率进行比较，比如希望了解在两种不同工艺条件下生产的产品合格率是否有显著的差别，采用某种服务方法是否比另一种服务方法让顾客满意率提高等。这类问题都可以通过两个总体比率检验方法予以处理。

假设常用以下几种类型。$H_0: p_1=p_2$，$H_1: p_1\neq p_2$，进行单侧检验时，备择假设可以换成“>”或“<”；还可以改为“比率差”的形式，$H_0: p_1-p_2=0$，$H_1: p_1-p_2\neq 0$；或 $H_0: p_1-p_2=d(p_0)$，$H_1: p_1-p_2\neq d(p_0)$。在实际工作中，第一种形式最为常见，其统计量为

$$Z=\frac{\hat{p}_1-\hat{p}_2}{\sqrt{\left(\frac{1}{n_1}+\frac{1}{n_2}\right)\hat{p}(1-\hat{p})}}\sim N(0,1)。$$

示例 1　分别从 A、B 两种不同工艺生产条件下随机抽取 1 500 片及 1 800 片芯片，进行检验，其中 A 种工艺条件下有 340 片为一等品，B 种工艺条件下有 350 片为一等品。在 $\alpha=0.05$ 下，检验 A 种工艺条件是否比 B 种工艺条件有较高的一等品率（$\alpha=0.05$）？

解：

设 p_1，p_2 分别表示 A，B 两种工艺条件下的一等品率，此时的检验假设为

$H_0: p_1=p_2, H_1: p_1>p_2$。此假设为单侧检验，$\alpha=0.05$，查附表 1，$Z_{1-\alpha}=Z_{0.95}=1.645$。

由样本数据 $n_1=1\,500, n_2=1\,800$，得 $\hat{p}_1=\frac{340}{1\,500}=0.227, \hat{p}_2=\frac{350}{1\,800}=0.194$，可知 $\hat{p}=\frac{n_1\hat{p}_1+n_2\hat{p}_2}{n_1+n_2}=0.209$，

$$Z=\frac{\hat{p}_1-\hat{p}_2}{\sqrt{\left(\frac{1}{n_1}+\frac{1}{n_2}\right)\hat{p}(1-\hat{p})}}=\frac{0.227-0.194}{\sqrt{\left(\frac{1}{1\,500}+\frac{1}{1\,800}\right)\times 0.209\times(1-0.209)}}$$

$$=2.267$$

由于 $Z=2.267>1.645=Z_{0.95}$，所以拒绝 H_0，接受备择假设 H_1。即在 $\alpha=0.05$ 时，A 种工艺条件比 B 种工艺条件有较高的一等品率。

以上介绍的比率检验采用的是正态分布法，两个总体比率的检验还可以使用 χ^2 检验法。其检验步骤（双侧）如下：

（1）建立统计假设　$H_0: p_1=p_2$。

（2）选择统计量

$$\chi^2=\sum\frac{(x_i-m_i)^2}{m_i}$$

式中，x_i 为实测值；m_i 为理论值。

（3）给出显著性水平 α，根据 χ^2 分布表（附表 3）查出 $\chi^2_{1-\alpha/2}(\nu)$ 值。

（4）统计推断：若 $\chi^2<\chi^2_{1-\alpha/2}(\nu)$，接受原假设，否则拒绝原假设。

示例 2　在进行食品沙门氏菌检验方法的研究中，用新研制的方法和美国 *AOAC* 两种方法对冻鸡肉进行沙门氏菌检验，抽取 96 个样品。*AOAC* 法阴性反应 57 个，新方法 47 个，问这两种方法的反应比率是否一致（$\alpha=0.05$）？

解：

（1）统计假设　$H_0: p_1=p_2$。

（2）计算统计量

反应结果表

	*AOAC*法	新方法	合计
阳性	39(44)	49(44)	88
阴性	57(52)	47(52)	104
合计	96	96	192

$$m_{(+)}=\frac{88}{192}\times 96=44, m_{(-)}=\frac{104}{192}\times 96=52,$$

$$\chi^2=\sum\frac{(x_i-m_i)^2}{m_i}=\frac{(39-44)^2}{44}+\frac{(49-44)^2}{44}+\frac{(57-52)^2}{52}+\frac{(47-52)^2}{52}=2.098。$$

（3）显著性水平 $\alpha=0.05$，查附表 3 得：$\chi^2_{0.975}(1)=5.023$。

（4）因为 $\chi^2=2.098<5.023=\chi^2_{0.975}(1)$，所以两种方法反应比率是一致的。

二十三、简述多个总体比率假设检验

三个以上的总体比率假设检验同样可以用 χ^2 检验法。下面举例加以说明。

示例　质检员对 A、B、C 三个车间生产的自行车架进行冲击强力的抽样检验，在一个月中发生的不合格数分别如下：A 车间 34，B 车间 26，C 车间 38，问三个车间不合格品率是否有明显差异？

解：

(1) 统计假设　$H_0: N_1 = N_2 = N_3$。

(2) 计算统计量

$$m_i = (34+26+38)/3 = 32.7,$$

$$\chi^2 = \sum \frac{(x_i - m_i)^2}{m_i} = \frac{(34-32.7)^2}{32.7} + \frac{(26-32.7)^2}{32.7} + \frac{(38-32.7)^2}{32.7} = 2.28。$$

(3) 显著性水平 $\alpha = 0.05$，查附表 3 得：$\chi^2_{0.975}(2) = 7.38$。

(4) 因为 $\chi^2 = 2.28 < 7.38 = \chi^2_{0.975}(2)$，所以三个车间的不合格品率无显著性差异。

二十四、简述 *p* 值检验法

以上各种假设检验的判断我们用的都是临界值法。还有一种判断方法称为 p 值检验(比较)法。所谓 p 值，指的是当原假设 H_0 成立时，出现目前状况的概率(严格地说是：当原假设 H_0 成立时，出现目前状况或对原假设更不利状况，即对备择假设更有利状况的概率)。当这个概率很小时(例如小于 0.05)，这个结果在原假设成立的条件下就不该在一次试验中出现；但现在它确实出现了，因此我们有理由认为“原假设成立”的这个前提是错的，因而应该拒绝原假设，接受备择假设。因此可以有个最一般的规则：如果 p 值 $<\alpha$，则拒绝原假设，接受备择假设。目前大多数统计软件都提供了与假设检验相对应的 p 值(*p*value)，不必再查统计表来确定拒绝域临界值，就可以根据 p 值，做出判断结论，这就大大简化了假设检验的工作。那么小到什么程度才能算很小呢？这与我们指定的显著性水平 α 有关，我们把 p 值与显著性水平 α 进行比较，若 p 值比 α 小，则拒绝原假设；反之，不能拒绝原假设 H_0。实际工作时，通常取 $\alpha = 0.05$，我们就把 p 值与 0.05 进行比较，若 p 值比 0.05 小，则拒绝原假设；反之，不能拒绝原假设 H_0。

p 值比较法在医学界应用很广，如研制新药、新治疗方法、新医疗器械等诸多方面。下面举例说明 p 值的计算与判断。

示例　一支香烟中尼古丁含量 x(单位：mg)服从正态分布 $N(\mu, 1)$，合格标准规定 μ 不能超过 1.5 mg，为对一批香烟的尼古丁含量是否合格做出判断，从该批的香烟中随机抽取 20 支香烟进行测定，测得每支香烟的平均尼古丁含量 $\bar{x} = 1.97$ mg，试判断该批香烟的尼古丁含量是否合格(显著性水平 $\alpha = 0.05$)。

解：

(1) 建立统计假设　$H_0: \mu \leqslant 1.5, H_1: \mu > 1.5$。

(2) 检验统计量

$$u = \frac{\bar{x} - \mu_0}{\sigma_0/\sqrt{n}} = \frac{1.97 - 1.5}{1/\sqrt{20}} = 2.10。$$

(3) 计算 p 值

$p = p(u > 2.10) = 1 - \Phi(2.10) = 0.0179$(由附表 1 查得 $\Phi(2.10)$ 的值)。

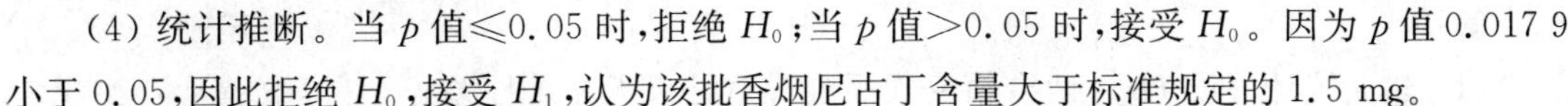

(4) 统计推断。当 p 值≤0.05 时，拒绝 H_0；当 p 值>0.05 时，接受 H_0。因为 p 值 0.017 9 小于 0.05，因此拒绝 H_0，接受 H_1，认为该批香烟尼古丁含量大于标准规定的 1.5 mg。

二十五、何谓非参数假设检验

非参数检验　Nonparametric test

假设检验可分为“参数假设检验”和“非参数假设检验”两大类。参数假设检验是在数据分布类型已确定(如正态分布或二项分布等)的情况下，针对参数(如均值、方差或比率)的检验。非参数假设检验则不是这样，例如对于分布的正态性、独立性或分布的拟合检验等，检验问题不是针对参数的，这类问题称为非参数检验。另外我们更加关注在参数检验问题中当分布正态性这个基本假定不能满足时，如何使用一些与分布类型无关的方法进行检验。我们把解决非参数检验问题与使用与分布类型无关的方法来解决参数检验问题的这类方法统称为非参数检验。非参数检验法与参数检验法相比，特点可以归纳如下：

① 非参数检验一般不需要严格的前提假设；

② 非参数检验特别适用于顺序资料；

③ 非参数检验很适用于小样本，并且计算简单；

④ 非参数检验法最大的不足是没能充分利用数据资料的全部信息；

⑤ 非参数检验法目前还不能用于处理因素间的交互作用。

非参数检验方法：问题仍是参数检验(均值相等性检验等)，但方法是非参数的，即只是用“符号”、“秩”及“游程”等几种与原来分布无关的工具进行分析，这就是非参数检验方法的基本思想。

二十六、何谓符号检验法，简述其应用

符号检验法(sign test)即是通过两个相关样本的每对数据之差的符号进行检验，从而比较两个样本的显著性。具体地讲，若两个样本差异不显著，正差值与负差值的个数应大致各占一半。

符号检验与参数检验中相关样本显著性 t 检验相对应，当资料不满足参数检验条件时，可采用此法来检验两个相关样本的差异显著性。

根据符号检验判断差异显著性时也要查表找出相应的临界值。但特别应注意的是在某一显著性水平下，实得的 S 值大于表中 S 的临界值时，表示差异不显著，这一点与参数检验时的统计量和临界值的判断结果不同。

示例　某厂在钽电解容器生产过程中，用甲、乙两台精密天平称量钽粉，数据记录于下表中，试用符号检验法判断甲、乙两台精密天平的称量结果有无显著性差异。

称量结果数据表

甲天平	14.7	15.2	15.2	14.8	15.5	14.6	14.9	14.8	15.1	15.0
乙天平	14.6	15.6	15.4	14.7	15.2	14.7	14.8	14.6	15.2	15.0
符号	+	−	−	+	+	−	+	+	−	0
甲天平	14.7	14.8	14.7	15.0	14.9	14.9	15.2	14.7	15.4	15.2
乙天平	14.6	14.6	14.9	15.3	14.7	14.6	14.8	14.9	15.2	15.0
符号	+	+	−	−	+	+	+	−	+	+

解：

(1) 建立统计假设 H_0 两台精密天平的称量结果无显著性差异。

(2) 符号记录及统计

规定：称量数据若甲＞乙，记为"＋"，其个数为 n_+；若甲＜乙，记为"－"，其个数为 n_-；若甲＝乙，记为"0"，其个数为 n_0。

从表中可知：$n_+=12$，$n_-=7$，$n_0=1$，则 $n=n_++n_-=19$。

(3) 计算统计量

$$S=\min(n_+,n_-)=7。$$

(4) 设定显著性水平 $\alpha=0.05$，查符号检验表(附表 10)临界值，得临界值 $S_{0.05}=4$。

(5) 统计推断

若 $S>S_\alpha$，接受原假设 H_0；

若 $S\leqslant S_\alpha$，拒绝原假设 H_0。

本示例 $S=7>4=S_{0.05}$，故接受原假设 H_0，认为甲、乙两台精密天平的称量结果无显著性差异。

二十七、何谓秩和检验法，简述其应用

秩和检验法(rank sum test)为非参数统计法中的一种重要方法，是对成组数据 t 检验法的一个补充。与成组 t 检验法相比，秩和检验方法使用简便，且对象无须满足服从正态分布的特征，应用范围更广。

所谓秩，就是将一个数列从小到大按次序排列起来时，各项数据的序号。当数列中有若干项相同时，它们的秩就是它们所占有的秩的平均数。秩和就是一个数列的秩的总和。如：

数列	100	102	104	110	110	110
秩	1	2	3	5	5	5

上例中数列是从小到大排列的，前三项的排列序号是 1，2，3。于是它们的秩就是 1，2，3。后三项都是 110，它们的排列序号是 4，5，6。于是它们的秩就是(4＋5＋6)÷3＝5。该数列的秩和是 1＋2＋3＋5＋5＋5＝21。

使用秩和检验法不要求检验的总体必须服从正态分布，也不要求两个总体的方差必须一致，也不要求像符号检验那样从两总体中抽取的样本大小必须相等。下面我们举例说明秩和检验法的实施步骤。

示例 1 从甲、乙两批产品中随机抽取样本进行检验，其质量特性值的检测数据如下：

甲：15.2　14.8　15.6　14.7

乙：15.0　14.6　15.1

试问甲、乙两批产品的质量特性值是否有显著性差异？

解：

(1) 建立统计假设 $H_0: \mu_1=\mu_2$。

(2) 将所得的数据混合在一起，依数据从小到大排列，并标明各数值大小次序的号数(秩数)如下表所示。

质量特性值数据表

秩数	1	2	3	4	5	6	7
甲		14.7	14.8			15.2	15.6
乙	14.6			15.0	15.1		

(3) 将样本容量最小的各秩数加起来,这里乙的样本 $n_1=3$,这三个"小样"的秩数分别是 1,4,5,(小样本个数用 n_1 表示,大样本个数用 n_2 表示),故"小样"的秩和 T 为

$$T=1+4+5=10。$$

(4) 如两个样本所代表的总体是一致的,即均值相等 $\mu_1=\mu_2$,那么 T 值就不能太小或太大。在本书的附表 11《秩和检验表》中在一定的显著性水平 α 下针对不同的样本 n_1,n_2 给出了 T 值的下限 T_1 和上限 T_2,如果 $T_1<T<T_2$,则认为两总体均值无显著性差异;如果 $T\geqslant T_2$ 或 $T\leqslant T_1$,则认为两者的差异显著。

查附表 11,$\alpha=0.05$,$n_1=3$,$n_2=4$ 得,$T_1=7$,$T_2=17$。

因为 $T=10$,$7<T<17$,故接受 H_0,认为甲、乙两批产品的特性值无显著性差异。

以上示例比较简单,也容易理解,在此基础上,再举一比较复杂示例进一步说明秩和检验法的应用。

示例 2 某厂生产纸介电容器,分别采用进口电容器纸(乙)和国产电容器纸(甲)用相同的工艺生产相同规格的纸介电容器。现随机各抽取 8 件样品,进行绝缘电阻值的测量,测量结果如下表所示。试用秩和检验法判断两种电容器纸所制造的纸介电容器的绝缘电阻值有无显著性差异。

数据表(测量单位:$10^9\,\Omega$)

国产纸	6.0	7.0	7.0	10.0	15.0	10.0	7.0	20.0
进口纸	9.0	12.0	7.0	15.0	10.0	12.0	8.0	6.8

解:

(1) 建立统计假设 $H_0:\mu_1=\mu_2$。

(2) 秩和统计

将数据按从小到大排列成为秩表,对数值相等的数据的秩以其均值代替。根据下表中的数据计算秩和。

秩表

秩			4.5	4.5	4.5	4.5			10	10	10			14.5	14.5	
	1	2	3	4	5	6	7	8	9	10	11	12	13	14	15	16
甲	6.0		7.0	7.0	7.0				10.0	10.0				15.0		20.0
乙		6.8				7.0	8.0	9.0			10.0	12.0	12.0		15.0	

$$T_{甲}=1+4.5+4.5+4.5+10+10+14.5+16=65;$$

$$T_{乙}=2+4.5+7+8+10+12+13+14.5=71。$$

(3) 计算统计量 T

$$T=\min(T_{甲},T_{乙})=65。$$

(4) 查秩和检验表(附表 11)，$\alpha=0.05$，$n_1=8$，$n_2=8$ 得 $T_1=52$，$T_2=84$。

(5) 统计推断。因为 $T_1=52<65<T_2=84$，故接受 H_0，认为进口和国产两种电容器纸所制造的纸介电容器的绝缘电阻值无显著性差异。

第五章 过程能力分析

一、简述过程能力分析的概念、用途、益处、局限性与注意事项及应用示例

1. 过程能力分析的概念

过程能力分析(process capability analysis)就是检查过程的固有变异和分布,从而估计其产生符合规范所允许变差范围的输出的能力。

当数据是(产品或过程)可度量的变量,且处于统计控制状态时,过程的固有变异以过程的"离散程度"表示,并通常以过程分布的 6 倍标准差(6σ)来测量。如果过程数据是呈正态分布("钟形"分布)的变量,在理论上,这种离散程度将包含总体的 99.73%。

过程能力可用指数表达。指数可将实际的过程变异与规范(规定值、合同值、标准值或图纸等)允许的容差(允许差、规格限等)联系起来。广泛应用于计量数据的过程能力指数是"C_P",即整个容差除以 6σ 的比值,它是在规范上下界限之间具有良好中心定位的过程的理论能力的测度。另一个广泛使用的过程能力指数是"C_{PK}",它描述了可能中心定位或未能中心定位的过程的实际能力,"C_{PK}"也适用于包含单侧规范界限的情况。为更好地表征长期和短期变异及围绕预期的过程目标值的变差,还发明了其他能力指数。

当过程数据涉及"计数值"(如不合格品百分数或不合格数)时,过程能力以平均不合格品率或平均不合格率表示。

2. 过程能力分析的用途

过程能力分析用来评价过程连续产生符合规范的输出的能力,并估计预期的不合格产品的数量。

过程能力分析适用于评价过程的任一部分(如某一特定机器)的能力。如"机器能力"的分析可用来评价特定设备或估算其对整个过程能力的贡献。

3. 过程能力分析的益处

过程能力分析能评价过程的固有变异,估计预期的不合格品百分数。因此,它使组织能估计出不合格所发生的费用,并作出有助于指导过程改进的决策。

确定过程能力的最低标准可指导组织选择能用于生产可接收产品的过程和设备。

4. 过程能力分析的局限性与注意事项

能力概念仅适于处于统计控制状态的过程。因此,过程能力分析应与控制方法联合起来实施,以对控制进行持续验证。

不合格品百分数的估计受正态性假定的限制。当实践中不能实现严格的正态性时,应谨慎处理这样的估计,尤其是在过程具有高能力比的情况下更应如此。

当过程分布实质上非正态时,能力指数可能引起误导。不合格品百分数的估计应基于针对这些数据的适宜分布所开发的分析方法。同样地,在过程受可查明的系统变差原因(如工具磨损)限制的情形下,则必须使用专门方法计算和解释过程能力。

5. 过程能力分析的应用示例

通过确保零件的变异与组装产品中允许的总容差相一致，过程能力可用来建立制造产品的合理加工规范。相反，当需要严格的容差时，零件的制造商需要达到规定的过程能力水平，以确保高产低耗。

较高的过程能力目标（如 $C_P \geqslant 2$）有时用在零件和分系统级，以使复杂系统达到所期望的累积质量和可靠性。

机器能力的分析用来评价机器按规定要求生产或运行的能力，这有助于组织作出采购或修理机器的决定。

汽车、航空航天、电子学、食品、医药以及医疗设备的制造商通常将过程能力作为评价供方和产品的主要准则。这使这些制造商可将对采购产品和材料的直接检验减至最少。

一些制造业和服务业的公司通过跟踪过程能力指数，以识别过程改进的需求，或验证这些改进的有效性。

二、何谓过程能力

过程能力　[process capability(PC)]是〈估计值〉对已被证明处于统计受控状态的过程特性输出的统计度量，它描述了过程特性满足要求的能力。

注 1：统计受控过程亦称稳定过程，即是〈常量均值〉只受随机因素影响的过程。

注 2：对于正态分布，过程总标准差 σ_t 能用 S_t 进行估计。此外在某些特定情况下，表示子组内变异的标准差 S_w，可以代替 S_t 作为 σ_t 的估计量。

过程能力是过程固有变异的一种量度。即是过程加工质量方面（注意不是数量方面）的能力。或是说过程的加工质量满足技术标准的能力。此种能力表现在过程稳定的程度上。而生产能力则是指加工数量方面的能力，二者不可混淆。在过程稳定时，质量特性 x 服从正态分布 $N(\mu,\sigma^2)$，其中标准差 σ 大小表示过程稳定的程度，σ 愈小则过程愈稳定。因此它是表示产品质量或产品生产过程稳定程度的一个可度量的指标，或是说它是衡量过程加工质量内在一致性的量值。注意，以前的教科书中常把过程能力称为工序能力，并用 B 表示。

过程能力分析就是检查过程的固有变异和分布，从而估计其产生符合规范所允许变差范围的输出能力。对于制造业就是考虑设备、工艺、操作、材料、测量工具与方法以及环境对过程质量指标要求的适合程度。过程能力分析是质量管理的一项重要的技术基础工作。它有助于掌握各道工序的质量保证能力，为产品设计、工艺、工装设计、设备的维修、调整、更新、改造提供必要的资料和依据。

当数据（产品或过程的）是可度量的变量，且处于统计控制状态时，通常以过程分布的六倍标准差（6σ）来测量，即过程能力 $PC=6\sigma$。如果过程数据是正态分布的变量，在理论上，这种散布程度将包含总体的 99.73％。见图 5-1。

过程能力常应用于质量管理体系的审核中，审核时评审人员抽查成品、半成品或关键控制点的关键部件的质量特性进行测试，计算出它们的 $6S$，以样本标准差 S 来大体上估计总体标准差 σ，再与规定的或以前的 $6S$ 值相比较，加以判断。如果抽查、计算出的 $6S$ 小于

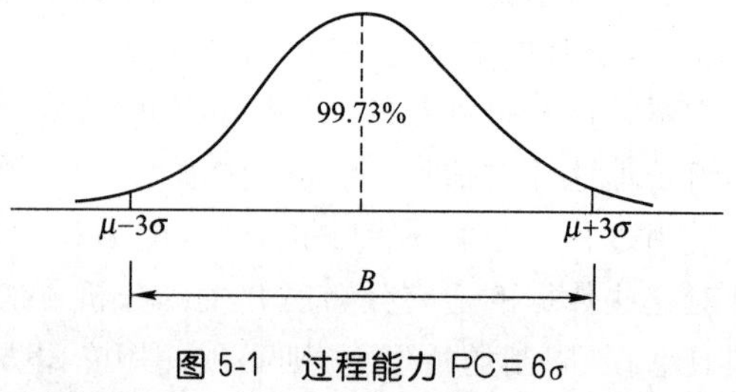

图 5-1　过程能力 $PC=6\sigma$

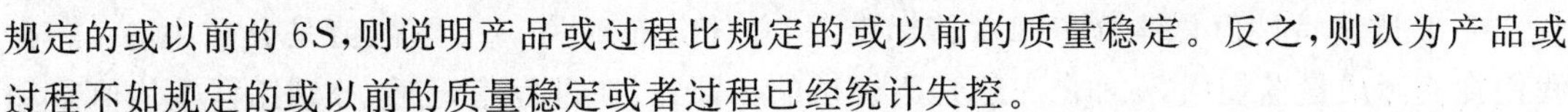

规定的或以前的6S,则说明产品或过程比规定的或以前的质量稳定。反之,则认为产品或过程不如规定的或以前的质量稳定或者过程已经统计失控。

三、何谓过程能力指数

过程能力指数[process capability index(C_P,PCI)]是描述过程能力相对于容差的指数。

也就是说过程能力指数C_P是指规定的容差(公差、规格限或规范限)除以过程能力所得的商。即是用来度量一个过程满足顾客要求的程度。

过程能力指数能评价过程的固有变异,不仅可以比较产品质量或过程的稳定程度,也可以估计预期的不合格品率。

过程能力指数即是指过程能力与过程目标或标准要求相比较的定量描述的数值。实际上它是指过程的结果满足产品质量要求的程度。

过程能力与过程能力指数的区别在于,过程能力是过程具有的实际加工能力,而过程能力指数是指过程能力对规格要求满足的程度,这是两个完全不同的概念。过程能力强并不等于对规格要求的满足程度高。相反,过程能力弱并不等于对规格要求的满足程度低。当质量特性服从正态分布,而且其分布中心μ与规格中心M重合时,一定的过程能力指数将与一定的不合格品率相对应。因此,过程能力指数越大,说明过程能力的贮备越充足,质量保证能力越强,潜力越大,不合格品率越低。

四、简述过程能力指数C_P的计算

对于计量值数据双侧规格限,规格中心M与分布中心μ重合的情况,过程能力指数的计算公式为

$$C_P=\frac{\text{顾客要求}}{\text{过程能力}}=\frac{T}{\text{PC}}=\frac{\text{USL}-\text{LSL}}{6\hat{\sigma}}\approx\frac{\text{USL}-\text{LSL}}{6S} \tag{5-1}$$

式中:T——公差范围;

USL——公差上限;

LSL——公差下限;

PC——过程能力;

$\hat{\sigma}$——总体标准差估计值;

S——样本标准差。

式中的T为公差范围,简称为公差。是顾客的要求,即表示了顾客要求的宽与严,或为对产品的质量技术要求,一般不能轻易改变。USL(T_U)和LSL(T_L)分别为公差上限和公差下限。而σ则反映过程加工的质量。所以C_P与σ(或S)成反比,σ愈小表示产品愈稳定,因此过程能力指数C_P是一个愈大愈好的指数。C_P愈大,说明过程能力愈充足,产品加工的质量愈高,但这时对设备、原料和操作人员等因素的要求也愈高,加工成本也愈大。所以一个过程的C_P值定于何值要看需要与可能,一般能使C_P在1.33左右已是一个很好的过程。为实现这个目标要求人们一点一点地把标准差σ降下来。

USL和LSL二者的平均值称为规格中心M(公差中心),为

$$M=\frac{\text{USL}+\text{LSL}}{2} \tag{5-2}$$

6σ是质量特性值总体分布的六倍标准差，总体分布的另一个特征值是分布中心μ。在我们在实际质量监控中，μ和σ一般是不知道的。因此，在过程稳定时，分别用样本均值$\bar{x}$和标准差的估计值$\hat{\sigma}$代替。原则上不能直接利用样本标准差S估计总体标准差σ，因为S不是σ的无偏估计。只是在近似的计算时才采用。但应注意，只有在规格中心M与分布（过程）中心μ重合时，才能使用式(5-1)计算过程能力指数C_P。

示例　某零件质量要求20±0.15（单位：mm），抽样$n=100$件，计算得$\bar{x}=20$，$\hat{\sigma}=0.05$，求其过程能力指数C_P？

解：由于$M=\bar{x}=20$，所以可直接采用式(5-1)计算

$$C_P=\frac{USL-LSL}{6\hat{\sigma}}=\frac{20.15-19.85}{6\times 0.05}=1.0。$$

五、简述过程能力指数C_P与不合格品率之间的关系

明确C_P与不合格品率间的关系有利于我们更深刻地认识过程能力指数C_P的意义。在规格中心M与过程中心μ重合的情况下，不合格品率$p=p_L+p_U=2p_L$，可以从C_P值导出。这是因为可由

$$LSL=\mu-\frac{T}{2},C_P=\frac{T}{6\sigma},T=6\sigma C_P,$$

$$LSL=\mu-3\sigma C_P$$

导出

$$\begin{aligned} p&=2P(x<LSL)=2P(x<\mu-3\sigma C_P)\\ &=2P\left(\frac{x-\mu}{\sigma}<-3C_P\right)=2\Phi(-3C_P)\\ &=2[1-\Phi(3C_P)] \end{aligned} \tag{5-3}$$

对给定的C_P值，利用标准正态分布表（附表1）就可以算出相应的不合格品率。例如：$C_P=0.67$，那么$\Phi(3C_P)=\Phi(3\times 0.67)=\Phi(2)=0.977\,2$。

将其代入式(5-3)，那么不合格品率为

$$p=2[1-\Phi(2)]=2[1-0.977\,2]=0.045\,6。$$

再如$C_P=1$，计算相应的不合格品率p。

$$C_P=1，那么\ \Phi(3C_P)=\Phi(3\times 1)=\Phi(3)=0.998\,65。$$

将其代入式(5-3)，那么不合格品率p为

$$p=2[1-\Phi(3)]=2[1-0.998\,65]=0.002\,7=0.27\%。$$

类似地，可以计算出各种C_P值所对应的不合格品率，所得的结果列入表5-1。

表5-1　过程能力指数C_P与不合格品率p的关系及评价与措施

过程能力指数C_P	不合格品率p	评价	措施
0.2	0.548 6	能力过小	不宜生产
0.4	0.230 2	能力过小	不宜生产
0.6	0.071 8	能力过小	不宜生产
0.67	0.045 6	能力不足	减小标准差
0.8	0.016 4	能力不足	减小标准差

续表 5-1

过程能力指数 C_P	不合格品率 p	评价	措施
0.9	0.007	能力不足	减小标准差
1	$0.0027=2700\times10^{-6}$	能力尚可	加强检验,不断改进
1.1	0.009 6	能力尚可	加强检验,不断改进
1.2	0.000 320	能力尚可	加强检验,不断改进
1.3	0.000 1	能力尚可	加强检验,不断改进
1.33	$0.000065=65\times10^{-6}$	能力充足	维持或放宽
1.4	0.000 027	能力充足	维持或放宽
1.5	0.000 006 8	能力充足	维持或放宽
1.6	0.000 001 6	能力充足	维持或放宽
1.67	$0.00000062=0.62\times10^{-6}$	能力过于充足	放宽或免检
2	$2\times10^{-9}=0.002\times10^{-6}$	能力过于充足	放宽或免检

示例 根据某工序加工零件的测试数据计算得出,$\bar{x}=6.5$,$\hat{\sigma}=0.0055$,规格要求为 $\Phi 6.5^{+0.015}_{-0.015}$,试求该工序的过程能力指数及不合格品率?

解:因为 $M=\bar{x}=6.5$,

所以 $C_P=\dfrac{USL-LSL}{6\hat{\sigma}}=\dfrac{6.515-6.485}{6\times0.0055}=\dfrac{0.03}{0.033}=0.909$,

$$p=2[1-\Phi(3C_P)]=2[1-\Phi(3\times0.909)]=0.006。$$

过程能力指数 C_P 与不合格品率 p 之间的对应关系表明:过程能力指数 C_P 与不合格品率 p 同等重要。不合格品率 p 早已被人们所熟知,并了解其意,但它的计算复杂,需经查表才能得知,而 C_P 的计算就简单得多,只要明确过程能力指数 C_P 与不合格品率 p 之间的对应关系,使用 C_P 值会更简便。表 5-1 中对各种 C_P 值的评价与措施是来自国外一些先进企业的实践,在 ISO 9000 质量管理中具有很好的参考价值。

六、简述过程能力指数 C_P 的估计

由于 C_P 中仅含有一个未知参数 σ,它是受控过程的总体分布标准差。但 S 并不是总体标准差 σ 的无偏估计量。根据参数点估计应为无偏性的要求,为了得到总体分布标准差 σ 的无偏估计量。常用的方法有

$$\hat{\sigma}_s=S/C_4, S=\left(\frac{1}{n-1}\sum_{i=1}^{n}(x_i-\bar{x})^2\right)^{1/2} \tag{5-4}$$

$$或\ \hat{\sigma}_R=R/d_2, R=x_{(n)}-x_{(1)} \tag{5-5}$$

其中 $x_1,x_1,x_2,\cdots,x_n$ 是来自受控过程的一个样本,C_4 和 d_2 称作修偏系数(从附表 2 可以直接查得),由此可得 C_P 的估计

$$\hat{C}_P=\frac{T}{6\hat{\sigma}_s} 或 \hat{C}_P=\frac{T}{6\hat{\sigma}_R}$$

其中第二个估计常在样本量 $n<10$ 时使用,而第一个估计无此限制。

示例 加工某型号的金属轴，长度 x 为其关键质量特性，规格上限 USL＝45.23 mm，规格下限 LSL＝45.07 mm，现从生产线上随机抽取 10 个成品，测其长度(均减去 45 mm)为：0.16 0.14 0.13 0.12 0.17 0.16 0.15 0.15 0.17 0.13。经计算样本平均值 $\bar{x}$ 与规格中心 M 重合，试求其过程能力指数 C_P？

解：根据样本计算得

$$\bar{x}=45.15,\quad S=0.0175$$

用 S 先作 σ 的无偏估计，然后再得 C_P的估计有

$$\hat{\sigma}_s=\frac{S}{C_4}=\frac{0.0175}{0.973}=0.018,$$

$$\hat{C}_P=\frac{USL-LSL}{6\hat{\sigma}_s}=\frac{45.23-45.07}{6\times0.018}=1.48。$$

七、简述实际过程能力指数 C_{PK}的计算、估计及与不合格品率的关系

对于计量值数据双侧规格限，当过程中心 μ 与规格中心 M 重合($M=\mu$)时，C_P与不合格品率 p 间有对应关系，故 C_P能真实反映出过程满足顾客要求的程度。但当 $M\neq\mu$ 时，C_P 就失去真实性。在实际生产中，μ 偏离 M 的情况是常见的，而 $M=\mu$ 则是少见的。

在 $M\neq\mu$ 时，C_P 与不合格品率 p 间失去了对应关系，这是因为 C_P 的定义与过程中心无关而引起的。但它仍表示着一种潜在能力，当设法把过程中心 μ 逐渐地移向规格中心 M 时，这种潜力得到充分体现，所以在一般场合下，C_P 也常被称为潜在过程能力指数。

1. 实际过程能力指数 C_{PK}

通常过程中心 μ 在规格限(LSL，USL)之中，由此可把规格限分为两个小区：(LSL，μ)和(μ，USL)。它们与 3σ 的比值能反映过程在左端或右端满足顾客要求的程度(见图 5-2)，在此称

$$C_{PL}=\frac{\mu-LSL}{3\sigma}\quad 为单侧下限过程能力指数 \tag{5-6}$$

$$C_{PU}=\frac{USL-\mu}{3\sigma}\quad 为单侧上限过程能力指数 \tag{5-7}$$

C_{PL}和 C_{PU}相当于在 C_P的分子与分母中各取一半而定义的两个过程能力指数。在 $M\neq\mu$ 时，$C_{PL}\neq C_{PU}$。这是因为

$$\mu-LSL\neq USL-\mu$$

注意力应放在较小的一端，比如在图 5-2 右端较小，从而相应的不合格品率 p_U也较大。从改进质量的角度去看，应把注意力放在 C_{PL}和 C_{PU}中的较小的一个。在此称

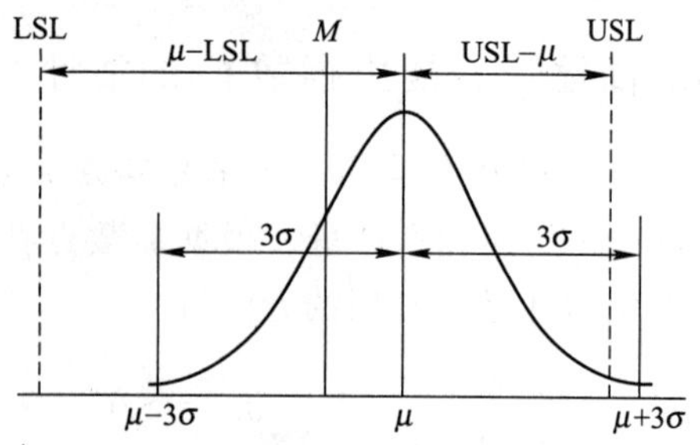

图 5-2 两种过程能力指数示意图

$$C_{PK}=\min\{C_{PL},C_{PU}\}=\frac{\min\{USL-\mu,\mu-LSL\}}{3\sigma}\quad 为实际过程能力指数 \tag{5-8}$$

$$C_P=\frac{USL-LSL}{6\sigma}=\frac{T}{6\sigma}\quad 为潜在过程能力指数 \tag{5-9}$$

这样就完成从 C_P 出发，经过改进，获得 C_{PK}的工作。

C_{PK}的另一种计算公式为

$$C_{PK}=(1-k)C_P,k=\frac{|M-\mu|}{T/2}=\frac{2|M-\mu|}{T} \tag{5-10}$$

其中 $k>0$ 称为偏离度。

上面两种 C_{PK}的计算公式是等阶的。从中可以看出提高 C_{PK}的方法有如下三点：

(1) 减少偏离度 k，即减少 $|M-\mu|$；

(2) 减少标准差 σ；

(3) 与顾客协商，能否扩大规格限。

示例 1 某加工零件质量要求 20±0.15 mm，抽样 $n=100$ 件，计算得样本均值 $\bar{x}=20.05$，样本标准差 $S=0.05$，求其过程能力指数 C_{PK}？

解：按以上介绍的两种公式分别计算。

(1) 按式(5-8)计算

$$\text{USL}=20.15,\text{LSL}=19.85,\bar{x}=20.05,S=0.05$$

$\bar{x}$，S 分别替代 μ 与 σ(由于此题的样本量较大，S 与 $\hat{\sigma}$ 基本一致)，将以上数据代入式(5-8)计算有

$$C_{PK}=\frac{\min\{\text{USL}-\mu,\mu-\text{LSL}\}}{3\sigma}$$

$$=\frac{\min\{20.15-20.05,20.05-19.85\}}{3\times0.05}=0.67。$$

(2) 按式(5-10)计算

$$M=20,\bar{x}=20.05,T=20.15—19.85=0.3$$

以 $\bar{x}$ 替代 μ，计算偏离度 k 为

$$k=\frac{2|M-\mu|}{T}==\frac{2\times0.05}{0.3}=0.33$$

按式(5-9)计算 C_P 为

$$C_P=\frac{\text{USL}-\text{LSL}}{6\sigma}=\frac{20.15-19.85}{6\times0.05}=1$$

再按式(5-10)计算 C_{PK}为

$$C_{PK}=(1-k)C_P=(1-0.33)\times1=0.67$$

通过以上计算，可以看出 C_{PK}的两种计算公式是等阶的。

2. C_{PK}的估计

C_{PK}的定义中含有正态均值 μ 与正态标准差 σ，若用 μ 与 σ 的无偏估计($\bar{x}$ 与 $\hat{\sigma}_s$，$\hat{\sigma}_R$)分别替代 C_{PK}中的 μ 与 σ，即可得到 C_{PK}的无偏估计，记为

$$\hat{C}_{PK}=\frac{\min\{\text{USL}-\bar{x},\bar{x}-\text{LSL}\}}{3\hat{\sigma}}=\frac{T}{6\hat{\sigma}}-\frac{|M-\bar{x}|}{3\hat{\sigma}}$$

示例 2 螺纹钢板的切割过程经使用已达到受控状态，从控制图上得到：$\bar{x}=212.5$，$\overline{R}=1.2$，$n=5$，而其规格限为 210±3，试计算过程能力指数 C_{PK}的无偏估计？

解：首先计算标准差 σ 的估计值，在 $n=5$ 时，有

$$\hat{\sigma}=\frac{\overline{R}}{d_2}=\frac{1.2}{2.326}=0.516$$

其中 d_2 的值可从附表 2 中查得。

再计算 $$C_{PL}=\frac{\bar{x}-LSL}{3\hat{\sigma}}=\frac{212.5-207}{3\times 0.516}=3.553,$$

$$C_{PU}=\frac{USL-\bar{x}}{3\hat{\sigma}}=\frac{213-212.5}{3\times 0.516}=0.323,$$

$$C_{PK}=\min\{C_{PL},C_{PU}\}=0.323$$

这个实际过程能力指数 $C_{PK}=0.323$ 是很小的，其过程能力严重不足。

接着计算该过程的潜在过程能力指数 C_P 为

$$C_P=\frac{USL-LSL}{6\hat{\sigma}}=\frac{213-207}{6\times 0.516}=1.938。$$

可见该过程的潜在能力是巨大的，挖掘潜力的关键在于把过程中心 μ 从 212.5 尽量调节到规格中心 $M=210$ 附近。

经研究，找到了调节因子，很快把过程中心调节到 210.5，但没有改变标准差 σ。这时可先计算偏离度为

$$k=\frac{2|M-\mu|}{T}==\frac{2\times|210-210.5|}{6}=0.1667。$$

最后利用式(5-10)计算 C_{PK} 为

$$C_{PK}=(1-k)C_P=(1-0.1667)\times 1.938=1.615。$$

这样实际过程能力指数 C_{PK} 从 0.323 提高到 1.615，表明该过程能力指数已相当充足。

3. C_{PK} 与不合格品率的关系

当受控过程的质量特性 x 服从正态分布 $N(\mu,\sigma^2)$ 时，其质量特性分布中心与规格中心不重合时，它的不合格品率 p 为

$$p=\Phi[-3(1+k)C_P]+\Phi[-3(1-k)C_P] \tag{5-11}$$

式中 p——不合格品率；

$\Phi(u)$——标准正态分布函数；

k——偏离度；

C_P——过程能力指数。

示例 3 测试一批零件外径尺寸的平均值 $\bar{x}=19.0101$，标准差 $\hat{\sigma}=0.0143$，规格要求为 $\Phi 19^{+0.04}_{-0.03}$，试计算过程能力指数并估计不合格品率？

解：由题意知 USL=19.04，LSL=18.97，$T=0.07$，

$$M=\frac{USL+LSL}{2}=19.005\neq\bar{x}=19.0101。$$

计算 C_P 为 $C_P=\dfrac{USL-LSL}{6\sigma}=\dfrac{T}{6\sigma}=\dfrac{0.07}{6\times 0.0143}=0.816,$

$$k=\frac{2|M-\mu|}{T}=\frac{2\times|19.005-19.0101|}{0.07}=0.1457。$$

计算 C_{PK} 为 $C_{PK}=(1-k)C_P=(1-0.1457)\times 0.816\approx 0.7$。

计算不合格品率 p 为

$$\begin{aligned}p&=\Phi[-3(1+k)C_P]+\Phi[-3(1-k)C_P]\\&=\Phi[-3(1+0.1457)0.816]+\Phi[-3(1-0.1457)0.816]\\&=0.021=2.1\%\end{aligned}$$

通过过程能力指数 C_P 与偏离度 k 可大致估计出不合格品率 p，见表 5-2。

表 5-2　利用 C_P 和 k 值估计不合格品率 P 表（单位：%）

c_p k	0.03	0.04	0.08	0.12	0.16	0.20	0.24	0.28	0.32	0.36	0.40	0.44	0.48	0.52
0.50	13.36	13.34	13.64	13.99	14.48	15.10	15.86	16.75	17.77	18.92	20.19	21.58	23.09	24.71
0.60	7.19	7.26	7.48	7.85	8.37	9.03	9.85	10.81	11.92	13.18	14.59	16.51	17.85	19.69
0.70	3.57	3.64	3.83	4.16	4.63	5.24	5.99	6.89	7.94	9.16	10.55	12.10	13.84	15.74
0.80	1.64	1.69	1.89	2.09	2.46	2.94	3.55	4.31	5.21	6.28	7.53	8.98	10.62	12.48
0.90	0.69	0.73	0.83	1.00	1.25	1.60	2.05	2.62	3.34	4.21	5.27	6.53	8.02	9.75
1.00	0.27	0.29	0.35	0.45	0.61	0.84	1.14	1.55	2.07	2.75	3.59	4.65	5.94	7.49
1.10	0.10	0.11	0.14	0.20	0.29	0.42	0.61	0.88	1.24	1.40	2.39	3.23	4.31	5.66
1.20	0.03	0.04	0.05	0.08	0.13	0.20	0.31	0.48	0.72	1.06	1.54	2.19	3.06	4.20
1.30	0.01	0.01	0.02	0.03	0.05	0.09	0.15	0.25	0.40	0.63	0.96	1.45	2.13	3.06
1.40		0.00	0.01	0.01	0.01	0.04	0.07	0.13	0.22	0.36	0.59	0.93	1.45	2.19
1.50				0.00	0.01	0.02	0.03	0.06	0.11	0.20	0.35	0.59	0.96	1.54
1.60					0.00	0.01	0.01	0.03	0.06	0.11	0.20	0.36	0.63	1.07
1.70						0.00	0.01	0.01	0.03	0.06	0.11	0.22	0.40	0.72
1.80							0.00	0.01	0.01	0.03	0.06	0.13	0.25	0.48
1.90								0.00	0.01	0.01	0.03	0.07	0.15	0.31
2.00									0.00	0.01	0.02	0.04	0.09	0.20
2.10										0.00	0.01	0.02	0.05	0.13
2.20											0.00	0.01	0.03	0.08
2.30												0.01	0.02	0.05
2.40												0.00	0.01	0.03
2.50													0.10	0.02
2.60													0.00	0.01

4. C_P 与 C_{PK} 联合考虑

当 $\mu \neq M$ 时，$|\mu - M| \geqslant T/2, k \geqslant 1, C_{PK} \equiv 0$；

当 $\mu \neq M$ 时，$|\mu - M| \leqslant T/2, k < 1, C_{PK} < C_P$。

① 若 C_P 与 C_{PK} 都较小，而两者差别不大时。说明过程能力严重不足，过程的主要问题是标准差太大，改进过程应首先着眼于降低过程的波动。

② 若 C_P 较大，C_{PK} 很小时。说明过程分布中心 μ 偏离公差中心 M 太多，改进过程应首先调整分布中心 μ 使之更加接近公差中心 M。

③ 若 C_P 与 C_{PK} 都较小，而两者差别较大时。说明过程分布中心 μ 和标准差都有问题，解决的办法是先调整分布中心使之更加接近公差中心 M，然后设法降低过程的波动。

八、简述计量值单侧规格情况的过程能力指数计算

在实际质量验收或过程控制中，不仅要接触双侧规格的情况，还时常遇到单侧规格的情况需要进行过程能力指数和不合格品率的计算。它们的计算方法如下：

1. 只给定规格上限时

过程能力指数 C_{PU} 按式(5-12)计算

$$C_{PU}=\frac{USL-\mu}{3\sigma}=\frac{USL-\bar{x}}{3\hat{\sigma}}\approx\frac{USL-\bar{x}}{3S} \tag{5-12}$$

不合格品率 p_U 估计为 $p_U=\Phi(-3C_P)$。

示例 1　某部件清洁度要求小于等于 96 mg，经抽样测量后计算得 $\bar{x}=48$ mg，$S=12$ mg，求其过程能力指数和不合格品率？

解：将以上数据代入式(5-12)计算

$$C_{PU}=\frac{USL-\bar{x}}{3S}=\frac{96-48}{3\times12}=1.33$$

不合格品率 p_U 为 $p_U=\Phi(-3C_P)=\Phi(-3\times1.33)\approx0.000\,03$。

若需精确地计算，可参考以上的示例对标准差 σ 进行无偏估计。

2. 只给定规格下限时

过程能力指数 C_{PL} 按式(5-13)计算：

$$C_{PL}=\frac{\mu-LSL}{3\sigma}=\frac{\bar{x}-LSL}{3\hat{\sigma}}\approx\frac{\bar{x}-LSL}{3S} \tag{5-13}$$

不合格品率 p_L 估计为 $p_L=\Phi(-3C_P)$。

示例 2　某种金属材料抗拉强度要求大于等于 32(kg/cm^2)，经抽样测量得 $\bar{x}=38$(kg/cm^2)，$S=1.8$(kg/cm^2)，求其过程能力指数和不合格品率？

解：将以上数据代入式(5-13)计算：

$$C_{PL}=\frac{\bar{x}-LSL}{3S}=\frac{38-32}{3\times1.8}=1.11$$

不合格品率 p_L 为 $p_L=\Phi(-3C_P)=\Phi(-3\times1.11)\approx0.000\,4$。

若需精确地计算，可参考以上的示例对标准差 σ 进行无偏估计。

九、简述计数值数据时过程能力指数的计算

1. 给定允许的最大不合格品率 P_U 时

对于计件值，计算公式以不合格品率上限 P_U 作为规格要求。

注：不合格品率服从二项分布 $B(n,\bar{p})$，其分布中心为 $\bar{p}$(平均不合格品率)，标准差为

$$S=\sqrt{\frac{\bar{p}(1-\bar{p})}{n}},$$

$$C_{PU}=\frac{p_U-\bar{p}}{3\cdot\sqrt{\frac{\bar{p}(1-\bar{p})}{n}}} \tag{5-14}$$

示例 1　某电子元件厂规定生产的晶体管不合格品率 p_U 不得超过 0.10，经抽样 150 件检查得平均不合格品率 $\bar{p}$ 为 0.054，求其过程能力指数？

解：计算采用式(5-14)得

$$C_{PU}=\frac{p_U-\overline{p}}{3\cdot\sqrt{\frac{\overline{p}(1-\overline{p})}{n}}}=\frac{0.10-0.054}{3\times\sqrt{\frac{0.054\times0.946}{150}}}=0.83。$$

2. 给定允许的最大缺陷数 C_U 时

对于计点值，规格要求是单位产品平均缺陷（或疵点数）上限或不合格品率很小时的样本中不合格品数上限 C_U。

注　缺陷数的数值服从泊松分布 $p(C)$，其分布中心为 $\overline{C}$，标准差为

$$S=\sqrt{\overline{C}},$$

$$C_{PU}=\frac{C_U-\overline{C}}{3\sqrt{\overline{C}}} \tag{5-15}$$

示例 2　某种铸件规定最大缺陷数 C_U 不得超过 10.0，经抽样测得样本缺陷数的均值 $\overline{C}$ 为 4.6，求其过程能力指数？

解：计算采用式(5-15)得

$$C_{PU}=\frac{C_U-\overline{C}}{3\sqrt{\overline{C}}}=\frac{10.0-4.6}{3\times\sqrt{4.6}}=0.84。$$

十、简述过程能力指数的等级评定

1. 常规过程能力指数等级评定

常规过程能力指数等级评定见表 5-3。

表 5-3　常规过程能力指数等级评定表

等级	特级	一级	二级	三级	四级
C_P	＞1.67	1.67～1.33	1.33～1	1～0.67	＜0.67
过程能力	过高	充分	尚可	不充分	不足

一般情况下过程应处于一级和二级，认为 $C_P=1.33$ 时为理想状态。

注：表 5-3 为目前通常的评定用语，当今由于科学技术、生产力的高度发展对产品质量的高标准、严要求，有些企业实行无缺陷管理和零投诉管理，对过程能力的要求显然要提高。

对不同过程能力状态应在过程中采取不同的措施：

① 特级：$C_P>1.67$，$p<0.000\,06\%$，过程能力过于充分。但为提高产品质量，对关键质量特征或主要项目应再次缩小公差范围；一般情况下为提高工作效率、降低成本，可放宽对波动幅度的要求，降低设备精度等级等。

② 一级：$1.67\geqslant C_P>1.33$，$0.006\%>p\geqslant0.000\,06\%$，过程能力充分。当不是关键质量特性或主要项目时，适当放宽对波动幅度要求、减低降低原材的要求；简化质量检验，采用抽样检验或减少检验频次。

③ 二级：$1.33\geqslant C_P>1$，$0.006\leqslant p<0.27\%$，过程能力勉强（不太充分）。必须采取控制

手段对过程实施监控,以便及时发现异常波动;对产品按正常规定进行检验。

④ 三级:$1 \geqslant C_P > 0.67$,$0.27\% \leqslant p < 4.55\%$,过程能力不足。分析质量数据分散程度大的原因,制定措施加以改进;加强质量检验,必要时全数检验或增加检验频次。

⑤ 四级 $C_P \leqslant 0.67$,$p \geqslant 4.55\%$,过程能力严重不足。原则上应停产整顿,找出原因,采取措施提高过程能力。否则应全数检验,挑出不合格产品。

从以上过程能力分析可以看出,过程能力以及过程能力指数不仅可以判断产品质量的稳定状况,还可以显示产品质量的不合格情况。

2. 过程综合能力等级的评定

传统的过程能力等级评定未能考虑产品质量特性的重要程度的分级。对关键质量特性(A 类)、重要质量特性(B 类)、一般质量特性(C 类)的过程能力应有不同的要求。表 5-4 所示的产品-过程综合能力等级评定就是考虑到这一点以后的评定方法。

表 5-4 产品-过程综合能力等级评定表

综合能力等级 \ C_P / 质量特性		过程能力指数范围				
		>1.67	1.67~1.33	1.33~1	1~0.67	<0.67
产品质量特性重要度	关键特性(A)	Ⅲ	Ⅳ	Ⅴ	Ⅵ	Ⅶ
	重要特性(B)	Ⅱ	Ⅲ	Ⅳ	Ⅴ	Ⅵ
	一般特性(C)	Ⅰ	Ⅱ	Ⅲ	Ⅳ	Ⅴ

注:处于Ⅰ,Ⅱ级时认为过程能力偏高,处于Ⅲ级时为理想状态,处于Ⅳ级时为不充分,处于Ⅴ级或以下时为不足。

十一、简述过程能力分析在 ISO 9000 质量管理中的应用

目前我国的工矿企业过程能力的总体水平不高,相当多的企业对这一国际上通用评价产品质量的度量参数还不了解,应用的也不普遍。产品主要的质量特性的过程能力指数尚难达到 1.33,甚至达不到 1.0,这与对过程能力认识不足有关。有些企业认为,虽然自己的过程能力不高,但加强产品检验,保证"不合格产品不出厂",就可满足客户的要求,事实上当生产过程能力低、生产不稳定时,即使是挑选、剔除所有的不合格品,依然会对企业、客户、社会带来危害。因此我国当前关键的问题是应结合企业 ISO 9000 质量(食品安全、环境)管理体系的建立、健全、运行和完善,学习国际上的先进经验,提高和重视生产中过程能力分析的应用。

20 世纪 70 年代,美国工业的控制方式相当于 2σ 控制方式,$C_P=0.67$。到了 20 世纪 80 年代,美国工业的控制方式前进了,相当于 3σ 控制方式,$C_P=1.0$。而日本在 20 世纪 80 年代早期则已达到 4σ 控制方式,$C_P=1.33$。例如日本丰田汽车公司要求单机 C_P 值全部达到 1.33。到 20 世纪 80 年代中期,日本进一步发展到 5σ 控制方式,$C_P=1.67$。这对于美国无疑是一种极大的挑战,故在 20 世纪 80 年代末 90 年代初美国摩托罗拉(Motorola)公司提出其著名的六西格玛(6SIGMA)管理体系。

摩托罗拉公司提出的设计标准是对所有的零部件以及过程要求:$C_P \geqslant 2$,$C_{PK} \geqslant 1.5$。

目前，在日本、美国的一些企业对过程能力经常进行周期性普查，使它始终保持稳定在一个较高的水平上，这样既保证了产品的质量，又降低了生产成本。

应当承认我国在质量管理中，过程能力分析应用的还比较少，但为了提高管理水平、保证产品质量稳定和持续改进都有推广应用该项统计技术的必要。

十二、何谓过程性能，简述过程性能与过程能力的差别

1. 过程性能　process performance; PP

〈测量〉对未被证明处于统计受控过程的过程特性的输出的统计度量。

过程能力和过程能力指数是国际汽车行业标准《QS 9000 质量体系要求》提出的一个新的概念。掌握和了解它们对于产品质量改进和控制会有很大的益处。

2. 短期过程能力与短期过程能力指数

前面所述的过程能力与过程能力指数用的都是短期数据计算的，并要求过程稳定。这样算出的 PC 与 PCI(C_P)称为短期过程能力与短期过程能力指数，实际上常把"短期"两字省略。

短期过程能力与短期过程能力指数主要用于：

(1) 验证过程生产出来的产品是否能符合顾客要求。

(2) 验证一个新过程或经过改进的过程的实际性能是否符合工程参数。

当一个过程已达到稳定，且能符合短期的要求，紧接着应进行长期过程能力和长期过程能力指数的研究。这里短期与长期是相对的，没有明确的界限，可根据实际情况而定。

3. 过程性能与过程能力的差别

长期过程能力称为过程性能，记为 PP。它与短期过程能力 PC 的定义相同，都为过程标准差的 6 倍，差别在于以下两点：

(1) 不要求过程稳定。

即不要求过程输出的质量特性 x 一定服从正态分布。因为长期内的数据很难保证具有正态性。很多波动原因在短期观察中可能不会出现，或很少出现，经长期收集到的数据就可能含有各种波动源，这些波动源有：

① 机器的偏移或机器的老化；

② 操作者的变动或情绪的波动；

③ 维修不当或维修工的变换；

④ 测量仪表或量具没有及时校正；

⑤ 原材料或部件的供应商发生变更；

⑥ 加工的环境条件如温度、湿度等发生变化；

⑦ 其他不可预料因素的影响等。

(2) 标准差的估计不同。

过程性能对标准差的估计有严格的要求，若把短期和长期的标准差分别记为 σ_{ST} 和 σ_{LT} (其中下标 ST 是 Short Time 的缩写，LT 是 Long Time 的缩写)。有的文献中把 σ_{ST} 就记为 σ，而把 σ_{LT} 记为 σ_T，其中下标 T 是 total 的缩写。而 σ_{ST} 可用样本标准差 s 或样本极差 R 经过修偏而得，即：

$$\hat{\sigma}_{ST}=S/C_4 \text{ 或 } \hat{\sigma}_{ST}=R/d_2$$

但 σ_{LT} 只能通过样本标准差 S 而获得，并不需要修偏，因为长期数据至少也有 100 个以上。修偏系数 C_4 也近似为 1，这时

$$\hat{\sigma}_{LT}=S$$

综合上述，过程性能(长期过程能力)的计算公式为

$$PP=6\hat{\sigma}_{LT}=6S。$$

十三、简述过程性能长期标准差 $\hat{\boldsymbol{\sigma}}_{LT}$ 的估算

通过上式可以看出，要想求得过程性能必须首先估算出长期标准差，长期标准差 $\hat{\sigma}_{LT}$ 的估算通常有两种途径。下面分别加以介绍：

(1) 用各个时间段收集的数据估算

把各个时间段内收集的数据顺次编号，记为

$$x_1,x_2,\cdots,x_{n_1},x_{n_1+1},\cdots,x_{n_1+n_2},x_{n_1+n_2+1},\cdots,x_N$$

其中 n_i 为第 i 时间段内收集到数据的个数，N 为总的数据个数。若有 k 个时间段，则 $N=n_1+n_2+\cdots+n_k$，这时长期标准差 σ_{LT} 的估计公式为

$$\hat{\sigma}_{LT}=\left[\frac{1}{N-1}\sum_{i=1}^{N}(x_i-\bar{x})^2\right]^{1/2}$$

其中 $\bar{x}=\dfrac{1}{N}\sum\limits_{i=1}^{N}x_i$。

(2) 用第 i 时间段内收集的数据估算

若把第 i 时间段内生产的产品称为第 i 批产品，其间收集到的数据称为第 i 个样本，并记为 $x_{i1},x_{i2},\cdots,x_{in_i}$，其中 n_i 为第 i 个样本量。实际中人们常对每批的样本已算得样本均值 $\bar{x}_i$ 与样本标准差 s_i。具体是

样本	均值	批内平方和	样本标准差
$x_{11},x_{12},\cdots,x_{1n_1}$	$\bar{x}_1$	$Q_1=\sum\limits_{j=1}^{n_1}(x_{1j}-\bar{x}_1)^2$	$S_1=\sqrt{Q_1/(n_1-1)}$
$x_{21},x_{22},\cdots,x_{2n_2}$	$\bar{x}_2$	$Q_2=\sum\limits_{j=1}^{n_2}(x_{2j}-\bar{x}_2)^2$	$S_2=\sqrt{Q_2/(n_2-1)}$
⋮	⋮	⋮	⋮
$x_{k1},x_{k2},\cdots,x_{kn_1}$	$\bar{x}_k$	$Q_k=\sum\limits_{j=1}^{n_k}(x_{kj}-\bar{x}_k)^2$	$S_k=\sqrt{Q_k/(n_k-1)}$

这时长期标准差的估计量为

$$\hat{\sigma}_{LT}=\sqrt{\frac{Q}{N-1}}=\sqrt{\frac{1}{N-1}\sum_{i=1}^{k}\sum_{j=1}^{n_i}(x_{ij}-\bar{x})^2}$$

其中　$\bar{x}=\dfrac{1}{N}\sum\limits_{i=1}^{k}\sum\limits_{j=1}^{n_i}x_{ij}=\dfrac{1}{N}\sum\limits_{i=1}^{k}n_i\bar{x}_i$　称为总平均值。

$$Q = \sum_{i=1}^{k}\sum_{j=1}^{n_i}(x_{ij} - \bar{x})^2 \quad 称为总平方和。$$

这里总平方和Q经过变换还可以分解为批内平方和与批间平方和

总平方和＝批内平方和＋批间平方和

$$Q = \sum_{i=1}^{k}\sum_{j=1}^{n_i}(x_{ij} - \bar{x})^2 = \sum_{i=1}^{k}(n_i - 1)S_i^2 + \sum_{i=1}^{k}n_i(\bar{x}_i - \bar{x})^2$$

其中，批内平方和$Q_{内}$表示一批内产品质量特性的波动大小，批间平方和$Q_{间}$表示批与批之间产品质量特性的波动大小。这两个平方和都可用已算得的诸均值$\bar{x}_i$与诸标准差S_i作进一步加工算得，从而就可以准确地把总平方和Q算得，然后再除以$N-1$再开方，就可以得到长期标准差的估计值$\hat{\sigma}_{LT}$。

示例　加工某金属轴，直径x为其关键质量特性（单位：cm）。质量检验员对金属轴的直径进行抽查。在四批产品中先后共抽查390件。并对各批产品分别计算了样本均值$\bar{x}_i$与长期标准差$\hat{\sigma}_{LT}$（样本标准差S_i），具体如下：

批号i	样本量n_i	样本均值$\bar{x}_i$	样本标准差S_i
1	80	10.148	0.018 6
2	100	10.173	0.011 7
3	90	10.156	0.015 9
4	120	10.139	0.016 3

试求该加工过程的过程性能PP？

解：具体可分以下步骤进行：

（1）计算总平均值$\bar{x}$

$$\bar{x} = \frac{1}{N}\sum_{i=1}^{k}n_i\bar{x}_i = \frac{1}{390}(80\times10.148 + 100\times10.173 + 90\times10.156 + 120\times10.139)$$
$$=10.153。$$

（2）计算批间平方和

$$Q_{间} = \sum_{i=1}^{k}n_i(\bar{x}_i - \bar{x})^2$$
$$=80\times(0.148-0.153)^2 + 100\times(0.173-0.153)^2 + 90\times(0.156-0.153)^2 + 120\times(0.139-0.153)^2$$
$$=0.066\ 33。$$

（3）计算批内平方和

$$Q_{内} = \sum_{i=1}^{k}(n_i - 1)S_i^2$$
$$=79\times0.018\ 6^2 + 99\times0.011\ 7^2 + 89\times0.015\ 9^2 + 119\times0.016\ 3^2 = 0.095\ 00。$$

（4）计算总平方和

$$Q = Q_{内} + Q_{间} = 0.095\ 00 + 0.066\ 33 = 0.161\ 33。$$

（5）计算长期标准差

$$\hat{\sigma}_{LT}=\sqrt{\frac{\cdot Q}{N-1}}=\sqrt{\frac{0.161\ 33}{390-1}}=0.020\ 4。$$

(6) 计算过程性能

$$PP=6\hat{\sigma}_{LT}=6\times0.020\ 4=0.122\ 4。$$

十四、简述过程能力与过程性能之间的转换

短期数据仅含正常波动(随机因素)的影响,所以短期标准差 $\hat{\sigma}_{ST}$ 较小。长期数据不仅含正常波动,还含有异常波动(系统因素)的影响,所以长期标准差 $\hat{\sigma}_{LT}$ 较大。

国外一些企业根据他们的实践经验认为:两者(过程能力与过程性能)之间平均约有 1.5σ 的差额,并称这个差额为转换因子(shift factor)。具体表述如下:

① 若已知长期标准差 σ_{LT},则

(短期)过程能力 $PC=6\sigma_{LT}-1.5\sigma_{LT}=4.5\sigma_{LT}$。

② 若已知短期标准差 σ_{ST},则

(长期)过程性能 $PP=6\sigma_{ST}+1.5\sigma_{ST}=7.5\sigma_{ST}$。

示例　在本章第十三题的示例中已算得长期标准差 $\hat{\sigma}_{LT}=0.020\ 4$,这时过程性能 PP=0.122 4,而(短期)过程能力为:

$$PC=6\sigma_{LT}-1.5\sigma_{LT}=4.5\times0.020\ 4=0.091\ 8。$$

反之,若已知该过程的短期标准差 $\sigma_{ST}=0.015\ 9$,其过程能力 PC=0.095 4,而(长期)过程性能为:

$$PP=6\sigma_{ST}+1.5\sigma_{ST}=7.5\times0.015\ 9=0.119\ 3。$$

因此,金属轴加工的过程能力为 0.091 8,过程性能为 0.119 3。

十五、何谓过程性能指数,简述其应用

过程性能指数[process performance index (P_p)]是描述过程性能相对于容差的指数。

注　在 GB/T 3358.2 中“过程性能指数”是以符号 P_p 表示。而在有些教科书中是以 PPI 表示。

QS 9000 标准中提出 P_P,P_k 的新概念,称为过程性能指数,又称长期过程能力指数。

C_P——无偏移短期过程能力指数;

C_{PU}——无偏移上单侧短期过程能力指数;

C_{PL}——无偏移下单侧短期过程能力指数;

C_{PK}——有偏移短期过程能力指数。

以上 4 个指数称为 C 系列过程能力指数。

P_P——无偏移过程性能指数;

P_{PU}——无偏移上单侧过程性能指数;

P_{PL}——无偏移下单侧过程性能指数;

P_{PK}——有偏移过程性能指数。

以上 4 个指数称为 P 系列过程性能指数。

QS 9000 给出 P_{PK} 下列定义:$P_{PK}=\min(P_{PL},P_{PU})=(1-k)P_P$。

C 系列过程能力指数与 P 系列过程性能指数的计算公式类似,两者差别主要在于:前者的公式中标准差 σ 的估计采用 $\hat{\sigma}_{ST}=S/C_4$ 或 $\hat{\sigma}_{ST}=R/d_2$,且必须在稳定状态下计算;而后者

的公式中标准差 σ 的估计采用长期标准差 $\sigma_{LT}=S$ 计算。它们分别是：

① 潜在过程性能指数为

$$P_P=\frac{USL-LSL}{6\sigma_{LT}}。$$

② 单侧上限过程性能指数为

$$P_{PU}=\frac{USL-\mu}{3\sigma_{LT}}。$$

③ 单侧下限过程性能指数为

$$P_{PL}=\frac{\mu-LSL}{3\sigma_{LT}}。$$

④ 实际过程性能指数为

$$P_{PK}=\min\{P_{PU},P_{PL}\}。$$

示例 在本章第十三题的示例中,金属轴加工的上、下规格限为 USL＝10.22,LSL＝10.08,在那里已算得总平均值 $\bar{x}=10.153$,它可作为总体均值 μ 的估计,其长期标准差 $\sigma_{LT}=0.020\ 4$。由此可以算得

$$P_P=\frac{10.22-10.08}{6\times0.020\ 4}=\frac{0.14}{0.122\ 4}=1.14,$$

$$P_{PK}=\frac{\min(10.22-10.153,10.153-10.08)}{3\times0.020\ 4}=\frac{0.067}{0.061\ 2}=1.09$$

因此,金属轴加工的潜在过程性能指数为 1.14,实际过程性能指数为 1.09。

第六章

统计过程控制(SPC)图

一、简述统计过程控制的概念、用途、益处、局限性与注意事项及应用示例

1. 统计过程控制(SPC)图的概念

统计过程控制(SPC)图 [statistical process control(SPC)charts](或称“控制图”)是将从过程定期收集的样本所获得的数据按顺序点绘而成的图。SPC 图上标有过程稳定时描述过程固有变异的“控制限”。控制图的作用是帮助评价过程的稳定性,这可通过检查所点绘的数据与控制限的关系来实现。

任何反映所关心的产品或过程特性的变量(计量数据)或属性(计数数据)都可以绘制成图。在存在计量数据的情况下,一个控制图通常用来监控过程中心的变化,另一个控制图用于监控过程变异的变化。

对于计数数据,控制图通常包括不合格品数或不合格品率控制图,或包含从过程所抽取的样本中发现的不合格数控制图。

计量数据控制图的常规形式称为“休哈特”图。还有其他形式的控制图,每种控制图都有适合特定情况而应用的特点。例如,“累积和控制图”可提高检测过程发生小的漂移的灵敏度;“移动均值图”(均匀或加权)可平滑掉短期变差,揭示长久趋势。

2. SPC 图的用途

SPC 图通常用来检测过程的变化,图中描绘的数据与控制限进行比较,可以是单值读数或诸如样本平均值的统计量。最简单的情况是:描述点落在控制限之外则表明过程可能出现了变化,这可能是由于某些“可查明原因”引起的。这表明需要对“失控”读数的原因进行调查,以及在必要时对过程进行调整,将有助于长期保持过程稳定性和对过程加以改进。

通过采用附加准则解释所绘数据的趋势和形态,可以改善控制图的使用,以便更迅速地展示过程变化,或提高识别微小变化的灵敏度。

3. SPC 图的益处

除了向使用者提供直观的数据外,控制图还能通过区分稳定过程的固有随机变差和可能因“可查明原因”(即具体原因可以查明)而产生的变差,便于使用者对过程变差作出适当的响应。这种“可查明原因”的及时查明和纠正有助于对过程加以改进。与过程有关的活动的控制图的作用和价值如下:

① 过程控制。计量控制图用来查明过程中心或过程变异的变化,并采取纠正措施,以保持或恢复过程的稳定性。

② 过程能力分析。如果过程处于稳定状态,从控制图获得的数据可随后用于估计过程能力。

③ 测量系统分析。通过结合反映测量系统固有变异的控制限,控制图能显示测量系统是否有能力查明所关心的过程或产品的变异,控制图也能用于监控测量过程本身。

④ 因果分析。过程事件和控制图形态之间的相关性有助于判断可查明的根本性原因并策划有效措施。

⑤ 持续改进。控制图可用于监视过程变差，并有助于识别和表征变差的原因。当将控制图作为组织内持续改进的系统程序的组成部分时，控制图尤为有效。

4. SPC 图的局限性与注意的事项

以最好地反映所关心的变差方式抽取过程样本很重要，这样的样本称为“合理子组”。这也是有效使用和解释 SPC 图以及理解变差来源的关键。

短期过程很少能提供足够的数据，故难以建立适宜的控制限。

在解释控制图时存在“假报警”的风险，（即实际未发生变化而作出变化已经发生的结论），也存在已经发生变化而未查明的风险。这些风险都能被减少，但不能被消除。

5. SPC 图的应用示例

汽车、电子、国防和其他行业的公司经常利用关键特性的控制图，实现和证实持续的过程稳定性和能力。如果接收了不合格产品，使用控制图可有助于明确风险并纠正措施的实施范围。

在工作现场可使用控制图解决问题。控制图可用于组织的各个层次，以识别问题并分析问题产生的根本原因。

控制图用在加工工业，通过使员工分辩过程固有变差和可能因“可查明原因”引起的变差，从而减少不必要的过程干预（过度调整）。

诸如平均响应时间、差错率和顾客抱怨频次等样本特性的控制图可用于测量、诊断和改进服务业的业绩。

SPC 图可应用于产品质量管理的始终，特别是在过程控制中得到广泛的应用。

二、何谓统计过程控制、统计受控过程

1. 统计过程控制　statistical process control（SPC）

着重于用统计方法减少过程变异、增进对过程的认识，使过程以期望的方式运行的活动。

注 1：SPC 能有效地控制过程特性或者生产过程中的特性的变异（这种特性与最终产品特性相关）和/或通过增加过程的稳定性来减少变异，前一个供方的最终产品特性可能是后续生产线上供方的过程特性。

注 2：SPC 最初主要应用于制造业产品，但它也同样适用于服务或贸易，如那些涉及数据、软件、通信和物料运输等过程。

注 3：SPC 包括过程控制和过程改进两部分。

2. 统计受控过程　process in a state of statistical control

（常量均值）只受随机变量影响的过程。亦称稳定过程。

三、何谓变异、过程总变异

1. 变异　variation

特性的各值间的差异。

注：变异通常用方差或者标准差表示。

2. 过程总变异　total process variation

过程中由特殊原因和随机原因两者引起的变异。

注 1:特殊原因(special cause),即(过程变异)导致过程固有变异(过程处于统计受控状态时的过程变异)以外的其他过程变异的原因。

注 2:随机原因 (random cause),也称一般原因(common cause)或偶然原因(chance cause),即(过程变异)导致过程随时间发生固有变异的原因。

四、何谓控制图、常规控制图

1. 控制图 control chart

为监测过程、控制和减少过程变异,将样本统计量值序列以特定顺序描点绘出的图。

注 1:特定顺序通常指时间顺序或样本获得顺序。

注 2:控制图用于监测关于最终产品或者服务的特性时最有效。

2. 常规控制图 shewhart control chart

主要用来从图形上判定变异源于随机原因还是特殊原因,采用常规控制限的控制图。

五、简述常规控制图中符号的表示

根据 GB/T4091《常规控制图》的规定,常规控制图的符号表示如下:

n——子组大小,单个子组中子组观测值的个数。

k——子组数。

X——质量特性的观测值(可用 $X_1, X_2, X_3, \cdots$ 表示单个观测值),有时用其他符号。例如用 Y 代替 X。

$\overline{X}$——子组平均值。

$\overline{\overline{X}}$——子组平均值的平均值。

μ——过程均值的真值。

Me——子组中位数。

$\overline{Me}$——子组中位数的平均值。

R——子组极差。

注 1:在单值图情况下,R 代表移动极差,即两个相邻观测值的差值的绝对值,如,$|X_1-X_2|$,$|X_2-X_3|$,等等。

$\overline{R}$——子组极差的平均值。

S——子组标准差。

$\overline{S}$——子组标准差的平均值。

σ——组内过程标准差的真值。

$\hat{\sigma}$——组内过程标准差的估计值。

p——子组不合格品率。

$\bar{p}$——所有子组不合格品率的平均值。

np——子组不合格品数。

c——子组不合格数。

$\bar{c}$——所有子组不合格数的平均值。

u——子组单位产品不合格数。

$\bar{u}$——所有子组单位产品不合格数的平均值。

$\bar{u}$＝所有产品的不合格数/被检产品总数

六、简述常规控制图的性质

1. 常规控制图的基本格式

常规控制图要求从过程中以近似等间隔抽取的数据。此间隔可以用时间来定义(例如,每小时)或者用数量来定义(例如,每批)。通常这样抽取的子组在过程控制中称为子组,每个子组具有相同可测量单位和相同子组大小的同一产品或服务组成。从每一子组得到一个或多个子组特性,如子组平均值$\overline{X}$、子组极差 R 或标准差 S。常规控制图就是给定的子组特性值与子组号对应的一种图形,它包含一条中心线(CL),作为所点绘特性的基准值。在评定过程是否处于统计控制状态时,此基准值通常为所考察数据的平均值。对于过程控制,此基准值通常为产品规范中所规定特性的长期值,或者是基于过程以往经验所点绘特性的标称值,或者是产品或服务的隐含目标值。

根据概率统计的原理,在普通坐标纸上作出两条控制界限和一条中心线,然后把按时间顺序抽样所得的特性值(或子组统计量)以点子的形式依次描在图上,从点子的动态分布情况来探讨过程质量及其趋势的图形。控制图的基本格式如图 6-1 所示。

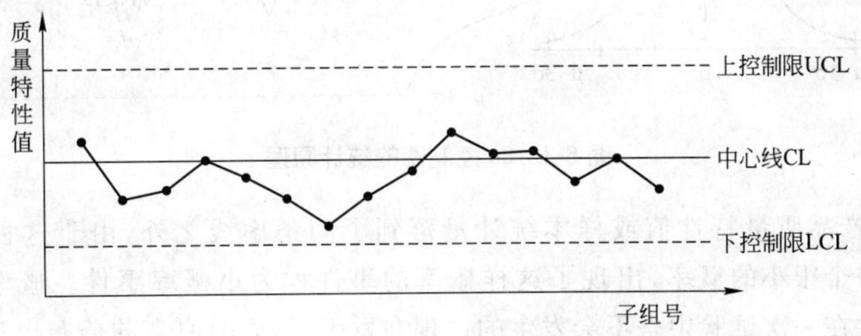

图 6-1　控制图的基本格式

横坐标为以时间先后排列的子组号,纵坐标为质量特性值或其子组统计量。两条控制界限一般用虚线表示,分别位于中心线两侧的 3σ 处。上面一条称为上控制界限(UCL,Upper Control Limit),下面一条称为下控制界限(LCL,Lower Control Limit)。中心线(CL,Central Limit)用实线表示。

在产品生产过程中,应定时抽取子组,把测得的点子按时间先后一一描在图上。如果点子落在两控制界限之间,且点子排列是随机的,则表明生产过程仅有偶然(随机)性因素(原因)导致的随机误差存在,生产的产品质量基本上是稳定正常的,过程处于统计控制状态。

2. 3σ 原理

在产品生产过程中,仅有随机(偶然)原因存在时,产品质量特性值 X 形成某种确定的典型分布,例如正态分布。当出现特殊(系统)原因时,X 就偏离原来的典型分布了。我们可以用统计学中假设检验的方法来及时地发现这种分布的偏离,从而据以判断特殊(系统)原因是否存在。

我们以 X 服从正态分布为例,加以说明。

设当过程不存在特殊(系统)原因时,过程输出的质量特性 $X \sim N(\mu, \sigma^2)$ 则 $P(\mu-3\sigma \leqslant X \leqslant \mu+3\sigma)=0.9973$。如图 6-2 所示。

如果从处于统计控制状态的过程中任抽一个样品 X,可以认为 X 一定落在分布范围

$\mu\pm3\sigma$之内，而认为出现分布范围之外是不可能的。这就是3σ原理。在生产过程中当一个点超出控制限时，就应采取某种行动加以纠正，故3σ控制限有时也称为“行动限”。

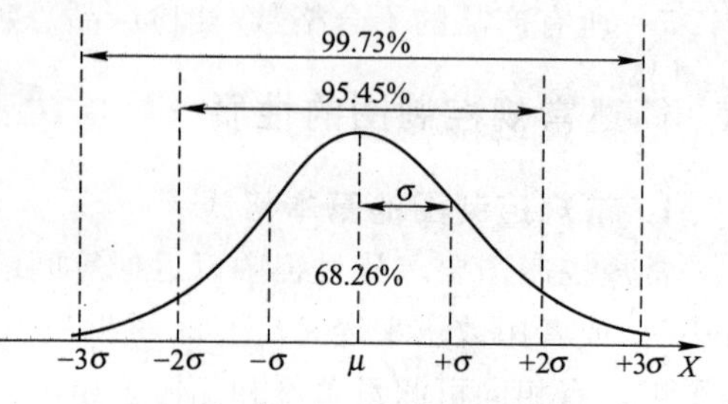

图 6-2　正态分布的概率特性

许多场合，在控制图上另外加上2σ控制限是有益的。这样任何在2σ界限外的子组值都可作为失控状态即将来临的一个警示信号，因此2σ控制限有时也称作“警戒限”。

为了方便在生产现场使用和及时记录质量波动情况，休哈特还建议把正态分布图及其控制限$\mu\pm3\sigma$同时转$90°$，并以横轴为时间或编号，以纵轴为过程参数(均值、标准差等)，并在$\mu\pm3\sigma$处引出两条水平线(用虚线表示)，就形成一张控制图(见图6-3)。

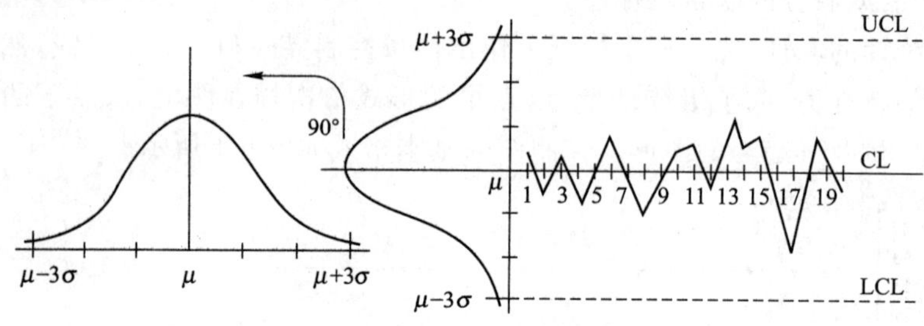

图 6-3　3σ控制图的统计原理

如果某一产品质量特性值或样本统计量落到了两条虚线之外，由于这种可能性只有0.27%，这是一个很小的概率，出现了这样概率的事件称为**小概率事件**。概率统计理论认为，小概率事件在一次试验中是不会发生的。现在发生了，说明原来的分布出现了较大的变化，乃是由于生产过程出现了特殊(系统)原因，引起了异常波动。这时超过上下控制限的面积不再是0.27%，而可能是百分之几，甚至更多，点子落在虚线外的可能性大大的增加了。因此我们可以认为，当点子落到上下控制界限外时，表明生产过程出现了特殊(系统)原因，产品质量很不稳定，已处于失控状态。必须追查具体的管理、技术等原因，采取措施，使过程恢复到统计控制状态。

根据3σ原理，在一次试验中，如果点子出现在分布范围$\mu\pm3\sigma$的外面，则认为生产过程出现了异常波动，过程处于非控制状态。

习惯上，我们把$\mu-3\sigma$定为LCL，$\mu+3\sigma$定为UCL，μ定为CL，这样得到的控制图称为3σ原理控制图，也称为休哈特控制图。

3. 两类错误

控制图之所以规定3σ界限，主要是处于经济上的考虑。可以从两方面加以说明。

应用控制图判断产品质量或生产过程是否稳定，实际上是进行统计推断。既然是统计推断，就可能出现两类错误。第一类错误是将正常判为异常，即过程仍处于统计控制状态，但由于随机原因的影响，使点子超出控制界限，虚发警报而将过程误判为出现了异常。我们把犯这类错误的概率称为Ⅰ类风险，记作α。第二类错误是将异常判为正常，过程已经变化为非统计控制状态，但点子没有超出控制界限，而将过程误判为正常，这是漏发警报。我们

把犯这类错误的概率称为Ⅱ类风险，记作 β。孤立地看，哪类错误都可以缩小，甚至避免，但是同时避免两类错误是不可能的。显然，放宽控制界限可以减少Ⅰ类风险。但会使第Ⅱ类风险增大，即 β 增大。如果压缩控制界限，则可以减少犯第二类错误的概率，但会增加犯第一类错误的概率 α。一般来说，当样本大小为定数时，α 越小，β 越大，反之亦然。因此，控制图控制界限的合理确定，应以两类错误所造成的总损失最小为原则。图 6-4 表明，能使两类错误总损失最小的控制界限幅度大致为 3σ。因此，选取 $\mu\pm3\sigma$ 作为上下控制限是经济合理的，见图 6-4。

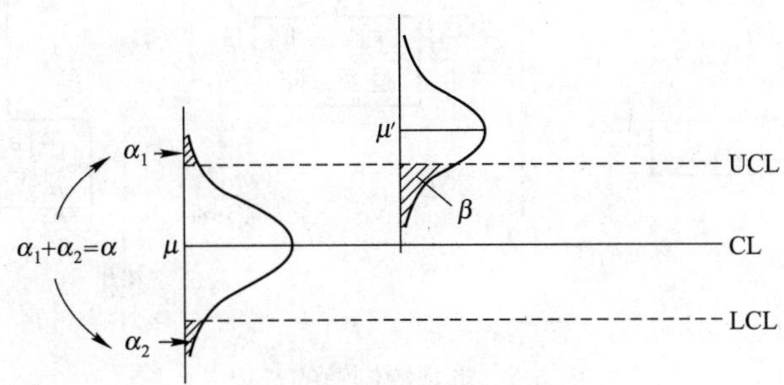

图 6-4 两类错误及其发生的概率示意图

七、简述常规控制图的类型及其选择

常规控制图主要有计量控制图和计数控制图两种类型。每一种类型的控制图又有标准值未给定和标准值给定两种不同的情况。

注：标准值即为规定的要求或目标值。

1. 标准值未给定情形的控制图

这种控制图的目的是发现所点绘特性（如 $\overline{X}$，R 或任何其他统计量）观测值本身的变差是否显著大于仅由随机原因造成的变差。这种控制图完全基于子组数据，用来检测非随机原因造成的那些变差。

2. 标准值给定情形的控制图

这种控制图的目的是确定若干子组的 $\overline{X}$ 等特性的观测值与其对应的标准值 X_0（或 μ）之差，是否显著大于仅由预期的随机原因造成的差异，其中每个子组的 n 值相同。标准值即为产品的规格要求或目标值。因此这类标准值控制图特别适用于制造业的过程控制，并使产品的一致性保持在期望的水平。

3. 计量控制图和计数控制图的类型

（1）计量控制图

1）平均值（$\overline{X}$）图与极差（R）或标准差（S）图；

2）单值（X）图与移动极差（R）图；

3）中位数（Me）图与极差（R）图。

（2）计数控制图

1）不合格品率（p）图或不合格品数（np）图；

2）不合格数（c）图或单位产品不合格数（u）图。

4. 常规控制图的选择

常规控制图的选择可参见图 6-5。

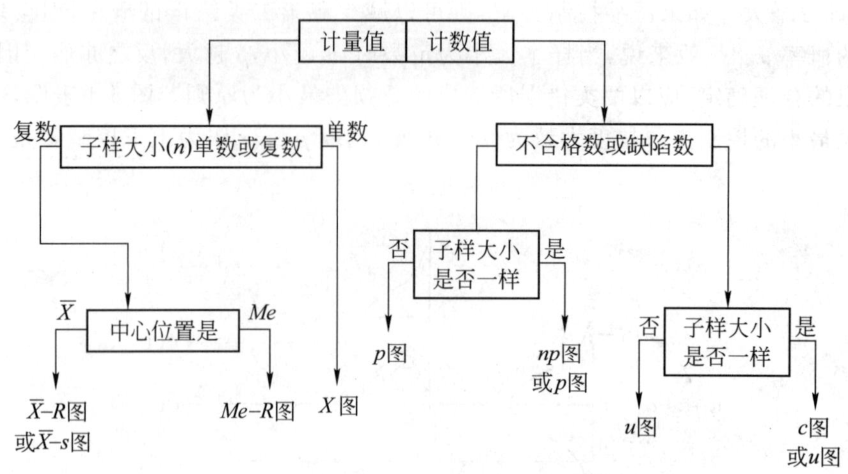

图 6-5　常规控制图的选择

八、简述计量控制图及其应用

计量控制图　variables control chart

描点所用统计量是连续尺度的常规控制图。

计量数据是指对于所考察子组中每一个单位产品的特性值的数值大小进行测量与记录所得到的观测值,例如以米(m)表示的长度,以欧姆(Ω)表示的电阻,以分贝(dB)表示的噪声等。计量控制图(尤其是其最常用的类型,$\overline{X}$与 R 图)代表了控制图对过程控制的典型应用。

计量控制图由于以下几个原因而特别有用:

① 大多数的过程及其输出具有可计量的特性,所以计量控制图的潜在应用广泛。

② 一个计量值较之简单的“是-否”的计数数据表述包含更多的信息。

③ 可不考虑规范来分析过程的性能。控制图从过程自身出发,并给出对过程性能的独立的描述。因此,有的控制图可以与规范比较,而有的却不可以。

④ 虽然获得一个计量数据通常要比获得一个“是/否”的计数数据的费用更高,但计量数据的子组大小一般比计数数据的子组要小得多,故更为有效。在一些情况下,这有助于减少检验费用,并缩短零件生产与采取纠正措施之间的时间间隔。

计量控制图是以假定子组内变异服从正态分布的基础上,偏离这一假定将影响控制图的性能。利用正态性的假设,推导出计算控制限的一些系数。由于大多数控制限是用来作出决策的经验指南,故有理由认为,对正态性的小的偏离应该不会造成重大的影响。总之,由于中心极限定理,平均值总会趋向于正态分布。当然,定期检查正态性假设的持续有效性是明智的。

九、简述 $\overline{X}$(均值)控制图与 R(极差)图或 S(标准差)图及其应用

1. $\overline{X}$ 控制图　X bar control chart(均值控制图 average control chart)

用子组均值评估和监察过程水平的计量控制图。

注:过程水平(process level)即是在给定时间点上用来描图的样本统计量的均值。

2. R 图　R chart(极差控制图 range control chart)

用子组极差评估和监察过程变异的计量控制图。

3. S 图　S chart(标准差控制图 standard deviation control chart)

用子组的标准差评估和监察过程变异的计量控制图。

计量控制图可以同时利用离散程度(产品件间变异)和位置(过程平均)去描述过程的数据。因此,计量控制图几乎总是成对地绘制,并加以分析:其中,一张是关于位置的控制图,一张是关于离散程度的控制图。最常用的一对是$\overline{X}$与 R 图。表 6-1 与本书附表 2 分别给出了计量控制图的控制限公式和系数。

表 6-1　常规计量控制图控制限公式

统计量	标准值未给定		标准值给定	
	中心线	UCL 与 LCL	中心线	UCL 与 LCL
$\overline{X}$	$\overline{\overline{X}}$	$\overline{\overline{X}} \pm A_2\overline{R}$或 $\overline{\overline{X}} \pm A_3\overline{S}$	X_0 或 μ	$X_0 \pm A\sigma_0$
R	$\overline{R}$	$D_3\overline{R}$、$D_4\overline{R}$	R_0 或 $d_2\sigma_0$	$D_1\sigma_0$,$D_2\sigma_0$
S	$\overline{S}$	$B_3\overline{S}$,$B_4\overline{S}$	S_0 或 $C_4\sigma_0$	$B_5\sigma_0$,$B_6\sigma_0$
注:X_0、R_0、S_0、μ 和 σ_0 为给定的标准值。				

这是最常用的一类控制图。当产品具备一定批量,预备数据可以合理分组时,为分析或控制生产过程的离散程度,可以使用 S 图或者 R 图。S 图的检出功效高于 R 图,但计算量较大。当样本小于 10 时,可使用 R 图;大于 10 时,可使用 S 图。

十、简述 X(单值)控制图及其应用

X 控制图　X control chart(单值控制图 individual control chart)

用样本中的单个观测值评估和监察过程水平的计量控制图。

在某些过程控制情形下,取得合理的子组或者不可能或者不实际。由于测量单个观测值所需要的时间太长或费用太大,所以不能考虑重复观测。当测量很昂贵(例如破坏性试验)或者当任一时刻的输出都相对均匀时,即出现上述典型情形,例如,液体浓度、复杂的化学分析、安全检验等。其他还有一些情形只有一个可能的数值,例如,仪表读数、生产效率、消耗定额等。在这些情况下,需要基于单个读数进行过程控制。

在单值控制图情形下,由于没有合理子组来提供批内变异的估计,故控制限就基于经常为两个观测值的移动极差所提供的变差来进行计算。移动极差就是在一个序列中相邻两个观测值之间的绝对差,即第一个观测值与第二个观测值的绝对差,然后是第二个观测值与第三个观测值的绝对差,如此等。从移动极差可以计算出平均移动极差($\overline{R}$),然后用于建立控制图。同样从整个数据可算出总平均值($\overline{\overline{X}}$)。表 6-2 给出了单值控制图的控制限公式。

对于单值控制图应注意下列各点:

① 单值控制图对过程变化的反应不如$\overline{X}$图和 R 图那么灵敏。

② 若过程的分布不是正态的,则对于单值控制图的解释应特别慎重。

表 6-2　单值控制图的控制限公式

统计量	标准值未给定		标准值给定	
	中心线	UCL 与 LCL	中心线	UCL 与 LCL
单值 X	$\overline{X}$	$\overline{X}\pm E_2\overline{R}$	X_0 或 μ	$X_0\pm 3\sigma_0$
移动极差 R	$\overline{R}$	$D_4\overline{R},D_3\overline{R}$	R_0 或 $d_2\sigma_0$	$D_2\sigma_0,D_1\sigma_0$

注 1：X_0，R_0，μ 和 σ_0 为给定的标准值。
注 2：$\overline{R}$为 $n=2$ 时观测值的平均移动极差。
注 3：系数 d_2、D_1、D_2、D_3、D_4 以及 $E_2(=3/d_2)$ 由附表 2 中 $n=2$ 行查得。

③ 单值控制图并不辨析过程的件间重复性，故在一些应用中，采用子组大小较小(2～4)的$\overline{X}$和 R 控制图可能会更好，即使要求子组之间有更长的间隔时间。

十一、简述中位数(*Me*)控制图及其应用

中位数控制图　(median control chart)是用子组中位数评估和监察过程水平的计量控制图。

对于具有计量数据的过程控制，中位数图是另一种可以替代 $\overline{X}$ 图与 R 图的控制图。由中位数获得的结论与 $\overline{X}$ 图与 R 图相似且具有某些优点。它们易于使用，计算较少。$\overline{X}$图检出功效高于 Me 图，但计算稍繁。如果主要考虑检出功效，应使用 $\overline{X}$ 图。如果主要考虑计算方便，可使用 Me 图。且 Me 图受个别过大或过小数值的影响较小。

中位数图的控制限可以用两种方法进行计算：利用子组中位数的中位数和极差的中位数；或者利用子组中位数的平均值和极差的平均值。后一种方法更简易方便，故目前标准采用这种方法。

(1) 中位数图

中心线$=\overline{Me}=$子组中位数的平均值；

$UCL_{Me}=\overline{Me}+A_4R$，

$LCL_{Me}=\overline{Me}-A_4R$；

中位数图的建立方法与$\overline{X}$图与 R 图相同。常数 A_4 的值见表 6-3。

表 6-3　A_4的值

n	2	3	4	5	6	7	8	9	10
A_4	1.88	1.19	0.80	0.69	0.55	0.51	0.43	0.41	0.36

(2) 极差图

中心线$=\overline{R}=$所有子组的 R 值的平均值；

$$UCL_R=D_4\overline{R},\quad LCL_R=D_3\overline{R};$$

常数 D_3 和 D_4 的值，由附表 2 查得。

十二、简述常规控制图的控制程序与解释

常规控制图体系规定，若过程的产品件间变异和过程平均在当前水平(分别由$\overline{R}$，$\overline{\overline{X}}$ 估

计得出)下保持不变,则单个的子组极差(R)以及平均值($\overline{X}$)将仅由随机因素引起变化,极少会超出控制限。

$\overline{X}$控制图显示过程平均的中心位置,并表明过程的稳定性。$\overline{X}$图从平均值的角度揭示组间不希望出现的变差。R 控制图则揭示组内不希望出现的变差,它是所考察过程变异大小的一种指示器,也是过程一致性或均匀性的一个度量。若组内变差基本不变,则 R 图表明过程保持统计控制状态,这种情况仅当所有子组受到相同处理时才会发生。若 R 图表明过程不保持统计控制状态,或 R 值增大,这表示可能不同的子组受到了不同的处理,或是若干个不同的系统因素正在对过程起作用。

R 图的失控状态必然会影响到$\overline{X}$图。故应首先分析 R 图。应遵守下列控制程序:

① 收集与分析数据,计算平均值与极差。

② 首先点绘 R 图。与控制限进行对比,检查数据点是否有失控点,或有无异常的模式或趋势,以便查找原因,进行纠正,并防止再次出现。

③ 剔出所有受到某种已识别的可查明原因影响的子组;然后重新计算并点绘新的平均极差$\overline{R}$和控制限。当与新的控制限进行比较时,要确认是否所有的点都显示为统计受控状态。

④ 若根据已识别的可查明原因,从 R 图中剔出了任何一个子组,则也应该将它从 $\overline{X}$ 图中除去,应利用修正过的$\overline{R}$和$\overline{\overline{X}}$值重新计算平均值的试用控制限$\overline{\overline{X}} \pm A_2\overline{R}$。

⑤ 当极差控制图表明过程处于统计控制状态时,则认为过程的离散程度(组内变差)是稳定的。然后就可以对平均值进行分析,以确定过程的位置是否随时间而变动。

⑥ 点绘$\overline{X}$图。与控制限比较,检查数据点是否有失控点,或有无异常的模式或趋势,以便查找原因,进行纠正,并防止再次出现。剔出任何已找到可查明原因失控点,重新计算并点绘新的过程平均值($\overline{\overline{X}}$)和控制限。与新的控制限进行比较,确认数据点是否都显示为统计受控状态。

⑦ 当用来建立控制限的初始数据全部包含在试用控制限内时,则在未来时段内延长当前时段的控制限。这些控制限将用于当前过程的控制,责任人(操作者或监督者)将对$\overline{X}$图或 R 图中任何失控状态的信号作出反应,并采取即时的行动。

十三、简述变差的可查明原因的模式检验

GB/T 4091《常规控制图》给出了一组用于解释常规控制图八个模式检验的示意图。见图 6-6。这些检验的更为完整的讨论参见标准 GB/T 4091 中的参考文献[5]和参考文献[6]。

虽然上述模式检验可以作为一组基本的检验,但是分析者还应留意任何可能表明过程受到特殊原因影响的独特模式。因此,每当出现可查明原因的征兆时,这些检验就应该仅仅看作是采取行动的实用规则。这些检验中所规定的任何情形的发生都表明已出现变差的可查明原因,必须加以诊断和纠正。

上下控制限分别位于中心线之上与之下的 3σ 距离处,为了应用上述检验,将控制图等分为 6 个区,每个区宽 1σ。这 6 个区的标号分别为 A,B,C,C,B,A,两个 A 区、两个 B 区及两个 C 区都关于中心线对称。这些检验适用于$\overline{X}$图和单值(X)图。这里假定质量特性 X 的观测值服从正态分布。

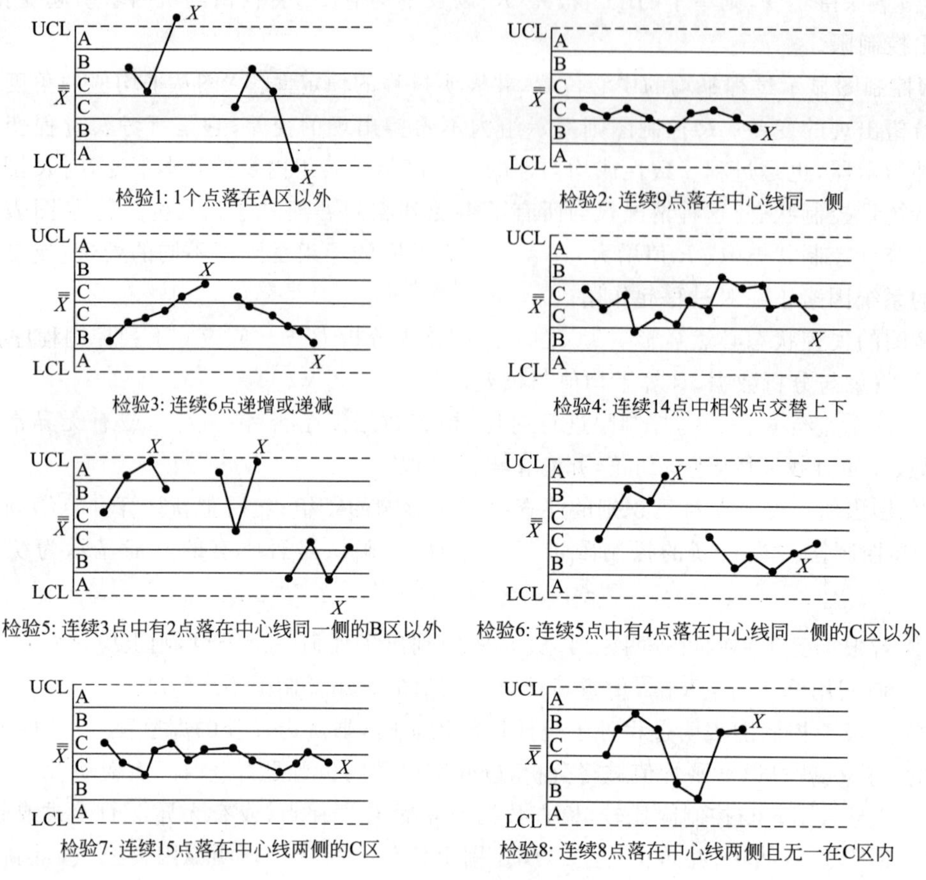

图 6-6　可查明原因的检验

十四、简述常规控制图的过程控制与过程能力

过程控制系统的功能就是当变差异常的可查明原因出现时发出统计信号。通过持续的努力,系统地消除引起变差异常的可查明原因,最终使过程进入统计受控状态。一旦过程在统计控制状态下运行,过程的性能就可预测,并且过程满足规范的能力就能够加以评估。

过程能力决定于由一般原因引起的总变差,即消除所有可查明原因后所能达到的最小变差。过程能力反映了当过程处于统计控制状态时所表现出来的过程自身的性能。既然如此,在评估过程能力之前,首先必须将过程调整到统计控制状态。即只有在 $\overline{X}$ 图和 R 图都达到统计控制状态后,才能开始评估过程能力;也就是说,这时特殊原因已经被识别、分析、纠正、防止再出现,并且当前的控制图已经反映出过程处于统计控制状态,最好通过至少25 个以往子组来表明这一点。通常,将过程输出的分布与工程规范进行比较,以确定过程是否能够一致性地满足这些规范。

过程能力通常是由过程能力指数 PCI(或 C_P)来度量,其公式如下

$$\mathrm{PCI}=\frac{\text{规定的容差}}{\text{过程离散程度}}=\frac{\mathrm{UTL}-\mathrm{LTL}}{6\hat{\sigma}}。$$

式中：UTL——上容差限；

LTL——下容差限；

$\hat{\sigma}$——通过平均组内变差来估计，由 $\bar{s}/c_4$ 或 $\overline{R}/d_2$ 给出。

PCI 值小于 1 表示过程不满足规范要求，过程能力不足；PCI＝1 则意味着过程刚好满足规范要求，过程能力刚刚够。在实际工作中，通常取 PCI＝1.33 为最小可接受值。因为总存在一些抽样误差，而且不可能存在永远完全处于统计控制状态的过程。

但是，必须注意 PCI 仅度量了容差限与过程离散程度之间的关系；而未考虑过程的位置或集中中心的情况。即使 PCI 值很高，也可能有一定比率的数值超出规范限。为此，考虑过程平均值与最近的规定限之间的间距是重要的。

十五、简述计数控制图及其类型与应用

计数控制图 (attribute control chart)是描点所用统计量是可数的或分类变量的常规控制图。

计数控制图有以下几种类型：

1. *c* 图 *c* chart(计点控制图 count control chart)

用一定量样本中特定类型的不合格数，评估和监察过程水平的计数控制图。

2. *u* 图 *u* chart(单位计点控制图 count per unit control chart)

用样本中特定类型的不合格的平均数，评估和监察过程水平的计数控制图。

3. *np* 图 *np* chart(计件控制图 number of categorized units control chart)

用固定样本量的样本中属于指定类别的单元数，评估和监察过程水平的计数控制图。

4. *p* 图 *p* chart(计件比率控制图 proportion or percent categorized units control chart)

用一定量样本中属于某指定类别的单元的比例或百分比，评估和监察过程水平的计数控制图。

计数数据表示通过记录所考察的子组中每个个体是否具有某种特性（或特征），计算具有该特性的个体的数量，或记录一个单位产品、一组产品或一定面积内此种事件发生的次数所获得的观测值。通常，计数数据的获得快速而经济，并且常常不需要专门的收集技术。表 6-4 给出了计数控制图的控制限公式。

表 6-4 常规计数控制图的控制限公式

统计量	标准值未给定		标准值给定	
	中心线	3σ 控制限	中心线	3σ 控制限
p	$\bar{p}$	$\bar{p}\pm 3\sqrt{\bar{p}(1-\bar{p})/n}$	p_0	$p_0\pm 3\sqrt{p_0(1-p_0)/n}$
np	$n\bar{p}$	$n\bar{p}\pm 3\sqrt{n\bar{p}(1-\bar{p})}$	np_0	$np_0\pm 3\sqrt{np_0(1-p_0)}$
c	$\bar{c}$	$\bar{c}\pm 3\sqrt{\bar{c}}$	c_0	$c_0\pm 3\sqrt{c_0}$
u	$\bar{u}$	$\bar{u}\pm 3\sqrt{\bar{u}/n}$	u_0	$u_0\pm 3\sqrt{u_0/n}$
注：p_0、np_0、c_0 和 u_0 为给定的标准值。				

在计量控制图情形下，按通常惯例采用一对控制图，其中一张用于控制平均值，另一张控制离散。上述作法是必要的，这是由于计量控制图是基于正态分布，而正态分布取决于上

述两个参数。而在计数控制图情形下则不同,所假定的分布只有一个独立的参数,即平均值水平。故用一张控制图就足够了。p 图和 np 图基于二项分布,而 c 图和 u 图则基于泊松分布。

这些控制图的计算是类似的,但子组大小发生变化时情况将有所不同。当子组大小为常数,同一组控制限可用于每一个子组;当子组大小发生变化,则每一个子组都需要计算出各自的控制限。因此,np 图和 c 图可以用于子组大小为常数的情形,而 p 图和 u 图可用于上述两种情形。

p 图用来确定在一段时间内所提交的平均不合格品百分数。该平均值的任何变化都会引起过程操作人员和管理者的注意。p 图判断过程是否处于统计控制状态的方法与$\overline{X}$图和 R 图相同。若所有子组点都落在试用控制限之内,并且也未呈现出可查明原因的任何迹象,则称此过程处于统计控制状态。在这种情况下,取平均不合格品率$\overline{p}$为不合格品率 p 的标准值,记为 p_0。

十六、简述建立控制图之前的预备工作及建立控制图的步骤

1. 开始建立控制图之前的预备工作

(1) 质量特性的选择

建立控制图要选择的质量特性可从以下几个方面考虑:

① 能定量的质量特性;

② 与使用和生产关系重大的关键质量特性;

③ 食品生产中的关键控制点的关键质量特性;

④ 对下道工序影响较大的质量特性;

⑤ 经常出问题的质量特性。

一般产品都有许多质量特性(性能指标),如果在生产过程每一项都用控制图进行控制,一要花费很多的人力、物力,二又没有必要。只需对产品的关键质量特性进行控制即可,产品关键质量特性的选择可从三个方面加以考虑:一是关键顾客,这是 ISO 9000 和六西格玛质量管理以顾客为关注焦点的体现;二是关键过程,这是质量管理体系以过程为基础的质量管理体系模式的思维基础;三是关键符合,例如法律、法规、强制性标准、安全、卫生、健康、环保的符合等。具体的选择可参考图 6-7 的示意。

(2) 生产过程的分析

分析生产过程应注意以下几个方面:

① 引起过程异常的原因的种类与位置;

② 设定规范的影响;

③ 检验的方法与位置;

④ 所有可能影响生产过程的其他有关因素。

(3) 合理子组的选择

根据技术、生产实际、方便、代表性、时间等因素确定合理子组的划分,确定抽样间隔与样本大小。

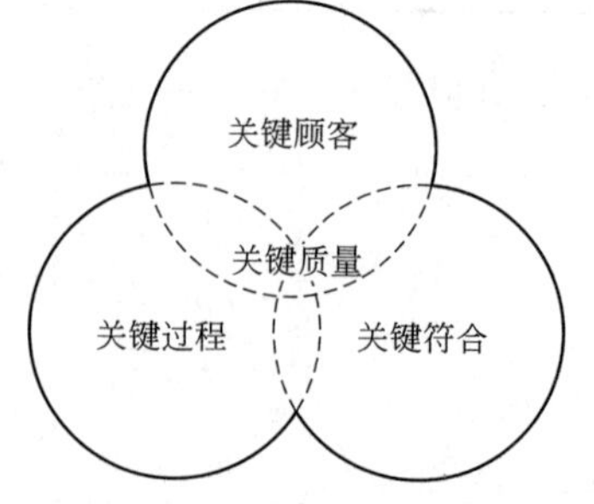

图 6-7　产品关键质量特性的选择

(4) 子组的频数与子组大小

子组的频数可能取决于取样和分析样本的费用,而子组大小则可能决定于一些实际的

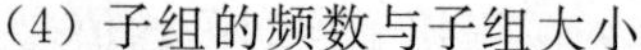

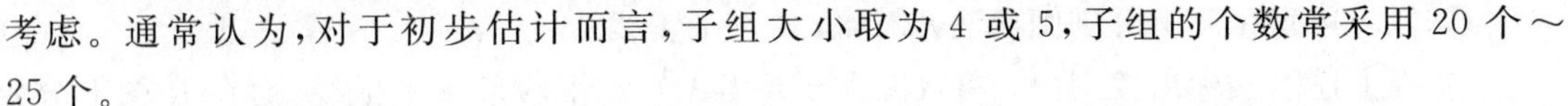

考虑。通常认为，对于初步估计而言，子组大小取为 4 或 5，子组的个数常采用 20 个～25 个。

(5) 预备数据的收集

预备数据可从一个连续运作的生产过程中逐个子组地进行收集，直到获得 20 个～25 个子组为止。注意收集数据时，过程应该呈现出一种稳定状态。

2. 建立控制图的步骤

以在标准值未给定的情形下，建立$\overline{X}$图和 R 图的步骤为例，阐述建立控制图的大体步骤。

① 获取预备数据。确定子组数目和子组样本的大小，子组的大小最好为常数，这样利于计算方便。根据生产实际情况安排抽样间隔和场所，然后进行测试，将获得的数据填入控制图表中。控制图表的一般格式如图 6-8 所示。

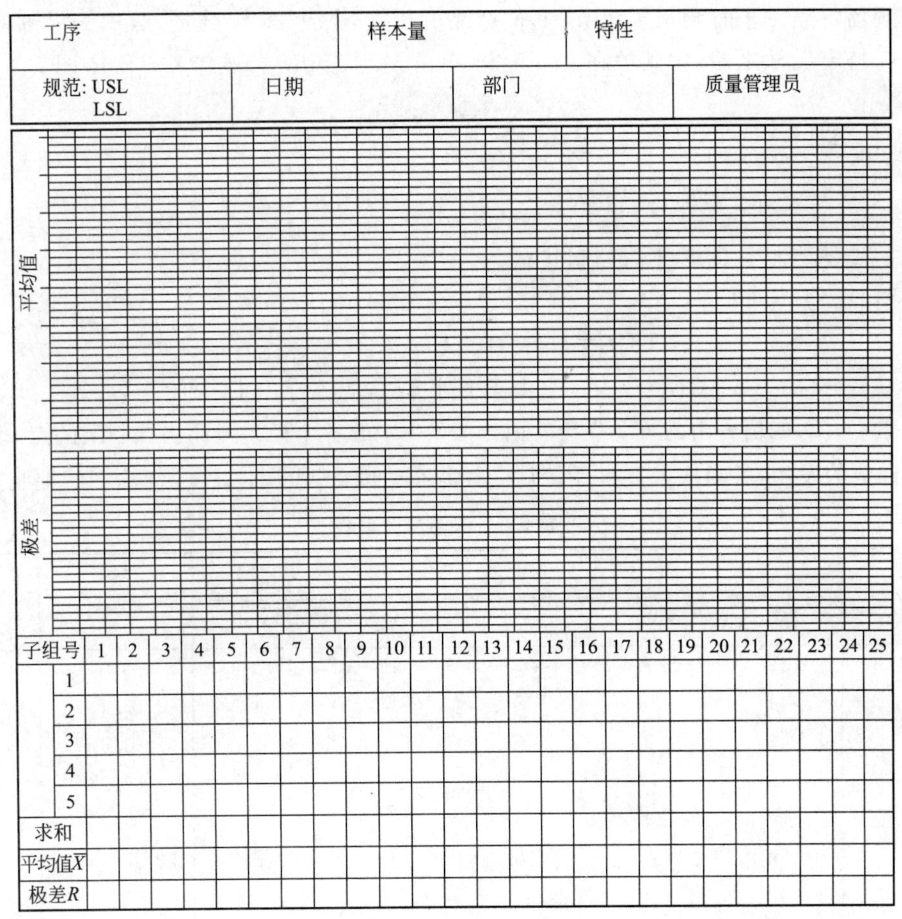

工序	样本量	特性	
规范: USL LSL	日期	部门	质量管理员

子组号		1	2	3	4	5	6	7	8	9	10	11	12	13	14	15	16	17	18	19	20	21	22	23	24	25
	1																									
	2																									
	3																									
	4																									
	5																									
求和																										
平均值$\overline{X}$																										
极差R																										

图 6-8 控制图表的一般格式

② 计算每一子组的平均值$\overline{X}$和极差 R。

③ 计算所有观测值的总平均值$\overline{\overline{X}}$与平均极差$\overline{R}$。

④ 在适当的表格或图纸上绘制一张$\overline{X}$图与一张 R 图。用左侧纵坐标表示$\overline{X}$和$\overline{R}$，用横坐标表示子组号。在平均值图上点绘$\overline{X}$的计算值，在极差图上点绘 R 的计算值。

⑤ 在上述每张图上分别画出表示$\overline{\overline{X}}$和$\overline{R}$的水平实线。

⑥ 在上述图上标出控制限。在$\overline{X}$图上于$\overline{\overline{X}} \pm A_2\overline{R}$处作两条水平虚线，而在 R 图上分别于$D_3\overline{R}$和$D_4\overline{R}$作两条水平虚线，这里 A_2、D_3 和 D_4 与子组大小 n 有关，在本书的附表 2 中给出。无论何时，只要 n 小于 7，R 图上就不需要标出 LCL，因为这时 D_3 的值为零。

十七、计量控制图的示例

计量控制图的种类上面已经做过介绍，但应用最为广泛的是均值极差($\overline{X}$-R)控制图、均值标准差($\overline{X}$-S)控制图和单值移动极差(X-R)控制图。由于$\overline{X}$-S 图与$\overline{X}$-R 图的制作基本一致，故在此仅介绍 $\overline{\overline{X}}$-R 图和 X-R 图。

1. $\overline{X}$ 图与 R 图(标准值未给定的情形)

示例 1　××公司生产某金属零件的长度是一个关键质量特性。为对其进行质量控制，在生产现场每隔一小时测量子组 $n=5$ 件产品的长度，共计 25 组数据，数据为零件的真正长度与某一特定尺寸之差，将其填在表 6-5 中(单位：0.01 mm)。试作$\overline{X}$图和 R 图。

$$\overline{\overline{X}} = \sum_{i=1}^{25} \overline{X_i}/25 = 7.70 ,$$

$$\overline{R} = \sum_{i=1}^{25} R_i/25 = 7.32 。$$

第一步是绘制 R 图并评估控制状态。

R 图的数据为 CL=7.32，

$$\text{UCL}=D_4\overline{R}=2.115\times7.32=15.48,$$

$$\text{LCL}=D_3\overline{R}=0(\text{由于 } n \text{ 小于 } 7,\text{故不标出 LCL})。$$

系数 D_4、D_3 的值可由附表 2 查得。由于表 6-5 中的各个极差无超出控制限的点，也无异常模式或趋势的发生，可确认 R 图处于统计受控状态。因此，可用该$\overline{R}$值计算$\overline{X}$图的控制限。

表 6-5　数据及计算表

序号 i	测量值					$\overline{X_i}$	$\overline{R}$
	X_{i1}	X_{i2}	X_{i3}	X_{i4}	X_{i5}		
1	12	8	5	12	3	8.0	9
2	11	13	8	11	4	9.4	9
3	10	3	6	2	7	5.6	8
4	12	12	6	12	4	9.2	8
5	6	9	6	5	5	6.2	4
6	8	11	8	9	2	7.6	9
7	10	9	6	3	7	7.0	7
8	7	12	9	1	3	6.4	11
9	5	9	11	6	7	7.6	6
10	7	7	6	11	11	8.4	5
11	10	13	9	12	15	11.8	6
12	4	7	6	8	13	7.6	9
13	8	4	13	7	11	8.6	9

续表 6-5

序号 i	测量值					$\overline{X}_i$	$\overline{R}$
	X_{i1}	X_{i2}	X_{i3}	X_{i4}	X_{i5}		
14	8	4	7	7	4	6.0	4
15	10	6	9	10	14	9.8	8
16	14	7	8	6	5	8.0	9
17	1	11	2	8	8	6.0	10
18	5	6	3	10	6	6.0	7
19	6	7	4	7	10	6.8	6
20	12	7	9	9	13	10.0	6
21	3	11	6	12	6	7.6	9
22	4	2	5	9	8	5.6	7
23	7	12	7	11	10	9.4	5
24	4	5	8	9	7	6.6	5
25	5	9	6	12	5	7.4	7

$\overline{X}$图数据为 CL＝7.70，

$$\mathrm{UCL}=\overline{\overline{X}}+A_2\overline{R}=7.70+0.579\times7.32=11.93,$$

$$\mathrm{LCL}=\overline{\overline{X}}-A_2\overline{R}=7.70-0.579\times7.32=3.47。$$

系数 A_2 的值可由附表 2 查得。$\overline{X}$图和 R 图绘制于图 6-9 中。检查 $\overline{X}$ 图各个描点均无超出控制限，也无异常模式或趋势的发生，可确认 $\overline{X}$ 图统计受控。由此可确认 $\overline{X}$ 图和 R 图均处于统计受控状态。

过程能力评估：

由于控制图处于统计受控状态，于是可以对过程能力进行评估。

估算过程标准差为

$$\hat{\sigma}=\frac{\overline{R}}{d_2}=\frac{7.32}{2.326}=3.15。$$

系数 d_2 的值可由附表 2 查得。

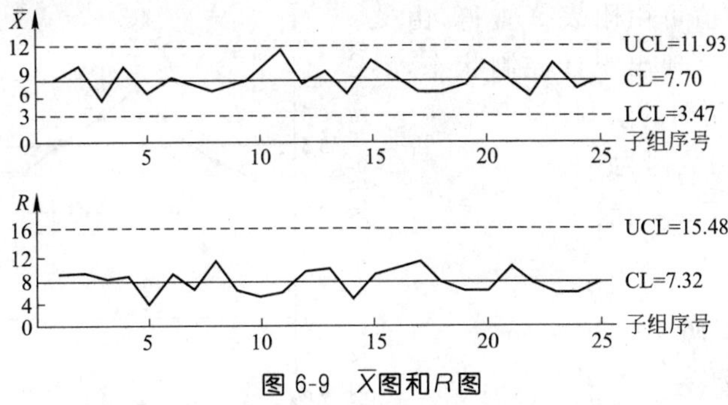

图 6-9 $\overline{X}$图和R图

计算过程能力指数。因为数据 X 为零件长度与一特定尺寸之差。相应的规范限也减去该特定尺寸，最后的上规格限为 20（单位：0.01 mm），下规格限为－3（单位：0.01 mm），进而可算得：

$$C_{\mathrm{PK}}=\frac{\min\{\mathrm{USL}-\overline{\overline{X}},\overline{\overline{X}}-\mathrm{LSL}\}}{3\sigma}=\frac{\min\{20-7.70,7.70+3\}}{3\times3.15}=1.13。$$

由于过程能力指数 C_P(PCI)大于 1,故认为过程能力是足够的。

2. 单值(*X*)与移动极差(*R*)控制图(标准值未给定的情形)

单值(*X*)图与移动极差(*R*)图特别适于一次只能出具一个数据的产品质量监控,如袋装物品,散装、液体物料等,通常是对每一采样单元或每一班、每一批进行采样,然后混匀、缩分出一个试样进行测试。因此,特别适宜于不宜硬性分组的单位产品的监测,并且可以不遵从数据必须服从正态分布的假定。该控制图目前在国际上也比较流行。在美国 ASTMSC25 中该控制图应用于实验室检验工作质量的监控。

该图的画法如确定质量特性、数据个数、抽样间隔、抽取预备数据、填入控制图表等步骤如$\overline{X}$图与 *R* 图的规定基本一致,这里不再重复。它们的均值、移动极差、平均移动极差、中心线、控制限的计算见本章第十题中的规定。

示例 2　企业为使生产的脱脂奶粉水分含量控制在 4%以下,连续抽取 10 批进行分析,由于单批内的抽样变差可以忽略,因此决定对每批只化验一个结果。分析结果见表 6-6。

表 6-6　脱脂奶粉水分含量表

批号	1	2	3	4	5	6	7	8	9	10
水分含量 *X*/%	2.9	3.2	3.6	4.3	3.8	3.5	3.0	3.1	3.6	3.5
移动极差 *R*		0.3	0.4	0.7	0.5	0.3	0.5	0.1	0.5	0.1

$$\overline{X}=\frac{2.9+3.2+\cdots+3.5}{10}=3.45\%,$$

$$\overline{R}=\frac{0.3+0.4+\cdots+0.1}{9}=0.38\%。$$

移动极差(*R*)控制图数据为

$$CL=\overline{R}=0.38,$$

$$UCL=D_4\overline{R}=3.267\times\overline{R}=1.24,$$

$$LCL=D_3\overline{R}=0\times0.38(因为\ n\ 小于\ 7,故不标出\ LCL)。$$

系数 D_3、D_4 的值可由附表 2 查得,由于该移动极差图已呈现出统计控制状态,于是可进行单值控制图的绘制。

单值(*X*)控制图数据为

$$CL=\overline{X}=3.45,$$

$$UCL=\overline{X}+E_2\overline{R}=3.45+2.66\times0.38=4.46,$$

$$LCL=\overline{X}-E_2\overline{R}=3.45-2.66\times0.38=2.44。$$

E_2 值由附表 2 查得。控制图的绘制见图 6-10。该控制图表明过程处于统计控制状态。

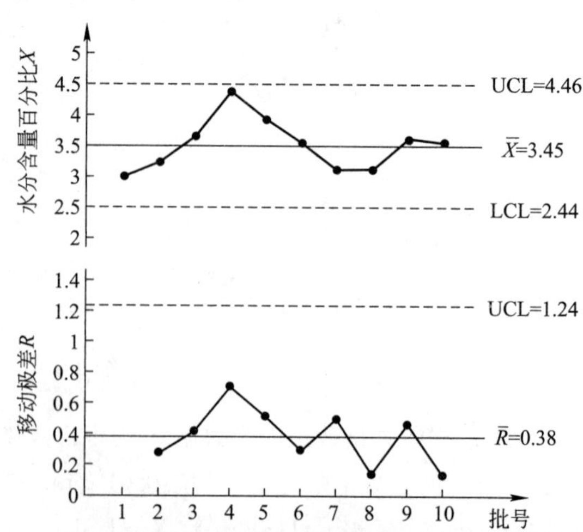

图 6-10　脱脂奶粉水分含量的单值与移动极差控制图

十八、计数控制图的示例

计数控制图有不合格品率(p)图、不合格品数(np)图、不合格数(c)图和单位产品不合格数(u)图四种。现举例应用较多的前两种控制图加以介绍。

示例 企业为控制自动装配线生产的小型开关不合格数，使用自动检测装置进行每小时不合格品数的检查，共收集 25 组数据作为预备数据，见表 6-7。试绘制 p 图、np 图。

p 图中

$$\begin{aligned}\text{中心线} &= \bar{p} \\ &= \frac{8+14+\cdots+14}{4\ 000\times 25} \\ &= \frac{269}{100\ 000} = 0.002\ 7 = 0.27\%,\end{aligned}$$

$$\begin{aligned}\mathrm{UCL} &= \bar{p}+3\sqrt{\bar{p}(1-\bar{p})/n} \\ &= 0.002\ 7+3\sqrt{0.002\ 7(1-0.002\ 7)/4\ 000} \\ &= 0.005\ 2 = 0.52\%,\end{aligned}$$

$$\begin{aligned}\mathrm{UCL} &= \bar{p}-3\sqrt{\bar{p}(1-\bar{p})/n} \\ &= 0.002\ 7-3\sqrt{0.002\ 7(1-0.002\ 7)/4\ 000} \\ &= 0.000\ 2 = 0.02\%。\end{aligned}$$

表 6-7 开关的预备数据

子组号	检查的开关数(n)	不合格品开关数(np)	不合格品百分数(p)
1	4 000	8	0.200
2	4 000	14	0.350
3	4 000	10	0.250
4	4 000	4	0.100
5	4 000	13	0.325
6	4 000	9	0.225
7	4 000	7	0.175
8	4 000	11	0.275
9	4 000	15	0.375
10	4 000	13	0.325
11	4 000	5	0.125
12	4 000	14	0.350
13	4 000	12	0.300
14	4 000	8	0.200
15	4 000	15	0.375
16	4 000	11	0.275
17	4 000	9	0.225
18	4 000	18	0.450
19	4 000	6	0.150
20	4 000	12	0.300

续表 6-7

子组号	检查的开关数(n)	不合格品开关数(np)	不合格品百分数(p)
21	4 000	6	0.150
22	4 000	12	0.300
23	4 000	8	0.200
24	4 000	15	0.375
25	4 000	14	0.350
总计	100 000	269	

该不合格品率(p)控制图见图 6-11。

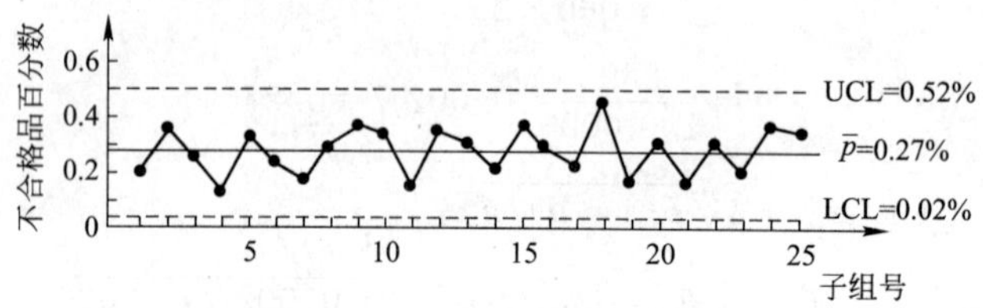

图 6-11　表 6-7 中数据的 p 图

控制图表明，尽管每小时不合格品百分数比较大，开关的质量仍处于统计控制状态。该图的控制限可用于未来子组的质量监控。

np 图同样也适应于这些数据，因为所有的样本大小相等。np 图的计算如下。

np 图中

$$\begin{aligned}中心线 &= n\bar{p} \\ &= \frac{8+14+\cdots+14}{25} = 10.76,\end{aligned}$$

$$\begin{aligned}\text{UCL} &= n\bar{p} + 3\sqrt{n\bar{p}(1-\bar{p})} \\ &= 10.76 + 3\sqrt{10.76(1-0.002\ 7)} = 20.59, \\ \text{LCL} &= n\bar{p} - 3\sqrt{n\bar{p}(1-\bar{p})} \\ &= 10.76 - 3\sqrt{10.76(1-0.002\ 7)} = 0.93。\end{aligned}$$

该 np 控制图见图 6-12。

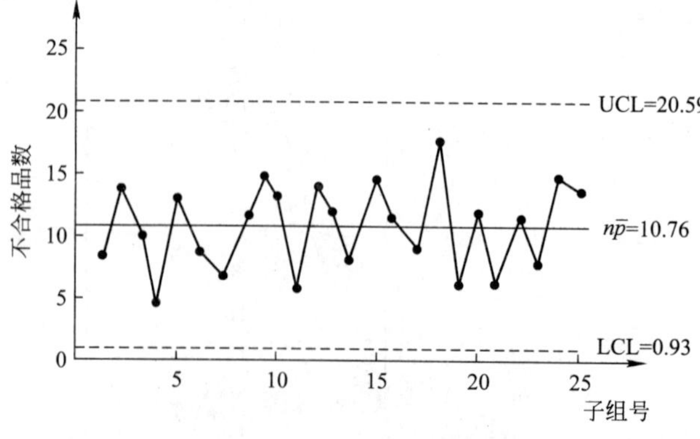

图 6-12　表 6-7 中数据的 np 图

第七章

测(试)量分析

一、简述测(试)量分析的概念、用途、益处、局限性与注意事项及应用示例

1. 测(试)量分析的概念

测(试)量分析 [measurement(test)analysis](也称"测(试)量不确定度分析"或"测(试)量系统分析")是在系统运行的条件下,评价测(试)量系统不确定度的一套方法。其测(试)量误差的分析可使用与分析产品特性相同的方法。

2. 测(试)量分析的用途

测(试)量分析的用途很广,因为只要收集测(试)量数据就应当考虑测(试)量的不确定度。测(试)量分析在规定的置信水平用来评价测(试)量系统是否适合预期目的。测(试)量分析可将各种来源的变差量化,如来自测(试)量人员的变差,来自测(试)量过程的变差,或来自测(试)量仪器自身的变差。测(试)量分析也可将来自测(试)量系统的变差作为总过程变差、或总容许变差的一部分予以描述。

3. 测(试)量分析的益处

在选择测(试)量仪器、或决定仪器是否有能力评价所检查的产品或过程参数时,测(试)量分析提供了定量且经济有效的方式。

测(试)量分析通过将测(试)量系统自身各种来源的变差量化,为比较和解决测(试)量中的差异奠定了基础。

4. 测(试)量分析的局限性与应注意的事项

在所有的情况下(最简单的情况除外),测(试)量分析都需要由受过培训的专业人员来实施,在进行测(试)量分析时,应小心谨慎并具有专业知识和技能。否则,测(试)量分析结果可导致在测(试)量结果和产品可接受性两个方面的虚假和潜在代价较高的过分乐观。相反,过分悲观会导致对适宜测(试)量系统作不必要的更换。误导生产及管理人员,发生判断上的错误。

5. 测(试)量分析的应用示例

(1) 测(试)量不确定度的确定

测(试)量不确定度的量化有助于组织向其(内部或外部)顾客作出保证,即测(试)量过程有能力测(试)量拟达到的质量水平。测(试)量不确定度的分析通常能突出对产品质量至关重要的方面的变异,因此,能指导组织配置这方面的资源,以改进或保持质量。

(2) 选择新仪器

通过检查与仪器有关的变差部分,测(试)量分析有助于指导组织选择新仪器。

(3) 确定某一特定方法的特性(正确度、精密度、重复性、再现性等)

测(试)量分析可用来选择最适宜的测量方法,以保证产品质量。测(试)量分析也使组织能针对各种测(试)量方法对产品质量的影响来平衡其费用和有效性。

(4) 对比测试

通过将测(试)量结果与其他测(试)量系统获得的结果相比较,组织可评价和量化其测

(试)量系统。此外,除了向顾客提供保证外,比对还有助于组织改进其测(试)量分析方法或加强对测(试)量分析人员的培训。

二、何谓检验、测量与试验(测试)

1. 检验　inspection

通过观察和判断,适当时结合测量、试验或估量所进行的符合性评价(GB/T 9000)。

通过观察和判定,适当时结合测量、试验或量测的合格评定(GB/T 3358.2)。

注:两个标准对"检验"一词的文字虽然不完全相同,但词义基本是一致的。

2. 测量　measurement

以确定量值为目的的一组操作(GB/T 3358.2)。

注1:本定义中的量可以是一个"基本量",如质量、长度、时间;也可以是一个"导出量",如速度(长度除以时间)。

注2:测量限于对量值的确定,而测试有更广泛的含义,系指特性的确定。特性的确定既可以用测量程序也可以用量化、分类或检测是否具有某特征等其他方法。

3. 试验　test

按照程序确定一个或多个特性(GB/T 9000)。

测试　test

〈技术上〉按照规定的程序,为对某给定产品、过程或服务确定一个或多个特性所进行的技术操作(GB/T 3358.2)。

英文"test"一词,在我国不同的标准或不同的场所翻译也不尽相同,如在GB/T 9000标准中译作"试验";在GB/T 3358.2标准中译作"测试"及"试验";在GB/T 15481《检测和校准实验室能力的通用要求》中译作"检测";还有的译作"检验"、"检查"、(测定)等。但它们的含义基本上是一致的。

这是因为质量管理的初期主要始于机电行业,其当时的质量检验主要以测量为主,如尺寸、质量、时间、电流、温度、体积等,以及由它们导出的速度、功率等。故称作"测量分析"或"测量系统分析"。由此国内外的一些标准或教科书中的示例(包括不确定度的评定)也大都以上述的物理量的量值确定为主。

目前在产品质量检验中质量特性不仅包括机械、电气方面的量值确定,还包括化学、生物学以及感官等种类繁多的检测项目,需要化学分析、仪器分析等程序才能确定它们的质量特性。因此,在当前的最新标准中,往往把测试(试验)放在测量的前面,一方面突出了测试的重要性,另一方面也显示了质量管理的演变。但基于传统习惯,在目前的大多标准中仍称为"测量分析"。但无论是测量分析,还是测试分析,它们的理论基础基本上是一致的。从严格意义上讲测试包含了测量与试验。故测量分析称作测试分析更为确切。

三、何谓真值、约定真值、接受参照值

1. 真值　true value

在一定条件下完善刻划一个量或定量特性所定义的值。

注:量或定量特性的真值是一个理论上的概念,通常无法确切获得。

2. 约定真值　conventional true value

对于给定的目的,赋予一个量或定量特性的可用于替代其真值的值。

示例　在某个组织内的参照标准中指定的值可作为一个量或定量特性的约定真值。

注：通常，对于给定的目的，由于约定真值和真值充分接近，故认为约定真值和真值的差可忽略。

3. 接受参照值　accepted reference value

用作比较的经协商同意的标准值。

注：接受参照值来自于：

a) 基于科学原理的理论值或确定值；

b) 基于一些国家或国际组织的实验工作的指定值或认证值；

c) 基于科学或工程组织赞助下合作实验工作中的同意值或认证值；

d) 当以上各条不能获得时，则用期望值，即指定测量集合的均值。

四、何谓特性、质量特性，简述对产品质量特性要求的类别

1. 特性　characteristic

可区分的特征。

注1：特性可以是固有的或被赋予的。

注2：特性可以是定性或定量的。

注3：有各种类别的特性，如：

——物理的（如，机械的、电的、化学的、生物学的特性）；

——感官的（如，嗅觉、触觉、味觉、视觉、听觉）；

——行为的（如，礼貌、诚实、正直）；

——时间的（如，准时性、可靠性、可用性）；

——人体功效的（如，生理的特性或有关人身安全的特性）；

——功能的（如，飞机的最高速度）。

2. 质量特性　quality characteristic

产品、过程或体系（系统）与要求有关的固有特性。

注1："固有的"就是指在某事或某物中本来就有的，尤其是那种永久的特性。

注2：赋予产品、过程或体系的特性（如，产品的价格，产品的所有者）不是它们的质量特性。

注3：用来表现质量特性的数据称为质量特性值。

3. 对产品质量特性要求的类别

根据对产品质量特性值要求的不同，可分为望目、望大、望小质量特性。

(1) 望目(值)质量特性

产品在应用设计过程中根据用户需求、生产条件、法律法规、安全、卫生、环保、人类健康要求等方面对质量特性（质量指标）设定最合理的数值，即目标值 M，要求质量特性值围绕目标值波动，希望波动的程度尽可能幅度要小。

从产品质量要求来看，望目质量特性给定双向公差 T_U、T_L，则目标值 $M=\frac{T_U+T_L}{2}$。

如：加工尺寸　$\phi 20 \pm 0.05$(mm)

上公差界限　$T_U=20.05$

下公差界限　$T_L=19.95$

目标值　$M=\frac{20.05+19.95}{2}=20.00$

公差范围　$T=T_U-T_L=20.05-19.95=0.10$

在机械加工、电气零部件中的大部分质量特性都属于望目质量特性。

(2) 望大(值)质量特性

望大质量特性不取负值，希望质量特性值越大越好，波动的程度越小越好。在产品设计过程中，设定单项公差 T_L。

如产品的材料强度、家用电器的使用寿命、设备的平均无故障时间、化工品的纯度、矿产品的品位、煤炭的发热量等指标大都属于望大质量特性。

(3) 望小(值)质量特性

望小质量特性不取负值，希望质量特性值越小越好，波动的程度越小越好。在产品设计过程中，设定单项公差 T_U。

如机械零部件的光洁度、不圆度、杂质含量、有毒有害元素或成分、测量误差、食品中的农药残留量以及细菌等大都属于望小质量特性。

另外质量特性还包括动态特性，它是指目标值随信号因素水平的变化而变化的质量特性。例如，运动机械的操作特性、机床的切削特性、数字通信系统的输出特性等都属于动态特性。动态特性的一般模式是：目标、意志→信号→行动或结果。此模式表明，对应于人的某个意志或目标，发出一个信号，便会产生一个相应的结果，此类特性即为动态特性。此外，还有上位特性与下位特性等质量特性。

在产品质量管理中最常见是望目、望大、望小质量特性，它们在趋势图、质量控制图、过程能力分析、稳健参数设计、质量功能展开等许多统计方法中都有广泛的应用。

五、何谓次序统计量

次序统计量　order statistic

由随机样本中的随机变量的值，依非降次序排列所确定的统计量。

在产品质量检验中，一般所取得的质量数据数值的大小总是杂乱无章的，若将所取得的样本数据按数值的大小顺序排列，就称为次序统计量。

如：$x_1 < x_2 < x_3 < \cdots < x_n$

示例　假设样本观测值为 9、13、7、6、13、7、19、6、10、7，则次序统计量的观测值为 6、6、7、7、7、9、10、13、13、19。

对次序统计量而言，排在正中的数据称为中位数 Me。

当 n 为奇数时，样本中位数是第$(n+1)/2$个次序统计量；

当 n 为偶数时，样本中位数是第 $n/2$ 个与第 $n/2+1$ 个次序统计量的算术平均数。

如：以上示例的 $n=10$，第 10/2 个是 7，第 10/2+1 个是 9，则中位数 Me 是 8。

次序统计量中有最大值 $x_{max}=x_n$，最小值 $x_{min}=x_1$，称为次序统计量的两极，两极之差称为极差 R，$R=x_{max}-x_{min}$。

如：以上示例的最大值 $x_{max}=x_n=19$，最小值 $x_{min}=x_1=6$，极差 $R=x_{max}-x_{min}=13$，

当样本量足够大时，

$$Me \to \bar{x} \to \mu$$

$$\frac{R}{d_2} \to S \to \sigma$$

d_2称为极差系数，可从附表 2 中查得。中位数常应用于质量控制图、能力验证、稳健统计技术、准确度试验等方面。

六、何谓准确度，如何提高测试结果的准确度

1. 准确度　accuracy

测试结果或测量结果与真值间的一致程度。

注 1:在实际中，真值用接受参照值代替。

注 2:术语“准确度”，当用于一组测试或测量结果时，由随机误差分量和系统误差分量即偏倚分量组成。

注 3:准确度是正确度和精密度的组合。

2. 如何提高测试(测量)结果的准确度

严格地讲，提高测试(测量)结果准确度的问题，是实验室的一项全面质量管理体系的问题。它不仅是一项单纯具体的技术工作，而且也是一项实验室的全面质量管理工作，包括实验室的硬件和软件。测试结果准确度的保证贯穿于检验过程的始终，包括抽样、制样、试验、数据处理、统计分析等，直到出具测试结果报告为止。因此，实验室必须按 ISO 9000 系列标准以及 ISO/IEC 17025 标准建立完善健全的质量管理体系，以确保实验室的管理要求和技术要求。但在此不对实验室的全面质量管理体系进行阐述，仅对在实验室中如何提高准确度的一些具体的技术方法进行介绍。

(1) 增加平行(重复)测定次数，减小随机误差

根据随机误差的抵偿性，增加试验次数，随机误差就可以抵消。因此，在消除系统误差的前提下，平行(重复)测定的次数越多，测试精密度就越高，测试结果的准确度也就越高。这是因为多次测试平均值的分散程度一定比单次测定结果分布的分散程度要小。从正态分布均值精密度的计算公式，见下式

$$S_{\bar{x}}=\frac{S_x}{\sqrt{n}}$$

式中：S_x——单次测试的标准差；

$S_{\bar{x}}$——平均值的标准差；

n——测试次数。

可以看出增加平行(重复)测试的次数，能够提高测试结果精密度。表 7-1 给出了二者的关系，还可用图 7-1 直观的表达。

表 7-1　$S_{\bar{x}}$ 随测试次数的变化

测试次数	1	4	9	16	25
$S_{\bar{x}}$	0.006	0.003	0.002	0.001 5	0.001 2

虽然过多的增加测试次数可以提高测试的精密度。但需付出很大的代价，耗费过多的物力、财力、时间和精力。因此，在试验时，每个样品的测定次数不得少于两次，对一些重要的项目，一般要求 $n\leqslant10$ 即可。

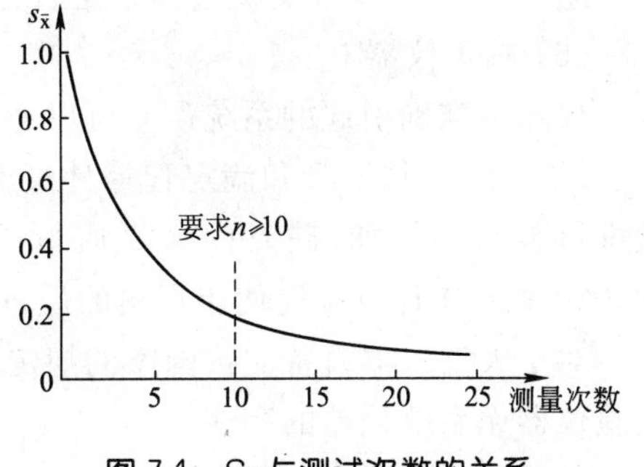

图 7-1　$S_{\bar{x}}$ 与测试次数的关系

(2) 方法选择要适当

不同的分析工作要求的准确度也不同，所以应根据实际需要，选择适当的分析方法，如重量法和容量法，它们的灵敏度虽不高，但对于高含量组分的测定能获得比较准确的结果。相反，对于低含量的测定，重量法和容量法一般达不到，所以最好使用灵敏度高的比色分析、仪器分析等方法。才能获得满意的准确度。

（3）比对试验

比对试验亦称对比试验，是用来检查系统误差的有效方法。进行对比试验时，常用已知含量的标准样品(或基准物质配成的标准溶液)按与分析样品的同样方法进行分析，然后对结果进行对比。也可以用不同的分析方法对同一试样进行分析，或由不同实验室的检验人员分析同一样品，来相互进行对比。例如在进行新方法的研究时，常用标准样品来检验新方法的准确度，或用公认的经典方法与新方法对同一试样进行分析，看新方法是否可靠。另外在日常检验中，为了检查检验人员之间是否存在系统误差，常将一些密码标样或保留样品安排给不同的分析人员同时进行试验，把他们的试验结果进行对比，这种方法称为“内检”。有时将部分试样送交其他实验室进行分析，与自己的结果进行对比，这种方法称为“外检”。通过以上方法可以清楚地了解实验室的测试结果是否存在系统误差，以便及时加以纠正。经常参加国内外机构组织的能力验证，是检验测试结果准确度的最佳方法。

（4）空白试验

空白试验即在不加试样的情况下，按照分析试样完全相同的操作步骤和条件进行的试验。得到的结果称为空白值。从试样的分析结果中扣除空白值，就可以使分析结果更接近于真实含量。空白试验是减小系统误差的有效方法，特别是在容量分析、比色分析及许多仪器分析中，由试剂、蒸馏水、试验器皿、样品沾污、仪器的噪声水平及背景、环境和干扰杂质等因素带入的误差，都可以用空白试验的方法进行消除或减少。

（5）质量控制图

质量控制图是一种最简单的控制检验工作质量的有效方法之一。国外在 20 世纪 40 年代就开始用于实验室的质量控制，它在测试工作中有下述重要的作用：

① 质量控制图可以及时地直观地展示出分析过程是否处于统计控制状态。当控制图表示失控的时候，它能指出在什么时间、什么位置和多大置信水平下发生了问题。往往还能指出问题的性质，如平均值单向变化趋势、突然的漂移、变异性等情况。

② 控制图可以对被控过程特性作出估计。如用极差或标准差控制图可以估计例行测试过程的变异性 σ^2 等。

③ 控制图是例行试验工作中决定观测值是否取舍的最好标准和依据。

④ 控制图是检验各实验室间数据是否一致的有效方法。

⑤ 控制图可检验测试过程中是否存有显著的系统误差，并能指出误差的方向。

（6）校正仪器

仪器不准确引起的系统误差可以通过校正仪器来纠正或减小。在准确度要求高的分析中，天平、砝码、移液管和滴定管等计量器皿应预先进行校准，并在计算试验结果时，用校正值进行校正。例如，砝码的名义质量是 10 g，其校正值为＋0.2 mg，它的真实质量应为 10.000 2 g，在计算中应使用真实的质量。

对于大型仪器设备应按国家的规定定期进行鉴定。必要时，还需进行期间核查，以确保检验仪器无系统误差的存在。

（7）分析结果的校正

有些分析方法有固定的系统误差，可采用适当的方法加以校正。例如，用电重量法测定铜的纯度，要求分析结果的准确度很高，但电重量法所采用的电解法电解不完全，引起系统误差，为此可用比色法测定溶液中未电解的铜，将所得的结果再加到电重量分析的结果中，

这样就消除了系统误差，提高了分析结果的准确度。

七、何谓偏倚

偏倚(bias)是测试结果或测量结果的期望与真值之差。

注1：相对于随机误差，偏倚是总的系统误差。偏倚可由一个或多个系统误差分量组成。距真值的系统误差愈大，偏倚值就愈大。

注2：测量仪器的偏倚用一定次数重复测量读数误差的平均值来估计。读数误差是测量仪器的读数与输入量真值的差。

注3：在实际中，真值用接受参照值代替。

例如，改革开放以来我国从国外引进了许多矿石、煤炭等机械采样设备，在设备性能验收时，国际标准规定需要进行“test for bias”，即偏倚试验。而从20世纪80年代我国就把它错译为偏差试验。这是两个绝然不同的概念。偏差是指检测值对于某个中心值之差，而偏倚则是期望与真值(或约定真值)之差，这里是指设备所采样品与约定真值(停止皮带所采样品)检验结果之差，它是由一种或几种系统误差所引起的。而机械采样设备所采样品须经多级切割、破碎、混合与缩分，有可能由某一级或多级不同部件设计不合理而引起系统误差。因而应称作偏倚试验，不应再称它为偏差试验。

八、何谓正确度

正确度(trueness)是测试结果或测量结果的期望与真值的一致程度。

注1：正确度的度量通常用偏倚表示。

注2：正确度有时被称为“均值的准确度”，但不推荐这种用法。

在以前的一些教科书中，没有正确度这一概念，正确度的概念是在近十几年的一些国际、国内标准中陆续出现。如ISO 5725《测量方法与结果的准确度(正确度与精密度)》、GB/T 3358《统计学词汇及符号》系列标准、GB/T 6379《测量方法与准确度(正确度与精密度)》系列标准中都在显著的位置推出这一术语。只有通过正确度与精密度这两个指标，才能完整的体现出测试或测量结果的准确程度。

九、何谓精密度

精密度(precision)是在规定条件下，所获得的独立测试/测量结果间的一致程度。

注1：精密度仅依赖于随机误差的分布，与真值或规定值无关。

注2：精密度的度量通常以“不精密”的术语来表达，其值用测试结果或测量结果的标准差来表示。标准差越大，精密度越低。

注3：精密度的定量度量严格依赖于所规定的条件，重复性条件和再现性条件为其中两种极端的情况。

十、何谓重复性、重复性条件、重复性标准差、重复性临界差与重复性限

1. 重复性 repeatability

重复性条件下的精密度。

注：重复性可以用结果的离散特性来定量表示。

2. 重复性条件 repeatability conditions

为获得独立测试/测量结果，由同一操作员按相同的方法、使用相同的测试或测量设施、

在短时间间隔内对同一测试/测量对象进行测试/测量的观测条件。

注:重复性条件包括:

——相同的测量程序或测试方法;

——同一操作员;

——在同一条件下使用同一测试或测量设施;

——同一地点;

——在短时间间隔内的重复。

3. 重复性标准差　repeatability standard deviation

重复性条件下获得的测试结果或测量结果的标准差。

注1:重复性标准差是重复性条件下所得测试或测量结果分布离散程度的一种度量。

注2:类似地可以定义"重复性方差"和"重复性变异系数",作为重复性条件下所得测试或测量结果分布离散程度的一种度量。

4. 重复性临界差　repeatability critical difference

一个数值,在重复性条件下,两个测试结果或测量结果的最终值的绝对差以一定的概率小于或等于此数。

5. 重复性限　repeatability limit *r*

指定概率为95%的重复性临界差。

十一、何谓再现性、再现性条件、再现性标准差、再现性临界差与再现性限

1. 再现性　reproducibility

再现性条件下的精密度。

注:再现性可以用结果的离散特性来定量表示。

2. 再现性条件　reproducibility conditions

由不同的操作员按相同的方法、使用不同的测试或测量设施、对同一测试/测量对象进行观测以获得独立测试/测量结果的观测条件。

3. 再现性标准差　reproducibility standard deviation

再现性条件下获得的测试结果或测量结果的标准差。

注1:再现性标准差是再现性条件下所得测试或测量结果分布离散程度的一种度量。

注2:类似地可以定义"再现性方差"和"再现性变异系数",作为再现性条件下所得测试或测量结果分布离散程度的一种度量。

4. 再现性临界差　reproducibility critical difference

一个数值,在再现性条件下,两个测试结果或测量结果的最终值的绝对差以一定的概率小于或等于此数。

5. 再现性限　reproducibility limit *R*

指定概率为95%的再现性临界差。

十二、何谓测试结果、测量结果

1. 测试结果　test result

按规定的测试方法所获得的特性值。

注1:测试方法宜指明观测是一个还是多个,报告的测试结果是观测值的平均数还是它的其他函数(例

如中位数或标准差)。它可以要求按适用的标准进行修正，如气体体积按标准温度和压力进行的修正。因此一个测试结果可以是通过几个观测值计算的结果。在最简单情形，测试结果即为观测值本身。

注 2：测试方法在 ISO/IEC 导则 2 中定义为“完成某项测试的规定技术程序”。

2. 测量结果　measurement result

按规定的测量程序所获得的量值。

注 1：测量程序在 VIM 中定义为“对特定测量所用的，根据给定的方法具体叙述的一组操作”。测量程序通常足够详细，以使操作者在进行测量时不再需要补充资料。

在互不影响的方式下获得的测试结果或测量结果称为独立测试/测量结果。

十三、何谓结果的误差，简述误差的表示方法

1. 结果的误差　error of result

测试结果或测量结果与真值的差。

注 1：在实际中，真值用接受参照值代替。

注 2：误差是随机误差与系统误差之和。

2. 误差的表示方法

误差根据其用途、目的和量值的大小可用绝对误差和相对误差两种方法来表示。

(1) 绝对误差

所谓绝对误差 E，就是指测试(测量)值与真值或约定真值之间的差值。即

$$E=x-\mu$$

式中：x——测试(测量)值；

μ——真值或约定真值。

绝对误差的单位与测试(测量)值相同。它可以评价任一测试(测量)结果的准确程度，但是相同的误差，由于被测试的量值的不同，测试(测量)结果的准确程度也就不一样。

(2) 相对误差

所谓相对误差 RE，就是测试(测量)绝对误差与真值或约定真值之比，通常以百分数表示，即

$$\mathrm{RE}=\frac{x-\mu}{\mu}\times 100\%$$

式中：x——测试(测量)值；

μ——真值或约定真值。

相对误差仅是一个比值，它是一个没有单位的量。在许多情况下，特别是被测试量不同的情况下，它能客观地表达出测试(测量)的准确程度。

十四、何谓结果的随机误差，简述随机误差的特点

1. 结果的随机误差　random error of result

结果的误差的分量，表现为在对同一特性或量的多次测试结果或测量结果中，结果以不可预测的形式变化。

注：随机误差不可能被修正。随机误差又称偶然误差。

2. 随机误差的特点

随机误差是由测试(测量)过程中的一些随机因素所引起的误差，产生这类误差的原因

往往是不固定的。随机误差对测试(测量)结果的影响变化不定,误差有时大、有时小、有时正、有时负。这种误差无法控制,也是不可能被修正的。

从每一次的检测结果上看,随机误差没有什么规律,无法预测它的大小和正负。但随着测定次数的增加,随机误差服从正态分布,它具有以下特点:

① 有界性。在一定的条件下的有限测试值中,其误差的绝对值不会超过一定的界限。

② 单峰性。绝对值小的误差出现的次数比绝对值大的误差出现的次数多。

③ 对称性。在测量次数足够多时,绝对值相等的正与负误差出现的次数大致相等。

④ 抵偿性。在一定的条件下对同一样品进行测定,随机误差的算术平均值随着测试(测量)次数的无限增加而趋于零,即误差的平均值极限为零。

减少随机误差的方法,除必须严格控制测试(测量)条件,严格测试操作规范外,还可以利用它的抵偿性这一特点,增加测试次数减少随机误差。

十五、何谓结果的系统误差,简述系统误差的特点、产生的原因及减少系统误差的方法

1. 结果的系统误差　systematic error of result

结果的误差的分量,表现为在对同一特性或量的多次测试结果或测量结果中,结果保持常量或以一种可预测的形式变化。

注:系统误差及其发生原因可以已知,也可以未知。

系统误差又称可测误差、方法误差、固定误差。

2. 系统误差的特点

系统误差是测试(测量)结果中误差的主要来源。它在测试(测量)过程中按一定的规律重复出现,一般有方向性。即测试(测量)值总是比真值一致偏高或一致偏低,因此增加测试次数不能减小系统误差。正因为系统误差往往是由固定的原因所造成的,故它也可以被认识,也可以被修正。

3. 系统误差产生的原因

产生系统误差的原因有很多,但主要原因有以下几个方面。

① 方法误差。是由于试验方法不够完善所引起的。如在容量分析中,由于指示剂对反应终点的影响,使滴定终点与理论等当点不能完全重合所引起的误差。再如在重量分析中,由于沉淀的溶解,以及灼烧时沉淀的分解或挥发等因素引起的误差。在比色分析中,由于干扰离子、温度、酸度、时间等因素的影响引起的误差。

② 仪器误差。是由于使用未经校准的仪器所产生的误差。如马弗炉的毫伏计或数字显示值不能真实地反映出炉内的实际温度,若炉温高于指示温度,那么测得的挥发物必然一致偏高。测定矿产品的灼烧减量又必然一致偏低。

③ 试剂误差。是由于试验中所用的药品试剂中含有杂质而引起的误差。

④ 操作误差。是由于检验人员生理上感官的差异等所致。如对反应终点的判断,有的偏深,有的偏浅。容量器具的读数有的偏低、有的偏高,都会引起误差。

⑤ 恒定的环境误差。是由于环境条件的不利因素所致。如实验室温度太高,致使挥发物质散失,测得的挥发物必然一致偏低。

4. 减少系统误差的方法

① 进行仪器校准。实验室的仪器设备都应定期进行鉴定,必要时还应进行期间核查。

② 进行空白试验。特别是对于容量分析、比色分析、仪器分析来说该方法尤为重要。

③ 进行比对试验。进行比对试验是了解自己的试验结果是否存在系统误差的最好方法。比对试验分为多种,一是与标准物质进行比对;二是与经典的分析方法进行比对;三是与不同的实验室或不同的检验人员进行比对。从中找出系统误差,以便进行消除或校正。

④ 进行回收率试验。回收率试验是仪器分析中经常使用的方法,常以回收率的大小对分析结果进行校正。

⑤ 对检验结果进行校正。对已知含有系统误差的结果进行校正,就可以减少或抵偿系统误差的影响。如某铁矿石机械采样设备,经性能试验确定水分损失率为 0.5%,那么通过该采样设备所采样品的水分再加上 0.5%,就使得因采样设备所导致的水分测定结果偏低的影响得到抵偿。再如用库仑法测定煤中全硫,总有偏低的倾向,且偏低的程度基本上与煤中的含硫量成正比,那么就可以乘上一个大于 1 的系数。例如 1.06(可根据理论计算和煤的标准样品推出),这样就减少或抵偿了由于测试方法不完善所造成的系统误差的影响。

十六、不确定度及其相关术语的概念

1. 不确定度　uncertainty

表征值的分散性,与测试结果或测量结果相关联的参数,这种分散可合理归因于接受测量或测试特性的特定量。

注:该定义与 VIM 是一致的,但在措词上稍有差异,以适合 GB/T 3358 中的概念并包含特性的测试。

误差与不确定度的主要差别在于:根据误差的定义,误差等于测试(测量)结果减去被测量的真值。所以,每一个误差与一个测试(测量)结果相对应,它是单个的数值,不同测试(测量)结果有不同的误差,非正即负。原则上可以用已知的误差数值来修正测试(测量)结果。

不确定度是用标准差或其倍数表示的被测量之值分散性的量,是给定概率下量值分布的区间。不同测试(测量)结果有不同的误差,但是它们属于同一分布,所以它们有相同的不确定度。不确定度总是用正值表征,不能用不确定度来修正测试(测量)结果,两者的数值大小没有简单的对应关系。

2. 标准不确定度　standard uncertainty

以标准差表示的测量(测试)不确定度。

通常使用符号 u 表示标准不确定度。

3. 不确定度的 A 类评定　type A evaluation of uncertainty

用对观测列进行统计分析的方法,来评定标准不确定度。

注:不确定度的 A 类评定,有时又称为 A 类不确定度评定。

通常用符号 u_A 表示不确定度的 A 类评定。

4. 不确定度的 B 类评定　type B evaluation of uncertainty

用不同于对观测列进行统计分析的方法,来评定标准不确定度。

注:不确定度的 B 类评定,有时又称为 B 类不确定度评定。

通常用符号 u_B 表示不确定度的 B 类评定。

5. 合成标准不确定度　combined standard uncertainty

当测量(测试)结果是由若干个其他量的值求得时,按其他各量的方差或(和)协方差算得的标准不确定度。

注:它是测量(测试)结果标准差的估计值。

通常用符号 u_c 或 $u_c(y)$ 表示合成标准不确定度。

6. 扩展不确定度 expanded uncertainty

确定可望包含合理赋予被测量分布的大部分的一个测量(测试)结果区间的量。

通常用符号 U 表示扩展不确定度。

7. 包含因子 coverage factor

为求得扩展不确定度,对合成标准不确定度所乘之数字因子。

注 1:包含因子等于扩展不确定度与合成不确定度之比。

注 2:包含因子有时也称覆盖因子。

注 3:一般在 2～3 范围内。

通常用符号 K 表示包含因子。

十七、简述不确定度的评定过程

在被测量和测量程序(测试方法)确定之后,不确定度评定过程如图 7-2 所示。

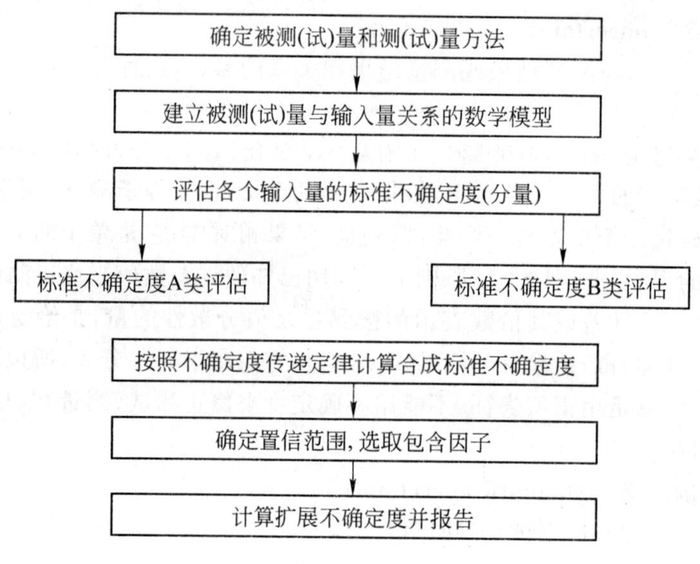

图 7-2 不确定度评定过程示意图

1. 建立数学模型

不确定度评定之前首先应识别、明确测量(测试)结果的不确定度来源。因果分析(因果图)是一种识别不确定度来源的一种非常方便实用的方法。它表示了不确定度来源之间的相互关系,以及他们对结果的不确定度的影响。利用因果图既可保证考虑范围的全面性,又有助于避免重复计算不确定度来源。

建立测量(测试)结果的数学模型,被测量 Y 常取决于其他量 X_i,$i=1, 2, \cdots, n$

$$Y=f(X_1, X_2, \cdots, X_n)。$$

由 X_i 的最佳值 x_i 可得 Y 的最佳值 y,即测量(测试)结果

$$y=f(x_1, x_2, \cdots, x_n)。$$

故被测量 y 的不确定度来源为 $x_1, x_2, \cdots, x_n$,即 y 的合成标准不确定度 $u_c(y)$ 决定于 x_i

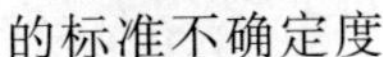

的标准不确定度

$$u_c(y)=\Psi(u(x_1),u(x_2),\cdots,u(x_n))。$$

建立数学模型的目的是在于找出不确定度的相关量(有贡献的量),数学模型中不能带有正负号的项。不确定度的评定思想是尽可能的稳妥,做到既不重复,又不漏项。

2. 标准不确定度的评定

(1) A类评定

A类评定常用贝塞尔法,评定如下:

对 X_i 在等精度下独立测得 x_{i1}、x_{i2}、…、x_{in},则最佳值的平均值

$$\bar{x}_i=\sum x_{ik}/n_i。$$

单次测量的标准不确定度

$$u(x_{ik})=S(x_{ik})=\sqrt{\frac{1}{n_i-1}\sum(x_{ik}-\bar{x}_i)^2}。$$

平均值的不确定度

$$u(\bar{x}_i)=S(\bar{x}_i)=S(x_{ik})/\sqrt{n_i}=\sqrt{\frac{1}{n_i(n_i-1)}\sum(x_{ik}-\bar{x}_i)^2}。$$

为了使标准差有较高的可信度,通常 n 不宜小于8。

但在多数情况下,实验室对一种产品质量特性仅仅进行2~3次的平行(重复)测试,这对于计算标准差而言,样本太小,计算出的标准差可信度太低。但是实验室长期在规定的程序和条件下进行规范化的测试,积累了许多组小样本测试数据,利用这些数据可以计算出具有较高可信度的多组测试值的标准差。以下介绍几种常用的方法:

1) 合并标准差

JJF 1059《测量不确定度评定与表示》介绍了计算合并标准差的方法。对某量 x 进行 m 组测试,有以下两种情况:

① 若每组独立测试次数相同,均为 $n(i=1,\cdots,n)$,进行 $m(j=1,\cdots,m)$ 组测试的合并标准差 S_j 按下式计算

$$S_j=\sqrt{\frac{1}{m}\sum_{j=1}^{m}S_j^2}。$$

② 若每组独立测试次数不相同,分别为 n_j,自由度分别为:$\nu_j=n_j-1$,m 组测试的合并标准差 S_p 按下式计算

$$S_p=\sqrt{\sum_{j=1}^{m}(n_j-1)S_j^2\Big/\sum_{j=1}^{m}(n_j-1)}=\sqrt{\sum_{j=1}^{m}\nu_jS_j^2\Big/\sum_{j=1}^{m}\nu_j}。$$

合并标准差 S_p 的自由度为 $\nu=\sum_{j=1}^{m}\nu_j$。

计算多组观测值的合并标准差的前提条件是各组测试值应比较接近。

2) 平均标准差

在欧洲化学分析中心编著的《定量评估分析测量不确定度》一书中,将多组测试的标准差相加后除以组数,求得平均标准差。如果各组测试次数不同,可以求其加权平均值表征多组测试的标准差。计算方法如下:

$$\bar{S}(x)=\sum_{j=1}^{m}\nu_jS(x_j)\Big/\sum_{j=1}^{m}\nu_j。$$

计算平均标准差的前提条件同样是各组测试值应比较接近。

3)标准化差值法

在欧洲化学分析中心编著的《定量评估分析测量不确定度》一书中,例 A4 介绍了评估面包中有机磷农药残留测试不确定度的方法。该书介绍了计算标准化差值标准差的方法。表 7-2 列出了 15 对二次平行(重复)测试的数据,观测值最大为 1.30,最小为 0.01,数值相差 130 倍。显然前面介绍的两种组合方法在此不适用。本法先计算每对观测值的差值(D_1-D_2),再除以该组观测值的平均值得到相对差值,即所谓的标准化差值(normalised difference)。再将 15 个标准化差值视为一个观测列,计算其标准差得到标准化差值标准差$S[(D_1-D_2)/\overline{D}]=0.382$。

表 7-2 标准化差值法计算农药残留分析平行测试的结果($mg\cdot kg^{-1}$)

序号	农药残留	D_1	D_2	D_1-D_2	$\overline{D}$	$D_1-D_2/\overline{D}$
1	马拉硫磷	1.30	1.30	0.00	1.30	0.000
2	马拉硫磷	1.30	0.90	0.40	1.10	0.364
3	马拉硫磷	0.57	0.53	0.04	0.55	0.073
4	马拉硫磷	0.16	0.26	−0.10	0.21	−0.476
5	马拉硫磷	0.65	0.58	0.07	0.61	0.114
6	甲基毒死蜱	0.04	0.04	0.00	0.04	0.000
7	甲基毒死蜱	0.08	0.09	−0.01	0.085	−0.118
8	甲基毒死蜱	0.02	0.02	0.00	0.02	0.000
9	甲基毒死蜱	0.01	0.02	−0.01	0.015	−0.667
10	甲基毒死蜱	0.02	0.01	0.01	0.015	0.667
11	甲基毒死蜱	0.03	0.02	0.01	0.025	0.400
12	甲基毒死蜱	0.04	0.06	−0.02	0.05	−0.400
13	甲基毒死蜱	0.07	0.08	−0.01	0.075	−0.133
14	甲基毒死蜱	0.01	0.01	0.00	0.01	0.000
15	甲基毒死蜱	0.06	0.03	0.03	0.045	0.667
标准化差值标准差 $S[(D_1-D_2)/\overline{D}]$				0.382		

再将标准化差值标准差 0.382 除以平行(重复)次数$\sqrt{2}$,便得到 2 次均值标准差 0.27,以此作为总的测试方法(测量程序)的标准差。

该方法无需计算每组的标准差,也不要求各组测试结果接近,也符合大多数测试标准要求测试次数 2~3 次的要求,所以有很大的实用性。

4)极差法

在重复性条件或再现性条件下,对同一量 X_i 进行 n 次测试,得到一组观测值,用观测值中的最大值减最小值得到极差 R,在估计观测值接近正态分布的前提下,可以根据测试次数从表 7-3 中查出有关的极差系数 C。

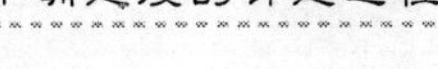

表 7-3　极差系数 C

n	2	3	4	5	6	7	8	9	10	15	20
C	1.13	1.69	2.06	2.33	2.53	2.70	2.85	2.97	3.08	3.47	3.73

然后计算单次测试的标准差

$$S(x_i)=\frac{R}{C}=u(x_i)$$

该方法直接从一组观测值计算得出单次测试的标准差，所以有很大的实用价值。

5）最大残差法

最大残差（$|v_{\max}|$）是观测值 x_i 减平均值 $\bar{x}$ 之差值中绝对值最大者。和极差法不一样的是，在计算其找到最大残差后，可以用表 7-4 给出的与测试次数 n 有关的最大残差法系数 C_n。计算单次测试标准差 $S(x_i)=C_n\times|v_{\max}|$。

表 7-4　最大残差系数 C_n

n	2	3	4	5	6	7	8	9	10	15	20
C_n	1.77	1.02	0.83	0.74	0.68	0.64	0.61	0.59	0.57	0.51	0.48

极差法和最大残差法简便、容易掌握，当 $n<10$ 时，可靠性略高于贝塞尔法。

在此应说明的是，既然可以用极差和最大残差来计算标准差，当然也可以直接用标准差来表征测试结果的分散性。在大多数情况下用极差、最大残差表示测试结果的分散性不如标准差灵敏，统计价值也不如标准差高。

(2) B 类评定

B 类不确定度是非统计的，经常用估计的方法得到。B 类不确定度分量的估计应尽量利用可能的信息，如：

① 以前的测量（测试）数据；

② 与测量有关的资料和仪器设备的知识和经验；

③ 技术说明书（生产厂家）；

④ 各种证书和文件（校准、鉴定测试）；

⑤ 引自手册的数据。

B 类不确定度可通过已知的极限误差计算得到。

由 x_j 的分布范围的半宽度 a_j，除以包含因子 k_j，可得标准不确定度

$$u(x_i)=a_j/k_j。$$

B 类不确定度分量很重要，因统计分析不能发现固定的系统误差，而它只能由 B 类方法发现，且 B 类的数值估计与测量（测试）人员的水平密切相关（专家经验判断）。B 类不确定度应考虑影响量的各种可能值。下面阐述了如何从不同分布函数的参数来计算 B 类不确定度的方法，并给出使用的条件。

1）正态分布在下述情况使用

① 估计值是对随机变化过程的重复测定作出的。不确定度为

$$u(x)=S$$

② 不确定度是以标准差 S，相对标准差 $S/\bar{x}$ 或方差系数 CV%给出，未给出分布。

其不确定度分别为 $u(x)=S$;$u(x)=S\cdot(S/\bar{x})$;$u(x)=\frac{CV\%}{100}\cdot x$

③ 不确定度以95%(或其他)置信水平,区间 $x\pm c$ 给出,未规定分布。不确定度为

在95%置信水平:$u(x)=c/2$;

在99.7%置信水平:$u(x)=c/3$。

示例 规范中规定天平的读数为±0.2 mg,置信水平为95%,其标准不确定度为0.2/2=0.1。

2) 矩形分布(均匀分布)在下述情况使用

① 证书或其他技术规格给出了界限,但无规定置信水平,有理由认为可能是极限值。(例如,25 mL±0.05 mL);

② 估计值是以最大区间($\pm a$)形式给出的,但没给出分布形状。标准不确定度为

$$u(x)=\frac{a}{\sqrt{3}}。$$

示例 证书给出100 mL A级容量瓶为±0.2 mL,则该标准不确定度为 $0.2/\sqrt{3}\approx$ 0.12 mL。

3) 三角分布在下述情况使用

① 所获得的有关 X 的信息不仅限于矩形分布。靠近 X 的数值比接近两边界的更为可能。

② 估计值是以最大区间($\pm a$)形式作出并有对称分布。不确定度为

$$u(x)=\frac{a}{\sqrt{6}}。$$

示例 证书给出100 mL A级容量瓶为±0.2 mL,但日常内部检验表明极限值的可能性极少,则该标准不确定度为 $0.2/\sqrt{6}\approx0.08$ mL。

其他还有反正弦分布,$k=\sqrt{2}$;t 分布,根据 $t_{1-\alpha/2}(\nu)$,查 t 分布表。常用分布类型与包含因子及不确定度的关系如表7-5所示:

表7-5 分布类型与包含因子及不确定度关系表

序号	分布类型	$p/\%$	k	$u(x)$
1	正态	99.73	3	$a/3$
2	三角型	100	$\sqrt{6}$	$a/\sqrt{6}$
3	梯形	100	$\sqrt{6/(1+\beta^2)}$	a/k
4	矩形(均匀、正交)	100	$\sqrt{3}$	$a/\sqrt{3}$
5	反正弦	100	$\sqrt{2}$	$a/\sqrt{2}$
6	两点	100	1	a
注:β 为梯形上下底之比,当 $\beta=0.71$ 时,$k=2$。				

在缺乏信息的情况下,一般估计用矩形(均匀)分布比较合理。

例如,质量称量标准不确定度 u_m 按下式计算

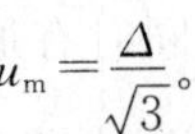

$$u_m = \frac{\Delta}{\sqrt{3}}。$$

式中：Δ——称量误差（如 0.000 2 g）。

如试剂纯度的标准不确定度 u_p 按下式计算

$$u_p = \frac{\text{试剂纯度误差极限值}}{\sqrt{3}}。$$

在日常碰到的很多问题都可以应用正态分布来解决。它的理论依据为中心极限定理，即在一定的条件下，若干个概率分布之和趋向于正态分布（独立的，大量的，均匀小的，不能少于 5 个）。

3. 计算合成标准不确定度

(1) 使用灵敏系数计算

引入标准不确定度分量

$$u_i = |\partial f / \partial x_i| u(x_i),$$

$c_i = |\partial f / \partial x_i|$ 称作灵敏系数或传播系数。即是函数 $f(x_i)$ 对于 x_i 的（一阶）偏导数。其意义是当 x_i 变化一个单位时，引起 $f(x_i)$ 变化的大小。

当各分量无关（不相关）时，合成标准不确定度

$$u_c(y) = \sqrt{\sum u_i^2},$$

当各分量完全正相关时

$$u_c(y) = \sum u_i,$$

在计算合成标准不确定度时，一定要注意不要把不同单位表示的各个不确定度分量如：质量 m、百分含量%、体积 V、纯度 p 等直接代入上式，这样计算出的合成不确定度毫无实际意义。必须重视灵敏系数 c_i 的作用，只有引入 c_i 与 x_i 的不确定度相乘，才能显示出 x_i 对合成不确定度的贡献大小。

(2) 使用标准不确定度运算规则计算

如果数学模型为四则运算的方程或转化为四则运算的方程，并且各个输入量彼此不相关时，运用如下两个规则可以不用计算灵敏系数，从而简化标准不确定度的运算。

运算规则 1：加法与减法的处理规则相同，对于只涉及和或差的模型，例如，$y = a + b - c + \cdots$，合成标准不确定度 $u_c(y)$ 按下式计算

$$u_c(y) = \sqrt{u^2(a) + u^2(b) + u^2(c) + \cdots}。$$

运算规则 2：乘法与除法的处理规则相同，对于只涉及积或商的模型，例如，$y = a \times b \times c \times \cdots$，或 $y = \frac{a}{b \times c}$，合成标准不确定度 $u_c(y)$ 按下式计算

$$\frac{u_c(y)}{y} = \sqrt{\left[\frac{u(a)}{a}\right]^2 + \left[\frac{u(b)}{b}\right]^2 + \left[\frac{u(c)}{c}\right]^2 + \cdots}。$$

其中 $\frac{u_c(y)}{y}$ 和 $\frac{u(a)}{a}$，$\frac{u(b)}{b}$，$\frac{u(c)}{c}$，…是各量的相对标准不确定度。

注：相对标准不确定度即是标准不确定度除以被测量的真值。通常是除以测试结果，数学符号常用 u_{rel}，u_{crel} 或 U_{rel} 表示。

对于复杂的测试，有时一个分量本身就是一个合成标准不确定度，这就需要在合成后用

同样的方法再进行再合成。当数学模型中同时有加、减、乘、除运算时,可以分别用两个规则运算,例如,表达式 $y=\frac{a+b}{c-d}$,第一步先用"规则 1"分别计算$(a+b)$和$(c-d)$两项的合成标准不确定度,第二步再用"规则 2"计算合成不确定度 $u_c(y)$。

合成标准不确定度的自由度称为有效自由度,以 ν_{eff}表示。它用来衡量合成标准不确定度的可靠程度,也是确定 K_p值的关键条件。但 ν_{eff}的确定,特别是 B 类标准不确定度自由度的确定是公认的难题。计算 ν_{eff}可采用 Welch-satterthwait 公式,但计算结果千差万别,有的可达成千上万,甚至是无穷大。

对于一般应用,可以不计算合成标准不确定度自由度。

4. 计算扩展不确定度

将合成标准不确定度 u_c乘以包含因子 K 或 K_p,可得扩展不确定度 $U=K(K_p)u_c$。

(1) 选取 K 值

1) 当不能判断被测量 Y 的分布时,可以不评估合成的标准不确定度自由度 ν_{eff}。一般在 2~3 的范围内取 K 值,大多数情况下取 $K=2$。此时只能以 U 给出扩展不确定度,不知道相应的置信概率,不能用 U_p表示扩展不确定度。

2) 根据中心极限定理,在大多数情况下测试结果 Y 的分布可以假设为近似正态分布,虽未计算合成的标准不确定度自由度 ν_{eff},当取 $K=2$ 时,其区间的置信概率约为 95%,当取 $K=3$ 时,其区间的置信概率约为 99%。

(2) 选取 K_p值

如果总体分布为正态分布,其样本分布将满足 t 分布。凡是作近似正态分布估计,而合成标准不确定度的自由度 ν_{eff}又较小时,都应按 t 分布考虑。包含因子 $K_p=t_p(\nu)$。

其中 $t_p(\nu)$为置信水准 p 自由度ν 的 t 分布临界值。在大多数情况下,推荐 $K_p=2$。然而,如果合成不确定度是基于较小自由度(大约小于 6)的统计观测的话,选择这个 K_p值可能不充分,此时 K_p的选择取决于有效自由度。

示例 称量操作的合成标准不确定度,由标准不确定度分量 $u_{cal}=0.01$ mg 和 5 次重复试验的标准差 $S_{obs}=0.08$ mg 合成。合成标准不确定度 $u_c=\sqrt{0.01^2+0.08^2}=0.081$ mg。很明显,基于 5 次重复性试验并具有自由度 $\nu=5-1=4$ 的重复性分量 S_{obs}占主要。因此 K_p要基于学生 t 分布。对于有效自由度为 4,置信水平为 95%,查附表 4 可得 $t=2.8$;因此 K_p值设为 2.8,扩展不确定度 $U=2.8\times0.081=0.23$ mg。

5. 测量(测试)结果不确定度报告

测量(测试)结果不确定度报告应完整。除非另有要求,结果 Y 应跟使用包含因子 $K=2$(或按上节给出的 K 值)计算的扩展不确定度 U 一起给出。推荐采用以下形式:

(结果):$(Y\pm U)$(单位)

示例 测量温度:400.5±1.7 ℃。

测量(测试)结果报告的不确定度是扩展不确定度,使用的包含因子是 2,对应的置信水平大约是 95%。

测量(测试)结果及其不确定度的数值表示中不可给出过多的数字位数。无论是给出扩展不确定度 U,还是标准不确定度 u,通常不确定度的有效数字不要多于两位。

在通常情况下,测试报告不提供测试不确定度的信息。当客户在合同中有要求时,或当

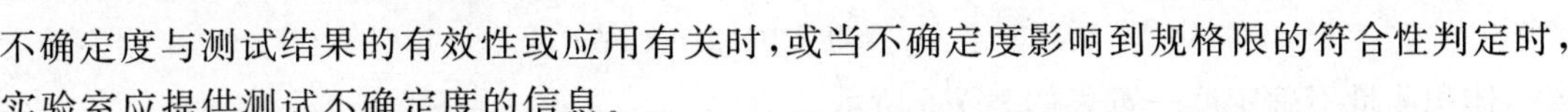

不确定度与测试结果的有效性或应用有关时，或当不确定度影响到规格限的符合性判定时，实验室应提供测试不确定度的信息。

十八、测量不确定度的评定示例

用测微计测量圆柱体体积的不确定度评定方法。

1. 建立数学模型

圆柱体的体积 V 由下式计算

$$V=\pi(d/2)^2h$$

式中：d——圆柱体的直径，单位为 cm；

h——圆柱体的高，单位为 cm。

2. 标准不确定度的 A 类评定

直径 d 与高 h 分别用测微计独立 6 次测得，结果如下：

直径 d(cm)：1.007 5，1.008 5，1.009 5，1.006 0，1.008 5，1.008 0；

高 h(cm)：1.010 5，1.011 5，1.011 5，1.011 0，1.010 0，1.011 5。

(1) 求体积最佳值

平均直径(cm)$\bar{d}=1.0080$，平均高(cm)$\bar{h}=1.0115$。

圆柱体体积的最佳值：$V=\pi(d/2)^2h=0.8068\text{cm}^3$。

(2) 求测量直径的分散性

由对直径 d 的 6 次测得值 d_i，得知

$$u(d)=S(\bar{d})=\sqrt{\frac{1}{6(6-1)}\sum(d_i-\bar{d})^2}=0.00048\ \text{cm}。$$

因为 $c_1=\frac{\partial V}{\partial d}=\pi dh/2=1.60\ \text{cm}^2$，故由 $S(\bar{d})$ 对 V 引起的不确定度及其自由度

$$u_1=c_1S(\bar{d})=0.77\times10^{-3}\text{cm}^3，$$

$$\nu_1=6-1=5。$$

(3) 求高的分散性

由对高 h 的 6 次测得值 h_i，得知

$$u(h)=S(\bar{h})=\sqrt{\frac{1}{6(6-1)}\sum(h_i-\bar{h})^2}=0.00026\ \text{cm}。$$

因为 $c_2=\frac{\partial V}{\partial h}=\pi(d/2)^2=0.80\ \text{cm}^2$，故由 $S(h)$ 对 V 引起的不确定度及其自由度

$$u_2=c_2S(h)=0.21\times10^{-3}\ \text{cm}^3。$$

$$\nu_2=6-1=5。$$

3. 标准不确定度的 B 类评定

测微计校准未修正，只知其容差区间为±1 分度(±0.001 cm)。制造商制作测微计按这一容差实施，并在校准中查对。取均匀分布，故其标准不确定度

$$u_{(t)}=0.001\ \text{cm}/\sqrt{3}=0.00058\ \text{cm}，$$

而 t 为测微计示值误差。

因为 $c_3=\frac{\partial V}{\partial t}=\frac{\partial V}{\partial d}+\frac{\partial V}{\partial h}=2.40\ \text{cm}^2$，故由测微计引起的不确定度为

$$u_3 = c_3 u_{(t)} = 1.39 \times 10^{-3}\ \text{cm}^3。$$

体积测量不确定度一览表如表7-6所示。

表7-6　体积测量不确定度

序号	标准不确定度			自由度	
	来源	符号	数值(10^{-3} cm^3)	符号	数值
1	测直径分散性	$u_1 = S(\bar{d})$	0.77	ν_1	5
2	测高分散性	$u_2 = S(\bar{h})$	0.21	ν_2	5
3	测微计	u_3	1.39		

4. 计算合成标准不确定度

由于以上各分量无关，故合成标准不确定度

$$u_c = \sqrt{u_1^2 + u_2^2 + u_3^2} = 1.60 \times 10^{-3}\ \text{cm}^3$$

因 u_3 缺乏自由度，故无法计算 u_c 的自由度。

5. 计算扩展标准不确定度

取包含因子 $K=2$，得扩展标准不确定度

$$U = K u_c = 0.003\ 2\ \text{cm}^3。$$

6. 测量结果不确定度报告

测量圆柱体积的结果 0.806 8 cm^3 ±0.003 2 cm^3，测量结果报告的不确定度是扩展不确定度，使用包含因子2，对应的置信水平为95%。

十九、测试不确定度的评定示例

示例1　大豆样品中水分测试不确定度的评定。

1. 方法介绍

称取大豆样品约2 g，放入已经烘干至恒重的铝盒中，用天平称重，称准至0.000 1 g。置于干燥箱内在(105±3)℃的温度下干燥4 h，冷却后称重。再次烘干30 min后称重，直至恒重，即连续两次干燥后的质量变化不超过2 mg。

2. 数学模型

$$X = \frac{m - m_1}{m - m_0} \times 100$$

式中：X——样品中的水分(%)；

m_0——已恒重的铝盒的质量，单位为克(g)；

m——干燥前样品加铝盒的质量，单位为克(g)；

m_1——已干燥恒重的样品加铝盒的质量，单位为克(g)。

3. 不确定度的来源

① 水分含量测试的重复性引入的不确定度分量；

② 质量校准引入的不确定度分量。

4. 不确定度分量的计算

(1) 测试重复性引入的标准不确定度分量

本试验共测试了8份试样，所得数据如下表：

序号	1	2	3	4	5	6	7	8
水分/%	7.9	8.2	7.3	7.9	8.0	7.6	8.0	7.5
平均/%	7.8							

单次测试的标准差为

$$S(x)=\sqrt{\frac{\sum(x_i-\bar{x})^2}{n-1}}=0.30\%。$$

在日常分析中，以测试两份样品的平均值出具报告，故平均值的标准差为

$$u(\bar{x})=S(\bar{x})=\frac{S(x)}{\sqrt{2}}=\frac{0.30}{1.414}=0.21\%$$

其相对标准差（相对标准不确定度）为0.21/7.8等于2.7%。

该测试重复性标准差是本测试所有随机影响的合成，因此在随后各分量的评定中无需再考虑随机影响了。

(2) 质量测试引入的不确定度分量

本测试属于重量法，主要是质量测试。每次称量都会涉及天平称量的重复性、灵敏度、示值偏差和干燥恒重的问题，需要分别说明和评估。

1) 质量称量重复性引入的不确定度分量

在(1)小节已说明，所讨论的测试重复性标准差是本测试所有随机影响的合成，其中已包括了各次质量称量的重复性引入的不确定度分量，因此，在此已无需再讨论了。

2) 天平的灵敏度引入的不确定度分量

试样质量约2 g，水分质量约0.16 g，采用差量法称量试样质量和水分质量，由于被测试物的质量变化在2 g左右，在此小的范围内，天平的灵敏度不会有可察觉的差异，由此引入的不确定度分量可以忽略不计。

3) 大豆试样质量$(m-m_0)$的不确定度分量

大豆质量约2 g，采用差量法称量，天平两次示值相减时，天平由校准引入的示值偏差可以被抵消，不予考虑。

在本方法中，恒重被定义为连续两次称重的变化小于2 mg，当取其中某一次读数的值参加结果计算时，这将在每次恒重结果中引入一个不确定度分量。假定为均匀分布，2 mg除以$\sqrt{3}$被转化为一次恒重引入的标准不确定度1.15 mg。在大豆质量$(m-m_0)$的测定中，m的测试未经过恒重，只有m_0是进行过恒重的，所以恒重引入的标准不确定度为$u(m-m_0)=$ 1.15 mg，其相对标准不确定度为0.06%。

4) 水分质量$(m-m_1)$的不确定度分量

水分质量约0.16 g，采用差量法称量，天平两次示值相减时，由天平校准引入的系统偏差可以被抵消，不予考虑。

从数学模型中，$(m-m_1)$只有m_1称量是恒重的，所以恒重引入的标准不确定度为$u(m-m_1)=1.15$ mg，其相对标准不确定度为0.72%。

5. 合成标准不确定度

基于以上情况，用重量法测试大豆样品水分含量，其合成标准不确定度包括测试重复性

和恒重时的质量取值引入的两个分量，按下式合成：

相对合成标准不确定度

$$u_{crel}(x)=\sqrt{0.027^2+0.0006^2+0.0072^2}=2.8\%;$$

合成标准不确定度

$$u_c(x)=X\times u_c(x)=0.078\times0.028=0.22\%。$$

6. 扩展不确定度

取包含因子 $K=2$，扩展不确定度

$$U(x)=Ku_c(x)=2\times0.22\%=0.44\%。$$

7. 不确定度报告

当按国家标准测试大豆水分，报告两份样品测试结果的平均值时，水分含量约为 8%时，其扩展不确定度为 $U(x)=2\times u_c(x)=0.44\%$。

示例 2　化学法测定铁矿石铁含量的不确定度评定方法。

1. 方法介绍

样品经盐酸分解，过滤，滤液作为主液保存；残渣灼烧挥硅，用焦硫酸钾熔融，稀盐酸浸取，氨水沉淀铁，用盐酸热水将沉淀铁洗入主液中；氯化亚锡还原铁，氯化高汞氧化过量的氯化亚锡，重铬酸钾标准溶液滴定铁。

2. 不确定度的来源

A 类不确定度发生在测定过程室温的变化、样品均匀性以及其他一些随机性因素。B 类不确定度发生在重铬酸钾标准溶液的不确定度、滴定管的示值误差、天平精度等几个方面。

3. 标准不确定度的评定

(1) A 类标准不确定度的评定

按方法要求对一个铁矿样品进行了 10 次重复测定，铁含量结果如表 7-7 所示。

表 7-7　铁矿样品重复测定结果

次数	1	2	3	4	5	6	7	8	9	10
m/g	.4001	.4000	.4001	.4000	.4002	.3997	.4000	.3998	.4001	.4000
V/mL	45.23	45.36	45.30	45.19	45.23	45.37	45.26	45.36	45.39	45.26
W/%	63.14	63.33	63.23	63.10	63.12	63.36	63.19	63.23	63.36	63.19

铁含量平均(最佳)值 $W(\mathrm{Fe})=63.22\%$，自由度 $\nu_A=9$，滴定体积平均值 $V=45.30$ mL，称样量平均值 $m=0.4000$ g。

由于铁含量的测试一般只测定 2 次，故不能直接采用上述的单次测试标准差。可采用本章第十七题中 A 类标准不确定度的评定中 4)极差法，先从表 7-3 查出 $n=10$ 的对应值为 3.08，然后代入公式

$$S(x_i)=u(x_i)=\frac{R}{C}=\frac{63.36-63.10}{3.08}=0.08。$$

再除以$\sqrt{2}$则得到 2 次重复测试的均值标准差 $S(\bar{x}_i)$

$$u_A=S(\bar{x}_i)=S(x_i)/\sqrt{n}=0.08/\sqrt{2}=0.057。$$

(2) B类标准不确定度的评定

1) 重铬酸钾标准溶液滴定度 T 不确定度的评定

对滴定铁而言，重铬酸钾标准溶液的滴定度 T 是一个输入分量，T 由下式计算：

$$T=f(m,p,V)=\frac{m\times p\times 55.85\times 6}{294.18\times V}=1.139\,1\,\frac{m\times p}{V}=0.005\,585(\text{g/mL})$$

式中：p——重铬酸钾的纯度 99.95%～100.05%；

m——重铬酸钾的质量 4.904 0 g；

V——容量瓶的容积 1 000 mL。

表 7-8　重铬酸钾标准溶液滴定度 T 不确定度一览表

项目	半宽 a	分布方式	包含因子	标准不确定度 u	灵敏系数 C
重铬酸钾的纯度	0.05%	正态分布	3	0.017%	5.59×10^{-3}
电子天平	0.000 05 g	均匀分布	$\sqrt{3}$	2.9×10^{-5} g	1.14×10^{-3}
容量瓶	0.30 mL	均匀分布	$\sqrt{3}$	0.17 mL	-5.59×10^{-6}

其中灵敏系数的计算

$$C_p=\frac{\partial f}{\partial p}=1.1391\times\frac{m}{V}=1.139\,1\times\frac{4.904\,0}{1\,000}=5.59\times10^{-3},$$

$$C_m=\frac{\partial f}{\partial m}=1.139\,1\times\frac{p}{V}=1.139\,1\times\frac{1}{1\,000}=1.14\times10^{-3},$$

$$C_V=\frac{\partial f}{\partial V}=-1.139\,1\times\frac{pm}{V^2}=-1.139\,1\times\frac{1\times4.904\,0}{1\,000^2}=-5.59\times10^{-6}。$$

将以上合成得

$$u_T=[(0.000\,17\times5.59\times10^{-3})^2+(2.9\times10^{-5}\times1.14\times10^{-3})^2+(0.17\times5.59\times10^{-6})^2]^{1/2}$$
$$=1.34\times10^{-6}\ \text{g/mL}。$$

2) 合成B类标准不确定度

铁含量的计算公式为

$$W(\text{Fe})\%=f(T,m,V)=100\times\frac{TV}{m}。$$

表 7-9　B类标准不确定度一览表

项目	半宽 a	分布方式	包含因子	标准不确定度 u	灵敏系数 C
滴定度	…	…	…	1.34×10^{-6} g/mL	11 325
电子天平	0.000 05 g	均匀分布	$\sqrt{3}$	2.9×10^{-5} g	−158.13
滴定管	0.05 mL	均匀分布	$\sqrt{3}$	0.029 mL	1.40

其中灵敏系数的计算

$$C_V=\frac{\partial f}{\partial V}=100\times\frac{T}{m}=100\times\frac{0.005\,585}{0.400\,0}=1.40,$$

$$C_T=\frac{\partial f}{\partial T}=100\times\frac{V}{m}=100\times\frac{45.30}{0.400\,0}=11\,325,$$

$$C_m=\frac{\partial f}{\partial m}=-100\times\frac{TV}{m^2}=-100\times\frac{0.005\ 585\times 45.30}{0.400\ 0^2}=-158.13。$$

由于各分量无关，将以上合成得

$$u_B=[(1.34\times10^{-6}\times11\ 325)^2+(0.029\times1.40)^2+(2.9\times10^{-5}\times158.13)^2]^{1/2}=0.043\%。$$

4. 合成标准不确定度 u_c

A 类和 B 类标准不确定度无关，则

$$u_c=[(u_A)^2+(u_B)^2]^{1/2}=[0.057^2+0.043^2]^{1/2}=0.071\%。$$

5. 计算扩展不确定度 U

取置信水平 $p=95\%$，包含因子 $K=2$。

扩展不确定度 $U=Ku_c=2\times0.071=0.15\%$。

6. 测试结果不确定度报告

测试结果 $W(Fe)$：(63.22±0.15)%，测试结果报告的不确定度是扩展不确定度，使用的包含因子 2，对应置信水平为 95%。

二十、何谓能力验证，简述能力验证的目的和益处

1. 能力验证 proficiency testing

利用实验室间比对确定实验室的检测能力。能力验证亦称水平测试，是实验室间比对的一种应用。

能力验证为实验室提供一个评估或证明其出具数据可靠性的客观手段。在 ISO/IEC 17025《检测和校准实验室能力的通用要求》中的多项条款中都对能力验证提出了明确的要求。

2. 进行能力验证的目的

① 全面检查实验室的检测能力；

② 检查实验室的工作人员的独立检验能力；

③ 证实某种检验方法的有效性；

④ 测定某一材料或产品的一种或几种特性所达到的精确度。

3. 参加能力验证的益处

① 显示技术能力(直观地显示参试实验室的)；

② 是发现其潜在问题的重要工具；

③ 是验证主要检验结果准确度的手段；

④ 是实验室质量保证措施之一；

⑤ 是实验室认可中实验室能力和信心的体现；

⑥ 是实验室为使客户信任而提供的充分证据。

能力验证的详细内容请参阅 ISO/IEC 指南 43-1《利用实验室间对比的能力验证 第一部分：能力验证计划的建立和运作》和 ISO/IEC 指南 43-2《利用实验室间对比的能力验证 第二部分：实验室认可机构对能力验证计划的选择和使用》。

二十一、简述及评判方法的原理

Z 评估是对能力验证评价的基本方法，下面简单介绍一些国内外在能力验证中常用的 Z 评估及评判的方法。

1. 单一 Z 值

大多数的实验室能力验证是使用 Z 评估的方法，即在各实验室的检测值剔除了离群值之后，用式(7-1)计算出 Z 值：

$$Z=\frac{x_i-\bar{x}}{S}。\tag{7-1}$$

式中：x_i——实验室的检测值；

$\bar{x}$——不同实验室检测值的平均值；

S——各实验室检测值的标准差。

Z 评估的原理实际上是正态分布的显著性检验。在正常情况下，各实验室检测值大致呈正态分布，Z 值即是把一般正态分布转变为标准正态分布的标准化随机变量，变换后一般正态分布就变成了 $\mu=0,\sigma=1$ 的标准正态分布，根据各实验室检测值与均值的差值落的位置进行评价，一般分为：

$|Z|\leqslant1$ 好(good)；

$|Z|\leqslant2$ 满意(satisfactory)；

$2<|Z|<3$ 有问题，尚可接受(questionable)；

$|Z\geqslant3|$ 有问题，不可接受(unsatisfactory)。

由此看出，Z 值越小的实验室，该项的检测水平越高，这种单一项目的评估，亦称为单一 Z 值评估。该方法对实验室只进行一个检测项目的考察时，经常使用。

2. 组合 Z 值

主要是用于一个测试物(样品)的多个检测项目的水平测试，或一组测试物有一个以上的检测项目，得出一个实验室全面测试能力的评估。

(1) 对于相同测试物的综合值

满意结果的数目；绝对 Z 值的平均值；Z 值的绝对值之和；绝对偏差的平均值(以单位或百分比表示)；绝对偏差(或平方偏差)之和；重新按比例改变后的 Z 值和(RSZ)；重新按比例改变后的 Z 值平方和(RSSZ)。

(2) 对于不同测试物的综合值

满意结果的数目或百分比；绝对 Z 值的平均值；与评价极限相关的绝对偏差的平均值。

具体的评判方法可在单一 Z 值的基础上，用以下同几种组合 Z 值进行评估：

1) 按比例改变后的 Z 值和 RSZ(Rescaled Sum of Z-Scores)，见式(7-2)。

$$\text{RSZ}=\sum Z/\sqrt{n}。\tag{7-2}$$

式中：n——参加组合 Z 值的数目；

$\sum Z$——参加组合的 Z 值之和。

RSZ 反映的是整个检测的偏倚(bias)程度，也就是检测结果的均值与可接受的参考值(或约定真值)之间的差异。偏倚是一种或多种系统误差造成的。RSZ 值越大，说明检测结果与可接受的参考值之间的系统误差越大。根据 $|Z(\text{RSZ})|\leqslant2$ 满意，$2\leqslant|Z(\text{RSZ})|\leqslant3$ 不可取的评定标准，来分别进行均值和实验室各项间值的比较。

2) Z 值的平方和 SSZ (Sum of Squared Z-Scores)，见式(7-3)。

$$\text{SSZ}=\sum Z^2。\tag{7-3}$$

SSZ 值是准确度的反映。

当 $n=2$ 时，$SSZ \leqslant 6.2$；当 $n=3$ 时，$SSZ \leqslant 8.0$；当 $n=4$ 时，$SSZ \leqslant 9.7$；当 $n=10$ 时，$SSZ \leqslant 18.3$。参加测试的实验室的结果被认为是满意的。

3) Z 值的绝对值之和 SAZ (Sum of absolute Z-Scores)，见式(7-4)。

$$SAZ = \sum |Z| \tag{7-4}$$

目前我国常用的组合评估方法是 SAZ，这是因为同一实验室的不同测定项的 Z 值可能有正有负，如果用 Z 值之和 SZ 的话，可能使正负相互抵消，造成 Z 值很小的假象，误导评价结果。

3. 实验室测试的评判

根据加拿大食品检验局——实验室认可和审核条约草案，实验室的测试有以下几种评判方法。

(1) 准确度指数 AI(Accuracy Index)，见式(7-5)。

$$\mathrm{AI} = \sqrt{\sum Z^2 / n}。 \tag{7-5}$$

依据 Z 评估原则，对实验室性能与测试项目进行 AI 值评分，等级评分标准共分为 5 个等级：

A——优秀(0～0.5)；

B——良好(0.5～1.0)；

C——正常(1.0～1.5)；

D——有问题(1.5～2.0)；

E——失败(2.0 以上)。

D 等级表明测试存在一定的问题，需要查找原因，尽快改正。E 等级则说明测试结果全部失败，无法接受。若某实验室在某检验项目中的测试评级为 E 等，并不说明不能承担其他检验项目的测试，但是实验室的总评分为 E 等，则实验室必须停止全部试验，进行彻底整顿，在保证所有的改正措施实施后，确保检测体系符合要求的情况下，经审核合格，才能恢复检验。

(2) 测试项目的选择与评判

至少选择 3 个以上能代表实验室检测体系性能的测试项目，要求每个测试项目至少进行 3 次以上的现场再现性测试。

采用 $Z=\dfrac{x-\bar{\bar{x}}}{S}$ 式，分别求得各测项 Z 值。

1) 利用式(7-5)$\sqrt{\sum Z^2/n}$(n 为测试次数)，求得各测项的 AI 值，并按 1)的原则评判。

2) 采用 $\sum Z/n$ 式(n 为测试次数)，求得各测项的 BI (Bias Index 偏倚指数)值。

3) 利用$\sqrt{\sum(Z-\mathrm{BI})^2/n}$($n$ 为测试次数)，求得各测项的 PI(Precision Index 精度指数)值。

若 $|\mathrm{BI}| < \mathrm{PI}$，则说明该测试不存在系统误差，否则存在系统误差(偏倚)。

根据 5 个等级评分标准，求得各测项 AI 指数值，作出某测项试验是否成功的评判。

4. 实验室性能的综合评分

根据各测项的 AI 值的综合分，作出实验室性能的综合分评判，标准如下：5 个等级的缺陷分为：

A=0 分

B=1 分

C=2 分

D=4 分

E=8 分

由此求得所有测试项目$\sum$AI 的综合分。

根据以下 5 个缺陷的等级范围，最终求出检验实验室性能总体等级的划分。

A　0～$(n-1)$

B　n～$(2n-1)$

C　$2n$～$(3n-1)$

D　$3n$～$(4n-1)$

E　$4n$～$8n$

实验室性能的总体评分若为 E 等，必须停止检验，进行检查。等级评分方法的应用，可以及时展示检验实验室的实际测试能力，证明实验室检验结果的准确性。下面我们举例加以说明。

示例　为考察甲、乙、丙 3 个煤矿煤炭实验室的检测能力，监管部门用同一煤炭样品让他们进行灰分、挥发分、发热量、硫分的比对水平测试，试验结果如表 7-10 所示。

表 7-10　煤炭能力验证检验结果汇总

	甲实验室				乙实验室				丙实验室			
	1	2	3	平均	1	2	3	平均	1	2	3	平均
灰分 A_d	50.85	50.74	50.78	50.79	50.62	50.72	50.57	50.64	50.89	50.86	50.78	50.83
	0.95	−0.10	0.29	0.38	−1.24	−0.29	−1.71	−1.05	1.33	0.76	0.29	0.76
挥发分 V_d	11.85	11.92	11.89	11.89	11.63	11.78	11.58	11.66	11.78	11.68	11.73	11.73
	0.76	1.38	1.12	1.12	−1.12	0.17	−1.55	−0.86	0.17	−0.69	−0.26	−0.26
发热量 $Q_{gr,d}$	13.90	13.64	13.78	13.77	13.58	13.69	13.50	13.59	13.82	13.94	13.71	13.82
	1.17	−0.62	0.34	0.28	−1.03	−0.28	−1.59	−0.97	0.62	1.45	−0.14	0.62
硫分 $S_{t,d}$	1.58	1.64	1.57	1.60	1.65	1.68	1.63	1.65	1.53	1.50	1.57	1.53
	−0.17	0.85	−0.34	0.17	1.02	1.53	0.68	1.02	−1.02	−1.53	−0.34	−1.02

试对各实验室的水平测试进行评判(假定无离群值)。

1. 单一 *Z* 值

① 灰分：$\overline{\overline{X}}=50.75$，$S=0.105$，$Z_{甲}=0.38$，$Z_{乙}=-1.05$，$Z_{丙}=0.76$。

② 挥发分：$\overline{\overline{X}}=11.76$，$S=0.116$，$Z_{甲}=1.12$，$Z_{乙}=-0.86$，$Z_{丙}=-0.26$。

③ 发热量：$\overline{\overline{X}}=13.73$，$S=0.145$，$Z_{甲}=0.28$，$Z_{乙}=-0.97$，$Z_{丙}=0.62$。

④ 硫分：$\overline{\overline{X}}=1.59$，$S=0.059$，$Z_{甲}=0.17$，$Z_{乙}=1.02$，$Z_{丙}=-1.02$。

实验室评估：甲室三项好一项满意；乙室二项好二项满意；丙室三项好一项满意。

2. RSZ 评估

经式(7-2)计算，甲室 RSZ=0.975，乙室 RSZ=−0.93，丙室 RSZ=0.05。所有的 RSZ

值均小于 2,所以各实验室的检测结果均是满意的。

3. SSZ 评估

经式(7-3)计算,$SSZ_甲=1.51$,$SSZ_乙=3.82$,$SSZ_丙=2.07$,均小于规定的 9.7,所以参加测试的各室检测结果是满意的。

4. SAZ 评估

经式(7-4)计算,$SAZ_甲=1.95$,$SAZ_乙=3.90$,$SAZ_丙=2.66$,所以甲室的检测结果最好,丙室的结果较好,乙室的结果较差。

5. AI 值等级评分

实验室单项检测 AI 评分,经式(7-5)计算,结果如下:

甲室:$AI(A_d)=0.58$,$AI(V_d)=1.12$,$AI(Q_{gr,d})=0.79$,$AI(S_{t,d})=0.54$。

乙室:$AI(A_d)=1.23$,$AI(V_d)=1.11$,$AI(Q_{gr,d})=1.11$,$AI(S_{t,d})=1.13$。

丙室:$AI(A_d)=0.90$,$AI(V_d)=0.44$,$AI(Q_{gr,d})=0.91$,$AI(S_{t,d})=1.08$。

各室 AI 评分:甲室三项 B 一项 C;乙室四项 C;丙室三项 B 一项 C。

各实验室 AI 总评分,经式(7-5)计算,结果如下:

AI(甲)=0.79,AI(乙)=1.15,AI(丙)=0.87。

甲室与丙室总评分为 B(良好),乙室的总评分为 C,属正常。

6. 各检测项目系统误差(偏倚)的判断

① 利用$\sum Z/n$式求出各室各检测项目的偏倚指数 BI 值。

甲室:$BI(A_d)=0.38$,$BI(V_d)=1.09$,$BI(Q_{gr,d})=0.30$,$BI(S_{t,d})=0.11$。

乙室:$BI(A_d)=-1.08$,$BI(V_d)=-0.83$,$BI(Q_{gr,d})=-0.79$,$BI(S_{t,d})=1.08$。

丙室:$BI(A_d)=0.79$,$BI(V_d)=-0.26$,$BI(Q_{gr,d})=0.64$,$BI(S_{t,d})=-0.96$。

② 利用$\sum(Z-BI)^2/n$式求出各室各测项的精度指数 PI 值。

甲室:$PI(A_d)=0.43$,$PI(V_d)=0.25$,$PI(Q_{gr,d})=0.73$,$PI(S_{t,d})=0.53$。

乙室:$PI(A_d)=0.59$,$PI(V_d)=0.73$,$PI(Q_{gr,d})=0.54$,$PI(S_{t,d})=0.35$。

丙室:$PI(A_d)=0.42$,$PI(V_d)=0.35$,$PI(Q_{gr,d})=0.65$,$PI(S_{t,d})=0.49$。

根据$|BI|<PI$说明该测项不存在系统误差(偏倚)的判断,甲室挥发分,丙室的灰分、硫分,乙室的全部测项存在系统误差(偏倚)。

7. 实验室检测性能的综合评分

根据实验室性能的综合评分的 5 个等级缺陷分,各室的$\sum AI$的综合评分为:

甲室:3B+1C=3×1+1×2=5 分;

乙室:4C=4×2=8 分;

丙室:3B+1C=3×1+1×2=5 分。

根据实验室性能的综合评分中的等级划分原则,甲室和丙室总体评分为 B 等,乙室总体评分为 C 等。

二十二、何谓稳健统计技术,简述稳健统计技术及其方法原理

稳健统计技术 robust statistical techniques

使极端结果对平均值和标准差估计值的影响减至最小的技术。常称 Robust 统计。

稳健统计技术是目前国内外在能力验证中经常采用的一种方法。该统计步骤是以

Robust 统计为基础，用 Z 值替代了传统的平均值、标准差来评价各实验室的检验能力。Robust统计可以避免极值也就是离群值对统计结果的影响。在经典方法中一般是用平均值(mean)来表示一组数据的中心值，而在 Robust 统计中代之以中值(median)表示。下面的例子可以很好地说明两者的不同。

有一组数:3.5,3.2,4.0,3.8,4.2,36,3.1,4.4,4.7。很明显 36 是一个极值(可能是由于忽略了小数点造成的)，它对统计计算的影响比其他的值要大的多。这组数的平均值是 7.4，除去 36 之外，所有的数值都在 3～5 之间。我们希望这组数的中心值的准确量度能反映出这种情况。而中值 4.0 就没有受到错误值 36 的影响，也就更好地反映了该组数据中心值的特征。

稳健统计技术可以更清晰地指示出离群值。在经典方法中一般用单一 Z 值来指示离群值，而稳健统计技术代之以 Robust Z 值。下面的例子可以很好地说明 Robust Z 值的优点。

数组:58.2　61.0　5.66　61.5　53.8　56.9　59.3　60.1　57.5　61.4　59.8　62.1　55.4

经典 Z 值:0.23　0.41　−3.28　0.45　−0.07　0.14　0.30　0.35　0.18　0.44　0.33　0.49　0.04

Robust Z 值:−0.36　0.56　−17.6　0.72　−1.81　−0.79　0.00　0.26　−0.59　0.69　0.16　0.92　−1.28

可见对于离群值 5.66，Robust Z 值比经典 Z 值要大的多，其指示也更为明确。

假如数组中同时出现一个高的极端值和一个低的极端值，Robust Z 值的优势就更为明显。若上述数组中的 59.8 记录时错写为 95.8，则

数组:58.2　61.0　5.66　61.5　53.8　56.9　59.3　60.1　57.5　61.4　95.8　62.1　55.4

经典 Z 值:0.03　0.18　−2.76　0.21　−0.20　−0.04　0.09　0.13　−0.01　0.20　2.03　0.24　−0.12

Robust Z 值:−0.33　0.51　−16.1　0.66　−1.65　−0.72　0.00　0.24　−0.54　0.63　10.94　0.84　−1.17

此时经典 Z 值对 5.66 和 95.8 离群值已给出错误的指示，而 Robust Z 值给出的指示仍然明确无误。

Z 值的计算依赖于水平测试计划的统计设计。大多数情况下，测试计划都被设计成可以得到双结果，比如:分发两个相关的样品，或一个样品要求报两个结果(这种情况不太常见，如有可能，应尽量避免)。相关样品可以是相同(identical)的样品，也可以是相似(similar)的样品。偶而也有的测试计划设计成“单样品报单结果”。

双结果是用来计算偏差的来源:实验室内偏差和实验室间偏差。不管对相同的样品和相似的样品，结果的分析是一致的。

每个实验室上报的双结果，都被用来计算两个 Z 值。实验室间 Z 值以双结果的和为基础，实验室内 Z 值以双结果的差为基础。这些 Robust Z 值将用中值(median)和正态化四分位间距(normalized interquartile range) 代替平均值和标准差。

假设现在有多个实验室汇总的相关样品的双结果，A_i 是 i 实验室对样品 A 的结果，B_i 是实验室 i 对样品 B 的结果，N 是双结果的数目。

中值(median)是这组数值中间值，也就是说，一半的值比它大，一半的值比它小。将这

组数值从低到高排列，如果 N 是奇数，中值就是单个的中间值，如果 N 是偶数，中值就是中间两个值的平均值。

四分位间距(interquartile range，IQR)是高低四分位数的差。四分之一的结果比低四分位数(Q_1)小。同样，四分之一的结果比高四分位数(Q_3)高。四分位间距 IQR＝Q_3-Q_1，正态化四分位数间距 Normalised IQR＝IQR×0.7413，系数 0.7413 是从平均值等于 0，标准差等于 1 的标准正态分布得来。标准正态分布的四分位间距是[－0.647 5，＋0.647 5]，其宽度是 1.348 98，1/1.348 98＝0.741 3，这样，使 IQR 与正态分布关联。

Robust CV 等于正态化 IQR 除以中值，乘以 100，用百分数表示，是偏差的系数。

Robust Z 值用中值和正态化 IQR 分别代替了经典 Z 值中的平均值和标准偏差，一个结果的 Z 值等于该结果减去中值后，除以正态化 IQR。如前面所述，实验室间 Z 值和实验室内 Z 值分别基于双结果的标准和和标准差。

假设 S_i 是 i 实验室结果的标准和，D_i 是 i 实验室两个结果的标准差，那么：

$$S_i=(A_i+B_i)/\sqrt{2}$$

$$D_i=\begin{cases}(A_i-B_i)/\sqrt{2}, & \text{如果 } A_i>B_i \text{ 中值,}\\ (B_i-A_i)/\sqrt{2}, & \text{如果 } A_i<B_i \text{ 中值。}\end{cases}$$

所以，i 实验室间 Z 值 ZB_i 就是 S_i 的 Robust Z 值

$$ZB_i=\frac{S_i-\text{中值}(S_i)}{\text{IQR}(S_i)\times 0.741\,3}\text{。}$$

i 实验室的室内 Z 值 ZW_i 就是 D_i 的 Robust Z 值

$$ZW_i=\frac{D_i-\text{中值}(D_i)}{\text{IQR}(D_i)\times 0.741\,3}\text{。}$$

中值和正态化 IQR，应比实验室结果多保留一位小数，Robust CV 保留一位小数。

能力验证的目的是为了评价各参加实验室的检测能力，上面计算出的 Z 值就是用来评价一个实验室的结果与其他实验室的结果的符合程度，Z 值被用于确定离群结果，如果一个实验室结果的 Z 值接近于 0，说明这个结果与其他实验室的结果符合得好。如果任何结果的 Z 值的绝对值大于 3，那么这个结果被认为是离群值。对于产生离群值的实验室，应该自行调整和校正，查找原因。对于结果的 Z 值绝对值在 2～3 之间的实验室，也建议重新审查自己的检验结果。

一个很高的实验室间 Z 值表示该实验室的一个或两个结果都比中值(median)高很多。同样，一个很低(负值)的实验室间 Z 值，表示该实验室的结果比期望值低很多。很高(正值)或很低(负值)的实验室间 Z 值分别表示该实验室结果间的差太大或太小。

可以借助尧敦图(Youden diagrams)对数据进行直观的图解说明。这些图表是由一个矩形图组成，上面的一个点代表一个实验室，每个点的横坐标是实验室对第一个样品的结果，纵坐标是第二个样品的结果。图上画了一个 95％置信度的椭圆，用以每个实验室双结果的二元变量分析。在椭圆之外，右上或左下象限的点是由系统误差(两个样品的结果都高或都低)引起的离群值，由随机误差(一个样品的结果高，另一个样品的结果低)引起的离群值落在椭圆之外，左上或右下的象限内。见图 7-3。该图以及图 7-4 是我国某一质检部门的煤炭实验室参加由 APLAC(亚太实验室认可合作组织)T024 组织的煤炭国际能力验证计划的一张煤炭挥发分尧敦图和棒图。

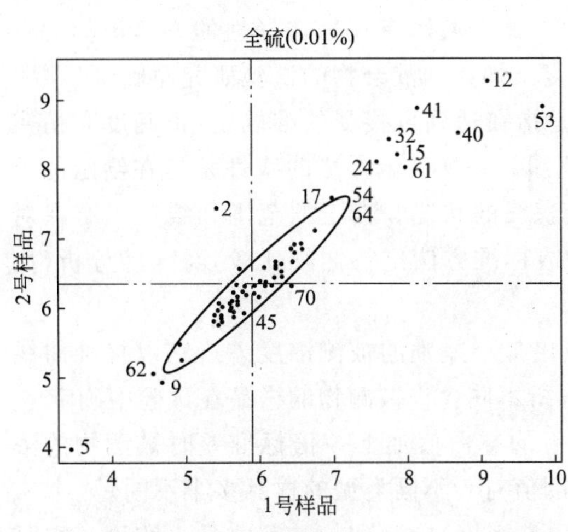

图 7-3　煤中挥发分测定能力验证尧敦图

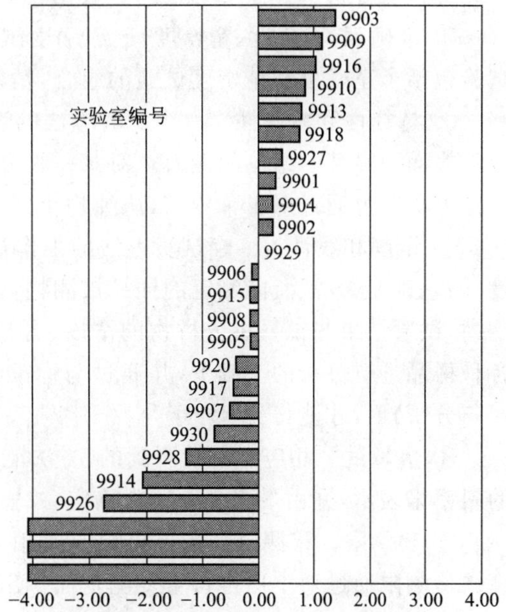

图 7-4　能力验证室间 Z 值棒图

有序排列的实验室间 Z 值和实验室内 Z 值的棒图,也用来帮助分析数据。每个实验室的 Z 值都画在图上,由各自的实验室代号区分。

Z 值的界限±3 也画在图上,这样,离群值由于其棒图超过了界限而很容易辨认出来。

对"单样品单结果"的测试计划,统计分析比双结果的情况更简单。计算公式与前面相同,只是只能计算出一个 Z 值,该 Z 值由实验室结果与中值的差除以正态化 IQR 得到。同样,Z 值大于 3 或小于－3 的结果是离群值,Z 值的正负号表示结果太高或太低。因为只有一个单一的结果,尧敦图(Youden diarams)无法画出,只能画 Z 值的棒图来分析结果。

二十三、何谓方法的确认,简述方法确认的应用及其包含的内容

1. 方法的确认　validation of methods

试验方法的确认即是通过核查(评估)并提供客观证据,证实一种即将在实验室中使用的试验方法(检验标准)的适用性的过程。

它的目的是确定该试验方法对所检样品项目的适用性,并指出该方法使用时的局限条件。方法确认不仅在 ISO/TR 10017 中作了规定。而且在 ISO/IEC 17025 中也有专门的要求。

2. 方法确认的应用

方法确认特别适用于实验室新采用的方法(包括非标方法、可替代方法)和实验室初次使用的程序、仪器或比较复杂有一定难度试验方法以及试验方法范围、水平或项目的扩大、物料测试的拓展。方法确认应尽可能的全面,以满足试验方法预定的用途或应用领域的需要。必要时可包括对抽样、制样及其储运程序的确认。方法确认是保证实验室测试结果准确性的前提。

3. 方法确认包含的内容

方法确认首先要选择需要评估的分析参数(或称性能特征),对于直接用于固体样品上的测定,需要评估的参数可少些。但对于样品形成液体后的仪器测定,如原子吸收、ICP、X

荧光等仪器分析选择需要评估的参数则较多。评估的参数大体包括以下内容。

① 准确度(正确度、精密度)。准确度试验主要是检验该试验方法的准确程度。准确度试验包括了正确度和精密度试验的组合,精密度还包括重复性和再现性。

② 选择性和专一性。一个试验方法的选择性是指在一个复杂的混合物中,不受其他组分干扰而测定某一组分的能力。对某一组分或某一组分基团有很好选择性的方法被称为专一性方法。可通过对各种样品,从纯物质到具有复杂构成的混合物的试验研究而确定。

③ 范围和线性。一个试验方法的工作范围是指在达到可接受的准确度(正确度和精密度)的基础上,方法所能测定的样品被测物含量范围。一种试验方法的线性是指在给定的范围内,试验结果与试样中分析物的浓度(含量)呈直线的状况。真正的范围和线性只有在对各种样品进行分析的基础上,并通过与标准物质或标准方法进行详细比较,经统计分析(如回归分析)后,才能得到。

④ 灵敏度。相应于能检测到的、方法能响应出最小差别的被测浓度差。它以标准曲线的斜率来表示,并由最小二乘法来确定,或通过分析不同含量被测物的样品在试验中确定。

⑤ 检测限。检测限是指方法响应值相当于平均空白值加上 3 倍标准差时被测物的浓度。检测限通过对空白进行重复测定而得出,它的值对于不同类型的样品多半不同。

⑥ 检量限。能够以可接受的准确度(正确度、精密度)检测到的被测物最小浓度。它可利用一个合适的标准物质或样品来确定,它通常是标准曲线的最低点(不包括空白值),不能用外推法确定,它往往是检测限的 10 倍。

⑦ 抗干扰性。一个方法每次被使用时,都有很小的、不可预见的变化被导入程序中,这些变化对方法的性能可能有影响,也可能没有影响。可通过引入小的变化如样品质量、燃烧温度等到方法中,然后检查其后果来检验方法的抗干扰性。

根据需要还可以进行回收率、稳健性、试样基体影响等分析参数。

没有必要对每一种试验方法都逐一评估上述参数,例如,对一个高浓度、高含量被测物质进行测定时,方法灵敏度就不一定是关键必须的评估因素。相反如果测定浓度低的物质时,把干扰降到最低限度就显得尤为重要。

评估和确认试验方法的程序在重复性条件下,一般最少应进行 5 次测定,但是在评估试验方法的准确度(正确度、精密度)时,要求至少做 10 次分析。一些适用于评估这些分析参数的程序如表 7-11 所示。

表 7-11 试验方法分析参数评估程序

程序	要评估的参数
试样的重复测定	重复性
空白试验	干扰物质(元素)、检测限
标准物质测定	准确度(正确度、精密度)、重复性
加标准试样测定	回收率、重复性、抗干扰性、范围、检测限、检量限
标准方法测定	准确度(正确度、精密度)、重复性、检测限、检量限、线性
不同操作人员的测定	再现性、稳健性
不同实验室间的测定	准确度(正确度、精密度)、再现性

二十四、简述方法确认中准确度的试验

制定测试(检验)方法的国家标准或行业标准时,必须按照GB/T 6379《测量方法与结果的准确度(正确度与精密度)》的系列标准,进行不同实验室间的准确度试验,以便检验新制定的方法的准确度是否符合并评估出方法精密度(包括重复性限及再现性限)的估计值。

本章所述的准确度试验主要是指实验室对可替代方法、非标准方法、新研制的方法、新购置的仪器、新研制的仪器(包括抽样、制样、化验设备)等(以下简称"替代方法")的方法确认所进行的准确度试验。以确保实验室的测试结果准确可靠。

准确度试验包括正确度试验和精密度试验。但目前不少检验人员,对它们的关系以及试验的目的还存在一些模糊的认识,如有的至今还不了解正确度的概念,有的把正确度试验当作准确度试验。只有充分理解了它们的定义,才能正确地进行这些试验。有关它们的定义在本章第八题中已经进行了详细地介绍。

在本章所述的试验误差中,介绍了试验误差分为随机误差和系统误差这两大类。而试验的准确度则是由随机误差的分量和系统误差的分量(即偏倚)组成。

精密度试验是对随机误差分量的度量,常以标准差来表示。标准差越大,精密度越低。

正确度试验是对系统误差分量的度量,常以偏倚(bias)来表示。其偏倚越大,正确度越差。

准确度是正确度和精密度的组合。因而,对于准确度试验而言,正确度试验和精密度试验都很重要,两者缺一不可。

1. 正确度试验(正确度估计、偏倚试验)

正确度试验亦称偏倚试验或正确度估计,可采用以下两种方法进行。

① 与标准物质或参比样品比较。用替代方法对标准物质进行分析,将分析结果与参比标准值进行比较。

② 与标准方法或参比方法比较。用替代方法与(国内外)标准方法(最好是仲裁方法)对同一批样品进行分析,对它们的分析结果进行比较:

对于偏倚试验可用以下两种估计方法。

方法A:在进行任何分析前,确定最大允许偏倚B(MTB)的大小(规范允许的或用户能够接受的最大偏倚值),连续进行试验,直到分析次数足以使统计检验能得出明确的结论为止。

当检验出的偏倚大于B时,试验失败。须查明替代方法存在的问题,待纠正后再重新进行试验。当检出的偏倚小于B时,应对偏倚进行显著性检验,看是否存在实质性偏倚。

方法B:进行固定次数的分析,结论从分析结果中得出。

方法B由于分析次数固定,有时会产生估计的误差过大,使置信限两端或其中一端超过可以接受水平。因此,建议最好使用方法A。

(1) 与标准物质比较

1) 方法A

确定最大允许偏倚B(根据规范规定或用户能够接受的最大偏倚值)。使用式(7-6)计算标准方法(国内外)的重复性标准差S_r

$$S_r=\frac{r}{2\sqrt{2}} \tag{7-6}$$

式中：S_r——标准方法的重复性标准差；

r——标准方法中规定的重复性限。

按式(7-7)计算确定所需重复测定次数的计算因子 g 值

$$g=\frac{B}{S_r} \tag{7-7}$$

根据 g 值，从表 7-12 中查得为检测最大允许偏倚 B 所需要的重复测定的次数 n。

表 7-12　对于估算所需观测值的最少组数的因数 g 值

$n_{P.R}$	0	1	2	3	4	5	6	7	8	9
				4.170	2.728	2.195	1.872	1.659	1.506	1.389
10	1.295	1.218	1.154	1.099	1.051	1.009	0.971	0.938	0.907	0.880
20	0.855	0.832	0.810	0.790	0.772	0.755	0.739	0.724	0.710	0.696
30	0.684	0.672	0.660	0.649	0.639	0.629	0.620	0.611	0.602	0.594
40	0.586	0.579	0.571	0.564	0.558	0.551	0.545	0.539	0.533	0.527
50	0.521	0.516	0.511	0.506	0.501	0.496	0.491	0.487	0.483	0.478
60	0.474	0.470	0.466	0.463	0.459	0.455	0.451	0.448	0.445	0.441
70	0.438	0.435	0.432	0.429	0.426	0.423	0.420	0.417	0.414	0.411
80	0.409	0.406	0.404	0.401	0.399	0.396	0.394	0.392	0.389	0.387
90	0.385	0.383	0.380	0.378	0.376	0.374	0.372	0.370	0.368	0.366
注：表的正文给出了在 95% 置信水平下 $n_{P.R}$ 观测值的因数 g 值。										

用替代方法分析标准物质 n 次。

用式(7-8)计算新试验方法的标准差

$$S_n=\sqrt{\frac{\sum X_i^2-\frac{1}{n}(\sum X_i)^2}{n-1}} \tag{7-8}$$

式中：S_n——替代方法的重复性测定标准差；

$\sum X_i$——所有分析结果的总和；

$\sum X_i^2$——所有分析结果的平方和；

n——分析的次数。

以 S_n 代替 S_r 用式(7-7)重新计算 g 值，并由此查得新的 n 值。若新的 n 值比已进行的分析次数大，则补充试验次数，使总的分析次数达到新的 n 次。再重新计算新的 S_n、g 和 n 值，继续这一过程，直到已进行的分析次数达到或超过新的 n 值为止。

按式(7-9)计算分析结果与参比标准值的平均差值

$$\bar{d}=\frac{\sum X_i}{n}-R \tag{7-9}$$

式中：$\bar{d}$——分析结果与标准值的平均差值(偏倚)；

n——实际进行的分析次数；

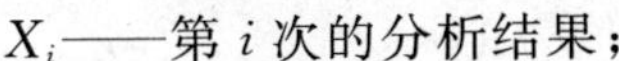

X_i——第 i 次的分析结果；

R——标准物质的参比标准值。

当检验出的偏倚 $\bar{d}$ 大于最大允许偏倚 B 时，试验失败。须查明新试验方法存在的问题，待纠正后再重新进行试验。当检出的偏倚 $\bar{d}$ 小于最大允许偏倚 B 时，再按以下步骤检验：

按式(7-10)计算统计量 t_c

$$t_c=\frac{|\bar{d}|\times\sqrt{n}}{S_n} \tag{7-10}$$

将 t_c 与附表 4 中 t 值表内查得的在 $(n-1)$ 自由度下的临界值 t_t 进行比较：若 $t_c>t_t$，得出替代方法有实质性偏倚的结论；否则，得出任何偏倚都显著小于最大允许偏倚的结论。

2）方法 B

用替代方法在重复性条件下分析标准物质 n 次(至少 5 次，最好 10 次)。

用式(7-11)计算试验结果的平均值 $\overline{X}$

$$\overline{X}=\frac{\sum X_i}{n} \tag{7-11}$$

由式(7-9)得出分析值与参比标准值的平均差值(偏倚)$\bar{d}$。当 $\bar{d}$ 大于最大允许偏倚 B 时，试验失败。当 $\bar{d}$ 小于最大允许偏倚 B 时，再按以下步骤检验：

用式(7-8)计算结果的标准差 S_n，按式(7-10)计算统计量 t_c，与附表 4 中查得的 $(n-1)$ 自由度下的 t_t 值进行比较：

若 $t_c>t_t$，得出替代方法有实质性偏倚的结论。

式(7-10)意味着，检出任何偏倚的统计检验灵敏度取决于分析试验的次数和结果的标准差。如果估计的偏倚是 $\bar{d}$，则真实偏倚的 95% 概率的置信限由式 $\bar{d}\pm t_t S_n/\sqrt{n}$ 给出。

若 $t_c\leqslant t_t$，表明在 95% 的置信概率下统计检验没有发现显著性的偏倚。但如果其中任何一端的值处在不可接受的偏倚水平上，则此结论是矛盾的。故建议使用方法 A。

(2) 替代方法与标准方法比较

1）方法 A

确定最大允许偏倚值 B。用式(7-6)计算出标准方法(国家或国际标准)的标准差 S_r，根据 S_r 用式(7-7)计算出 g 值。从表 7-12 中求得为检验出偏倚 B 所需要的重复测定次数 n。

用替代方法和标准方法分别对一系列的 n 个常规样品进行试验，每个方法对每个样品进行 2 次重复测定。得出替代方法和标准方法检验的 n 个差值 d_i。

用式(7-12)计算两种方法结果间差值的标准差。

$$S_d=\sqrt{\frac{\sum d_i^2-\frac{1}{n}(\sum d_i)^2}{n-1}} \tag{7-12}$$

式中：S_d——两试验方法结果的差值标准差；

d_i——两试验方法在第 i 个样品上的分析结果之差。

用 S_d 代替 S_r，按照式(7-7)重新计算 g 值，由此从表 7-12 求得新的 n 值。如果已进行的试验次数比新的 n 值少，补充试验，使总的试验次数达到新的 n 值。再重新计算 S_d，g 和 n

值，继续这一过程，直到已进行的分析次数达到或超过新的 n 值为止。

由每个样品的两种方法结果之差 d_i 计算两方法结果间的平均差值 $\bar{d}$，当 $\bar{d}$(绝对值)大于最大允许偏倚 B 时，试验失败。当 $\bar{d}$ 小于最大允许偏倚 B 时，再按以下步骤检验：

计算出的平均差值 $\bar{d}$ 考虑差值的正负号，用式(7-12)计算差值的标准差 S_d。再由式(7-13)计算统计量 t_c：

$$t_c = |\bar{d}| \times \sqrt{n} / S_d \tag{7-13}$$

将 t_c 值与由附表 4 查得的 $(n-1)$ 自由度下的临界值 t_t 进行比较：若 $t_c > t_t$，得出替代方法与标准方法之间有实质性偏倚的结论。否则可得出任何偏倚都小于最大允许偏倚的结论。

2) 方法 B

用替代方法和标准方法对一个系列的 n 个(至少 10 个)常规分析样品分别进行试验，每个方法对每个样品各进行 2 次重复测定，由每个样品的两种方法结果之差 d_i 计算两种方法间的平均差值 $\bar{d}$，当 $\bar{d}$(绝对值)大于最大允许偏倚 B 时，试验失败。当 $\bar{d}$ 小于最大允许偏倚 B 时，再按以下步骤检验：

计算出的平均差值 $\bar{d}$ 考虑差值的正负号，用式(7-12)计算其差值标准差 S_d。

用式(7-13)计算统计量 t_c。

将 t_c 值与由附表 4 查得的 $(n-1)$ 自由度下的临界值 t_t 进行比较：若 $t_c > t_t$，得出替代方法与标准方法之间有实质性偏倚的结论。否则可得出任何偏倚都小于最大允许偏倚的结论。

2. 精密度估计

精密度根据在重复性条件下进行一组分析的标准差来衡量。替代方法的精密度通过对一些样品进行重复分析直接测量。

标准方法(国家或国际)的标准差，在使用标准物质确认替代方法的程序中，由标准方法中规定的重复性限来计算；在使用与标准方法直接比较来确认替代方法的程序中，通过对样品进行重复测定直接测量。这种方法比由标准方法的重复性限计算精密度的方法更准确，因为两种方法是以同样的样品为基础进行比较，而不是与在制订标准的精密度进行比较，那时的样品与目前所用的样品不一定一致。

(1) 与标准物质比较

在正确度检验合格的基础上，可使用偏倚试验所得的数据直接用于精密度的检验。

用式(7-6)求得标准方法的标准差 S_r。比较 S_r 和用式(7-8)计算替代方法的标准差 S_n。

① 若 $S_n \leqslant S_r$，得出替代方法的精密度与标准方法的精密度同样好或更好的结论。

② 若 $S_n > S_r$，按式(7-14)计算统计量 F_c

$$F_c = S_n^2 / S_r^2 \tag{7-14}$$

将统计量 F_c 与附表 5 中查得的 F_t 值进行比较：若 $F_c > F_t$，得出替代方法的精密度比标准方法的精密度差的结论。若 $F_c \leqslant F_t$，得出替代方法的精密度不比标准方法的精密度差的结论。

(2) 与标准方法比较

用替代方法和标准方法对一个系列的 n 个(至少 10 个)常规分析样品分别进行试验，每个方法对每个样品各进行 2 次重复测定。用式(7-15)分别计算标准方法和新试验方法的重

复测定方差 S_r^2 和 S_n^2

$$S^2=\frac{\sum W_i^2}{2n} \tag{7-15}$$

式中：W_i——每个方法对 i 个样品重复测定结果对之间的差值，$W_i=X_{i1}-X_{i2}$；

n——重复测定结果对的个数。

比较标准方法的方差 S_r^2 和替代方法的方差 S_n^2：

1）若 $S_n^2 \leqslant S_r^2$，得出替代方法的精密度与标准方法的精密度同样好或更好的结论。

2）若 $S_n^2 > S_r^2$，按式(7-14)计算统计量 F_c。

将统计量 F_c 与附表 5 中查得的 F_t 值进行比较：若 $F_c > F_t$，得出替代方法的精密度比标准方法的精密度差的结论。若 $F_c \leqslant F_t$，得出替代方法的精密度不比标准方法的精密度差的结论。

精密度试验应对整个检测范围内有代表性的不同类型的样品分别进行不同系列的比对试验；若标准方法中规定有不同浓度（含量）不同的精密度时，应考虑按标准方法中划分的浓度（含量）范围进行不同的系列比较。

3. 示例

(1) 与标准物质比较

1) 方法 A

示例 1 检验一个测定煤炭中硫的新试验方法（如高温燃烧库仑滴定法），所用标准物质硫的标准值为 0.49%（用艾氏法标定）。

① 分析次数。实际需求，最大允许偏倚 B 假定为 0.02(%)。

根据 GB/T 214《煤中全硫的测定方法》中的规定，方法精密度的重复性限为 0.05(%)，由式(7-6)计算标准差 S_r

$$S_r=\frac{r}{2\sqrt{2}}=\frac{0.05}{2\sqrt{2}}=0.0177。$$

由式(7-7)计算 g 值

$$g=\frac{B}{S_r}=\frac{0.02}{0.0177}=1.130。$$

从表 7-12 中查得相应于 g 值(1.130)的 n 为 13。

使用替代方法分析标准物质 13 次，结果及标准差 S_n（由式(7-8)计算）都列入表 7-13 中，根据 S_n 值，用式(7-7)重新计算 g 值

$$g=\frac{B}{S_n}=\frac{0.02}{0.0195}=1.0126$$

表 7-13 与标准物质比较——方法 A 的举例数据

分析次数	分析结果 $S_{t,d}$/%	补充试验之后的全部结果 $S_{t,d}$/%	
1	0.47	1	0.47
2	0.48	2	0.48
3	0.49	3	0.49
4	0.51	4	0.51

续表 7-13

分析次数	分析结果 $S_{t,d}$/%	补充试验之后的全部结果 $S_{t,d}$/%	
5	0.49	5	0.49
6	0.46	6	0.46
7	0.46	7	0.46
8	0.49	8	0.49
9	0.51	9	0.51
10	0.52	10	0.52
11	0.48	11	0.48
12	0.51	12	0.51
13	0.48	13	0.48
	$\overline{X}=0.488$	14	0.49
	$S_n=0.0195$	15	0.47
			$\overline{X}=0.487$
			$S_n'=0.0187$

从表 7-12 中查得新的 n 值为 15。补做 2 次分析，结果及新的标准差 S_n' 都在表 7-13 中。根据新的 S_n' 值，用式(7-7)重新计算 g 值

$$g=\frac{B}{S_n'}=\frac{0.02}{0.0187}=1.070。$$

从表 7-12 查得新的 n 值为 14，比已经进行的分析次数少，因此不需要进行更多的分析。

② 正确度。由式(7-11)计算替代方法测硫结果的平均值

$$\overline{X}=\frac{\sum X_i}{n}=0.487。$$

由式(7-9)计算平均值与标准物质的参比标准值之差 $\bar{d}$(偏倚)

$$\bar{d}=\frac{\sum X_i}{n}-R=-0.003。$$

因为 $|\bar{d}|=0.003<0.02=B$(最大允许偏倚)，可以继续进行检验。

由式(7-10)计算统计量 t_c

$$t_c=\frac{|\bar{d}|\times\sqrt{n}}{S_n}=\frac{0.003\times\sqrt{15}}{0.0187}=0.621。$$

由附表 4 查得的$(n-1)$自由度下的临界值 t_t 为 2.145，$t_c<t_t$，得出替代方法没有 0.02% 水平的偏倚存在的结论。

③ 精密度。由式(7-14)计算 F_c

$$F_c=S_n^2/S_r^2=0.0187^2/0.0177^2=1.116。$$

从附表 5 查得 F_t 值为 2.48，因为 $F_c<F_t$，得出替代方法的精密度不比标准方法的精密度差的结论。

由于该测硫的替代方法正确度和精密度试验都合格，故该试验方法是准确的。

2）方法 B

用上述的测硫替代方法分析标准物质（参比标准值 $S_{t,d}=0.49\%$）5 次，试验结果、平均值以及标准差见表 7-14 所示。

表 7-14　与标准物质比较方法 B 举例

分析次数	1	2	3	4	5	$\overline{X}$	S_n
分析结果 $S_{t,d}/\%$	0.47	0.51	0.49	0.46	0.48	0.482	0.019 2

① 正确度

由式(7-9)计算平均值与参比标准值之差

$$\bar{d}=0.482-0.49=-0.008。$$

因为 $|\bar{d}|=0.008<0.02=B$（最大允许偏倚），可以继续进行检验。

由式(7-10)计算统计量 t_c

$$t_c=\frac{|\bar{d}|\times\sqrt{n}}{S_n}=\frac{0.008\times\sqrt{5}}{0.019\ 2}=0.932。$$

由附表 4 查得的$(n-1)$自由度下的临界值 t_t 为 2.776，$t_c<t_t$，得出替代方法没有实质性偏倚存在的结论。

由式 $\bar{d}\pm t_tS_n/\sqrt{n}$计算平均值与标准值之差（误差）的 95%概率置信限

$$\bar{d}\pm t_tS_n/\sqrt{n}=-0.008\pm2.776\times0.019\ 2/\sqrt{5}$$
$$=-0.008\pm0.024。$$

真实偏倚存在于$-0.032(\%)$和$+0.016(\%)$之间。

该结果与前面的结论（B 假定为 0.02）存在矛盾，这就是我们推荐使用方法 A 的原因。

② 精密度。根据国家标准 GB/T 214 中规定的重复性限 0.05(%)，由式(7-6)计算标准差

$$S_r=\frac{r}{2\sqrt{2}}=\frac{0.05}{2\sqrt{2}}=0.017\ 7。$$

由式(7-14)计算统计量 F_c

$$F_c=S_n^2/S_r^2=0.019\ 2^2/0.017\ 7^2=1.177。$$

从附表 5 查得 F_t 值为 6.39，因为 $F_c<F_t$，得出替代方法的精密度与国家标准方法的精密度没有显著性差异。

由于该方法的正确度和精密度都符合要求，故该替代方法是准确的。

(2) 与标准方法比较

示例 2　用国家标准测氢方法（重量法）检验一个测氢的替代方法（电重量法）。

1）方法 A

① 分析次数。最大允许偏倚假定为 0.06(%)。

根据 GB/T 476《煤的元素分析方法》中给出的重复性限 0.15(%)，由式(7-6)计算标准差 S_r

$$S_r=\frac{r}{2\sqrt{2}}=\frac{0.15}{2\sqrt{2}}=0.053。$$

由式(7-7)计算 g 值

$$g=\frac{B}{S_r}=\frac{0.06}{0.053}=1.132。$$

从表 7-12 中查得相应于 g 值(1.130)的 n 为 13。

分别用替代法和国家标准法(重量法)连续对 13 个常规分析样品各进行 2 次重复测定,结果列入表 7-15 中。计算每一方法的两次重复测定平均值,两平均值间的差值 d_i(考虑正、负号);计算平均差值 $\bar{d}$ 和差值的标准差 S_d,结果均列入表 7-15 中。根据 S_d 值,用式(7-7)重新计算 g 值

$$g=\frac{B}{S_d}=\frac{0.06}{0.054}=1.111。$$

表 7-15 与国家标准方法比较方法 A 举例数据

电量法(新检验方法)H_d/%					重量法(国家标准方法)H_d/%				两方法结果之差 d
分析次数	X_1	X_2	$\overline{X}_n$	重复测定之差 W_i	1	2	$\overline{X}_r$	重复测定之差 W_i	$\overline{X}_n-\overline{X}_r$
1	4.36	4.40	4.38	0.04	4.50	4.38	4.44	0.12	−0.06
2	3.22	3.14	3.18	0.08	3.30	3.21	3.26	0.09	−0.08
3	2.24	2.26	2.25	0.02	2.35	2.31	2.33	0.04	−0.08
4	3.28	3.42	3.35	0.14	3.29	3.33	3.31	0.04	0.04
5	5.21	5.29	5.25	0.08	5.33	5.27	5.30	0.06	−0.05
6	2.25	2.31	2.28	0.06	2.30	2.18	2.24	0.12	0.04
7	4.88	4.78	4.83	0.10	4.79	4.82	4.80	0.03	0.03
8	4.21	4.28	4.24	0.07	4.17	4.21	4.19	0.04	0.05
9	3.87	3.98	3.92	0.11	3.97	3.99	3.98	0.02	−0.06
10	2.93	2.83	2.88	0.10	2.78	2.86	2.82	0.08	0.06
11	4.10	4.02	4.06	0.08	4.10	4.06	4.08	0.04	−0.02
12	3.46	3.58	3.52	0.12	3.60	3.56	3.58	0.04	−0.06
13	4.65	4.61	4.63	0.04	4.70	4.65	4.68	0.05	−0.05
				$\sum W_i^2=0.0974$				$\sum W_i^2=0.0587$	$\bar{d}=-0.018$
									$S_d=0.054$

由表 7-12 中查得 n 值为 13,与已进行的分析次数相同,不需要再补做试验。

② 正确度。根据平均差值 $\bar{d}=-0.018$,因为 $|\bar{d}|=0.018<0.06=B$(最大允许偏倚),可以继续进行检验。

然后根据平均差值 $\bar{d}$,差值的标准差 S_d,用式(7-13)计算统计量 t_c

$$t_c=\frac{|\bar{d}|\times\sqrt{n}}{S_d}=\frac{0.018\times\sqrt{13}}{0.054}=1.202。$$

由附表 4 查得的($n-1$)自由度下的临界值 t_t 为 2.179，$t_c<t_t$，得出替代方法没有 0.06(%)水平偏倚存在的结论。

③ 精密度。计算两次重复测定结果的差值 W_i(见表 7-15)，并由式(7-15)分别计算两方法的重复测定方差

$$S_r^2=\frac{\sum W_i^2}{2n}=\frac{0.0587}{2\times13}=0.0023;$$

$$S_n^2=\frac{\sum W_i^2}{2n}=\frac{0.0974}{2\times13}=0.0037。$$

按式(7-14)计算统计量 F_c

$$F_c=S_n^2/S_r^2=0.0037/0.0023=1.609。$$

将统计量 F_c 与附表 5 中查得的 F_t 值(2.69)行比较，因 $F_c<F_t$，得出替代方法的精密度不比国家标准方法的精密度差的结论。

由于与国家标准方法(重量法)比较，测定氢的新试验方法(电重量法)的正确度和精密度都很好，所以测定氢的替代方法是准确的。

2) 方法 B

分别用替代方法和标准方法，连续对 10 个样品各进行 2 次重复测定，结果见表 7-16。

① 正确度。分别计算两种方法重复测定平均值和两平均值之差(考虑正负号)，计算差值的平均值 $\bar{d}$ 和标准差 S_d，结果见表 7-16。

表 7-16 与国家标准方法比较方法 B 举例

电量法(新检验方法)H_d/%					重量法(国家标准方法)H_d/%				两方法结果之差 d
分析次数	X_1	X_2	$\bar{X}_n$	重复测定之差 W_i	1	2	$\bar{X}_r$	重复测定之差 W_i	$\bar{X}_n-\bar{X}_r$
1	4.36	4.40	4.38	0.04	4.50	4.38	4.44	0.12	−0.06
2	3.22	3.14	3.18	0.08	3.30	3.21	3.26	0.09	−0.08
3	2.24	2.26	2.25	0.02	2.35	2.31	2.33	0.04	−0.08
4	3.28	3.42	3.35	0.14	3.29	3.33	3.31	0.04	0.04
5	5.21	5.29	5.25	0.08	5.33	5.27	5.30	0.06	−0.05
6	2.25	2.31	2.28	0.06	2.30	2.18	2.24	0.12	0.04
7	4.88	4.78	4.83	0.10	4.79	4.82	4.80	0.03	0.03
8	4.21	4.28	4.24	0.07	4.17	4.21	4.19	0.04	0.05
9	3.87	3.98	3.92	0.11	3.97	3.99	3.98	0.02	−0.06
10	2.93	2.83	2.88	0.10	2.78	2.86	2.82	0.08	0.06
				$\sum W_i^2=0.075$				$\sum W_i^2=0.053$	$\bar{d}=-0.011$
									$S_d=0.059$

用式(7-13)计算统计量 t_c

$$t_c=\frac{|\bar{d}|\times\sqrt{n}}{S_d}=\frac{0.011\times\sqrt{10}}{0.059}=0.590。$$

由附表 4 查得的($n-1$)自由度下的临界值 t_t 为 2.262，$t_c<t_t$，得出替代方法没有实质性偏倚存在的结论。

还可由式 $\bar{d}\pm t_tS_n/\sqrt{n}$ 计算 $\bar{d}$ 的 95%概率置信限

$$\begin{aligned}\bar{d}\pm t_tS_n/\sqrt{n}&=-0.011\pm2.262\times0.059/\sqrt{10}\\&=-0.011\pm0.042。\end{aligned}$$

真实偏倚存在于-0.053(%)和$+0.031$(%)之间。

② 精密度。分别计算两种方法两次重复测定结果的差值 W_i(见表 7-16)，并分别用式(7-15)计算两种方法的方差

$$S_n{}^2=\frac{\sum W_i^2}{2n}=\frac{0.075}{20}=0.00375,$$

$$S_r{}^2=\frac{\sum W_i^2}{2n}=\frac{0.053}{20}=0.00265。$$

按式(7-15)计算统计量 F_c

$$F_c=S_n^2/S_r^2=0.00375/0.00265=1.415。$$

将统计量 F_c 与附表 5 中查得的 F_t(3.18)值进行比较，因 $F_c<F_t$，得出替代方法的精密度不比国家标准方法的精密度差的结论。

由于正确度检验和精密度检验都符合要求，故替代方法是准确的。

试验方法的准确度、精密度的评估方法还有很多，由于篇幅所限，这里不再一一介绍。本章介绍的准确度评估方法是目前国际上公认的一种经典方法。

第八章

抽　样

一、何谓抽样，简述抽样的用途、益处、局限性与注意事项及应用示例

1. 抽样的概念

抽样　sampling

抽取或组成样本的行动。

注：根据样品类型、抽样工具、抽样场合的不同，抽样亦称采样、取样、扦样、机械采样、手工采样等习惯用语。

抽样是一种系统的统计方法，它通过研究总体有代表性的部分（即样本）来获取该总体的某些特性信息。有各种抽样技术可以使用，如简单随机抽样、分层抽样、系统抽样、序贯抽样、跳批抽样等，抽样技术的选择取决于抽样的目的和抽样条件。

2. 抽样的用途

抽样大致可分为不互斥的两大领域："验收抽样"和"调查抽样"。

验收抽样是基于选取"批"的样本结果，作出接收或不接收该"批"（即一组产品）的决定。为满足具体要求和应用，有许多验收抽样方案可供选择。

调查抽样用于估计总体的某个或多个特性值、或估计这些特性在总体中是如何分布的枚举研究或分析研究。调查抽样通常与收集人们对某个主题的观点的民意测验相联系，调查抽样也同样能用于其他目的（如审核）的数据收集。

在枚举研究中所使用的获取总体或部分总体特性方面的信息的探讨性抽样是调查抽样的一种特别形式。生产抽样也是调查抽样的一种特别形式，可用于过程能力分析。

3. 抽样的益处

正确设计的抽样方案与总体调查或100％批检验相比，能节约时间、费用和劳动力。当产品检验包含破坏性试验时，抽样是获取相应信息的唯一切实可行的途径。

抽样提供了一种既经济有效又及时的方法，以获取有关总体的某一所关心的特性值或分布情况的初始信息。

4. 局限性与注意事项

设计抽样方案时，应慎重决定样本量、抽样频次、样本的选择、划分子组的根据以及抽样方法的各种其他方面。

抽样要求以无偏的方式选择样本，即样本要代表总体。如果做不到这一点，将导致对总体特性作出不良估计。在验收抽样情况下，不能代表总体的样本可能导致对可接收质量批的不必要的拒收，或导致对不可接收质量批的非预期接收。

即使是无偏样本，从样本得到的信息也会产生一定程度的误差。这种误差可通过增大样本量来减少，但却不能消除。达到所期望的置信水平和精密度的样本量取决于具体问题和抽样范围，这样的样本量可能太大，以至于没有实用价值。

5. 应用示例

调查抽样的一个频繁应用是在市场调研中估计可能购买某一特定产品的人口的比率，另一个应用是在库存审计中估计满足规定准则的个体比率。

抽样用于对操作者、机器或产品的过程检查，以便监测变差并确定纠正及预防措施。

验收抽样广泛用于工业领域，以便对接收的材料满足预先规定的要求提供某种程度的保证。

通过散料抽样，能对散料（如矿物、液体和气体）组成成分的数量或性质作出估计。

二、何谓抽样单元、随机抽样、简单随机抽样，简述简单随机抽样的方法

1. 抽样单元 sampling unit

将总体进行划分后的每一部分。

注 1：抽样单元可以包含一个或多个个体/单位产品，例如一盒火柴。但从一个抽样单元中只得到一个测试结果。

注 2：抽样单元可由分立的个体组成或一定量的散料组成。例如煤炭抽样时，把 1 000 t 作为一个基本单元。

注 3：对于散料（其组成部分在宏观上难以区分的材料），即是将所考察的散料总体经划分后，在抽样时可进行等概率抽取的每一部分。

2. 随机抽样 random sampling

从总体中抽取 n 个抽样单元构成样本，使 n 个抽样单元每一可能组合都有一个特定被抽到概率的抽样。

注：随机抽样也称概率抽样，特别在调查抽样中。

3. 简单随机抽样 simple random sampling

从总体中抽取 n 个抽样单元构成样本，使 n 个抽样单元所有的可能组合都有相等被抽到概率的抽样。

注：在散料抽样中，如果以份样为抽样单元，则份样的位置、定界和取样方法应使所有抽样单元都具有相同的被抽到概率。

4. 简单随机抽样的方法

简单随机抽样有以下几种方法：

(1) 抽签法

抽签法又称抽奖法，这是一种产生真正的随机样本的方法。例如从 652 人的总体中，需选出两个样本（Ⅰ和Ⅱ），每个样本由 16 名成员组成。这样可以取 652 张纸条，其中的16 张，每张写上Ⅰ；另 16 张每张写Ⅱ，其余 620 张纸条为空白。现在让 652 人抽签，即可得到所谓样本。再如，有一批产品共 5 件，欲从中抽取两件（即 $n=2$），把产品编号后可搭配为(1,2)，(1,3)，(1,4)，(1,5)，(2,3)，(2,4)，(2,5)，(3,4)，(3,5)，(4,5)。简单随机抽样要求这 10 种搭配出现的机会相同，即都有 1/10 的机会被抽到。这种方法在我国应用很广，也称作抓阄法。

(2) 随机骰子法

随机骰子法亦称掷骰法，随机骰子是均匀材料制成的正二十面体，各面刻划有 0 至 9 的数字各 2 个。每盒骰子由盒体、盒盖、泡沫塑料垫及 6 种不同颜色的骰子组成。

根据批量 N 选定 m 个骰子如下：

$1 \leqslant N \leqslant 10$ 时，$m=1$；

$11 \leqslant N \leqslant 100$ 时，$m=2$；

$101 \leqslant N \leqslant 1\ 000$ 时，$m=3$；

$1\ 001 \leqslant N \leqslant 10\ 000$ 时，$m=4$；

$10\ 001 \leqslant N \leqslant 100\ 000$ 时，$m=5$；

$100\ 001 \leqslant N \leqslant 1\ 000\ 000$ 时，$m=6$。

当 $m>6$ 或骰子丢失，可用重复使用骰子办法，如用 1 个骰子摇 m 次来代替 m 个骰子摇 1 次(以 1 个骰子第 i 次结果代替第 i 个骰子的结果)。

然后规定骰子不同颜色对应于不同位数。如用红、黄、蓝三色，规定红色骰子数字表示百位数，黄色骰子数字表示十位数，蓝色骰子数字表示个位数。特别规定，m 个骰子的数字均为 0 时，表示 10^m。

将骰子 m 个放入盒中，拿去泡沫塑料垫，将盒盖向下，水平地摇动盒子，使骰子完全旋转。然后打开骰子，读出骰子表示的数 R_0。

如 $R_0 \leqslant N$，则取出数字 $R=R_0$，如 $R_0>N$，则舍弃不用，另行重摇。重复上述过程，直到取得样本大小 n 个不同数字。

例如，$N=753$，$m=3$，

若 $R_0=725$，则 $R=R_0$；

若 $R_0=234$，则 $R=R_0$；

若 $R_0=839$，则舍弃重摇。

将各产品按自然数从 1 开始编号，然后用所得 R 对号抽取。

示例 某质检中心准备从某品牌洗衣机的 87 台产品中抽取 4 台进行检测，试用随机骰子法抽取样品。

解：1) 将全部 87 台洗衣机编号为 1～87；

2) 掷两个正二十面骰子 4 次，假若得出下列随机数：53，74，23，99，由于最后的 99 超出 1～87 的范围，则舍弃不用，又补掷一次，得随机数 61。

3) 按上述得到的随机数 53，74，23，61，取出这些编号的洗衣机进行检测。

随机骰子法详细的介绍，请参见 GB 10111《利用随机数骰子进行随机抽样的方法》。

(3) 随机数法

随机数字是自总体 0，1，2，…，9 以等概率重复独立抽出所得数字，连接的随机数字形成随机数。日常产品检验时用随机数表选随机数进行检验。随机数表常列于一些统计类书籍的附表中。

近些年来由于计算器的广泛普及，不少计算器都有产生随机数这一功能，因而利用随机表进行随机抽样检验的日渐减少。本书不再介绍。

(4) 其他方法

不能利用以上三种方法抽样时，可遵循以下一些简单的规则进行抽样：

1) 不能有意只抽好的或只抽差的；

2) 应从批中各部分抽样，如粮食堆于各处，则各处都应抽一部分；

3) 按比例抽样，如产品来自冬夏两季，冬季 140 件，夏季 160 件，共 300 件，现拟抽 30 件，则冬季抽 14 件，夏季抽 16 件。

三、何谓分层抽样、分层简单随机抽样

1. 分层抽样　stratified sampling

样本抽自总体不同的层，且每个层至少有一个抽样单元入样的抽样。

注 1：在某些场合下，要事先规定样本在各层的比例。

注 2：每层中的抽样常采用随机抽样。

2. 分层简单随机抽样　stratified simple random sampling

每层都采用简单随机抽样的分层抽样。

应注意，这里的分层，不能仅从字面上来理解，它可以是实际意义上的分层，如上层、中层、下层。但这里更应从广义上来理解分层的含义，可以理解为：不同的堆、不同的库、不同的地点、不同的场所、不同的船舱、不同的罐、不同的容器等。

示例　批量 $N=1\,600$ 件产品，是由 A，B，C 三条生产线生产的，其中 A 生产线生产的产品为 800 件；B 生产线生产的产品为 640 件；C 生产线生产的产品为 160 件。试用分层抽样法抽取一个 $n=150$ 的样本。

解：1）计算各层抽取的单位产品数：

从 A 生产线产品中抽取单位产品数 $=150\times\frac{800}{1\,600}=75$；

从 B 生产线产品中抽取单位产品数 $=150\times\frac{640}{1\,600}=60$；

从 C 生产线产品中抽取单位产品数 $=150\times\frac{160}{1\,600}=15$。

2）用简单随机抽样法分别在各层（各生产线产品）中抽取单位产品，并组成 $n=75+60+15=150$ 的样本。

在日常的产品验收、商品检验中经常用到分层抽样。如袋装物料、散装矿产品、化散装工品、液体化工、石油产品等商品。

四、何谓系统抽样、等距抽样

1. 系统抽样　systematic sampling

将总体中的抽样单元按一定顺序排列，在规定的范围内随机抽取一个或一组初始单元，然后按照一定规则确定其他样本单元的抽样。

注 1：在散料抽样中，系统抽样可按固定距离或固定时间间隔方式抽取样本。例如，间隔可基于质量的，也可基于时间的。在基于质量的情况下。每个抽样单元或份样都有相等的质量。在基于时间的情况下，是以相同的时间间隔，从流水线或传输装置中抽取单元或份样。在这种情况下，每个抽样单元或份样的质量与取样时的瞬时流量成比例。

注 2：如果批被划分为层，在每层中可采用在每层中的相同位置抽取份样的方法进行分层系统抽样。

注 3：使用系统抽样，抽样的随机性受到限制。

2. 等距抽样　periodic systematic sampling

将总体中的 N 个抽样单元按一定顺序排列，n 个样本单元由满足以下关系的单元编号组成

$$h, h+k, h+2k, \cdots, h+(n-1)k$$

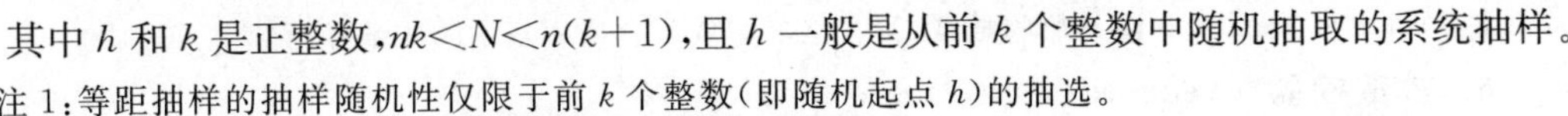

其中 h 和 k 是正整数，$nk<N<n(k+1)$，且 h 一般是从前 k 个整数中随机抽取的系统抽样。

注 1：等距抽样的抽样随机性仅限于前 k 个整数(即随机起点 h)的抽选。

注 2：等距样本通常用于其特性与系统排列无关的情形。

在煤炭、矿产检验中，常用系统抽样与等距抽样，例如定质(数量或重量)抽样和定时抽样。

示例 有一批产品 $N=200$，可排成一线，试用等距抽样法抽取一个 $n=10$ 的样本。

解：按定义抽样间隔为 $\frac{N}{n}=20$，在 1～20 间用简单随机抽样法选取一数，假定选 13，则第一个样品为排在第 13 号的产品，接着应抽取第 33 号，第 53 号，……，直到第 193 号，即得到一个 $n=10$ 的样本。

五、何谓放回抽样、不放回抽样

1. 放回抽样　sampling with replacement

每个被抽取并经观测后的抽样单元，在抽取下一个抽样单元之前将其放回总体的抽样。

注：在此情况，同一抽样单元可在样本中出现多次。

放回抽样亦称有放回抽样或称重复抽样。

2. 不放回抽样　sampling without replacement

从总体中抽取的抽样单元不再放回总体的抽样。

不放回抽样亦称无放回抽样或称不重复抽样。

六、简述一些常用检验类型的基本概念

1. 计数检验　inspection by attributes

对所考虑的产品集合内每个单位产品上的一个或多个特定特征的出现次数进行记录、对有多少个单位产品具有或不具有特征进行记录，或由多少个上述事件出现在产品、产品集合或机会空间的单位产品上进行记数的检验。

注：当所实施的检验仅记录单位产品/个体是否为不合格品时，称为不合格品检验。当所进行的检验是对每个单元上的不合格计数时，称为不合格数检验。

2. 计量检验　inspection by variables

通过测试单位产品的特性值进行的检验。

3. 100%检验　100% inspection

对所考虑的产品集合内每个单位产品被选定的特性都进行的检验。

100%检验也称全数检验。这种方法除极个别情况外(如非破坏性检验，数量少又比较贵重产品的检验)，对绝大多数的产品是难以实现的。它是一种费工、费力、消耗资金、检验质量又低的一种方法。它无法适应国际贸易大进大出的形势需求。

4. 抽样检验　sampling inspection

从所考虑的产品集合中抽取若干单位产品进行的检验。

5. 正常检验　normal inspection

在 GB/T 2828 和 GB/T 6378 中，没有理由认为过程质量水平与规定的质量水平不同时，所采用的检验(GB/T 3358.2)。

注:质量水平(quality level)(验收抽样)不合格品率或不合格率表示的质量状况。

6. 放宽检验　reduced inspection

在GB/T 2828和GB/T 6378中,当预定批数的正常检验结果表明过程质量水平优于规定的质量水平时,所转移到的比正常检验严格度低的检验(GB/T 3358.2)。

7. 加严检验　tightened inspection

在GB/T 2828和GB/T 6378中,当预定批数的正常检验结果表明过程质量水平劣于规定的质量水平时,所转移到的比正常检验严格度高的检验(GB/T 3358.2)。

8. 孤立批检验　isolated lot inspection

对单批,或对从生产或汇集的序列批中分离出来的个别批进行的检验。

9. 逐批检验　lot-by-lot inspection

对系列批中每一提交批都进行检验。

10. 一次〔验收〕抽样检验　single〔acceptance〕sampling inspection

按照确定的规则,基于预定样本量抽取的单个样本所得的检验结果即可做出判定的〔验收〕抽样检验。

11. 二次〔验收〕抽样检验　double〔acceptance〕sampling inspection

至多抽取两个样本的多次〔验收〕抽样检验。

12. 多次〔验收〕抽样检验　multiple〔acceptance〕sampling inspection

在每检验一个样本后,基于确定的判定准则,做出接收该批,或不接收该批,或需从批中抽取另一个样本的〔验收〕抽样检验。

13. 跳批〔验收〕抽样检验　skip-lot〔acceptance〕sampling inspection

当最近的具有规定数目的批的抽样结果满足规定的准则时,连续批系列中的某些批不经检验即可接收的〔验收〕抽样检验。

14. 序贯〔验收〕抽样检验　sequential〔acceptance〕sampling inspection

在检验每一单位产品后,根据累积的样本信息及确定的规则,决定接收该批、不接收该批或需接着检验该批中另一个单位产品的〔验收〕抽样检验。

15. 连续〔验收〕抽样检验　continuous〔acceptance〕sampling inspection

用于产品连续流的〔验收〕抽样检验。该检验按照规定的数量逐个检验单位产品,并依据所观测到的过程输出质量,交替地使用100%检验和抽样检验,对产品做出接收与否的判定。

七、何谓批、批量、子批、孤立批

1. 批　lot

按抽样目的,在基本相同条件下组成的总体的一个确定部分。

注1:例如,抽样目的可以是判定批的可接收性,或是估计某特定特性的均值。

注2:对于散料而言,即是所考察的散料总体中,用以对特定特性进行测定的确定部分。在商业上,散料一般只涉及一个批,在此情形,批即为总体。

2. 批量　lot size

批中的单位产品的数量。或批中产品的数量。

3. 子批　sub-lot

散料批中确定的一部分。

注：在我国煤炭采样标准中，子批被称为“采样单元”。在其他一些标准中子批还被称为“副批”或“分批”等称谓。

4. 孤立批 isolated

从一个批序列中分离出来的，不属于当前序列的批。

八、何谓抽样系统、抽样计划、抽样方案和抽样程序

1. 抽样系统 sampling system

〈散料〉用于抽取份样或样本制备的操作机制或机械装置。

注：份样(increment)即是〈散料〉用抽样装置一次抽取的一定量的散料。在我国煤炭采样标准中，份样被称作“子样”。

2. 抽样计划 sampling scheme

〈散料〉为实现抽样目的的抽样方案的组合。

注：抽样目的包括常规抽样、核查精密度及考察质量变异。

3. 抽样方案 sampling plan

〈散料〉所采用的抽样方式，包括个体或份样的抽取、样本的组成及测量/测试等规范。

注：抽样方案可规定具体抽样方法，如系统抽样或二阶抽样。抽样操作规范包括规定在一批中抽取的份样数、组成的集样(或大样)数、每个集样形成的试样数以及对每个试样测试的次数。

4. 抽样程序 sampling procedure

〈散料〉抽取份样和组成样本的操作要求和(或)指南。

九、何谓合格(符合)、不合格(不符合)、不合格品

1. 合格(符合) conformity

满足要求。

2. 不合格(不符合) nonconformity

未满足要求。或不满足规范要求。

注：通常按不合格的严重程度将它们分类，例如：

——A类　认为最被关注的一种类型的不合格。在验收抽样中，将给这种类型的不合格指定一个很小的 AQL 值。

——B类　认为关注程度比 A 类稍低的一种类型的不合格。如果存在第三类(C类)不合格，可以给 B 类不合格指定比 A 类不合格大但比 C 类不合格小的 AQL 值。

3. 不合格品 nonconformity item

具有一个或一个以上不合格的产品。

注：不合格品通常按不合格的严重程度分类，例如：

——A类　包含一个或一个以上 A 类不合格，同时还可能包含 B 类和(或)C 类不合格的产品。

——B类　包含一个或一个以上 B类不合格，同时还可能包含 C类等不合格，但不包含 A类不合格的产品。

十、何谓不合格品百分数

1. (样本)不合格品百分数 percent nonconforming(in a sample)

样本中的不合格品数除以样本量再乘上 100，即

$$d/n\times100$$

式中：d——样本中的不合格品数；

n——样本量。

2.（总体或批）不合格品百分数　percent nonconforming(in a population or lot)

总体或批中的不合格品数除以总体量或批量再乘上 100，即

$$100p=100D/N$$

式中：p——不合格品率；

D——总体或批中的不合格品数；

N——总体量或批量。

注：GB/T 2828 的本术语“不合格品百分数”和“每百单位产品不合格数”，主要用于替代理论术语“不合格品率”和“每单位产品不合格数”，因为前者使用最为普遍。

十一、何谓每百单位产品不合格数

1.（样本）每百单位产品不合格数　nonconformities per 100 items(in a sample)

样本中的不合格数除以样本量再乘上 100，即

$$100d/n$$

式中：d——样本中的不合格数；

n——样本量。

2.（总体或批）每百单位产品不合格数　nonconformities per 100 items(in a population or lot)

总体或批中的不合格数除以总体量或批量再乘上 100，即

$$100p=100D/N$$

式中：p——每百单位产品不合格数；

D——总体或批中的不合格数；

N——总体量或批量。

注：一个单位产品可能包含一个或一个以上的不合格。

十二、何谓检验水平，如何确定检验水平

1. 检验水平　inspection level

预先设定的，反映样本量和批量关系的与〔验收〕抽样计划检验量有关的指数。

注：该术语不应与抽样严格度相混淆。抽样严格度与自动运作的转移规则有关。

检验水平是与批量和抽样比有关的一个事先确定的指数，用以表示一个抽样计划中的相对检验量。检验水平亦称检查水平。检验水平决定批量与样本大小之间等级的对应关系。常用符号 IL 表示。

2. 检验水平的确定

检验水平标志着检验量。即是按抽样方案的判断能力而拟定的不同样本大小。显然样本大小 n 大些，其判断能力就大些。因此，如果检验费用较低，就可把 n 选大些。

GB/T 2828.1 标准的检验水平分为两类：

一类是一般检验水平，用于没有特别要求的场合，它又分为Ⅰ、Ⅱ、Ⅲ级，一般如无特殊

说明和要求，则先选取第Ⅱ级检验水平。

另一类是特殊检验水平，用于希望样本大小 n 较少的场合。GB/T 2828.1 规定有 S-1、S-2、S-3 和 S-4 共四级。一般用于检查费用极高场合。如破坏性检验，寿命试验，产品的单价又较昂贵。其中 S-1、S-2 又适用于加工条件较好，交验批内质量较均匀的状况，而 S-3、S-4 则适用于交验批内质量均匀性稍差的场合。

检验水平高低对批质量的鉴别能力有直接的影响，检验水平高对批的鉴别能力也强，而且检验水平变化时，对卖方风险 α 及买方风险 β 都有较大的影响，因此检验水平应根据具体的情况，由买卖双方协商解决。

一般在确定检验水平时应注意：

① 产品的构造复杂性和价格。构造简单、价格便宜的产品，检验水平可以低些（样本量小些）。构造复杂、价格较高的产品，检验水平可以高些（样本量大些）。

② 检验费用。检验费用大于不合格品处理费用时，检验水平可以低些（样本量小些）。检验费用小于不合格品处理费用时，检验水平可以高些（样本量大些）。

③ 检验对样品的影响。对于破坏性检验，检验水平可以低些（样本量小些）。对于非破坏性检查，检验水平可以高些（样本量大些）。

④ 生产的稳定性。传统的、定型的产品，检验水平可以低些（样本量小些）。新的、不定型的产品，检验水平可以高些（样本量大些）。

⑤ 各批之间质量的差异性。各批之间质量较接近、均匀的，检验水平可以低些（样本量小些）。各批之间质量差异较大，检验水平可以高些（样本量大些）。

⑥ 批内单位产品质量的差异程度。批内单位产品间质量的波动程度小，检验水平可以低些（样本量小些）。批内单位产品间质量的波动程度大，检验水平可以高些（样本量大些）。

⑦ 产品使用上的要求。如稍微降低对批质量的鉴别能力和稍微增大了买方的风险而对实际使用没有多大妨碍时，检验水平可以低些（样本量小些）。如产品使用上有特殊要求时，检验水平可以高些（样本量大些）。

特殊检验水平主要用于减少检验费用而宁愿增加一些对批质量误判风险的情况。特殊检验水平越低，样本就越小，检验的费用也越小。

检验水平（高→低），判断能力（强→弱）、样本量（大→小）按以下顺序排列：

$$\text{Ⅲ} > \text{Ⅱ} > \text{Ⅰ} > \text{S-4} > \text{S-3} > \text{S-2} > \text{S-1}$$

在必要时可查看抽样检验方案的 OC 曲线，对于买卖双方的风险，尤其是买方的风险，是否在允许的范围内。在下列情况下，可考虑使用特殊检验水平：

① 破坏性检验，产品的价格昂贵。

② 检验费用昂贵。

③ 检验花费大量的时间。

④ 批内的质量波动极小。

在没有特别要求的情况下，通常采用一般检验水平Ⅱ；当需要的判别力比较低时，可使用一般检验水平Ⅰ；当需要提高抽样方案对批质量的判别力时，可采用检验水平Ⅲ。特殊检验水平主要用于破坏性检验、样品或检验费用较高的场合。这样可以使用较小的样本，而且能够或必须允许较大的误判风险。

十三、何谓抽样严格度，如何确定抽样严格度

1. 抽样严格度 severity of sampling

在一个〔验收〕抽样计划内，表示所提交的产品或服务的质量变优或变劣，从正常〔验收〕抽样方案转为放宽或加严〔验收〕抽样方案的鉴别力的程度。

注：该术语不应和与转移规则无关的检验水平相混淆。

2. 抽样严格度的确定

抽检方案的严格度是指采用抽检方案的宽严程度。GB/T 2828.1 标准规定了三种宽严程度，即正常检验、加严检验和放宽检验。

正常检验即是当过程平均优于接收质量限 AQL 时抽样方案的一种使用方法。

此时抽样方案具有为保证生产方以高概率接收而设计的接收准则。

加严检验即是具有比相应正常检验抽样方案接收准则更严厉的接收准则的抽样方案的一种使用方法。

当过程平均质量状况明显地比接收质量限 AQL 劣时，进行加严检验。

放宽检验即是具有样本量比相应正常检验抽样方案小，接收准则和正常检验抽样方案的接收准则相差不大的抽样方案的一种使用方法。

当过程平均质量状况明显地优于接收质量限 AQL 时，可进行放宽检验。

十四、何谓转移得分、转移规则及转移规则程序

1. 转移得分 switching score

在正常检验检验情况下，用于确定当前的检验结果是否足以允许转移到放宽检验的一种指示数。

除非负责部门另有规定，在正常检验一开始就应计算转移得分。

在正常检验开始时，应将转移得分设定为 0，而在检验每个后续的批以后应更新计算转移得分。

(1) 一次抽样方案

1) 当接收数等于或大于 2 时，如果当 AQL 加严一级后该批被接收，则给转移得分加 3 分；否则将转移得分重新设定为 0。

2) 当接收数为 0 或 1 时，如果该批被接收，则给转移得分加 2 分；否则将转移得分重新设定为 0。

(2) 二次和多次抽样

1) 当使用二次抽样方案时，如果该批在检验第一样本后被接收，给转移得分加 3 分；否则将转移得分重新设定为 0。

2) 使用多次抽样方案时，如果该批在检验第一样本或第二样本后被接收，则给转移得分加 3 分；否则将转移得分重新设定为 0。

2. 转移规则 switching rule

在〔验收〕抽样计划中，基于已表明的质量历史，从一个〔验收〕抽样方案转为另一个抽样严格度更高（或更低）的〔验收〕抽样方案的规则。

转移规则是对连续批检验的一种奖罚措施，它鼓励生产方生产出符合质量要求的产

品，也是对生产劣质产品的一种限制。因而抽样严格度也是指提交批所接受检验的宽严程度。

在抽样检验的开始，如无特殊情况，一般先从正常检验抽样方案开始，在检验的过程中，应根据产品质量变化的情况，按下述转移规则进行严格度的调整。

(1) 从正常到加严。当正在采用正常检验时，只要初次检验中连续 5 批或少于 5 批中有 2 批是不可接收的，则转移到加严检验。

(2) 从加严到正常。当正在采用加严检验时，如果初次检验的连续 5 批已被认为是可接收的，应恢复正常检验。

(3) 从正常到放宽。当正在采用正常检验时，若下列各条件均满足，应转移到放宽检验：

1) 当前的转移得分至少是 30 分；

2) 生产稳定；

3) 负责部门认为放宽检验可取。

(4) 放宽到正常。当正在执行放宽检验时，如果初次检验出现下列任一情况，应恢复正常检验。

1) 一个批未被接收；

2) 生产不稳定或延迟；

3) 认为恢复正常检验是正当的其他情况。

(5) 暂停检验

如果在初次加严检验的一系列连续批中未接收批的累计数达到 5 批，应暂时停止检验。直到供方为改进所提供产品或服务的质量已采取行动，而且负责部门承认此行动可能有效时，才能恢复检验程序。恢复检验程序应从加严检验开始。

3. 转移规则程序

具体的转移规则和程序见图 8-1。

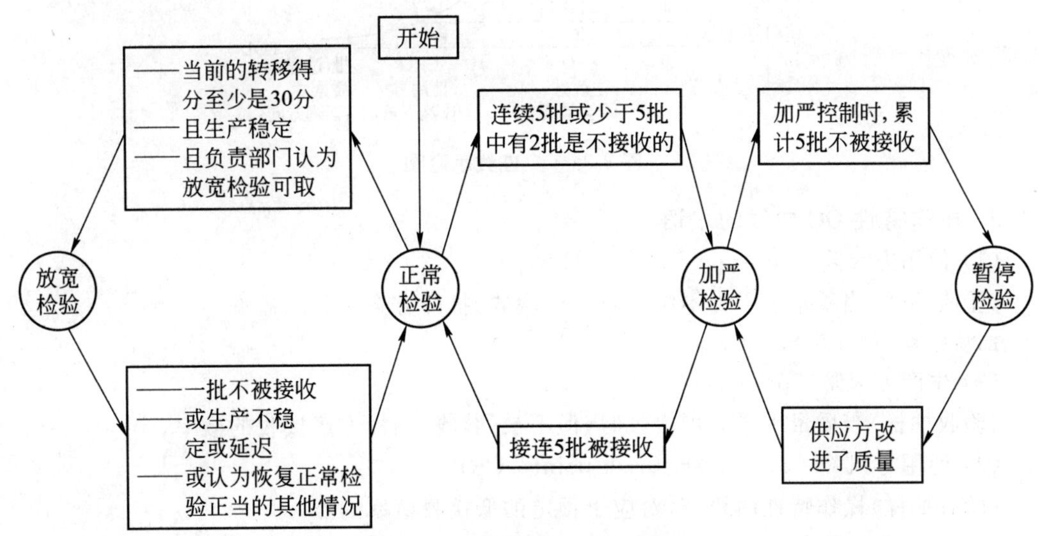

图 8-1 抽样的转移规则程序

十五、何谓接收数、拒收数

1. 接收数 acceptance number Ac

〈验收抽样〉计数〔验收〕抽样方案中给定的，接收该批所允许的样本中不合格或不合格品的最大数目。

2. 拒收数 rejection number Re

〈验收抽样〉计数〔验收〕抽样方案中给定的，不接收该批所要求的样本中不合格或不合格品的最小数目。

十六、何谓接收概率、操作特性曲线及 OC 曲线中的一些术语

1. 接收概率 probability of acceptance p_a

当使用一个给定的〔验收〕抽样方案时，具有特定质量水平的批或过程被接收的概率。

2. 操作特性曲线 operating characteristic curve (OC curve)

对给定的〔验收〕抽样方案，表示产品的接收概率与其质量水平之间关系的曲线。

OC 曲线是这样一种曲线，它说明任一个特定的抽样方案从批的接收和拒收的观点来看，能够预期做到什么。可以说是一种"效率曲线"。一条 OC 曲线涉及一个特定的抽样方案，每个可能的方案有它自己唯一的 OC 曲线。这就为比较抽样方案提供了极好的依据。

OC 曲线见图 8-2。

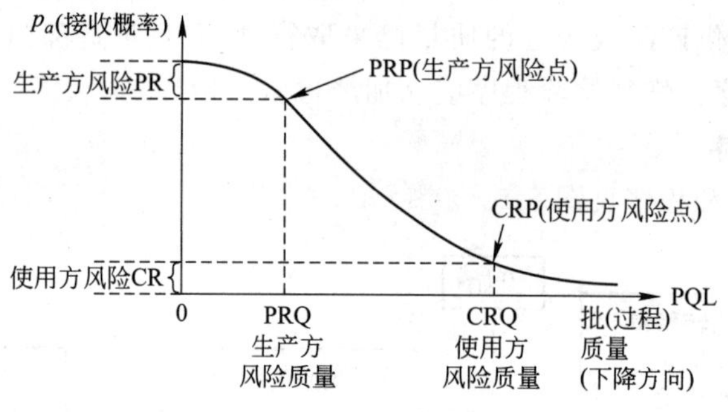

图 8-2 OC 曲线示意图

3. 操作特性 OC 曲线的术语

(1) 使用方风险 consumer's risk CR(β)

〈验收抽样〉当质量水平为不满时，但被〔验收〕抽样方案接收的概率。

注：质量水平可与不合格(不合格品)率有关。

(2) 生产方风险 producer'risk PR(α)

〈验收抽样〉当质量水平为可接收时，但不被〔验收〕抽样方案接收的概率。

(3) 使用方风险 consumer's risk point CRP

〈验收抽样〉操作特性曲线上，对应于预定的低接收概率的点。

(4) 生产方风险 producer'risk point PRP

〈验收抽样〉操作特性曲线上，对应于预定的高接收概率的点。

(5) 使用方风险质量 consumer's risk quality;CRQ

〈验收抽样〉对于〔验收〕抽样方案,与规定的使用方风险相对应的批或过程的质量水平。

注:使用方风险一般规定为10%。

(6) 生产方风险质量 producer's risk quality;PRQ

〈验收抽样〉对于〔验收〕抽样方案,与规定的生产方风险相对应的批或过程的质量水平。

注:生产方风险一般规定为5%。

十七、何谓过程平均、接收质量限,如何确定及选择接收质量限

1. 过程平均 process average

在规定的时段或生产量内平均的过程水平。

注:在GB/T 2828的本部分中,过程平均是过程处于统计控制状态期间的质量水平(不合格品百分数或每百单位产品不合格数)。

2. 接收质量限 acceptance quality limit;AQL

当一个连续系列批被提交验收抽样时,可允许的最差过程平均质量水平。

注:接收质量限AQL以不合格品百分数或每百单位产品不合格数表示。

3. 接收质量限的确定与选择

接收质量限AQL在标准修订之前称作合格质量水平。是指当一个连续系列批被提交验收抽样时,可允许的最差过程平均质量水平。

GB/T 2828.1中把AQL从0.010～1 000按$R5$优先数分为26级,称作优先的AQL,其公比大约为1.5。当AQL≤10时,既适用于不合格品百分数,又适用于每百单位产品不合格数的检验,AQL>10时,适用于每百单位产品不合格数的检验。

为抽样检验的目的,接收质量限是可以被认为满意的过程平均不合格品率的上限。AQL的确定,原则上应由产需双方商定,也可以在相应的标准或技术条件中规定,还可以用定性与定量两种方法确定。

(1) 定性确定

单位产品失效后会给整机带来严重危害的,AQL值选用较小数,反之,可选用较大的;

A类不合格原则上不用抽样检验,B类不合格的AQL值小,C类不合格的AQL值大;

产品检查项目少时,宜选用较小的AQL,反之,可用较大的AQL;

产品价格较高时,用较小的AQL,反之,可用较大的AQL;

电气性能宜用小的AQL,机械性能居中,外观质量可用较大的AQL;

同一产品中,B类不合格用较小的AQL,C类不合格用较大的AQL;重要检验项目的AQL较小,次要检验项目的AQL较大等。

(2) 定量确定

1) 统计平均法

AQL是可允许的最差过程平均质量水平。检查时,根据从连续生产过程生产的一批产品中所抽取样本经检验计算它的平均质量。过程平均用符号$\bar{P}$表示。

过程平均一般可取 20～30 批的检查结果进行计算

$$\overline{P}=\frac{D_i}{\sum N_i},\quad (i=1,2,\cdots,20)$$

N_i 为各批的批量，D_i 为各批中的不合格品数或不合格数。

由于在实践中产品不宜全数检查，因此往往使用过程平均的估计值 $\hat{p}$ 来替代$\overline{P}$，即

$$\hat{P}=\frac{\sum d_i}{\sum n_i},\quad (i=1,2,\cdots,20)$$

n_i为第 i 批的一个样本的大小，d_i为该样本的不合格品数或不合格数。

因为 AQL 是可允许的最差过程平均质量水平。因此，可通过统计过程平均$\overline{P}$，了解本单位的生产能力。然后再按上述原则决定接收质量限 AQL 值。如某单位某年的各月样本不合格品率统计如下表。

月份	1	2	3	4	5	6	7	8	9	10	11	12
P_i/%	0.79	0.83	0.85	0.85	0.92	0.93	0.81	0.82	0.78	0.90	0.97	0.94

表中 11 月的 P 值最大为 0.97(最差过程平均质量水平)，则可取 AQL＝1.0，也就是说当 AQL＝1.0 时，绝大多数产品可以高概率地通过。

2）因素图解法

先将接收质量限 AQL 值的确定因素分解成 4 个指标，每个指标又分成 3 种程度不同的情况加以区分。

① 如何发现可能忽略的缺陷：

a）简单、容易地发现；

b）经过一般检查才能发现；

c）经拆卸等较复杂的手段才能发现。

② 排除这些缺陷所需的成本与时间消耗：

a）不花或极少花费成本与时间消耗；

b）中等的成本和时间消耗；

c）长时间、高成本，损失较大。

③ 缺陷一旦产生后在本企业带来的后果：

a）可以容忍；

b）需返修，某些情况下需拆卸产品本身；

c）要换件(即需报损某些零部件)，影响交货期。

④ 有缺陷的产品一旦销售出去以后带来的后果：

a）用户不满；

b）用户要求索赔；

c）制造厂信誉损失。

注：缺陷(defect)即不满足预期的使用要求。

当确定了上述四种指标中的某一情况以后，在图 8-3 中，按图 8-4 的次序依次查找，即可查得接收质量限 AQL 值。

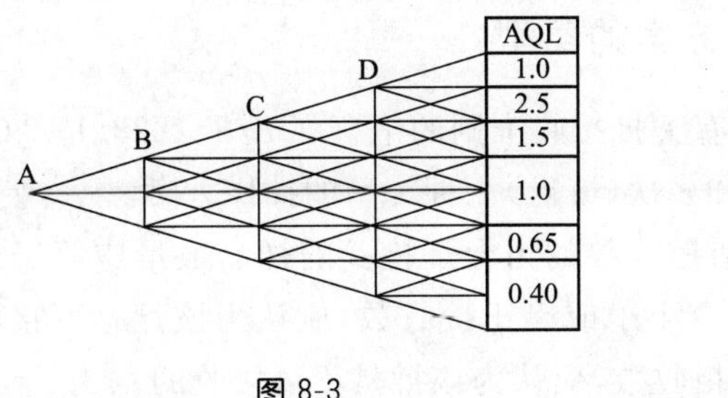

图 8-3

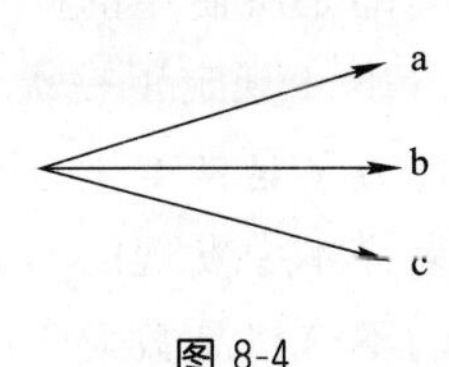

图 8-4

3）经验确定数据法

还有一种经验确定数据的方法，可供大家参照。如按产品的使用要求，可参照表 8-1 中 AQL 值。

表 8-1 按产品使用要求确定 AQL

使用要求	特高	高	中等	低
AQL	≤0.1	0.15～0.65	1.0～2.5	≥4.0
实例	导弹、卫星、飞船等	飞机、舰艇、主要工业品	一般车、船、重要工业品	生活用品

如按产品性能，可参照表 8-2 确定 AQL 值。

表 8-2 按产品性能确定 AQL

性能	电气	机械	外观
AQL	0.4～0.65	1.0～1.5	2.5～4.0

如按检验项目多少确定 AQL，可参照表 8-3。

表 8-3 按检验项目确定 AQL

检验项目数		1～2	3～4	5～7	8～11	12～19	20～48	>48
AQL	重	0.25	0.40	0.60	1.0	1.5	2.5	4.0
	轻	0.65,1.0	1.5	2.5	4.0	≥6.5		

如按检验类别、不合格品种类确定 AQL，可参照表 8-4。

表 8-4 按检验类别、不合格品种类确定 AQL

企业	检验类别	不合格品种类	AQL
一般工厂	进货检验	A、B 类不合格品	0.65,1.5,2.5
		C 类不合格品	4.0,6.5
	成品出厂检验	A 类不合格品	1.5,2.5
		B、C 类不合格品	4.0,6.5

十八、简述 GB/T 2828.1 中抽样方案的类型

抽样方案即是所使用的样本量和有关批接收准则的组合(GB/T 2828.1—2003)。

GB/T 2828.1 规定了一次、二次和多次(五次)三种类型的抽样方案。

一次抽样方案是样本量、接收数和拒收数的组合。检验的样品数量应等于方案给出的样本量。如果样本中发现的不合格品数小于或等于接收数,应认为该批是可接收的。如果样本中发现的不合格品数大于或等于拒收数,应认为该批是不可接收的。

二次抽样方案是两个样本量、第一样本的接收数和拒收数及联合样本的接收数和拒收数的组合。

第一次检验的样品数量应等于该方案给出的第一样本量。如果第一样本中发现的不合格品数小于或等于第一接收数,应认为该批是可接收的;如果第一样本中发现的不合格品数大于或等于第一拒收数,应认为该批是不可接收的。

如果第一样本中发现的不合格品数介于第一接收数与第一拒收数之间,应检验由方案给出的第二样本量并累计在第一样本和第二样本中发现的不合格品数。如果不合格品累计数小于或等于第二接收数,则判定批是可接收的;如果不合格品累计数大于或等于第二拒收数,则判定该批是不可接收的。

多次(五次)抽样方案的程序类似于二次抽样方案的重复。

一次抽检方案最简单,也很易掌握,但它的样本 n 较大,所以其总的抽检量反而大一些。

二次、五次抽检方案较复杂些,需要有较高的管理水平才能很好实施,每次抽取的样本大小 n 较小,但每次抽取样本大小都相同,并且在产品质量很好或很差时,用不着抽满规定次数即可判定出合格与否。所以,总的抽检量反而会小些。

当检验水平相同时,一次、二次与五次抽检方案的判断结果基本相同。

三种抽检方案的抽取样本大小是不同的,所以它们之间一般存在着下列关系:

$$n_1 : n_2 : n_5 = 1 : 0.63 : 0.25,$$

$$\text{即} \quad 2n_2 = 1.26n_1, \quad 5n_5 = 1.25n_1,$$

目前我国机电、轻纺等行业的抽样标准中,大都选用一次抽样方案。因此本书着重介绍一次抽样方案的应用。

十九、简述如何实施 GB/T 2828.1 的一次抽样方案检索

目前我国已经制订发布了 21 个统计抽样标准,其中计数抽样标准 11 个,计量抽样标准 5 个,其他标准 5 个。但在我国使用最多、最普遍的还是 GB/T 2828.1—2003《计数抽样检验程序 第 1 部分:按接收质量限(AQL)检索的逐批检验抽样计划》标准,该标准等同采用 ISO 2859—1:1999 标准。其他抽样检验标准应用的较少,因此本书重点介绍该标准的有关理论和在实践中的应用。另外我们在日常质量检验中大都采用的是一次抽样方案,所以下面着重介绍一次抽样方案的应用。

1. 样本量字码

样本量由样本量字码确定。对特定的批量和规定的检验水平使用表 8-5 查找适用的

字码。

检索方法：由批量和规定的检验水平表8-5得到的样本量字码。使用AQL和样本量字码从抽样方案表(表8-6、表8-7和表8-8)中查取抽样方案。

2. 查取正常检验一次抽样方案使用表8-6

3. 查取加严检验一次抽样方案使用表8-7

4. 查取放宽检验一次抽样方案使用表8-8

表8-5 样本大小字码

批量范围	特殊检验水平				一般检验水平		
	S-1	S-2	S-3	S-4	Ⅰ	Ⅱ	Ⅲ
2～8	A	A	A	A	A	A	B
9～15	A	A	A	A	A	B	C
16～25	A	A	B	B	B	C	D
26～50	A	B	B	C	C	D	E
51～90	B	B	C	C	C	E	F
91～150	B	B	C	D	D	F	G
151～280	B	C	D	E	E	G	H
281～500	B	C	D	E	F	H	J
501～1 200	C	C	E	F	G	J	K
1 201～3 200	C	D	E	G	H	K	L
3 201～10 000	C	D	F	G	J	L	M
10 001～35 000	C	D	F	H	K	M	N
35 001～150 000	D	E	G	J	L	N	P
150 001～500 000	D	E	G	J	M	P	Q
≥500 001	D	E	H	K	N	Q	R

即由表8-5得到的样本量字码后，在抽样方案表中由该字码所在行向右，在样本量栏内读出样本大小n，再以样本量字码所在行和指定的接收质量限AQL所在列相交处，读出接收数Ac和拒收数Re。若在相交处是箭头，则沿着箭头方向读出箭头所指的第一个接收数Ac和拒收数Re，然后由此接收数和拒收数所在行向左，在样本量栏内读出相应的样本量n。

注：① 按上述检索方法，对不同类的不合格品或不同类的不合格得到不同的样本量时，可以使用所读出的样本量最大者所相应的抽样方案。

② 在订货方同意的情况下，可以使用判定数组[1,2]的一次抽样方案代替判定数组[0,1]的一次抽样方案。

表 8-6 正常检验一次抽样方案

样本量字码	样本量	接收质量限(AQL)																									
		0.010	0.015	0.025	0.040	0.065	0.10	0.15	0.25	0.40	0.65	1.0	1.5	2.5	4.0	6.5	10	15	25	40	65	100	150	250	400	650	1 000
		Ac Re	Ac Re	Ac Re	Ac Re	Ac Re	Ac Re	Ac Re	Ac Re	Ac Re	Ac Re	Ac Re	Ac Re	Ac Re	Ac Re	Ac Re	Ac Re	Ac Re	Ac Re	Ac Re	Ac Re	Ac Re	Ac Re	Ac Re	Ac Re	Ac Re	Ac Re
A	2	↓	↓	↓	↓	↓	↓	↓	↓	↓	↓	↓	↓	↓	↓	0 1	↓	↓	1 2	2 3	3 4	5 6	7 8	10 11	14 15	21 22	30 31
B	3	↓	↓	↓	↓	↓	↓	↓	↓	↓	↓	↓	↓	↓	0 1	↑	↓	1 2	2 3	3 4	5 6	7 8	10 11	14 15	21 22	30 31	44 45
C	5	↓	↓	↓	↓	↓	↓	↓	↓	↓	↓	↓	↓	0 1	↑	↓	1 2	2 3	3 4	5 6	7 8	10 11	14 15	21 22	30 31	44 45	↑
D	8	↓	↓	↓	↓	↓	↓	↓	↓	↓	↓	↓	0 1	↑	↓	1 2	2 3	3 4	5 6	7 8	10 11	14 15	21 22	30 31	44 45	↑	↑
E	13	↓	↓	↓	↓	↓	↓	↓	↓	↓	↓	0 1	↑	↓	1 2	2 3	3 4	5 6	7 8	10 11	14 15	21 22	30 31	44 45	↑	↑	↑
F	20	↓	↓	↓	↓	↓	↓	↓	↓	↓	0 1	↑	↓	1 2	2 3	3 4	5 6	7 8	10 11	14 15	21 22	↑	↑	↑	↑	↑	↑
G	32	↓	↓	↓	↓	↓	↓	↓	↓	0 1	↑	↓	1 2	2 3	3 4	5 6	7 8	10 11	14 15	21 22	↑	↑	↑	↑	↑	↑	↑
H	50	↓	↓	↓	↓	↓	↓	↓	0 1	↑	↓	1 2	2 3	3 4	5 6	7 8	10 11	14 15	21 22	↑	↑	↑	↑	↑	↑	↑	↑
J	80	↓	↓	↓	↓	↓	↓	0 1	↑	↓	1 2	2 3	3 4	5 6	7 8	10 11	14 15	21 22	↑	↑	↑	↑	↑	↑	↑	↑	↑
K	125	↓	↓	↓	↓	↓	0 1	↑	↓	1 2	2 3	3 4	5 6	7 8	10 11	14 15	21 22	↑	↑	↑	↑	↑	↑	↑	↑	↑	↑
L	200	↓	↓	↓	↓	0 1	↑	↓	1 2	2 3	3 4	5 6	7 8	10 11	14 15	21 22	↑	↑	↑	↑	↑	↑	↑	↑	↑	↑	↑
M	315	↓	↓	↓	0 1	↑	↓	1 2	2 3	3 4	5 6	7 8	10 11	14 15	21 22	↑	↑	↑	↑	↑	↑	↑	↑	↑	↑	↑	↑
N	500	↓	↓	0 1	↑	↓	1 2	2 3	3 4	5 6	7 8	10 11	14 15	21 22	↑	↑	↑	↑	↑	↑	↑	↑	↑	↑	↑	↑	↑
P	800	↓	0 1	↑	↓	1 2	2 3	3 4	5 6	7 8	10 11	14 15	21 22	↑	↑	↑	↑	↑	↑	↑	↑	↑	↑	↑	↑	↑	↑
Q	1 250	0 1	↑	↓	1 2	2 3	3 4	5 6	7 8	10 11	14 15	21 22	↑	↑	↑	↑	↑	↑	↑	↑	↑	↑	↑	↑	↑	↑	↑
R	2 000	↑	↑	1 2	2 3	3 4	5 6	7 8	10 11	14 15	21 22	↑	↑	↑	↑	↑	↑	↑	↑	↑	↑	↑	↑	↑	↑	↑	↑

⇩——使用箭头下面的第一个抽样方案。如果样本量等于或超过批量，则执行100%检验。

⇧——使用箭头上面的第一个抽样方案。

Ac——接收数。

Re——拒收数。

表 8-7 加严检验一次抽样方案

样本量字码	样本量	接收质量限(AQL)																									
		0.010	0.015	0.025	0.040	0.065	0.10	0.15	0.25	0.40	0.65	1.0	1.5	2.5	4.0	6.5	10	15	25	40	65	100	150	250	400	650	1 000
		Ac Re	Ac Re	Ac Re	Ac Re	Ac Re	Ac Re	Ac Re	Ac Re	Ac Re	Ac Re	Ac Re	Ac Re	Ac Re	Ac Re	Ac Re	Ac Re	Ac Re	Ac Re	Ac Re	Ac Re	Ac Re	Ac Re	Ac Re	Ac Re	Ac Re	Ac Re
A	2	↓	↓	↓	↓	↓	↓	↓	↓	↓	↓	↓	↓	↓	↓	↓	0 1	↓	↓	1 2	2 3	3 4	5 6	8 9	12 13	18 19	27 28
B	3	↓	↓	↓	↓	↓	↓	↓	↓	↓	↓	↓	↓	↓	↓	0 1	↓	↓	1 2	2 3	3 4	5 6	8 9	12 13	18 19	27 28	41 42
C	5	↓	↓	↓	↓	↓	↓	↓	↓	↓	↓	↓	↓	↓	0 1	↓	↓	1 2	2 3	3 4	5 6	8 9	12 13	18 19	27 28	41 42	↑
D	8	↓	↓	↓	↓	↓	↓	↓	↓	↓	↓	↓	↓	0 1	↓	↓	1 2	2 3	3 4	5 6	8 9	12 13	18 19	27 28	41 42	↑	↑
E	13	↓	↓	↓	↓	↓	↓	↓	↓	↓	↓	↓	0 1	↓	↓	1 2	2 3	3 4	5 6	8 9	12 13	18 19	27 28	41 42	↑	↑	↑
F	20	↓	↓	↓	↓	↓	↓	↓	↓	↓	↓	0 1	↓	↓	1 2	2 3	3 4	5 6	8 9	12 13	18 19	↑	↑	↑	↑	↑	↑
G	32	↓	↓	↓	↓	↓	↓	↓	↓	↓	0 1	↓	↓	1 2	2 3	3 4	5 6	8 9	12 13	18 19	↑	↑	↑	↑	↑	↑	↑
H	50	↓	↓	↓	↓	↓	↓	↓	↓	0 1	↓	↓	1 2	2 3	3 4	5 6	8 9	12 13	18 19	↑	↑	↑	↑	↑	↑	↑	↑
J	80	↓	↓	↓	↓	↓	↓	↓	0 1	↓	↓	1 2	2 3	3 4	5 6	8 9	12 13	18 19	↑	↑	↑	↑	↑	↑	↑	↑	↑
K	125	↓	↓	↓	↓	↓	↓	0 1	↓	↓	1 2	2 3	3 4	5 6	8 9	12 13	18 19	↑	↑	↑	↑	↑	↑	↑	↑	↑	↑
L	200	↓	↓	↓	↓	↓	0 1	↓	↓	1 2	2 3	3 4	5 6	8 9	12 13	18 19	↑	↑	↑	↑	↑	↑	↑	↑	↑	↑	↑
M	315	↓	↓	↓	↓	0 1	↓	↓	1 2	2 3	3 4	5 6	8 9	12 13	18 19	↑	↑	↑	↑	↑	↑	↑	↑	↑	↑	↑	↑
N	500	↓	↓	↓	0 1	↓	↓	1 2	2 3	3 4	5 6	8 9	12 13	18 19	↑	↑	↑	↑	↑	↑	↑	↑	↑	↑	↑	↑	↑
P	800	↓	↓	0 1	↓	↓	1 2	2 3	3 4	5 6	8 9	12 13	18 19	↑	↑	↑	↑	↑	↑	↑	↑	↑	↑	↑	↑	↑	↑
Q	1 250	↓	0 1	↓	↓	1 2	2 3	3 4	5 6	8 9	12 13	18 19	↑	↑	↑	↑	↑	↑	↑	↑	↑	↑	↑	↑	↑	↑	↑
R	2 000	0 1	↑	↓	1 2	2 3	3 4	5 6	8 9	12 13	18 19	↑	↑	↑	↑	↑	↑	↑	↑	↑	↑	↑	↑	↑	↑	↑	↑
S	3 150			1 2																							

⇩——使用箭头下面的第一个抽样方案。如果样本量等于或超过批量，则执行100%检验。

⇧——使用箭头上面的第一个抽样方案。

Ac——接收数。

Re——拒收数。

表 8-8 放宽检验一次抽样方案

样本量字码	样本量	接收质量限(AQL)																									
		0.010	0.015	0.025	0.040	0.065	0.10	0.15	0.25	0.40	0.65	1.0	1.5	2.5	4.0	6.5	10	15	25	40	65	100	150	250	400	650	1 000
		Ac Re	Ac Re	Ac Re	Ac Re	Ac Re	Ac Re	Ac Re	Ac Re	Ac Re	Ac Re	Ac Re	Ac Re	Ac Re	Ac Re	Ac Re	Ac Re	Ac Re	Ac Re	Ac Re	Ac Re	Ac Re	Ac Re	Ac Re	Ac Re	Ac Re	Ac Re
A	2	⇩	⇩	⇩	⇩	⇩	⇩	⇩	⇩	⇩	⇩	⇩	⇩	⇩	⇩	0 1	⇩	⇩	1 2	2 3	3 4	5 6	7 8	10 11	14 15	21 22	30 31
B	2	⇩	⇩	⇩	⇩	⇩	⇩	⇩	⇩	⇩	⇩	⇩	⇩	⇩	0 1	⇧	⇩	⇩	1 2	2 3	3 4	5 6	7 8	10 11	14 15	21 22	30 31
C	2	⇩	⇩	⇩	⇩	⇩	⇩	⇩	⇩	⇩	⇩	⇩	⇩	0 1	⇧	⇩	⇩	1 2	2 3	3 4	5 6	6 7	8 9	10 11	14 15	21 22	⇧
D	3	⇩	⇩	⇩	⇩	⇩	⇩	⇩	⇩	⇩	⇩	⇩	0 1	⇧	⇩	⇩	1 2	2 3	3 4	5 6	6 7	8 9	10 11	14 15	21 22	⇧	⇧
E	5	⇩	⇩	⇩	⇩	⇩	⇩	⇩	⇩	⇩	⇩	0 1	⇧	⇩	⇩	1 2	2 3	3 4	5 6	6 7	8 9	10 11	14 15	21 22	⇧	⇧	⇧
F	8	⇩	⇩	⇩	⇩	⇩	⇩	⇩	⇩	⇩	0 1	⇧	⇩	⇩	1 2	2 3	3 4	5 6	6 7	8 9	10 11	⇧	⇧	⇧	⇧	⇧	⇧
G	13	⇩	⇩	⇩	⇩	⇩	⇩	⇩	⇩	0 1	⇧	⇩	⇩	1 2	2 3	3 4	5 6	6 7	8 9	10 11	⇧	⇧	⇧	⇧	⇧	⇧	⇧
H	20	⇩	⇩	⇩	⇩	⇩	⇩	⇩	0 1	⇧	⇩	⇩	1 2	2 3	3 4	5 6	6 7	8 9	10 11	⇧	⇧	⇧	⇧	⇧	⇧	⇧	⇧
J	32	⇩	⇩	⇩	⇩	⇩	⇩	0 1	⇧	⇩	⇩	1 2	2 3	3 4	5 6	6 7	8 9	10 11	⇧	⇧	⇧	⇧	⇧	⇧	⇧	⇧	⇧
K	50	⇩	⇩	⇩	⇩	⇩	0 1	⇧	⇩	⇩	1 2	2 3	3 4	5 6	6 7	8 9	10 11	⇧	⇧	⇧	⇧	⇧	⇧	⇧	⇧	⇧	⇧
L	80	⇩	⇩	⇩	⇩	0 1	⇧	⇩	⇩	1 2	2 3	3 4	5 6	6 7	8 9	10 11	⇧	⇧	⇧	⇧	⇧	⇧	⇧	⇧	⇧	⇧	⇧
M	125	⇩	⇩	⇩	0 1	⇧	⇩	⇩	1 2	2 3	3 4	5 6	6 7	8 9	10 11	⇧	⇧	⇧	⇧	⇧	⇧	⇧	⇧	⇧	⇧	⇧	⇧
N	200	⇩	⇩	0 1	⇧	⇩	⇩	1 2	2 3	3 4	5 6	6 7	8 9	10 11	⇧	⇧	⇧	⇧	⇧	⇧	⇧	⇧	⇧	⇧	⇧	⇧	⇧
P	315	⇩	0 1	⇧	⇩	⇩	1 2	2 3	3 4	5 6	6 7	8 9	10 11	⇧	⇧	⇧	⇧	⇧	⇧	⇧	⇧	⇧	⇧	⇧	⇧	⇧	⇧
Q	500	0 1	⇧	⇧	⇩	1 2	2 3	3 4	5 6	6 7	8 9	10 11	⇧	⇧	⇧	⇧	⇧	⇧	⇧	⇧	⇧	⇧	⇧	⇧	⇧	⇧	⇧
R	800	⇧	⇧	⇧	1 2	2 3	3 4	5 6	6 7	8 9	10 11	⇧	⇧	⇧	⇧	⇧	⇧	⇧	⇧	⇧	⇧	⇧	⇧	⇧	⇧	⇧	⇧

⇩——使用箭头下面的第一个抽样方案。如果样本量等于或超过批量，则执行100%检验。

⇧——使用箭头上面的第一个抽样方案。

Ac——接收数。

Re——拒收数。

示例1 在某机械零件的出厂试验中采用GB/T 2828.1标准进行抽样检验。规定AQL=1.5,IL=Ⅱ,求N=2 000时正常检验一次抽样方案。

(1) 从表8-5包含N=2 000的行(1 201～3 200),与IL=Ⅱ所在列相交处,读出样本量字码K。

(2) 因为求正常检验一次抽样方案,所以选用表8-6进行检索。

(3) 在表8-6中,由样本量字码K所在行向右,在样本量栏内读出n=125。另外,由样本量字码K所在行与AQL=1.5所在列相交处读出接收数和拒收数组合[5,6]。

(4) 因而所求正常检验一次抽样方案如下:

n=125, Ac=5, Re=6。

示例2 在某电子元件的交收试验中采用GB/T 2828.1标准进行抽样检验。规定AQL=0.40,IL=Ⅰ,求N=1 000时加严检验一次抽样方案。

(1) 从表8-5包含N=1 000的行(501～1 200),与IL=Ⅰ所在列相交处,读出样本量字码G。

(2) 因为求加严检验一次抽样方案,所以采用表8-7进行检索。

(3) 在表8-7中,由样本大小字码G所在行向右,在样本量栏内读出n=32。但是,因样本量字码G所在行和AQL=0.40所在列相交处读出的是向下箭头,故沿箭头所指方向读出接收数和拒收数组合[0,1],然后由[0,1]所在行向左,在样本量栏内读出n=50。

(4) 因而所求加严检验一次抽样方案如下:

n=50, Ac=0, Re=1。

(5) 若需将接收数和拒收数组合为[0,1]的方案改为[1,2]的方案,则可用下述加严检验一次抽样方案,代替上述方案。

n=200, Ac=1, Re=2。

示例3 在电子器件的交收试验中采用GB/T 2828.1标准进行抽样检验。规定A类不合格AQL=0.65,B类不合格AQL=2.5,IL=Ⅱ。求N=400时正常检验一次抽样方案。

(1) 仿照示例1步骤,求出A类不合格的正常检验一次抽样方案为:

n=80, Ac=1, Re=2。

B类不合格的正常检验一次抽样方案为:

n=50, Ac=3, Re=4。

(2) 为了使A类和B类不合格的正常检验一次抽样方案之样本量取得一致,可改变B类不合格的正常检验一次抽样方案为:

n=80, Ac=5, Re=6。

5. 样本的抽取与检验

样本应随机抽取,应有批的代表性。抽取样本的时间,可在批的形成过程中,也可在批组成之后。

根据产品技术标准或合同规定的项目,逐个对样本单位产品进行检验,并累计不合格品数或不合格数(当不合格分类时应分别累计)。

6. 批的判断与处理

根据样本检验结果,若不合格品数或不合格数小于或等于接收数Ac,则判该批是合格批。若不合格品数或不合格数大于或等于拒收数Re,则判该批是不合格批。

判为合格批应整批接收;判为不合格的批原则上全部退回。但允许供货方在百分之百检验的基础上,将不合格品剔除或修理好后,再次提交检验。

二十、我国现已颁布了哪些统计抽样标准

目前，在我国已颁布的以统计技术为理论基础的验收抽样检验标准共有 21 个，其中计数抽样标准 11 个，计量抽样标准 6 个，其他统计抽样标准 4 个。它们分别是：

1. 计数抽样标准

① GB/T 13262—2008 不合格品百分数的计数标准型一次抽样检验程序及抽样表

② GB/T 2828.3—2008 计数抽样检验程序 第 3 部分：跳批抽样程序

③ GB/T 13264—2008 不合格品百分数的小批计数抽样检验程序及抽样表

④ GB/T 13546—1992 挑选型计数抽样检查程序及抽样表

⑤ GB/T 2828.4—2008 计数抽样检验程序 第 4 部分：声称质量水平的评定程序

⑥ GB/T 2828.2—2008 计数抽样检验程序 第 2 部分：按极限质量(LQ)检索的孤立批检验抽样方案

⑦ GB/T 2828.11—2008 计数抽样检验程序 第 11 部分：小总体声称质量水平的评定程序

⑧ GB/T 2828.1—2003 计数抽样检验程序 第 1 部分：按接收质量限(AQL)检索的逐批检验抽样计划

⑨ GB/T 2829—2002 周期检验计数抽样程序及表(适用于对过程稳定性的检验)

⑩ GB/T 8051—2008 计数序贯抽样检验方案

⑪ GB/T 8052—2002 单水平和多水平计数连续抽样检验程序及表

2. 计量抽样标准

① GB/T 14900—1994 产品质量平均值的计量一次监督抽样检验程序及抽样表

② GB/T 16307—1996 计量截尾序贯抽样检验程序及抽样表(适用于标准差已知的情形)

③ GB/T 4891—2008 为估计批(或过程)平均质量选择样本量的方法

④ GB/T 6378.4—2008 计量抽样检验程序 第 4 部分：对均值的声称质量水平的评定程序

⑤ GB/T 6378.1—2008 计量抽样检验程序 第 1 部分：按接收质量限(AQL)检索的对单一质量特性和单个 AQL 的逐批检验的一个抽样方案

⑥ GB/T 8054—2008 计量标准型一次抽样检验程序及表

3. 其他统计抽样标准

① GB/T 10111—2008 随机数的产生及其在产品质量抽样检验中的应用程序

② GB/T 13732—1992 粒度均匀散料抽样检验通则

③ GB/T 16306—2008 声称质量水平复检与复检的评定程序

④ GB/T 13393—2008 验收抽样检查导则

第九章

回 归 分 析

一、何谓回归分析，简述回归分析的用途、益处、局限性与注意事项及应用示例

1. 回归分析的概念

回归分析(regression analysis)是评价响应变量与预测变量关系模型的技术。

回归分析就是将所关心的特性(通常称为“响应变量”或“因变量”)的性能与潜在的原因(通常称为“解释变量” 或“自变量”)联系起来。这样一种关系可通过科学、经济、工程等学科的模型作出规定，或经验地得到。目的是帮助理解响应变差的潜在原因，并解释每个因素对该变差所起的作用有多大。通过统计将响应变量的变差与解释变量的变差联系起来，以及将预期和实际响应变量之间的偏差减至最小达到最佳拟合。

2. 回归分析的用途

回归分析可用于以下几个方面：

(1) 检验有关潜在解释变量对响应变量影响的假设，并针对解释变量的已知变化，使用这些信息描述所估计的响应变化；

(2) 针对解释变量的具体值，预测响应变量值；

(3) 针对给出的解释变量特定值，(在规定的置信水平)预测响应值的预期范围；

(4) 估计响应变量和解释变量相关联的方向和程度(尽管这样的关联并不意味着因果关系)。例如，可以使用这些信息确定当变更某个因素而其他因素不变时所产生的影响，如改变温度对过程产量的影响。

3. 回归分析的益处

回归分析可使组织深入了解各种因素与所关心的响应之间的关系，这样的了解有助于指导组织在研究和最终改进过程时作出决策。

回归分析获得的结论来自于其对响应数据的形态进行简明地描述能力、对不同但相关的数据子集的比较能力以及对潜在的因果关系的分析能力。当这些关系能较好地建模时，回归分析还能估计解释变量所产生影响的相对大小以及这些变量的相对强度。这些信息在控制或改进过程的输出中具有潜在的价值。

回归分析也可以对在分析中未测量或遗漏的因素对响应影响的大小和来源作出估计。这种信息可用来改进测试系统或过程。

回归分析可针对一个或多个解释变量的给定值预测响应变量值；同样回归分析也可以就现有或预期的响应来预测解释变量改变时的影响。

4. 回归分析的局限性与注意事项

当建立过程模型时，需要具备确定(如，线性的、指数的、多变量的)适宜的回归模型的技能，以及运用诊断方法改进模型的技能。遗漏变量、测试误差，以及其他方法无法解释的响应变差来源的存在都会使模型复杂化。选择何种适用于回归分析问题的估计技术，取决于

所研究的回归模型的特定假设以及可获得的数据特性。

在建立过程模型时，有时遇到的问题是存在有效性可疑的数据。在分析中包含或遗漏这样的数据可能会对模型参数的估计以及响应的估计产生影响。因此，在可能时，应调查这些数据的有效性。

通过将解释变量的数量减至最少来简化模型在建模中很重要。包含不必要的变量能混淆解释变量的影响，并降低模型的预测精密度。然而，遗漏某个重要解释变量可能会严重限制模型以及结果的可用性。

另外，回归分析的模型必须在适用的范围内使用，不得任意扩展，否则会发生严重的与事实不相符的错误。例如，将人的年龄与身高及体重在0～20岁时的回归模型，应用到30岁以上的群体中，则必然会得出与客观事实完全相违背的结果。

5. 回归分析的应用示例

回归分析应用于产量、运行质量、循环时间、测试或检验失败的概率，以及过程缺陷的各种形态等生产特性的建模。回归分析也用来识别过程的最重要因素，以及它们对所关心的特性变差影响的大小和性质。

回归分析用来预测试验结果，或预测对材料或生产条件中的变差进行的受控前瞻性或回溯性研究的结果。

回归分析也可用来验证测试方法的可替代性。例如，用非破坏性试验替代破坏性试验方法；用省时、省力或省钱的试验方法替代费时、费力或费钱的试验方法。例如，在检验蛭石时，线性膨胀倍数比较难测，不但效率低，而且主观误差大。但体积膨胀倍数的测量，不但简单方便，而且准确度高。这样检验人员利用回归分析建立了数学模型，以体积膨胀倍数推算出线性膨胀倍数，这样既提高了检验效率，又保证了检验的准确性。

非线性回归的应用示例包括将药物浓度作为时间和反应量的函数来建模；将化学反应作为时间、温度和压力等的函数来建模。

二、何谓函数关系、相关关系

1. 函数关系

对于一个变量(在某个范围内)的每一个值都有另一个变量的完全确定的数值与之对应，即一一对应的关系。例如，正方形的面积与边长之间、圆面积与半径之间的关系，只要边长与半径确定后它们的面积就可以完全确定。变量之间的这种确定性关系，称之为函数关系。可以用函数 $y=f(x)$来表示，x 给定后，y 的值就是唯一确定了。

2. 相关关系

另一类变量与变量间确实存在着关系，但又不是一一对应的关系。如气温、降雨量、施肥量与农作物产量之间的关系。一定年龄段的年龄与身高、年龄与体重之间的关系。就属于这一类关系。我们称这类非确定性的关系为相关关系。相关关系有如下两个特点：

① 变量之间确实存在数量上的相互依存关系。变量之间数量上的相互依存关系表现在：一个变量发生数量上的变化，另一个与之相联系的变量也会相应地发生数量上的变化。

② 变量之间数量上不确定、不严格的依存关系。相关关系的全称为统计相关关系，它

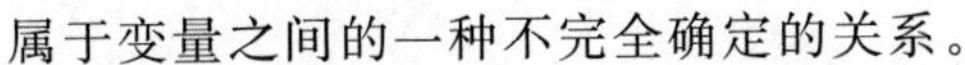

属于变量之间的一种不完全确定的关系。

相关关系是相关分析的研究对象，而函数关系则是相关分析的工具。

三、简述相关关系的分类

质量管理中变量之间的相关关系是错综复杂的，表现为各种不同的形态和类型。现从不同的角度对其进行划分。

1. 根据相关关系的程度划分

① 不相关。如果变量间彼此的数量变化互相独立，则其关系为不相关。自变量 x 变动时，因变量 y 的数值不随之相应变动。例如，产品税额的多少与工人的出勤率、家庭收入多少与孩子的多少之间都不存在相关关系。

② 完全相关。如果一个变量的变化是由其他变量的数量变化所唯一确定，此时变量间的关系称为完全相关。即因变量 y 的数值完全随自变量 x 的变动而变动，它在相关图上表现为所有的观察点都落在同一条直线上，这种情况下，相关关系实际上是函数关系。所以，函数关系是相关关系的一种特殊情况。

③ 不完全相关。如果变量间的关系介于不相关和完全相关之间，则称为不完全相关。如质量管理水平与产品质量之间的关系。大多数相关关系属于不完全相关，是统计研究的主要对象。

2. 根据相关关系的方向划分

① 正相关。指两个因素（或变量）之间的变化方向一致，都是呈增长或下降的趋势。即自变量 x 的值增加（或减少），因变量 y 的值也相应地增加（或减少），这样的关系就是正相关。例如，工业总产值增加，企业税利总额也随之增加；产品的质量下降，企业的效益也下降等。

② 负相关。指两个因素或变量之间变化方向相反，即自变量的数值增大（或减小），因变量随之减小（或增大）。如劳动生产率提高，产品成本降低；产品成本降低，企业利润增加；煤炭中灰分增加，发热量降低等。

3. 根据自变量的多少划分

① 单相关。两个因素（变量）之间的相关关系称作单相关，即研究时只涉及一个自变量和一个因变量。

② 复相关。三个或三个以上因素（变量）的相关关系称作复相关，即研究时涉及两个或两个以上的自变量和因变量。

4. 根据变量间相互关系的表现形式划分

① 直线相关（或线性相关）。当相关关系的自变量 x 发生变动，因变量 y 值随之发生大致均等的变动，从图像上近似地表现为直线形式，这种相关通称为直线（或线性）相关。例如，销售量与销售额之间就呈直线相关关系。

② 曲线（或非线性）相关。在两个相关现象中，自变量 x 值发生变动，因变量 y 也随之发生变动，这种变动不是均等的，在图像上的分布是各种不同的曲线形式，这种相关关系称为曲线（或非线性）相关。曲线相关在相关图上的分布，表现为抛物线、双曲线、指数曲线等非直线形式。例如，从人的生命全过程看，年龄与医疗费支出呈非线性相关。

四、简述相关关系的判断

1. 相关关系的一般性判断

(1) 定性分析

这是从定性角度分析和判断现象(变量)之间是否具有相关关系,以及相关关系的类型。这种分析和判断所依据的是对现象(变量)的了解和对有关的理论知识、专业知识的掌握,以及一定的社会实践经验。

(2) 相关表

在定性判断的基础上,把具有相关关系的两个量的具体数值按照一定顺序平行排列在一张表上,以观察它们之间的相互关系,这种表就称为相关表。相关表中,以 x 为自变量,y 为因变量,每个自变量都有它相对应的因变量,并在表中一一对应排列。通过相关表可初步看出相关关系的形式、密切程度和相关方向。

示例 现以某地区的 10 个同类企业某年生产性固定资产与工业增加值的有关资料,编制相关表,如表 9-1 所示。

表 9-1 固定资产价值与工业增加值相关表(单位:100 万元)

企业编号	生产性固定资产价值 x	工业增加值 y
1	3	15
2	3	17
3	5	25
4	6	28
5	6	30
6	7	36
7	8	37
8	9	42
9	9	40
10	10	45

表 9-1 称为简单相关表,它是在原始资料较少时适合使用的一种形式。从表中可以看出,随着生产性固定资产增多,工业增加值有增加的趋势。

2. 相关图

把相关表上一一对应的具体数值在直角坐标系中用点标出来而形成的散点图则称为相关图。利用相关图,可以更直观、更形象地表现变量之间的相互关系。现在用表 9-1 的资料绘制相关图,如图 9-1 所示。

从图 9-1 生产性固定资产价值与工业增加值的 10 个散点布点看,因变量 y 随自变量 x 的增大而增大、减少而减少,并且散布点的分布近似地表现为一条直线。由此可以判断生产性固定资产价值与工业增加值这两个变量之间存在着直线正相关关系。

3. 利用相关系数判断

相关图可以帮助我们直观了解相关关系,但这只是初步的判断,是相关分析的开始。为了说明现象(变量)之间相关关系的密切程度,就要计算它们的相关系数。相关系数是直线相关条件下说明两个现象(变量)之间相关关系密切程度的统计分析指标。相关系数通常用 r 表示(注意:样本相关系数的符号为 r,而随机变量相关系数的符号为 ρ)。

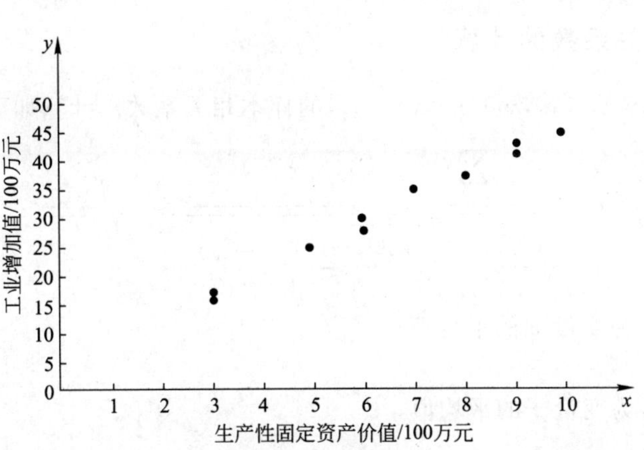

图 9-1 相关图

相关系数的取值范围是在－1 和＋1 之间，即$-1 \leqslant r \leqslant 1$。当 $r>0$，为正相关；$r<0$，为负相关。相关系数 r 的绝对值越接近于 1，表示相关关系越强，越接近于 0，表示相关关系越弱。如果$|r|=1$，则表示两个变量完全直线相关。如果$|r|=0$，则表示两个变量完全不相关。变量之间的各种相关关系可以用相关系数分析图直观地表达出来，见图 9-2。

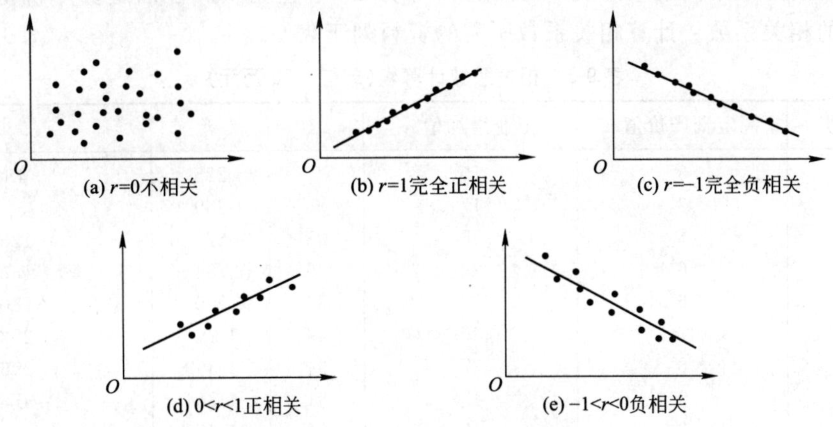

图 9-2 相关系数分析图

为在实际分析时相关关系有个判断标准，现将相关关系密切的等级列于表 9-2 中。

表 9-2 相关关系密切程度

相关系数绝对值$\|r\|$	相关密切程度等级
0.3 以下	不相关
0.3～0.5	低度相关
0.5～0.8	显著相关
0.8 以上	高度相关

还应注意的是，r 只表示 x 与 y 的直线相关密切程度，当 r 很小甚至为 0 时，并不表示 x 与 y 之间不存在其他非直线型的相关关系。

五、如何进行相关系数的计算

二维样本(x_1,y_1)，(x_2,y_2)，…，(x_n,y_n)的样本相关系数。计算如下：

$$r=\frac{\sum_{i=1}^{n}(x_i-\bar{x})(y_i-\bar{y})}{\sqrt{\sum_{i=1}^{n}(x_i-\bar{x})^2\cdot\sum_{i=1}^{n}(y_i-\bar{y})^2}}=\frac{L_{xy}}{\sqrt{L_{xx}L_{yy}}}。$$

式中：$\bar{x}=\frac{1}{n}\sum_{i=1}^{n}x_i$ 为变量 x 的平均值；

$\bar{y}=\frac{1}{n}\sum_{i=1}^{n}y_i$ 为变量 y 的平均值；

$L_{xy}=\sum_{i=1}^{n}(x_i-\bar{x})(y_i-\bar{y})=\sum_{i=1}^{n}x_iy_i-n\bar{x}\cdot\bar{y}$ 为诸 x_i的偏差与诸 y_i的偏差的乘积之和；

$L_{xx}=\sum_{i=1}^{n}(x_i-\bar{x})^2=\sum_{i=1}^{n}x_i^2-n\bar{x}^2$ 为诸 x_i的偏差平方和；

$L_{yy}=\sum_{i=1}^{n}(y_i-\bar{y})^2=\sum_{i=1}^{n}y_i^2-n\bar{y}^2$ 为诸 y_i的偏差平方和。

示例　以本章第四题中的表 9-1 的资料计算 10 个企业生产性固定资产价值与工业增加值之间的相关系数。计算相关系数所需的资料列于表 9-3。

表 9-3　相关系数计算表(单位:100 万元)

企业序号	固定资产价值 x	工业增加值 y	x^2	y^2	xy
1	3	15	9	225	45
2	3	17	9	289	51
3	5	25	25	625	125
4	6	28	36	784	168
5	6	30	36	900	180
6	7	36	49	1 296	252
7	8	37	64	1 369	296
8	9	42	81	1 764	378
9	9	40	81	1 600	360
10	10	45	100	2 025	450
合计	66($\bar{x}$=6.6)	315($\bar{y}$=31.5)	490	10 877	2 305

由表中资料代入上式计算得

$$r=\frac{L_{xy}}{\sqrt{L_{xx}L_{yy}}}=\frac{\sum_{i=1}^{n}x_iy_i-n\bar{x}\cdot\bar{y}}{\sqrt{\sum_{i=1}^{n}x_i^2-n\bar{x}^2\cdot\sum_{i=1}^{n}y_i^2-n\bar{y}^2}}$$

$$=\frac{2\,305-10\times6.6\times31.5}{\sqrt{(490-10\times6.6^2)\times(10\,877-10\times31.5^2)}}$$

$$=\frac{226}{\sqrt{54.4\times954.5}}=0.991\,8$$

计算结果表明生产性固定资产价值和工业增加值之间存在高度正相关关系。

六、简述相关分析与回归分析的区别与联系

1. 相关分析与回归分析的区别

相关分析所研究的两个变量是对等关系。

回归分析所研究的两个变量不是对等关系，必须根据研究目的，先确定其中一个是自变量(解释变量)，另一个是因变量(响应变量)。

对两个变量 x 和 y 来说，相关分析只能计算出一个反映两个变量间相关密切程度的相关系数，计算中改变 x 和 y 的位置不影响相关系数的数值。

回归分析中，对互有因果关系的变量，有时可以根据研究目的的不同分别建立两个不同的回归方程。以 x 为自变量，y 为因变量，可以得出 x 对 y 的回归方程；以 y 为自变量，x 为因变量，可以得出 y 对 x 的回归方程。

相关分析对资料的要求是，两个变量都必须是随机变量。而回归分析对资料的要求是，自变量是可以控制的变量或给定的变量，而因变量是随机变量。它们的主要区别见表 9-4。

表 9-4　回归分析与相关分析的主要差别

回归分析	相关分析
1. 变量 x 为自变量，处于解释地位；变量 y 为因变量，处在被解释的特殊地位	1. 变量 x 和变量 y 处于平等的地位
2. 因变量 y 是随机变量，自变量 x 是确定性变量	2. 所涉及的变量 x 与 y 都是随机变量
3. 不仅可揭示 x 对变量 y 的影响大小，还可以应用回归方程进行预测和控制	3. 主要刻画两个变量之间线性相关的密切程度

2. 相关分析与回归分析的联系

相关分析是回归分析的基础和前提。如果缺少相关分析，没有从定性上说明变量间是否具有相关关系，没有对相关关系的密切程度作出判断，就不能进行回归分析，即便是进行了回归分析，其回归方程的代表性也是值得质疑的。

回归分析是相关分析的深入和继续。对变量间相关分析仅仅说明其具有密切的相关关系是不够的，只有进行了回归分析，拟合了回归方程，才可能进行有关分析的回归预测和控制，相关分析才有实际的意义。因此，仅有回归分析而缺少相关分析，将会因为缺少必要的基础和前提而影响回归分析的可靠性；如果仅有相关分析而缺少回归分析，就会降低相关分析的意义。只有把两者结合起来，才能达到分析研究的目的。

七、何谓回归函数、回归方程、回归曲线

1. 回归函数　regression function

若 Y 是一随机变量，X 是一 k 维随机变量，则给定 $X=(x_1,x_2,\cdots,x_k)$时 Y 的条件期望 $f(x_1,x_2,\cdots,x_k)$作为 $x_1,x_2,\cdots,x_k$的函数，称为 Y 对 X 的回归函数。

2. 回归方程　regression equation

回归函数 $y=f(x_1,x_2,\cdots,x_k)$称为回归方程。

3. 回归曲线 regression curve

当 X 是一维随机变量时，Y 对 X 的回归函数 $f(x)$ 的图形称为回归曲线。

当 Y 对 X 的回归曲线是一条直线 $y=a+bx$ 时，称为回归直线，其斜率 b 称为 Y 对 X 的回归系数。它表示当 x 增加一个单位时，y 平均增加的数量。a 称为截距。

八、何谓最小二乘法，简述一元线性回归模型的参数估计

1. 最小二乘法　method of least squares

通过最小化观测值与假定模型的预测值的差值的平方和，进行参数估计的技术。

注：记 e 为观测值与假定模型的预测值的差值，则最小二乘法是通过最小化 $\sum e^2$，其中求和是对所有的处理。

2. 一元线性回归模型的参数估计

回归方程的确定可以用不同的方法求得，最简单的方法是把所得数据点标在坐标纸上。如果直观地看出散点有连成直线的趋势，则可用直尺凭视觉画出一条直线，使直线两边的点数差不多相等。这条直线的方程就是一个经验公式，可以近似地看作为一条回归直线。在我们日常产品检验中特别是在比色分析中常用此法画出回归工作曲线。该法称为图解法。另外还有“选点法”、“平均值法”也较常见。但这些方法都不及“最小二乘法”精确。

最小二乘法即是通过极小化各观测值与其响应值之差的平方和，拟对模型中的未知参数进行估计的方法。

下面简述最小二乘法的原理。它的理论依据是：函数的极值原理。即使得回归直线与所有检测数据误差的平方和达到极小值。由于平方运算也称为“二乘”运算，因此求回归直线的方法通常称为“最小二乘法”。一元回归方程的形式为

$$\hat{y}=a+bx。$$

当自变量 x 值为 $x_1,x_2,\cdots,x_n$ 时，则有 $\hat{y}_1=a+bx_1,\hat{y}_2=a+bx_2,\cdots,\hat{y}_n=a+bx_n$ 与之对应。由于在实际检测过程中存在着误差，y 与 x 的关系以相关关系表现出来。因此，相应于 $x_1,x_2,\cdots,x_n$ 的检测值 $y_1,y_2,\cdots,y_n$ 与估计值 $\hat{y}_1,\hat{y}_2,\cdots,\hat{y}_n$ 并不相等。检测分析点 $(x_1,y_1),(x_2,y_2),\cdots,(x_n,y_n)$ 并不都落在确定的回归直线 $\hat{y}_i=a+bx_i$ 上。任一检测分析点 (x_i,y_i) 偏离回归直线纵坐标方向的距离 δ_i 称为残差（或离差）。$\delta_i=y_i-\hat{y}_i=y_i-(a+bx_i)$ 见图 9-3。

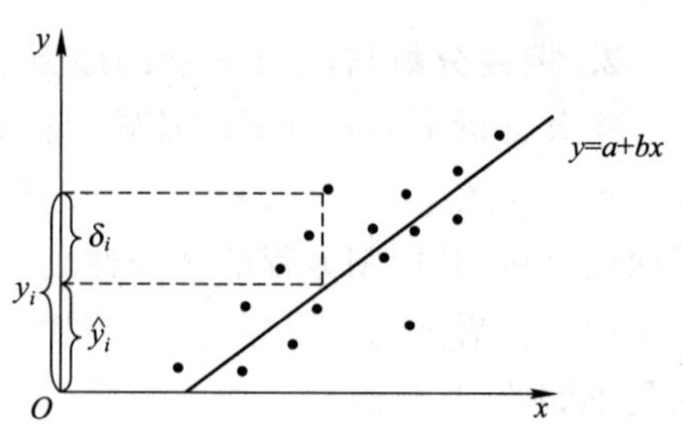

图 9-3　残差 δ_i 示意图

n 个检测值所引起的残差就构成总残差，即 $\sum_{i=1}^{n}\delta_i$，因为 δ_i 有正有负，用它的绝对值表示对后面的数学处理有困难，故采用 $\sum_{i=1}^{n}\delta_i^2$ 来表示，即残差平方和

$$Q=\sum_{i=1}^{n}\delta_i^2=\sum_{i=1}^{n}(y_i-a-bx_i)^2\ 。$$

回归直线应是所有直线中误差（残差）平方和 Q 最小的一条直线。如找到适当的 a、b 两个参数值，即可满足 Q 最小。最小二乘法就是由残差平方和最小来确定估计 $\hat{a}$、$\hat{b}$ 及 $\hat{y}$ 的方法。

根据数学分析中的极值原理，要使 Q 达到最小，可对式中 a、b 分别求偏导数，并使之为零。

$$\begin{cases}\dfrac{\partial\theta}{\partial a}=-2\sum_{i=1}^{n}(y_i-a-bx_i)=0\\ \dfrac{\partial\theta}{\partial b}=-2\sum_{i=1}^{n}(y_i-a-bx_i)=0\end{cases}$$

得方程组

$$\begin{cases}na-n\bar{x}b=n\bar{y}\\ n\bar{x}a+(\sum_{i=1}^{n}x_i^2)b=\sum_{i=1}^{n}x_iy_i\end{cases}$$

解出 $\hat{a}$、$\hat{b}$ 分别为

$$\hat{a}=\bar{y}-\hat{b}\bar{x},$$

$$\hat{b}=\frac{\sum_{i=1}^{n}(x_i-\bar{x})(y_i-\bar{y})}{\sum_{i=1}^{n}(x_i-\bar{x})^2}=\frac{\sum_{i=1}^{n}x_iy_i-n\bar{x}\bar{y}}{\sum_{i=1}^{n}x_i^2-n\bar{x}^2}=\frac{L_{xy}}{L_{xx}}。$$

式中 $\bar{x}$，$\bar{y}$，L_{xy}，L_{xx}，L_{yy} 的计算见本章第五题。

于是得到回归直线方程为

$$\hat{y}=\hat{a}+\hat{b}x。$$

注：残差(residual)即是响应变量的观测值与相应的基于假定模型的预测值之差。

九、举例说明如何使用最小二乘法求一元线性回归方程

如果已知变量 x 与 y 之间存在着某种相关关系，变量 y 的值在某种程度上随着另一变量 x 的值变化而变化的。通过试验我们可以得到 x，y 两个变量的若干数据。我们的目的首先是要找出能描述这两个变量之间关系的定量表达式，为了说明问题，让我们先看下面的示例。

示例 某仪器设备厂，为了满足客户对关键部件合金钢强度的需求，对购入的合金钢的强度 $y(\times10^7\,\text{Pa})$ 与合金钢中的碳的含量 $x(\%)$ 进行了研究，在进料过程中，通过化验和测试共得到 12 组数据，见表 9-5。

表 9-5 合金钢的强度与碳含量的检测数据

序号 i	碳含量 $x_i/\%$	强度 $y_i\times10^7\,\text{Pa}$	序号 i	碳含量 $x_i/\%$	强度 $y_i\times10^7\,\text{Pa}$
1	0.10	42.0	7	0.16	49.0
2	0.11	43.0	8	0.17	53.0
3	0.12	45.0	9	0.18	50.0
4	0.13	45.0	10	0.20	55.0
5	0.14	45.0	11	0.21	55.0
6	0.15	47.5	12	0.23	60.0

从表 9-5 可以看出，碳含量与强度之间大致呈线性相关关系，这样我们可以用直线方程式来表示两者之间的关系

$$\hat{y}=a+bx。$$

把此函数称为“碳含量 x 对强度 y 的回归函数”。公式 $\hat{y}=a+bx$ 称为回归方程，由于在此 x 对 y 的回归曲线为一直线，所以也称为回归直线。回归直线的斜率 b 称为回归系数，它表示当 x 增加一个单位时，y 平均增加的数量。a 称为截距，a 为当 x 为 0 时 y 的估计值。这里在 y 的上方加“^”，表示估计值，是为了区别于随机变量 Y 的实际值 y。

利用最小二乘法求回归直线方程的方法如下：

（1）以 x 表示碳含量，以 y 表示强度，列出回归直线方程的计算表，见表 9-6。

表 9-6 回归分析计算表

编号	x	y	x^2	y^2	xy
1	0.10	42.0	0.01	1764.0	4.20
2	0.11	43.0	0.012 1	1 849.0	4.73
3	0.12	45.0	0.014 4	2 025.0	5.40
4	0.13	45.0	0.016 9	2 025.0	5.85
5	0.14	45.0	0.019 6	2 025.0	6.30
6	0.15	47.5	0.022 5	2 256.25	7.125
7	0.16	49.0	0.025 6	2 401.0	7.84
8	0.17	53.0	0.028 9	2 809.0	9.01
9	0.18	50.0	0.032 4	2 500.0	9.00
10	0.20	55.0	0.04	3 025.0	11.00
11	0.21	55.0	0.044 1	3 025.0	11.55
12	0.23	60.0	0.052 9	3 600.0	13.80
总和	1.90	590.5	0.319 4	29 392.75	95.925

（2）按本章第五题和第八题的公式分别计算

$$\bar{x}=\frac{1}{n}\sum_{i=1}^{n}x_i=0.158\ 3,$$

$$\bar{y}=\frac{1}{n}\sum_{i=1}^{n}y_i=49.208\ 3,$$

$$L_{xy}=\sum_{i=1}^{n}x_iy_i-n\bar{x}\bar{y}=2.429\ 2,$$

$$L_{xx}=\sum_{i=1}^{n}x_i^2-n\bar{x}^2=0.018\ 6,$$

$$L_{yy}=\sum_{i=1}^{n}y_i^2-n\bar{y}^2=335.229\ 2,$$

$$\hat{b}=\frac{L_{xy}}{L_{xx}}=130.602\ 2,$$

$$\hat{a}=\bar{y}-\hat{b}\bar{x}=28.534\ 0。$$

因此合金钢碳含量对合金钢强度的一元回归直线方程为：

$$\hat{y}=28.534\,0+130.602\,2x。$$

顺便指出，当观察数据较大时，为了简化计算，可以把数据 x_i 和 y_i 都同时加(减)或乘(除)同一个数，在得到计算结果后，再进行相应的修正，这样会更简便些。目前由于大多数计算器都有回归分析的计算功能。只要把计算器的功能键设置至回归分析位置，如有些计算器的回归状态以“REG”表示，有的则以“LR”表示等。然后分别把 x_i 和 y_i 值输入，就可立刻显示出一元回归直线方程的截距 a、回归系数 b 以及相关系数 r 值来，这样就可不必进行以上繁杂的计算，几分钟的时间即可直接求得一元回归直线方程。

十、举例说明回归方程显著性检验的方法

用最小二乘法求回归方程时，实际上并不需要事先确定 y 与 x 有线性关系。我们注意到，就其方法而言。对任意一组数据 (x_i, y_i) 都可用这个方法和公式求出一个方程来。这样在应用所求得的线性方程 $\hat{y}=\hat{a}+\hat{b}x$ 时，就需要先判断 y 与 x 是否有线性关系，即要判断方程 $\hat{y}=\hat{a}+\hat{b}x$ 的有效性。因此需要进行回归方程的显著性检验。

对一元线性回归方程的显著性检验，最常用的有 3 种等阶的检验方法，一种是方差分析法(F 检验法)，另一种是 t 检验法，还有一种是相关系数检验法。

1. 方差分析法

方差分析法或称统计推断法亦称回归系数检验法，原因是看回归直线的效果如何，关键是在于回归系数 b 是否为 0，并由此建立统计假设。

1) 建立统计假设 $H_0：b=0$

如果 H_0 成立，这说明 x 值的变化对 y 没有影响，因而两者没有线性关系。如果 H_0 被否定，则可认为 x 与 y 之间存在着线性关系。

2) 选择检验统计量

$$F=\frac{U}{Q/(n-2)},$$

式中：
$$Q=\sum_{i=1}^{n}(y_i-\hat{y}_i)^2。$$

Q 是所有观测值(实测值)的点距回归直线的残差 $\delta_i=y_i-\hat{y}_i$ 的平方和，称之为剩余平方和(亦称残差平方和 S_E)。

$$U=\sum_{i=1}^{n}(\hat{y}-\bar{y})^2。$$

U 是所有回归值(估计值) $\hat{y}_i$ 与实测平均值 $\bar{y}$ 之差的平方和，称之为回归平方和(S_R)。

它们可分别用 $U=\frac{L_{xy}^2}{L_{xx}}$ 和 $Q=L_{yy}-U$ 来计算。

3) 给定显著性水平 α，一般 α 取 0.05。统计量 F 服从自由度 $(1, n-2)$ 的 F 分布，根据 F 分布表(见附表 5)，查出 $F(1, n-2)$ 的临界值。

4) 统计推断。如 $F>F_\alpha(1, n-2)$，则否定原假设 $H_0：b=0$。于是可以认为 y 与 x 之间存在线性相关关系，建立的 y 与 x 之间的一元线性回归方程是有效的。

示例 1 以本章第九题的示例为例，利用方差分析法进行该回归方程的显著性检验。

① 计算回归平方和$U(S_R)$

$$U=\frac{L_{xy}^2}{L_{xx}}=317.2589。$$

② 计算剩余平方和Q

$$Q=L_{yy}-U=335.2292-317.259=17.9703。$$

③ 计算F统计量

$$F=\frac{U}{Q/(n-2)}=176.55。$$

④ 给定$\alpha=0.05$，查附表5，$F_{0.95}(1,10)=4.96$。

⑤ 统计推断。因为统计量$F>4.96$，所以否定原假设H_0，可以认为y与x之间存在线性相关关系，建立的y与x之间的一元线性回归方程是有效的。

2. t检验法

对回归方程中的各系数的显著性检验，也可以采用t检验法，一般只需检验自变量的系数，常数项不需要检验。具体的检验步骤如下：

1）建立统计假设H_0：$b=0$。

2）选择检验统计量

$$t=\frac{\hat{b}}{\sqrt{Q/n-2/L_{xx}}}$$

式中：
$$Q=\sum_{i=1}^{n}(y_i-\hat{y}_i)^2。$$

3）确定显著性水平α，并根据自由度$\nu=n-2$，查t分布表（附表4），得到相应的临界值$t_{\alpha/2}(\nu)$。

4）统计推断。若$|t|>t_{\alpha/2}(\nu)$，拒绝原假设H_0，表明自变量x与因变量y之间存在着显著性线性关系。反之，若$|t|\leqslant t_{\alpha/2}(\nu)$，则接受原假设$H_0$，表明自变量$x$与因变量$y$之间的线性关系是不显著的，两者之间不存在线性关系。

示例2　以本章第九题的示例为例，利用t检验法进行该回归方程的显著性检验。

（1）建立统计假设H_0：$b=0$。

（2）计算检验统计量

$$t=\frac{\hat{b}}{\sqrt{Q/n-2/L_{xx}}}=\frac{130.602}{\sqrt{1.797/0.0186}}=13.29。$$

（3）取显著性水平$\alpha=0.05$，查t分布表（附表4），得到$t_{0.975}(10)=2.288$。

（4）统计推断。$t=13.29>2.288=t_{0.975}(10)$，所以拒绝原假设$H_0$，表明自变量$x$与因变量$y$之间存在着显著性线性关系。

3. 相关系数检验法

相关性检验有多种方法，除去以上介绍的方差分析法、t检验法外。最简便、最常用的还属相关系数检验法。

从对相关系数的介绍中可以看出，对于一个具体问题，只有当相关系数r的绝对值大到一定的程度时，才能用回归直线来近似地表示x与y之间的关系。在这种情况下，我们说相关系数“显著”，才能断定x与y可能存在线性相关关系。一般地说，由于检测误差的影响，使相关系数达到显著的起码值与检测的次数 n 有关，n 越大，散点越多，“需要照顾”的点越多，线性关系显著标准就要放得宽一些，相关系数的起码值就要定得低一些。反之，起码值就高一些。从本书附表12(相关系数检验表)可以看出，表中给出了对不同的 n，在不同的显著水平 α 下的相关系数达到显著的最小值。

它的检验步骤与以上的检验方法一致(在此省略统计假设这一步骤)，选取相关系数 r 作为检验统计量。并将检测的数值代入第五题相关系数计算公式，计算出 r 值。

然后根据给定的显著性水平 α 及检测的次数 n，查相关系数检验表。如果 $|r|\leqslant r_{0.05}$，则变量 x 与 y 之间线性相关关系不显著；如果 $r_{0.05}<|r|\leqslant r_{0.01}$，则变量 x 与 y 之间线性相关关系显著。如果 $|r|>r_{0.01}$，则变量 x 与 y 之间线性相关关系特别显著。

示例3 以本章第九题的示例为例，利用相关系数法对该回归方程的线性进行检验。

(统计假设步骤省略)。

统计量相关系数 r 按本章第五题相关系数计算公式计算

$$r=\frac{L_{xy}}{\sqrt{L_{xx}\cdot L_{yy}}}=\frac{2.4292}{\sqrt{0.01869\times 335.2292}}=0.970。$$

$n=12$，即 $n-2=10$。

查相关系数检验表(附表12)得 $r_{0.05}=0.576$，$r_{0.01}=0.708$。

因为 $r=0.970>0.708=r_{0.01}$。所以合金钢强度 y 与其碳含量 x 间的线性相关关系特别显著。

十一、举例说明回归方程在质量控制中的应用

通过最小二乘法可以求得两个变量之间的一条回归直线方程，通过线性相关检验，可以证明直线的有效性。这样就可以利用它来解决质量管理中遇到的实际问题。下面着重介绍利用回归方程来解决产品验收及质量控制中的预测和控制的问题。所谓预测，就是对于给定的 x 值，估计 y 值及 y 值的置信范围。所谓控制，就是如何控制 x 值，使 y 值落在我们预先指定的范围内。因此，在质量管理中对于预测、控制、了解和掌握产品质量，回归分析是一种行之有效的方法。

1. 关于预测问题

对变量 y 的预测通常有两种：一种是点预测；另一种是区间预测。

(1) 点预测

设变量 y 与 x 的回归方程为 $\hat{y}=a+bx$。

已知 x 的特定值为 x_0，将 $x=x_0$ 代入回归方程得 $\hat{y}_0=a+bx_0$，则 $\hat{y}_0$ 就是 y_0 的预测值。

(2) 区间预测

利用回归方程进行点预测时，所得的预测值 $\hat{y}_0$ 与真实值 y_0 会有一定的误差。引起误差的原因：一方面回归方程的系数 a、b 是由样本观测值求得的，这自然会受到抽样误差的影响，也会直接影响到预测值；另一方面在进行点预测时，我们假设一元线性回归模型中的随机误差 ε_0 的均值为零，但在实际问题中 ε_0 的值往往不等于零。因此，为了准确起见，有必要考虑进行区间预测。

对于任一给定的 x_0，相应的 y 一般说来，是以回归直线上对应的值 $\hat{y}_0=a+bx_0$ 为中心的服从于正态分布的随机变量。设这个变量 y 的方差 σ^2，则

$$p[(\hat{y}_0-1.96\sigma)<y<(\hat{y}_0+1.96\sigma)]=0.95。$$

它表明当取值 x_0 时，对应的 y 值以 0.95 的概率落在区间 $(\hat{y}_0-1.96\sigma, \hat{y}_0+1.96\sigma)$ 之间。这个区间称为概率为 0.95 的 y 值的预测区间。

y 值的方差往往是未知的，可以以样本方差（剩余）S^2 作为 σ^2 的无偏估计量。

$$S^2=\frac{(1-r^2)(\sum y_i^2-n\bar{y}^2)}{n-2}=\frac{L_{xx}L_{yy}-L_{xy}^2}{(n-2)L_{xx}}。$$

为简便起见一般用 2 近似地代替 1.96，上述的预测区间则近似地为 $(\hat{y}_0-2S, \hat{y}_0+2S)$。

这样可以看出，S 愈小，由回归方程预测 y 值就愈精确。S 可以作为衡量预测精密度的指标。

示例 1 以本章第九题的示例为例，试根据合金钢强度与含碳量之间的回归方程，预测当含碳量为 0.19%时，合金钢强度的区间范围是多少（$\alpha=0.05$）？

解：

根据回归方程 $\hat{y}=28.5340+130.6022x$

代入 $x_0=0.19$，有 $\hat{y}_0=28.5340+130.6022\times0.19=53.357$。

计算标准差（剩余）有 $S=\sqrt{\frac{0.0186\times335.2292-2.4292^2}{(12-2)\times0.0186}}=1.341$。

所以对应于置信概率 0.95 的预测区间为[53.357−2×1.341，53.357+2×1.341]。

即[50.675，56.039]。因此，有 95%的把握认为含碳量为 0.19%的合金钢强度落在区间[50.675，56.039]的范围内。

2. 关于控制问题

控制问题是预测问题的反问题。如果希望 y 值落在区间 $[y_1, y_2]$ 的范围之内，则 x 值的控制区间由下式得出

$$y_1=a-2S+bx_1,$$
$$y_2=a+2S+bx_2。$$

解出 x_1, x_2。当 $b>0$，控制区间为 $[x_1, x_2]$；当 $b<0$，控制区间为 $[x_2, x_1]$，在解决实际问题时，有时只根据所需 y 值，利用回归方程推算出 x 的大致估计值。可不必推出它的具体控制区间。

示例 2 为探讨某品牌啤酒的储存月数 x 与浊度 y 的关系，某实验室进行了如下试验，数据见表 9-7。

表 9-7 储存月数与浓度关系表

储存月数	1	2	3	4	5	6	7	8	9	10	11
浊度 EBC	0.65	0.70	0.70	1.05	1.20	1.55	1.85	1.90	1.95	2.20	2.10

试问控制浊度在 1.5EBC 单位之内的储存月数？

解：按本章第五题和第八题的计算公式计算：

$$\bar{x}=\frac{1}{n}\sum x_i=6,$$

$$\bar{y}=\frac{1}{n}\sum y_i=1.46,$$

$$L_{xx}=\sum(x_i-\bar{x})^2=110,$$
$$L_{yy}=\sum(y_i-\bar{y})^2=3.91,$$
$$L_{xy}=\sum(x_i-\bar{x})(y_i-\bar{y})=20.33。$$

线性回归方程为 $\hat{y}=0.35+0.185x$。

相关系数 r 为 $r=\dfrac{L_{xy}}{\sqrt{L_{xx}\cdot L_{yy}}}=0.98$。

查相关系数检验表(见附表 11),有 $r_{0.01}(9)=0.735$。

因为 $r=0.98>0.735=r_{0.01}(9)$。说明啤酒的浊度 y 与储存月数 x 相关关系特别显著。

按合同要求浊度 y 应小于 1.5EBC 单位。则 $0.35+0.185x<1.5$,解得 $x<6$。

因此我们控制该品牌啤酒储存时间应小于 6 个月。

回归方程主要用于质量的预测、控制、监督管理、数据处理等方面,对于实验室检验而言,原则上不宜提倡以回归方程的计算替代实际检验。但鼓励和提倡用回归分析方法来进行实验室的质量工作控制,以防止大的检验事故发生。

十二、如何进行二元线性回归方程的分析

在回归分析中因变量只与一个自变量有关,称为一元回归。但在许多实际问题中,影响因变量的因素不只是一个,而是往往受到多个独立变量的影响。比如,产品的成本除了受产量的影响,还会受到技术水平、管理水平等因素的影响;又比如,农作物的产量会受到土壤、气候、种子、肥料等多种因素的影响;人们消费支出会受到收入、价格等多种因素的影响等。我们称这类回归问题为多元回归分析问题。多元回归分析的原理与一元线性回归相同,但计算起来比较复杂,一般是通过计算机来完成。因此,这里仅举较为简单的二元线性回归分析的方法步骤为例加以说明。

1. 二元线性回归方程的建立步骤

假如随机变量 y 和两个变量 x_1,x_2 之间的线性回归方程为

$$\hat{y}=a+b_1x_1+b_2x_2。$$

我们仍然可利用最小二乘法来确定其中的未知参数 a,b_1 及 b_2。它们的残差平方和为

$$Q=\sum_{i=1}^{n}(y_i-\hat{y}_i)^2=\sum_{i=1}^{n}(y_i-a-b_1x_{1i}-b_2x_{2i})^2 。$$

为了使 Q 取得最小值,分别求偏导数 $\dfrac{\partial s}{\partial a}$,$\dfrac{\partial s}{\partial b_1}$ 及 $\dfrac{\partial s}{\partial b_2}$,并让它们等于零,整理后得方程组如下(为了书写方便,符号 $\sum\limits_{i=1}^{n}$ 简记为$\sum$)

$$\begin{cases} na+(\sum x_{1i})b_1+(\sum x_{2i})b_2=\sum y_i \\ (\sum x_{1i})a+(\sum x_{2i})b_1+(\sum x_{1i}x_{2i})b_2=\sum x_{1i}y_i \\ (\sum x_{2i})a+(\sum x_{1i}x_{2i})b_1+(\sum x_{2i}^2)b_2=\sum x_{2i}y_i \end{cases}$$

解此方程组得 a,b_1 及 b_2 的估计值分别为

$$\hat{b}_1=\frac{L_{22}L_{10}-L_{12}L_{20}}{L_{11}L_{22}-L_{12}^2},$$

$$\hat{b}_2=\frac{L_{11}L_{20}-L_{12}L_{10}}{L_{11}L_{22}-L_{12}^2},$$

$$\hat{a}=\bar{y}-\hat{b}_1\bar{x}_1-\hat{b}_2\bar{x}_2。$$

式中：

$$\bar{x}_1=\frac{1}{n}\sum x_{1i},$$

$$\bar{x}_2=\frac{1}{n}\sum x_{2i},$$

$$\hat{y}=\frac{1}{n}\sum y_i,$$

$$L_{11}=\sum(x_{1i}-\bar{x}_1)^2=\sum x_{1i}^2-\frac{1}{n}(\sum x_{1i})^2,$$

$$L_{22}=\sum(x_{2i}-\bar{x}_2)^2=\sum x_{2i}^2-\frac{1}{n}(\sum x_{2i})^2,$$

$$L_{12}=\sum(x_{1i}-\bar{x}_1)(x_{2i}-\bar{x}_2)=\sum x_{1i}x_{2i}-\frac{1}{n}(\sum x_{1i})(\sum x_{2i}),$$

$$L_{10}=\sum(x_{1i}-\bar{x}_1)(y_i-\bar{y})=\sum x_{1i}y_i-\frac{1}{n}(\sum x_{1i})(\sum y_i),$$

$$L_{20}=\sum(x_{2i}-\bar{x}_2)(y_i-\bar{y})=\sum x_{2i}y_i-\frac{1}{n}(\sum x_{2i})(\sum y_i)。$$

最后得出所求的二元线性回归方程为

$$\hat{y}=\hat{a}+\hat{b}_1x_1+\hat{b}_2x_2。$$

只要按照上述步骤仔细计算，就比较容易地推导出二元线性回归方程。

2. 建立二元回归方程的示例

下面我们举一示例来说明二元回归分析的方法步骤。

示例 我们对某矿生产的出口无烟煤随机抽取 10 个样品进行干基高位发热量 $Q_{gr,d}$ (cal/g)，干基灰分 A_d(%)，干基挥发分 V_d(%)的测定，各测值如表 9-8 所示(由于煤炭在国际贸易中发热量仍以卡作为计费单位，故该例没有使用法定计量单位焦耳 J)。

表 9-8

灰分 A_d	18.49	11.65	16.61	18.29	20.21	26.00	16.32	14.17	19.26	21.28
挥发分 V_d	6.64	6.18	6.91	6.62	6.80	7.83	12.05	12.20	7.60	6.10
发热量 $Q_{gr,d}$	6 607	7 295	7 269	6 833	6 613	6 096	7 116	7 303	6 674	6 559

试求该矿的无烟煤灰分、挥发分对发热量的二元线性回归方程？

解：

以 y 表示干基高位发热量 $Q_{gr,d}$(cal/g)；以 x_1 表示干基灰分 A_d(%)；以 x_2 表示干基挥发分 V_d(%)；$n=10$，计算得

$\sum x_{1i}=182.64$，　　$\sum x_{2i}=78.97$，

$\sum y_i=68\ 365$，　　$\sum x_{1i}^2=3\ 477.8$，

$\sum x_{2i}^2=671.03$，　　$\sum x_{1i}\cdot x_{2i}=1\ 420.87$，

$\sum x_{1i}\cdot y_i=1\ 235\ 144.6$，　　$\sum x_{2i}\cdot y_i=542\ 960.57$。

进而计算得

$$\bar{x}_1=\frac{1}{n}\sum x_{1i}=18.264,$$

$$\bar{x}_2=\frac{1}{n}\sum x_{2i}=7.879,$$

$$\bar{y}=\frac{1}{n}\sum y_i=6\ 836.5,$$

$$L_{11}=3\ 477.8-\frac{182.64^2}{10}=146.64,$$

$$L_{22}=671.03-\frac{78.97^2}{10}=47.40,$$

$$L_{12}=1\ 420.87-\frac{182.64\times78.97}{10}=-21.44,$$

$$L_{10}=1\ 235\ 144.6-\frac{182.64\times6\ 836.5}{10}=-13\ 473.76,$$

$$L_{20}=542\ 960.57-\frac{78.97\times6\ 836.5}{10}=3\ 082.17。$$

求 $\hat{b}_1$，$\hat{b}_2$，及 $\hat{a}$ 值

$$\hat{b}_1=\frac{47.40\times(-13\ 473.77)-(-21.44\times3\ 082.17)}{141.64\times47.40-(-21.44)^2}=-91.55,$$

$$\hat{b}_2=\frac{141.64\times3\ 082.17-(-21.44\times-13\ 473.76)}{141.64\times47.40-(-21.44)^2}=23.61,$$

$$\hat{a}=6\ 836.5-(-91.55\times18.264)-23.61\times7.897=8\ 322。$$

所以无烟煤的二元线性回归方程为

$$\hat{y}=8\ 322-91.55x_1+23.61x_2。$$

若以煤质分析的专用符号替代，公式为

$$\hat{Q}_{gr,d}=8\ 322-91.55A_d-23.61V_d。$$

这样在煤炭质量管理中，既可通过简单易测的灰分、挥发分项目来预测无烟煤的发热量，又可作为一种审核、检查发热量测定准确与否的数学模式。该公式也适用于其他一些无烟煤热量的预测和审核。

十三、如何进行非线性回归的分析

日常进行产品质量检验时，经常会遇到两个变量之间的内在关系并不是线性关系的情况，而用某种形状的曲线来描述更为恰当。我们把这种关系称为非线性相关。用曲线去配合一组样本点的统计方法，称为非线性回归。

1. 曲线回归方程的确定

处理非线性回归的基本方法是将非线性问题化为线性问题来处理。因此，非线性回归的关键问题是选择适当的曲线回归方程。常用的确定曲线回归方程形式的方法有两种，一是根据专业知识、实践经验与其他资料来确定。例如，在光谱乳剂记录谱线的发射光谱分析中，谱线的黑度与组分含量之间的关系就不是线性关系，而是一个 $\hat{y}=a+b\lg x$ 的半对数关系。又如在放射性的检测分析中，放射性的强度和衰变时间的关系就是一种指数关系。用氟离子选择性电极测定磷酸盐中氟含量时，所得的拟合曲线方程是对数曲线 $\lg\hat{y}=a+bx$。

二是根据数据所画的散点图，将它与一些标准的函数图进行比较后加以选择。可供选择的曲线函数类型很多，如指数函数、双曲线函数、抛物线函数等。

2. 确定曲线回归方程的未知参数

确定曲线回归方程类型后，就需要确定相关关系式中的未知参数，为了能简便地求出曲线方程中的参数，应尽量借助数学变换，将曲线回归方程换成线性回归方程来计算。然后仍按以上介绍的最小二乘法确定未知参数。化非线性问题为线性问题的方法是变量代换。

(1) 双曲线函数$\frac{1}{y}=a+\frac{b}{x}$

令 $y'=\frac{1}{y}$，$x'=\frac{1}{x}$，作变量代换，即得出线性方程：$y'=a+bx'$。

(2) 幂函数 $y=ax^b$

两边取对数，得到 $\lg y=\lg a+b\lg x$，令 $y'=\lg y$，$x'=\lg x$，$a'=\lg a$，作替换后的线性方程：$y'=a'+bx'$。

(3) 指数函数 $y=ae^{bx}$

两边取对数，得到 $\ln y=\ln a+bx$，令 $y'=\ln y$，$a'=\ln a$，作替换后的线性方程：$y'=a'+bx$。

(4) 指数函数 $y=ae^{\frac{b}{x}}$

两边取对数，得到 $\ln y=\ln a+b\,\frac{1}{x}$，令 $y'=\ln y$，$a'=\ln a$，$x'=\frac{1}{x}$，作替换后的线性方程：$y'=a'+bx'$。

(5) 对数函数 $y=a+b\lg x$

令 $x'=\lg x$，得线性方程：$y=a+bx'$。

(6) S 型函数 $y=\frac{1}{a+be^{-x}}$

原方程变形为$\frac{1}{y}=a+be^{-x}$，令 $y'=\frac{1}{y}$，$x'=e^{-x}$，代入变形后的方程，得线性方程：$y=a+bx'$。

把非线性的问题线性化后，就可以进行线性回归分析。要注意的是，计算中用到的数据，是作了变量代换后的数据，而不是原始数据。

示例　对某矿脉中 13 个相邻样本点的某种伴生金属含量进行了测定，得样本数据见表 9-9，试找出某种伴生金属含量与距离的关系。

表 9-9　样本点距离及伴生金属含量测定值

矿样点	距离 x	伴生金属含量 y	矿样点	距离 x	伴生金属含量 y
1	2	106.42	8	11	110.59
2	3	108.20	9	14	110.60
3	4	109.58	10	15	110.90
4	5	109.50	11	16	110.76
5	7	110.00	12	18	110.00
6	8	109.93	13	19	111.20
7	10	110.49			

解：先做出 13 对样本数据的散点图，见图 9-4。从图中可以看出，伴生金属含量的增加量随着距离的增加而逐渐减少。我们可以考虑用对数曲线或双曲线来配合这些样本点。下

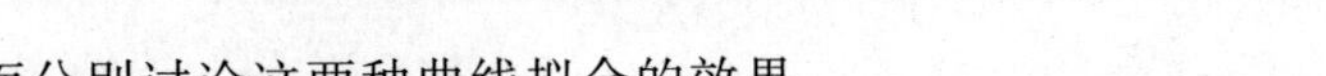

面分别讨论这两种曲线拟合的效果。

(1) 用对数函数 $y=a+b\lg x$ 拟合，令 $x'=\lg x$ 代入，得线性方程 $y=a+bx'$。为了决定系数 a,b，先将距离 x_i 变换成 x_i'，再利用第八题中的线性回归公式求得 a,b

$$a=106.50,\ b=3.66。$$

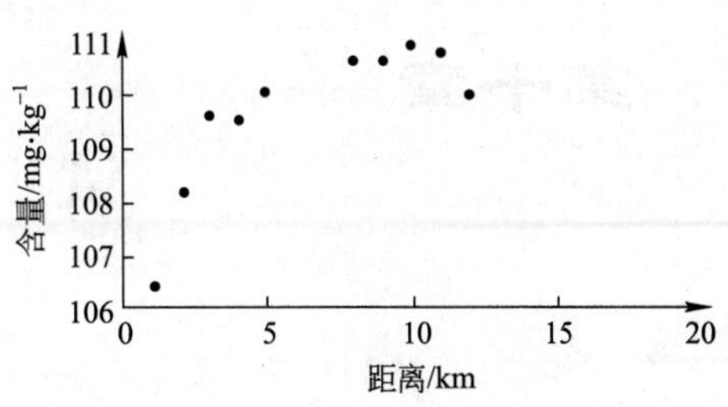

图 9-4 金属含量 y 与距离 x 的散点图

伴生金属含量 y 与距离 x 间的关系为

$$y=106.50+3.66\lg x。$$

按本章第五题中的计算相关系数公式计算得 $r=0.895$。由 $\alpha=0.05$，自由度 $\nu=13-2=11$，查附表 11（相关系数检验表）得 $r_{0.01}=0.684$，$r>r_{0.01}$，所以该回归方程相关特别显著。

(2) 用双曲线函数 $\frac{1}{y}=a+\frac{b}{x}$ 拟合，令 $y'=\frac{1}{y}$，$x'=\frac{1}{x}$ 代入，得出线性方程：$y'=a+bx'$。

将数据变换后，再利用第八题中的线性回归公式求得 a,b

$$a=8.979\times10^{-3},\quad b=7.9\times10^{-4}。$$

得到伴生金属含量 y 与距离 x 间的回归方程为

$$\frac{1}{y}=8.979\times10^{-3}+\frac{7.9\times10^{-4}}{x}。$$

按本章第五题中的计算相关系数公式计算得 $r=0.967$，而查附表 11，$r_{0.01}=0.684$，$r>r_{0.01}$，所以该回归方程相关特别显著。

从上面的计算看出，用这两种曲线都可以拟合这一组样本点，但是比较起来，用双曲线拟合效果更好，相关性更强。

第十章 试验设计

一、何谓试验设计，简述试验设计的用途、益处、局限性与注意事项及应用示例

1. 试验设计的概念

试验设计 [Design of experiments(DOE)]是指以计划好的方式进行调研，它依赖于对结果的统计评价，从而在规定的置信水平下得出结论。

DOE 通常包括：对所调研的系统引入变化，并统计评价这些变化对系统的影响。DOE 的目的可以是确认系统的某些特性，也可以是研究某个或多个因素对系统某些特性的影响。

进行试验的具体安排和方式构成试验设计，这样的设计由其使用目的和试验条件决定。

试验设计(DOE)也就是对试验的规划，主要指选择参加试验的因素、确定各因素的水平，找出要进行试验的最佳水平组合。

有几种方法可以应用于试验数据的分析。如“极差分析”、“方差分析”，以及多种的图解法，如“概率图”法等。

2. 试验设计的用途

DOE 可以用于对产品、过程或体系的某些特性做出评价，其目的是针对某一个规定的标准进行确认，或者对几个系统进行比较评价。

DOE 对调查复杂的系统尤为有用，这些系统的输出可能受大量潜在因素的影响。试验的目标是使所关心的特性达到最大或最优，或减少其变异。DOE 还可以识别在系统中更有影响的因素，其影响的大小及其因素间的相互关系(即交互效应)。其结果可用来促进产品或过程的设计和开发，或者用来控制或改进现有的系统。

经由设计的试验得到的信息可用于建立数学模型，在某些限制条件下，该模型将所关心的系统特性作为影响因子的函数，这样的模型可用于预测。

3. 试验设计的益处

当估计或确认所关心的特性时，需要保证所获得的结果不是仅归因于偶然变差。这适用于根据已规定的标准所做的评价，更适用于两个或多个系统的比较。DOE 允许在规定的置信水平做出这样的评价。

当与分别调查每个因素的影响相比时，DOE 的一个主要优点就是调查一个过程的多个因素的影响时效率更高且更经济。DOE 识别某些因素间的交互效应的能力也使组织能深入了解过程。DOE 的这些优点在处理复杂过程时尤为重要。

4. DOE 的局限性与应注意的事项

所有系统都存在某种水平的固有变差(通常称为“噪声”)，这有时会掩蔽调查结果并导致得出错误结论。其他潜在的误差来源包括系统中可能存在的未知因子的混杂效应，或系统中各种因子之间依存关系的混杂效应。经过良好设计的试验能减轻因这些误差而产生的风险。这些风险不会被消除，因此在得出结论时应该考虑这一点。

严格地说,试验结果仅对试验中所考虑的某些因素及其取值范围有效。因此,在外推(或插入)显著超出试验中所考虑的取值范围时一定要慎重。

DOE理论做了某些基本假定(如在数学模型和所研究的实际事物之间存在着典型关系),但这些假设的正确性或适宜性仍值得考虑。

5. 试验设计的应用示例

DOE常用于对产品或过程的评价,例如,确认医疗处理的效果,或评价几类处理的相对有效性。DOE应用的工业示例包括依据一些规定的性能标准所做的产品确认试验。

DOE广泛用来识别复杂过程的影响因素,从而控制或改进一些所关心的特性(如过程的产量、产品强度、耐久性、噪声水平等)的均值或减少变异。这些试验在诸如电子元器件、汽车和化工品的生产中经常遇到。它也广泛用于农业和医学等各个不同的领域,具有巨大的潜在应用范围。

在审核组织的质量管理体系时,应当督促和帮助组织采用DOE统计技术应用于产品的设计、开发和持续改进等方面。

二、何谓响应变量、预测变量和模型

1. 响应变量 response variable

表示实验结果的变量。

注1:同义词是:"输出变量"。

注2:不推荐把术语"因变量"也作为一个同义词,避免可能与"自变量"混淆。

2. 预测变量 predictor variable

可用来解释实验结果的变量。

注1:常用同义词有:"输入变量"、"描述变量"和"解释变量"。

注2:在一个经设计的实验中,预测变量的可控程度表明了它在其中所起的潜在作用。预测变量可以是可控的(固定的)、可修正的或不可控的。

注3:不推荐把术语"自变量"作为一个同义词,避免可能与"因变量"混淆。

3. 模型 model

关于响应变量与预测变量关系及其附带假定的描述。

注:模型由三个部分组成:第一部分是建模的响应,第二部分是包含预测变量的模型的确定性或系统性部分,第三部分是模型的随机部分或随机误差,其描述可以十分详细。

示例1 一个典型模型

$$y_{ij}=\mu+\alpha_i+\beta_j+\varepsilon_{ij}$$

其中 y_{ij} 是在因子 A 的 i 水平和因子 B 的 j 水平时的响应,μ 是响应的总平均,α_i 是因子 A 在 i 水平时的附加效应,β_j 是因子 B 在 j 水平时的附加效应,ε_{ij} 是误差项。

模型的响应部分仅是 y_{ij};模型的预测部分是 $\mu+\alpha_i+\beta_j$,由一项响应的总平均合两项因子效应组成;模型的随机或误差部分是 ε_{ij},它表示产生该响应的过程的固有变异。

示例2 一个常用模型

$$y_{ijk}=\alpha_i+\beta_j+\tau_{ij}+\varepsilon_{ijk}$$

其中 y_{ijk} 是第 k 次重复的响应,α_i 是由因子1造成的调整,β_j 是由因子2造成的调整,τ_{ij} 是由两因子的交互效应所造成的调整,ε_{ijk} 是误差项。

三、何谓因子、水平与处理

1. 因子　factor

为评估对响应变量的效应而在实验中需变化的预测变量。

注:因子对实验的结果可能提供一种可解释的原因。

2. 水平　level

因子可能的设置、取值或安排。

注1:同义词是预测变量的取值。

注2:术语"水平"形式上与定量特性有关,但它也用来描述定性特征的状态或设置。

示例　表示催化剂的水平可能是"有"或"没有";表示加热处理的有序尺度温度的四个水平可能是:100 ℃,120 ℃,140 ℃和160 ℃;表示实验室的名义尺度变量可能为对应于不同设备的三种水平:A,B,C。

3. 处理　treatment

每个因子的特定水平或不同因子水平的组合。

四、何谓主效应、交互效应

1. 主效应　main　effect

单个因子对响应变量均值的影响。

注:对于两水平因子,主效应描述了从一个水平到另一个水平时响应的变化。如果水平设置为-1(低水平)和+1(高水平),那么因子的主效应可估计成因子水平为+1时的平均响应减去因子水平为-1时的平均响应。

2. 交互效应　interaction

一个因子对响应变量的影响依赖于其他一个或多个因子的效应。

注1:交互效应表明一个因子对响应的主效应依赖于另一个因子水平而表现出来的不一致性。图10-1表示不同交互现象。

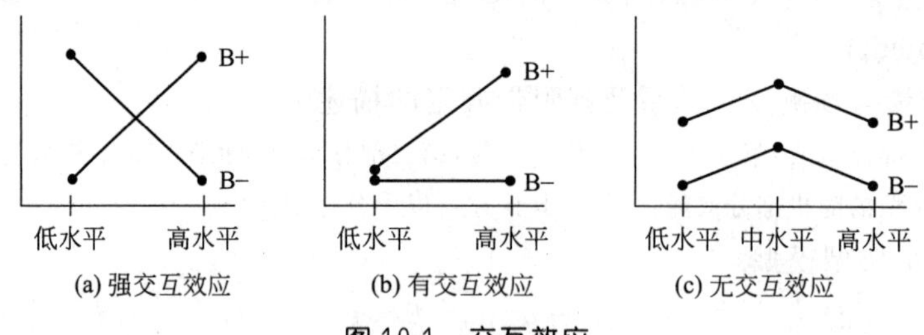

图10-1　交互效应

注2:最常见的情况是考虑仅包含两个因子的交互效应,这种交互效应应更准确地称为两向交互效应或一阶交互效应。也可考虑三个因子如A,B和C中,可能存在A,B的一阶交互效应依赖于因子C的水平情况。这称为二阶交互效应。类似地,可以考虑三阶、四阶或更高阶的交互效应。

五、何谓析因实验(完全析因实验)及析因分析

1. 析因实验(完全析因实验)　factorial experiment(full factorial experiment)

包含有两个或多个因子,每个因子考虑两个或多个水平所有可能处理的实验。

注1:从完全析因实验中可估计所有交互效应和主效应。

注2：析因实验通常从符号上表示为每个因子水平数的乘积。例如，基于三个水平的因子A、二水平的因子B和四水平的因子C的实验记为$3\times2\times4$析因实验。其乘积表示处理数。

2. 析因分析　factorial analysis

析因分析则是对析因试验的结果的分析。

我国在正交设计试验中大都采用极差分析方法。该方法比较简单，适于在生产现场的应用。在田口稳健设计的析因分析中采用的是方差分析法，比较复杂，适用于研究设计部门使用。

析因分析主要解决以下问题：

① 把每一个因子的主效应估计出来。

② 确定每个因子对其他因子水平的依赖情况(交互效应的大小)。

③ 提供评价各效应的显著性检验用的实验误差估计值。

④ 优选各因子的最佳水平组合。

析因试验与传统的逐一因子依次轮换实验方法不同。依次轮换实验法是固定其他因子不变，逐次改变一个因子进行试验，这种实验的试验点分布不均匀，特别是有交互效应时会得出错误的结论。费歇首次抛弃这种方法，在农业试验中首倡把品种和地力两个因子同时安排在一个实验中，称为多元配置，再用统计方法把各因子的作用分离，创立了析因设计和方差分析。

六、何谓区组、区组设计

1. 区组　block

比实验单元的全体更具齐性的实验单元的集合。

注1：实验单元即是接收一个特定处理随后产生响应变量值的个体。(一个实验单元对应于一次实验)

注2：术语"区组"来源于农业实验。作实验的田地被分为若干块，每块有相同条件的小区域，如有相同的风向、地下水状况及可耕层的深度等。其他情况下，区组可根据原材料的批、操作员、一天内考察的单元数等来确定。

2. 区组设计　block design

将全部实验单元分成若干个区组的实验设计。

注：如果在实验设计中忽略了实验单元之间的非齐性，由于观测变异的增加减少了从实验中得到的信息量。采用区组设计可以提高实验满足设计目标的能力。

根据处理的不同，还有随机化区组设计、完全区组设计、不完全区组设计、平衡不完全区组设计、部分平衡不完全区组设计等形式。

七、何谓拉丁方设计、正交拉丁方设计

1. 拉丁方设计　Latin square design

包含三个因子，每个因子有h个水平的设计，其中任何一个因子的水平与其他两个因子水平的组合在h^2次实验中都出现且仅出现一次。

2. 正交拉丁方设计　Graeco-Latin square design

包含四个因子，每个因子有h个水平的设计，其中任何一个因子的水平与其他三个因子水平的组合在h^2次实验中都出现且仅出现一次。

八、何谓尧敦方

尧敦方 Youden square

通过删除或者添加拉丁方的行(或列)获得的,对于其中一个区组因子为随机化区组设计,而对于另一个区组因子为平衡不完全区组设计的区组设计。

九、何谓均匀设计

均匀设计 uniform design

均匀设计是由我国数学家方开泰和王元于 1978 年首次提出的。其最初在我国导弹设计中应用,经过 20 多年的发展和推广,均匀设计已在我国有较广泛的普及,并在医药、化工、生物、纺织、电子、军事工程等诸多领域中使用,取得了显著的经济和社会效益。均匀设计是一种适用于多因素的多水平试验设计方法,具有如下特点:

① 试验点分布均匀分散;

② 在处理设计中各个因素每个水平只出现一次;

③ 适用于多因素的多水平模型拟合及优化试验;

④ 试验结果的分析采用回归分析方法。

均匀设计是通过一套精心设计的表来进行试验设计的。每一个均匀设计表有一个代号 $U_n(q^s)$,其中"U"表示均匀设计,"n"表示要做 n 次试验,"q"表示每个因素有 q 个水平($n=q$),"s"表示该表有 s 列。每个均匀设计表都附有一个使用表,它指示如何从设计表中选用适当的列,以及由这些列所组成的试验方案的偏差。

十、何谓六西格玛设计

六西格玛设计 Design For Six Sigma,DFSS

六西格玛设计就是按照合理的流程、运用科学的方法准确理解和把握顾客需求,对新产品/新流程进行健壮设计、使产品/流程在低成本下实现六西格玛质量水平。同时使产品/流程本身具有抵抗各种干扰的能力,即使使用环境恶劣或操作者不熟练,产品仍能满足顾客的需求。六西格玛设计就是帮助你实现在提高产品质量和可靠性的同时降低成本和缩短研制周期的有效方法,具有很高的实用价值。

六西格玛设计基本上是一种信息驱动的六西格玛系统方法,通常应用于产品的早期开发过程,通过强调缩短设计、研发周期和降低新产品开发成本,实现高效能的产品开发过程,准确的反应客户的要求。六西格玛已经被公认为是实现高质量和营运优越的高效工具。

DFSS 方法的核心是,在产品的早期开发阶段应用完善的统计工具,从而以大量数据证明预测设计的可实现性和优越性。在产品的早期开发阶段就预测产品或服务在客户处的绩效表现是实现更高客户满意度、更高利润和更大市场占有率的关键。

六西格玛设计的步骤:

① 确立一个有价值的六西格玛设计项目。这一阶段的目标在于为将来的活动提供一个坚定、清晰的方向。

② 聆听顾客的声音。项目确立以后,最关键的工作先聆听顾客的声音。

③ 开发概念。此阶段的要求是从既高度创新而又有相当基础出发建立各式各样的备选方案。

④ 设计最优化。设计最优化是前面收集资料过渡到使用已有信息做决定，采取行动推陈出新。

⑤ 验证最优化的设计。六西格玛设计的特色是强调把质量融入设计，而不是用反复试验的方法不断提取然后获得六西格玛的质量，所以，设计必须在验证之前完成，而不是用验证作为修正设计的另一种方法。

⑥ 记录经验。这是六西格玛设计的最后一步，所做工作就是把六西格玛设计中应用的每个工具和方法，每个函数和规则记录下来。

十一、何谓正交表、正交设计，简述正交设计试验的实际意义

1. 正交表　orthogonal array

任何一对因子的所有可能因子水平对出现的次数都有相等的处理的组合。

正交表即是用来安排多因子试验的一种表。表中除了行号(试验号)和列号(用来安排因子)外，由其他的记号(一般用数字表示)组成的长方阵，其中每列不同记号出现的次数相同，且任意两列相应位置形成的不同记号对出现的次数皆相同。

正交表是正交设计试验的基本工具。它是依据数学矩阵理论而制定。常用的正交表有：

2 水平的：如 $L_4(2^3)$，$L_8(2^7)$，$L_{16}(2^{15})$等；

3 水平的：如 $L_9(3^4)$，$L_{27}(3^{13})$等；

4 水平的：如 $L_{16}(4^5)$等；

水平不等的：如 $L_8(4\times2^4)$等。

正交表符号和数码的含义如图 10-2 所示。

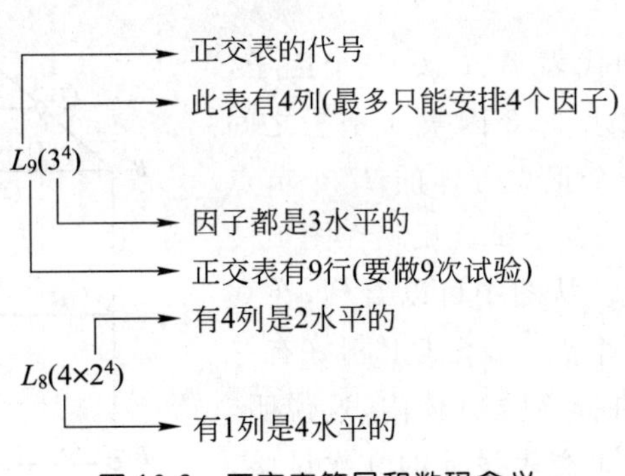

图 10-2　正交表符号和数码含义

常用的正交表可参见一些教科书附表中的《常用的正交试验表》。

2. 正交设计　orthogonal design

每对因子都正交的设计。

正交设计即是一种多因子试验设计，对其中任何两个因子来说是一个等重复的完全析因试验。正交设计应用于正交设计试验法中，正交设计试验法是我国应用最为广泛的一种试验设计方法。

3. 正交设计试验的实际意义

正交设计试验法也称为正交优选法，它以实际经验为基础，利用正交表对多因子试验作整体设计，对试验结果作统计分析，综合比较，得出优化的方案和较精确的估计值的实验设计方法。该方法由确定试验指标，试验的正交设计，试验的实施和试验结果分析（析因分析）四大部分组成。

正交设计试验是统计技术的一个重要的分支，在生产和科研中有着重要的意义，它主要解决以下问题：

① 合理地安排试验，减少试验次数。正交试验法是安排组织试验的一种科学方法。在进行多因子和多水平的试验时，如果做全面试验，试验次数可能很多。如进行 3 因子 3 水平的试验，若要让这三个因子所有水平都在试验中搭配出现，那么由排列组合可知，共需 27 次试验。而采用正交试验法进行试验只需做 9 次试验即可。

若全做这 27 次试验，则称为全因子试验。全因子试验能全面地反映出试验的情况，但试验的次数多、周期长、人力、物力耗费大。尤其是在试验因子水平较多的情况下，比如一个 8 因子 7 水平的试验，全部试验就需要 $7^8=5764801$ 次，要进行这么多次的试验是不可能的。如果从全部试验组合中挑选出一部分来做，则称为部分试验。但这样做又没有充分的代表性。按正交表设计的试验方案进行试验，就能解决这一矛盾。它既能减少试验次数，又能使设计的试验方案具有代表性。

② 通过对正交设计试验的结果分析，可以找出主要矛盾，进行内在的因果分析。

③ 寻找因子与指标之间的关系，进行预估以及改进方向。

④ 最终目的找到一个较优的生产（试验）条件，设计参数，工艺方案等。

十二、简述正交设计试验方案具有的性质

1. 均匀分散性

若以三个坐标轴分别代表 A、B、C 三个因子，坐标轴上的点代表因子的水平，3 因素 3 水平之间的不同搭配可以反映在一个正立方体的 27 个节点上；用它（2，3，4 列）来安排的 9 个试验反映在图 10-3 中标有试验号的 9 个点上。从图中可以看到，在立体的每个面上都刚好有三个点，每条线上刚好有一个点，9 个点均匀地散布在整个立方体内，这说明，它们的代表性强。因此用正交表设计的 9 次试验，能比较全面地反映出 27 次试验的大致情况。$L_9(3^4)$的形式如表 10-3 所示。

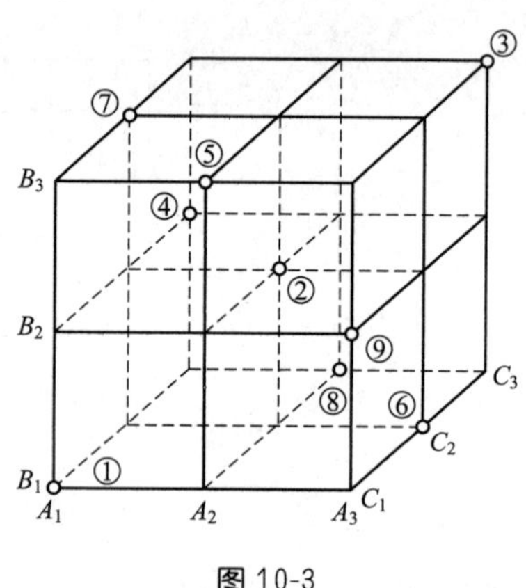

图 10-3

2. 整齐可比性

正交表一般有两个特点：一是每一列中各个数码出现的次数一样多；二是任何两列中各种数码的搭配出现的次数一样多。

这种整体可比的性质，保证了在分析试验结果时最大限度地排除了其他因素的干扰，从而有效地进行比较，找出较好的生产（试验）条件。

表10-1 $L_9(3^4)$的形式

试验号 \ 列号	1	2	3	4
1	1	1	1	1
2	1	2	2	2
3	1	3	3	3
4	2	1	2	3
5	2	2	3	1
6	2	3	1	2
7	3	1	3	2
8	3	2	1	3
9	3	3	2	1

十三、简述正交设计试验方案的一般步骤，并举例说明

正交设计试验包括确定试验指标、试验的正交设计、试验实施和析因分析等内容。试验方案的设计一般按以下步骤进行：

① 明确试验目的，确定试验指标，挑选因子，选取水平。在确定试验要考察的因子时，如对系统变化的规律了解不多，因子可多取一些。如对其规律已相当了解，可以准确地判断主要因子，则因子可少一些。确定每个因子变化的水平时，主要的因子水平或特别希望详细了解的因子水平可多一些，其余则可少一些。

② 选有合适的正交表。所谓“合适”，即试验因子的水平数应与所选正交表中的水平数完全一致，试验因子的个数要小于或等于正交表的列数。在满足这两个前提的条件下，尽可能减少试验次数。

③ 进行表头设计。当选好合适的正交表以后，把需要试验的因子分别填在表头的各列上，至于哪一个因子放在哪一列上，是任意的，但每列只能填一个因子。若正交表的列数多于因子的个数，可将剩下的留作空白，或将它删去。

④ 列出试验方案。表头设计好以后，试验方案也随之确定了，只要把各因子所在列的水平数码换为因子的具体水平就可以了。下面举例来说明利用正交表安排试验的方法步骤。

示例 为了提高某矿石微量元素检测中某一元素分析方法的回收率水平，选择了三个有关的因子：反应温度 A，反应时间 B 和试剂浓度 C。各因素水平如表10-2所示。

表10-2 因素水平表

水平 \ 因素	A反应温度/℃	B反应时间/min	C试剂浓度/%
1	60	90	10
2	75	120	15
3	90	150	20

下面按步骤利用正交表安排这次试验:

(1) 选择合适的正交表。本例是三因子三水平试验,选用 $L_9(3^4)$ 比较合适。即 9 次试验,3 水平,4 列中删去一列。

(2) 表头设计。将 A,B,C 三个因子放到 $L_9(3^4)$ 表头的任意三列上(严格地讲,只有当因子间没有交互效应或交互效应很小时,才能任意选用正交表的各列,如有交互效应就要有所限制。本例未考虑因子间的交互影响作用),如表 10-3 所示。此项把因子放入正交表表头上的工作称为表头设计。

(3) 制订试验方案。根据表 10-3 可得到 9 次试验的具体方案。如第 1 号试验方案是:反应温度 60 ℃,反应时间 90 min,试剂浓度 10%;第 9 号试验方案是:反应温度 90 ℃,反应时间 150 min,试剂浓度 15%。

表 10-3 试验方案表

试验号＼列号	1(A)	2(B)	3(C)
1	1(60)	1(90)	1(10)
2	1	2(120)	2(15)
3	1	3(150)	3(20)
4	2(75)	1	2
5	2	2	3
6	2	3	1
7	3(90)	1	3
8	3	2	1
9	3	3	2

十四、简述正交设计试验结果分析的步骤,并举例说明

正交设计试验的试验结果分析即析因分析。在我国常用的是极差法,一般按以下步骤进行:

① 从表格上直观分析。按试验结果同水平取其均值并按极差(最大减最小)取最佳值。

② 计算分析。将每一列得出其同因子同水平的试验值相加,并取其均值。比较后,选极差大的为主要因子。选各因子的最佳值组成较优方案。

③ 列出各因子不同水平的变化趋势,找出改进的方向。

④ 进一步验证和预估计算所选方案较优值。

本章第十三题中示例的回收率正交设计试验结果及析因分析见表 10-4。

表 10-4 回收率试验结果分析表

试验号＼因子	A	B	C	回收率(%)
1	1	1	1	66
2	1	2	2	89

续表 10-4

试验号＼因子	A	B	C	回收率/%
3	1	3	3	73
4	2	1	2	88
5	2	2	3	84
6	2	3	1	77
7	3	1	3	92
8	3	2	1	97
9	3	3	2	99
K_1	228	246	240	
K_2	249	270	276	
K_3	288	249	249	
k_1	76	82	80	
k_2	83	90	92	
k_3	96	83	83	
极差 R 优水平	20 A_3	8 B_2	12 C_2	

根据表 10-3 安排的试验方案一一做出试验结果(即回收率),将试验数据列在表 10-4 最右边回收率的一栏内。

现对试验结果进行析因分析,先直接比较这 9 次试验的回收率,得知第 9 次试验的回收率最高,它的水平组合是 $A_3B_3C_2$,此方案不一定是最好的。因为这里只作了 9 次试验,其余 18 个方案尚未进行,但可以通过这些试验方案的结果分析得出其他一些未经试验的方案情况。

从表 10-4 结果的数据可以看到,因子 A(温度)取第一水平(60 ℃)的试验有三个,即第 1,2,3 号试验。相应的回收率之和为:66+89+73=228,其平均回收率为 228÷3=76。把它们分别填入表 A 列的 K_1 及 k_1 行里。一般来说,K_i 等于因子第 i 水平的试验指标之和。该因子第 i 水平下的平均试验指标 k_i 为

$$k_i=\frac{K_i}{\text{该因子第 } i \text{ 水平所作试验的次数}}$$

据此表,可以算出因子 A 取第二、三水平及因子 B、C 取各水平的回收率之和及其平均回收率,并分别填入表中相应各列的 K 和 k 行里。

从结果分析表中可以看出,因子 A 以 A_3(90 ℃)的平均回收率最高(96%),称 A_3 因子为 A 的优水平,填入优水平行里。同理,因子 B 和 C 的优水平是 B_2(120 min)和 C_2(15%)。很容易想到,如果把这三个因子的优水平结合起来,就能得到一个较好的水平组合 $A_3B_2C_2$,称它为优水平组合。

是否每个因子都要取使平均回收率达到最高的水平,这也不一定。因为在多因子的情况下,每个因子对试验指标所起的作用不一定是相同的。对每个因子计算出 K_1,K_2,K_3 三

个数值的极差 R，将各因子的极差填在表 10-4 中的极差 R 行内。这时就会发现，A 的极差最大，C 次之，B 最小。由于 A 的极差最大，说明它取什么水平对平均回收率的影响最大；而 C，B 的极差较小一些，说明它们取不同水平对回收率的影响相对来说要次要一些。按其影响指标值(回收率)的作用大小，以顺序箭头表示：$\underrightarrow{ACB}$，即 A 因子影响最大，C 次之，B 的影响最小。

因此，选取水平时，对极差大的因子必须控制在能取得较高水平回收率的水平上，所以反应温度应优先采用 90 ℃，对极差小的因子可根据实际情况(如实施的难易程度、成本费用的大小等)作适当的调整。例如，B 的极差最小，可以从节约时间的角度考虑而改用水平 B_1，从而又得到一个水平组合 $A_3B_1C_2$，它也可能是一个好的水平组合。

经过以上分析，得到两个较好的水平组合，即 $A_3B_2C_2$ 和 $A_3B_1C_2$，但未经过实践考验，再把此两组水平组合进行比对试验，试验结果 $A_3B_2C_2$(即反应温度在 90 ℃，反应时间用 120 min，试剂浓度为 15%)的组合回收率达 99%，从而选得最佳试验条件。

还可以根据试验结果分析表画出各因子变化趋势图(如图 10-4)所示，直观地看出正交试验的较优方案。

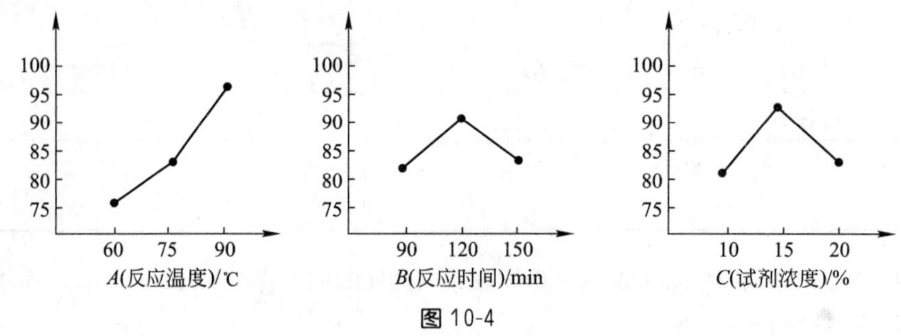

图 10-4

从各因子变化趋势图中可以看出，$A_3B_2C_2$ 的组合为较优方案。

以上这种对试验结果的分析方法叫直观析因分析法。在新产品的设计和质量改进的研究中，这一方法被普遍采用。

十五、举例说明有交互效应的正交设计试验

正交设计试验只考虑各因子的单独作用，但是否存在由于因子之间的搭配不同会联合起来影响指标的值，现举例说明：

某农场对试验田作施肥效应实验，把试验田分四块：第一块地不施肥，亩产 300 kg；第二块地施 8 kg 氮肥(N)，亩产 330 kg；第三块地只施 6 kg 磷肥(P)，亩产 350 kg；第四块地施 6 kg磷肥和 8 kg 氮肥，亩产 460 kg。见表 10-5。

表 10-5 施肥与每户关系表(单位：kg)

P 磷肥 / 产量 / N 氮肥	$P_1=0$	$P_2=6$
$N_1=0$	300	350
$N_2=8$	330	460

从表中分析，加 6 kg 磷肥比不施任何肥料的增产 50 kg，只施 8 kg 氮肥增产 30 kg，施加 6 kg 磷肥、8 kg 氮肥比不施肥增加 160 kg。这说明除了施氮肥增加 30 kg 产量及施加磷肥增加 50 kg 产量之外，还有它们联合起来发生的增产作用。计算可得：(460－300)－(330－300)－(350－300)＝160－30－50＝80 kg。

这 80 kg 的产生便是氮肥和磷肥这两个因子之间对指标产生的交互效应。

交互效应的含义则是在某一试验里，不仅考虑因子单独对指标的作用，还要考虑它们相互之间的作用对指标的影响，这种作用称为交互效应。取其影响作用之值的 1/2 作为交互效应值。如上述的交互效应值为 $N\times P=1/2\times 80=40$。下面通过示例来说明怎样计算交互效应。

示例 某厂为考察铁损情况，选用如表 10-6 因子水平进行试验，除考察 4 个因子外，还要考察 $A\times B$，$A\times C$，$B\times C$ 的交互效应。

表 10-6

因子 / 水平	A 退火温度/℃	B 退火时间/min	C 原料产地	D 轧程分配/mm
1	1 000	10	甲地	0.3
2	1 200	20	乙地	0.35

解：本示例除了要考察 4 个因子 A、B、C、D 外，还要考察 3 个交互效应 $A\times B$、$A\times C$、$B\times C$。在试验设计时，交互效应亦应当作一个因子来看待。因此在选用正交表时，应把这一试验当作 7 个因子 2 个水平的试验来看待，就是说正交表的列数不能少于 7 列。因此选用 $L_8(2^7)$ 是合适的。下面来排出试验方案。

表 10-7 $L_8(2^7)$交互作用表

1	2	3	4	5	6	7	列号
(1)	3	2	5	4	7	6	1
	(2)	1	6	7	4	5	2
		(3)	7	6	5	4	3
			(4)	1	2	3	4
				(5)	3	2	5
					(6)	1	6
						(7)	7

1. 因子上列

把因子 A、B 分别放在第 1、2 列上，要查其交互效应 $A\times B$ 所在的列，就从对角线上(1)向右划一横线，从最上方一行的数码"2"向下划一竖线，两条线在数码"3"处相交，表明第 3 列就是第 1、2 列的交互列，就把 $A\times B$ 放在这一列上。把因子 C 放在第 4 列，用同样的方法可以查到 $A\times C$ 放在第 5 列，$B\times C$ 放在第 6 列，剩下的第 7 列就安排因子 D。这样就得到下面的表头设计，见表 10-8。

2. 水平对号入座

交互作用所在的列在试验方案中是不起作用的，只是在分析试验结果时才用到它，因此这里先不去管它，如表10-8所示排出试验方案。

表10-8 表头设计、试验方案表

列号＼因子 试验号	A 退火温度/℃	B 退火时间/min	A×B	C 原料产地	A×C	B×C	D 轧程分配/mm
	1	2	3	4	5	6	7
1	1 000(1)	10(1)	(1)	甲地(1)	(1)	(1)	0.3(1)
2	1 000(1)	10(1)	(1)	乙地(2)	(2)	(2)	0.35(2)
3	1 000(1)	13(2)	(2)	甲地(1)	(1)	(2)	0.35(2)
4	1 000(1)	13(2)	(2)	乙地(2)	(2)	(1)	0.3(1)
5	1 200(2)	10(1)	(2)	甲地(1)	(2)	(1)	0.35(2)
6	1 200(2)	10(1)	(2)	乙地(2)	(1)	(2)	0.3(1)
7	1 200(2)	13(2)	(1)	甲地(1)	(2)	(2)	0.3(1)
8	1 200(2)	13(2)	(1)	乙地(2)	(1)	(1)	0.35(2)

到此为止，已经完成了试验方案的设计，通过试验8次的指标依次是0.82，0.85，0.70，0.75，0.74，0.79，0.80，0.87，试分析试验结果？

根据所给的资料和计算结果，试验分析见表10-9。

表10-9 试验方案结果分析表

列号＼因子 试验号	A 退火温度/℃	B 退火时间/min	A×B	C 原料产地	A×C	B×C	D 轧程分配/mm	试验结果分析
	1	2	3	4	5	6	7	
1	1 000(1)	10(1)	(1)	甲地(1)	(1)	(1)	0.3(1)	0.82
2	1 000(1)	10(1)	(1)	乙地(2)	(2)	(2)	0.35(2)	0.85
3	1 000(1)	13(2)	(2)	甲地(1)	(1)	(2)	0.35(2)	0.70
4	1 000(1)	13(2)	(2)	乙地(2)	(2)	(1)	0.3(1)	0.75
5	1 200(2)	10(1)	(2)	甲地(1)	(2)	(1)	0.35(2)	0.74
6	1 200(2)	10(1)	(2)	乙地(2)	(1)	(2)	0.3(1)	0.79
7	1 200(2)	13(2)	(1)	甲地(1)	(2)	(2)	0.3(1)	0.80
8	1 200(2)	13(2)	(1)	乙地(2)	(1)	(1)	0.35(2)	0.87
$\sum x_{1j}$	3.12	3.20	3.34	3.06	3.18	3.18	3.16	
$\sum x_{2j}$	3.20	3.12	2.98	3.26	3.14	3.14	3.16	
x_{1j}	1.56	1.60	1.67	1.53	1.59	1.59	1.58	
x_{2j}	1.60	1.56	1.49	1.63	1.57	1.57	1.58	
R_j	0.04	0.04	0.18	0.10	0.02	0.02	0	

比较各列极差的大小，就能得到各因子的主次顺序。从上表可以看出，各因子的主次顺序如下：

主————————————→次

$A\times B \to C \to A$(或 B)$\to A\times C$(或 $B\times C$)$\to D$

因子A和因子B的交互效应是主要因子，说明它们水平搭配对铁损的影响较大。因子A和B的交互效应，共有4种不同的搭配形式，在选取退火温度和退火时间这两个因子水平时，要分析它们哪种搭配为好，为此计算它们的平均试验指标，见表10-10。

表10-10 搭配表

A_1B_1	$\frac{0.82+0.85}{2}=0.835$	A_2B_1	$\frac{0.74+0.79}{2}=0.765$
A_1B_2	$\frac{0.70+0.75}{2}=0.725$	A_2B_2	$\frac{0.80+0.87}{2}=0.835$

如果试验指标越大越好，则各因子平均指标最大的水平搭配，即是最好的生产（试验）条件；如果试验指标越小越好，则各因子平均指标最小的水平搭配才是最好的生产（试验）条件。铁损指标越小越好，因而要挑选平均指标最小的水平搭配。

A、B的四种搭配以A_1B_2为最好；从因子C来看C_1为好；因子D的试验平均指标相等，但从直接试验的结果来看，以D_2为好。综上所述，较好的工艺条件为$A_1B_2C_1D_2$。

通过此例可以看出，有交互效应的正交试验，其试验方案的设计及试验结果的分析与不考虑交互效应的正交试验基本一致，但要注意以下事项：

① 选用正交表时，要考虑交互效应所占的列数。选择的正交表要能安排下试验因子和交互效应。

② 进行表头设计时，要注意交互效应，并运用交互效应把它安排在适当的列上。

③ 在分析试验结果时，除了要分析各因子的单独作用外，对交互效应亦应当作一个因子来分析。对试验结果有较大影响的交互效应，要计算其各种水平搭配下的平均试验指标，以选出最优的水平搭配。

十六、何谓响应曲面设计

响应曲面设计　response surface design

旨在研究响应变量和一组预测变量之间函数关系的实验设计。

注1：响应曲面设计的一个明显好处是通过建议对预测变量（假定是连续的）的调节，来“改进”响应。

试验设计中的另一类问题是希望建立指标y与各因子$z_1,z_2,\cdots,z_n$间相关关系的定量表达式，以便通过该表达式找出使指标满足要求的各因子的范围。比如在炼钢时，如何控制钢水中碳的含量(z_1)，冶炼温度(z_2)，……，使钢材的强度(y)达到质量要求？

由于在生产过程中，除了要控制的$z_1,z_2,\cdots,z_n$外，还存在一些不可控制的随机因素，从而在$z_1,z_2,\cdots,z_n$不变的情况下，质量指标y也不完全相同，因而可以假定y与$z_1,z_2,\cdots,z_n$间有如下关系

$$y=f(z_1,z_2,\cdots,z_n)+\varepsilon。$$

这里$f(z_1,z_2,\cdots,z_n)$是$z_1,z_2,\cdots,z_n$的一个函数，常称为响应函数，其图形也称为响应曲面；ε是随机误差，通常假定它服从均值为0，方差为σ^2的正态分布。在上述假定下，$f(z_1,z_2,\cdots,z_n)$可以看作为在取得工艺参数$z_1,z_2,\cdots,z_n$后质量指标的均值。即

$$E(y)=f(z_1,z_2,\cdots,z_n)。$$

在响应曲面设计中，称$z_1,z_2,\cdots,z_n$为因子（或自变量），但与正交设计中不同，它们都是定量因子，不是定性因子。称$z=(z_1,z_2,\cdots,z_n)'$的可能取值的空间为因子空间。我们的任务便是从因子空间中寻找一个点$z^0=(z_1^0,z_2^0,\cdots,z_n^0)'$使$E(y)$满足质量要求。

当 f 的函数形式已知时,可以通过最优化的方法去寻找 z^0,然而在许多情况下 f 的形式并不知道,这时常常用一个多项式去逼近它,即假定

$$\hat{y} = b_0 + \sum_j b_j z_j + \sum_j b_{jj} z_j^2 + \sum_{i<j} b_{ij} z_i z_j + \cdots$$

这里的 $b_0, b_j, b_{jj}, b_{ij}, \cdots$ 为未知参数,也称为回归系数,通常需要通过收集数据对它们进行估计。则称上式为 y 关于 $z_1, z_2, \cdots, z_n$ 的多项式回归方程。在实际中常用的是如下的一次和二次回归方程

$$\hat{y} = b_0 + \sum_j b_j z_j,$$

$$\hat{y} = b_0 + \sum_j b_j z_j + \sum_j b_{jj} z_j^2 + \sum_{i<j} b_{ij} z_i z_j。$$

响应曲面设计便是一种通过少量试验,获得数据,估计参数,有效地建立回归方程的方法,因此响应曲面设计也称为回归设计。它是由英国统计学家 G·Box 在 20 世纪 50 年代初对化工生产提出的,以后又应用于钢铁、制药、农业等部门,如今这一方法的应用面已经很广。

根据建立的回归方程的次数不同,回归设计有一次回归设计、二次回归设计等,根据设计的性质又有正交设计、旋转设计等。本章限于篇幅不再举例说明。

十七、何谓方差分析,简述方差分析的基本思想、方法步骤和应用条件

1. 方差分析 analysis of variance(ANOVA)

将响应变量的总变异分解为若干有意义的分量以确定变异来源的技术。

注:方差分析可作方差分量估计以及模型参数的假设检验。

方差分析表通常包含如下各列:

——变异来源;

——平方和(离差平方和);

——自由度;

——均方(均方差)(平方和除以自由度);

——F 统计量;

——均方的期望(由模型参数的均方的数学期望)。

2. 方差分析的基本思想

① 将(总)离差平方和 S_T 分解为室内(组内)离差平方和 S_E 与室间(组间)离差平方和 S_A 等。

$$S_T = S_A + S_B + S_{A\times B} + \cdots + S_E$$

② 对室间平方和 S_A 的均方与随机作用的室内平方和 S_E 的均方在给定的显著性水平 α 下进行 F 检验。若两者相差不大,表明该因素影响不显著,即无系统误差(偏倚)存在;若两者相差较大,表明该因素影响显著,有系统误差(偏倚)存在。

3. 方差分析的方法步骤

① 建立统计假设 $H_0: \mu_1 = \mu_2 = \cdots = \mu_m$

若拒绝 H_0,则认为因素对试验结果有显著性影响;若接受 H_0,则认为因素对试验结果无显著性影响。

② 选取统计量(可列出方差计算表)。

③ 给定显著性水平 α，并查出临界值 F_α。

④ 根据方差分析表做出方差分析结论。

4. 应用方差分析的条件

方差分析要求试验数据，必须具备下列条件：

① 同一水平的数据应遵从正态分布。

② 各水平试验数据的总体方差都要相等，尽管各总体方差通常是未知的。

其中第二条尤为重要，因为在一些要求较精密的试验中（如误差分析和标准制订），通常要用样本方差检验总体方差的一致性。

方差分析广泛应用于响应曲面设计和稳健参数设计的析因分析中。

十八、简述单因子方差分析的程序，并举例说明

单因子方差分析是指仅仅讨论一种条件（因子）对试验结果有无显著性影响的问题。它一般适用于：

① 在许多各种因子中要调查某一影响最大的某一特定因子的效果时；

② 诸多因子的分析已有所进展，现在要调查剩下的诸因子中最大因子的影响时。

单因子方差分析对因子的水平数和各水平的重复数都没有限制，可任意选择。但一般因子水平大多选 3～5 个，重复试验次数 3～10 次。单因子方差分析的因子各水平的重复数可不同，但为便于统一，最好一致。

设在某试验中，因子 A 在变，而其他因子不变，且因子 A 具有 m 个水平，而对每个水平都进行 r 次试验，试验结果如表 10-11 所示。其中 x_{ij} 表示第 j 个水平进行第 i 次试验的结果，全部试验总共进行了 $n=m\cdot r$ 次。

表 10-11　单因子方差分析

试验号＼因子	A_1	A_2	…	A_j	…	A_m	Σ（行和）
1	x_{11}	x_{12}	…	x_{1j}	…	x_{1m}	
2	x_{21}	x_{22}	…	x_{2j}	…	x_{2m}	
⋮	⋮	⋮	…	⋮	…	⋮	
i	x_{i1}	x_{i2}	…	x_{ij}	…	x_{im}	
⋮	⋮	⋮	…	⋮	…	⋮	
r	x_{r1}	x_{r2}	…	x_{rj}	…	x_{rm}	
$\sum_{i=1}^{r}$（列和）	$\sum_{i=1}^{r} x_{i1}$	$\sum_{i=1}^{r} x_{i2}$	…	$\sum_{i=1}^{r} x_{ij}$	…	$\sum_{i=1}^{r} x_{im}$	$\sum_{j=1}^{m}\sum_{i=1}^{r} x_{ij}$
$\bar{x}_i$（列平均）	$\bar{x}_1$	$\bar{x}_2$		$\bar{x}_j$		$\bar{x}_m$	$\bar{\bar{x}}$

统计假设为 $H_0:\mu_1=\mu_2=\cdots=\mu_m$。

如何检验 H_0 呢？由于 n 个试验值 x_{ij} 的离差平方和

$$S_T=\sum_{j=1}^{m}\sum_{i=1}^{r}(x_{ij}-\bar{\bar{x}})^2$$

可以看成是由因子 A 的水平（系统）误差及试验的随机误差这两个方面的影响所造成

的，因而设法在这离差平方总和 S_T 中，将这两方面的影响分离开来

$$\bar{x}=\frac{1}{r}\sum_{i=1}^{r}x_{ij},$$

$$\bar{\bar{x}}=\frac{1}{n}\sum_{j=1}^{m}\sum_{i=1}^{r}x_{ij},\quad (j=1,2,\cdots,m)$$

则上述 n 个试验值 x_{ij} 的离差平方和

$$S_T=\sum_{j=1}^{m}\sum_{i=1}^{r}(x_{ij}-\bar{\bar{x}})^2。$$

经整理得

$$S_T=\sum_{j=1}^{m}\sum_{i=1}^{r}(x_{ij}-\bar{x}_j)^2+r\sum_{j=1}^{m}(\bar{x}_j-\bar{\bar{x}})^2,$$

若记

$$S_A=r\sum_{j=1}^{m}(\bar{x}_j-\bar{\bar{x}})^2,$$

$$S_E=\sum_{j=1}^{m}\sum_{i=1}^{r}(x_{ij}-\bar{x}_j)^2,$$

则

$$S_T=S_E+S_A。$$

其中，S_E 称为室内离差平方和，它反映了在同一条件下(水平)重复试验而产生的随机误差；S_A 称为室间平方和，它反映了从各个不同水平总体中取出的各个样本之间的差异，而这个差异是由于因子 A 在不同水平作用的系统误差所引起的。它的大小在一定程度上反映出原假设 H_0 是否成立，即因子 A 对实验室结果影响的大小。如果 S_A 比 S_E 大得多，则 H_0 很可能不成立，即因子 A 对实验室结果的影响很可能是显著的，这种通过对方差的比较来判断假设 H_0 是否成立，从而判断因子 A 对实验室结果是否有显著影响的方法，就是方差分析法。考查统计量

$$F=\frac{S_A/(m-1)}{S_E/(n-m)}$$

给定显著性水平 α，查 F 分布表(见附表 5)得到临界值 $F_\alpha[(m-1),(n-m)]$，比较计算得到的统计量 F 与临界值 F_α 的大小。若 $F\leqslant F_\alpha[(m-1),(n-m)]$，则接受原假设 H_0，这说明因子 A 对试验结果无显著影响，若 $F>F_\alpha[(m-1),(n-m)]$，则拒绝 H_0，说明该因子 A 对试验结果有显著影响。

为简化运算，S_A 和 S_E 也可用下式计算：

$$S_A=r\sum_{j=1}^{m}(\bar{x}_j-\bar{\bar{x}})^2=\frac{1}{r}\sum_{j=1}^{m}\Big(\sum_{i=1}^{r}x_{ij}\Big)^2-\frac{1}{n}\Big(\sum_{j=1}^{m}\sum_{i=1}^{r}x_{ij}\Big)^2,$$

$$S_E=\sum_{j=1}^{m}\sum_{i=1}^{r}(x_{ij}-\bar{x}_j)^2=\sum_{j=1}^{m}\sum_{i=1}^{r}x_{ij}^2-\frac{1}{r}\sum_{j=1}^{m}\Big(\sum_{i=1}^{r}x_{ij}\Big)^2。$$

在计算过程中，为简化计算和减少误差，还可以对所有的试验数据 x_{ij} 同时加、减一个适当的数(通常取总平均数 $\bar{x}$ 或接近于总平均数 $\bar{x}$ 的一个数)，或同时乘以一常数，这样做并不影响方差分析的结果。上述方差分析过程，可列方差分析表如表 10-12 所示。

由上述可见，方差分析实际上是检验同方差的若干正态总体的均值是否相等的一种统

计方法。在特殊情况下,若被检验的正态总体只有两个,这就是 t 检验。因此,从这个意义上讲,方差分析是 t 检验的推广。

表 10-12 方差分析表

方差来源	离差平方和	自由度	均方差	F 值	F_α 值	显著性
室间	$S_A=\sum_{j=1}^{m}(\bar{x}_j-\bar{\bar{x}})^2$	$m-1$	$\frac{S_A}{m-1}$			
室内	$S_E=\sum_{j=1}^{m}\sum_{i=1}^{r}(x_{ij}-\bar{x}_j)^2$	$n-m$	$\frac{S_E}{n-m}$	$F=\frac{\frac{S_A}{m-1}}{\frac{S_E}{n-m}}$	$F_\alpha(m-1,n-m)$	
总和	$S_T=S_E+S_A$	$n-1$				

示例 三个实验室用同一种分析方法对同一试样的同一指标各自独立地进行了 4 次测定,他们的分析结果如表 10-13 所示。

表 10-13

实验室 / 试验次数	A_1	A_2	A_3	
1	38	20	21	
2	36	24	22	
3	35	26	31	
4	31	30	34	
$\sum$	144	100	108	
均值	35	25	27	29

试问不同实验室的试验结果是否有显著性差异($\alpha=0.05$)?

解:

(1) 为简化运算,先将每个试验值 x_{ij} 都减去总平均 $\bar{x}=29$,为方便运算,变换后的数据仍记为 x_{ij},相应的平方和仍记为 S_T、S_A、S_E,列出方程计算表 10-14。

表 10-14

因素水平 / 试验值 / 试验号	A_1		A_2		A_3		$\sum_{j=1}^{3}$ 行和
	X_{i1}	X_{i1}^2	X_{i2}	X_{i2}^2	X_{i3}	X_{i3}^2	
1	9	81	−9	81	−8	64	
2	7	49	−5	25	−7	49	
3	6	36	−3	9	2	4	
4	2	4	1	1	5	25	

续表 10-14

试验值 \ 因素水平 试验号	A_1		A_2		A_3		$\sum_{j=1}^{3}$ 行和
	X_{i1}	X_{i1}^2	X_{i2}	X_{i2}^2	X_{i3}	X_{i3}^2	
$\sum_{i=1}^{4} x_{ij}^2$		170		116		142	428
$\sum_{i=1}^{4} x_{ij}$	24		−16		−8		0
$(\sum_{i=1}^{4} x_{ij})^2$	576		256		64		896

(2) 计算 S_A、S_E

$$\sum_{j=1}^{3}\sum_{i=1}^{4} x_{ij}^2 = 428,$$

$$\sum_{j=1}^{3}\sum_{i=1}^{4} x_{ij} = 0,$$

$$\sum_{j=1}^{3}\left(\sum_{i=1}^{4} x_{ij}\right)^2 = 896。$$

将上述数据代入：

$$S_A = \frac{1}{4}\sum_{j=1}^{3}\left(\sum_{i=1}^{4} x_{ij}\right)^2 - \frac{1}{12}\left(\sum_{j=1}^{3}\sum_{i=1}^{4} x_{ij}\right)^2 = 224,$$

$$S_E = \sum_{j=1}^{3}\sum_{i=1}^{4} {x_{ij}}^2 - \frac{1}{4}\sum_{j=1}^{3}\left(\sum_{i=1}^{4} x_{ij}\right)^2 = 204。$$

(3) 列出方差分析表(见表 10-15)。

(4) 结论：因 $F=4.94>4.26=F_{0.05}(2,9)$(查附表 5)，因而拒绝 H_0，即不同的实验室对试验结果有显著影响。

表 10-15　方差分析表

方差来源	离差平方和	自由度	均方差	F 值	F_α 值	显著性
室间	$S_A=224$	2	$\frac{224}{2}=112$	$F=\frac{112}{22.67}=4.94$	$F_{0.05}(2,9)=4.26$	$F>F_\alpha$
室内	$S_E=204$	9	$\frac{204}{9}=22.67$			
总和 $S_T=428$		11				

十九、简述稳健参数设计的方法(田口方法)

稳健参数设计(robust parameter design)亦称健壮设计、鲁棒设计，简称参数设计，是质量工程实际问题中很有价值的一种统计方法。它通过选择可控因子的水平组合来减少一个系统(或过程、产品)对噪声变化的敏感性，从而达到减少此系统性能波动的目的。过程的输入变量(因子)有两类:可控因子和噪声因子。可控因子是指其值一旦选定就保持不变的变量,它包括产品或生产过程设计中的设计参数,而噪声因子是在正常条件下难以控制的变量。我们在做参数设计时,就是把可控因子的设置当作研究的主要对象,与此同时让噪声因子按照设定的计划从而系统地改变其水平的方法来表示正常条件下的变化,最终按照我们预定的望大、望小或望目的目标选出最佳设置。从方法角度而言,稳健参数设计可以使用乘积表(即内外表)和单一表(两类因子排在同一张表内)两种方法。从建模策略而言,我们可以使用相应的位置及散度建模和响应建模两种建模策略。田口玄一博士在参数设计方法方面贡献非常突出,他在设计中引进 SN 比(信噪比)的概念,并以此作为评价参数组合优劣的一种测度,这是很有价值的,因此很多文献和软件把稳健参数设计方法称为田口设计。

田口设计最显著的特点有以下两个方面:

第一,是把产品质量与经济损失联系在一起。希望生产价廉物美的产品,只有质量高、成本低的产品才能做到总损失最小,在市场上才有很强的竞争能力。

第二,是应用三次设计方法,即系统设计、参数设计和容差设计,研究内外干扰因素对产品功能波动的影响。利用内外正交表直接法或综合误差因素法、方差分析、信噪比和质量损失函数,寻找使产品质量特性达到目标值、抗干扰能力的最佳参数组合。

二十、简述田口设计中的一些术语的基本概念

为了弄清田口设计的基本思想,须对其中的一些名词术语的基本概念有所了解。由于本书篇幅有限,只能介绍其大意。

1. 产品质量的定义

质量的定义已在第一章第一题中进行了阐述,即是“一组固有特性满足要求的程度。”

田口博士的定义是“所谓质量是指产品上市后给社会带来的损失。但是由于功能本身所产生的损失除外”。损失愈小,质量愈高。

2. 质量损失函数

若设质量特性值(质量指标值)为 y,其目标值为 m,则 y 偏离 m 就会给社会(用户)带来损失,田口建议用二次质量损失函数度量此种损失,即

$$L(y)=k(y-m)^2。$$

式中:$L(y)$——质量损失函数;

y——质量特性值;

m——目标值;

k——系数。

$$k=\frac{A}{\Delta^2}\text{或}\frac{A_0}{\Delta_0^2}$$

式中:A——不合格品的损失:

A_0——丧失功能的损失;

Δ——容差;

Δ_0——功能界限。

质量损失函数见图 10-5。

3. 质量特性

在质量管理中,人们常把所考察产品的质量指标称作该产品的质量特性。用来表现质

量特性的数据称为质量特性值。最常见的质量特性有望目特性、望小特性、望大特性和动态特性。这些术语的概念已在第七章第四题中进行了说明，不再重复。

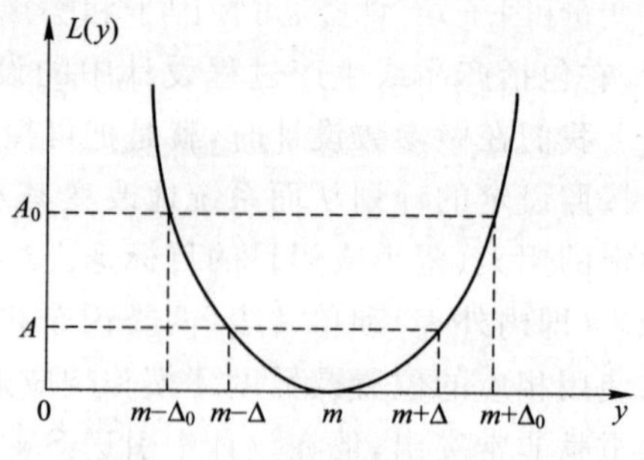

图 10-5　质量损失函数

4. 系统设计

由专业技术人员根据市场上的需求利用专业知识和技术，对产品进行整个系统的设计，使得产品确实具有某种性能。该阶段应尽力寻找性能指标与系统中各参数之间的函数关系，便于节约费用。

5. 参数设计

系统设计之后，就要决定系统中参数的选择，以便使产品性能既能达到目标值，又能使它在各种环境下波动小，稳定性好。若有计算函数关系，可不需进行试验，直接通过参数设计达到目的。若无函数关系，可通过参数设计和试验来实现上述目的。

6. 容差设计

参数设计中决定了各元件的参数值(元件的中心值)，但每一元件的参数都有一公差(公差的一半叫容许差)。当元件在参数公差范围内变化时，是否会使产品性能指标偏离目标值。反之，要使产品性能接近目标值，元件的公差应是多少为宜。这是容差设计要解决的问题。

7. 波动与偏差

若设质量指标值为 y，其目标值为 m，可用二次损失函数 $L=(y-m)^2$ 去度量这种损失，由于 y 带有随机性，所以产品质量以平均损失 EL 来度量，有

$$EL=E(y-m)^2=E(y-Ey)^2+(Ey-m)^2=\sigma^2+\delta^2。$$

其中 σ^2 是 y 的方差，它表示 y 的波动的大小，$\delta=|Ey-m|$ 是偏差，它表示指标 y 的均值对目标值 m 的偏离大小，致力于减少波动，称为稳健性分析。致力于减少偏差，称为灵敏度分析。

8. 因子与信噪比

因子即因素。把影响产品性能指标 y 的因子分为两大类：

(1) 可控因子(可控因素)：设计时把可控因子放在一张正交表上，此表称为内表。

(2) 噪声因子(干扰因子)：人们不能控制的因子。还可以分为外部噪声和产品噪声。设计时把诸噪声因子放在一张正交表上，此表称为外表。

内表中的每一个试验点(可控因子水平组合)各对应一张表。

9. 信噪比

信噪比(SN 比)定义为信号的功率与噪声的功率之比。

(1) 在望目特性时

产品性能指标 y_i 愈接近 m 愈好，这种情况下

$$\text{SN 比}=\frac{\text{信号的功率}}{\text{噪声的功率}}=\frac{\mu^2}{\sigma^2}。$$

为获得信噪比的估计，田口建议用分子 μ^2 和分母 σ^2 的无偏估计分别去代替分子和分母，若记

$$\bar{y}_i = \frac{1}{n}\sum_{i=1}^{n} y_{ij}, \quad \hat{\sigma}_i^2 = \frac{1}{n-1}\sum_{j=1}^{n}(y_{ij} - \bar{y}_j)^2$$

其中 n 为外表中的试验次数，那么第 i 张外表的信噪比的估计为

$$\eta_i = \frac{\bar{y}_i^2 - \hat{\sigma}_i^2/n}{\hat{\sigma}_i^2}, \quad i=1,2,\cdots,k。$$

其中 k 为内表中的试验次数，田口还仿照信号传输中信噪比的单位，对上述 η 取常用对数，再乘以 10 后仍称信噪比，并对最后结果命以“分贝(dB)”为单位，即

$$\eta_i = 10 \cdot \lg\eta_i(\text{dB}), \quad i=1,2,\cdots,k$$

(2) 在望小特性时

产品性能指标 y_i 愈接近零愈好，这种情况下的 SN 比

$$\eta_i = -10 \cdot \lg\left[\frac{1}{n}\sum y_i^2\right]。$$

(3) 在望大特性时

产品性能指标 y_i 愈大愈好，这种情况下的 SN 比

$$\eta_i = -10 \cdot \lg\left[\frac{1}{n}\sum\left(\frac{1}{y_i}\right)^2\right]。$$

10. 灵敏度分析

田口建议用指标均值($Ey=\mu$)的平方 μ^2 的无偏估计作为灵敏度，即

$$\hat{\mu}_i^2 = \bar{y}_i^2 - \hat{\sigma}_i^2/n \text{ 或 } S_i = 10\lg(\bar{y}_i^2 - \hat{\sigma}_i^2/n)(\text{dB})。$$

其中 $\bar{y}_i^2$ 和 $\hat{\sigma}_i^2$ 分别为第 i 号试验的样本均值和方差的无偏估计。也有的书中用 $\bar{y}_i$ 作为灵敏度。

二十一、举例说明稳健参数设计的基本程序

下面通过一个 RL 电感电路稳健设计的示例来说明田口稳健参数三次设计的基本程序。此电路由电阻 $R(\Omega)$、电感 $L(\text{H})$ 组成，线路图见图 10-6。当输入的交流电电压 $U(\text{V})$，频率 $f(\text{Hz})$ 时，输出的电流强度 y 可由参数设计函数关系式求得。

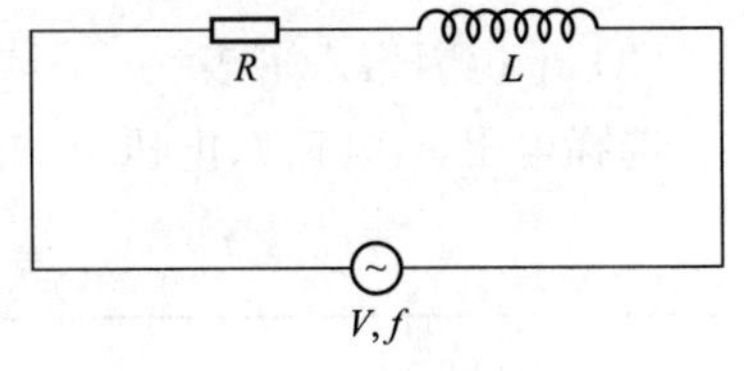

图 10-6　电感电路

1. 系统设计

设计一种产品，设计员首先要进行市场调研，用质量功能展开 QFD 的方法将用户要求转变成设计要求和工艺要求。然后设计员凭个人经验，参考设计手册和资料，设计产品的结构，选择材料、零部件和制造工艺。满足用户要求的设计方案可能有几种。当然，设计员凭经验选择最优方案。一旦方案选定，参数设计和容差设计只能在选择的方案上做文章。如果经过参数设计和容差设计证明，选择的方案质量特性值达不到目标值，抗干扰能力不满足要求，就应反馈到系统设计，选择其他更合适的方案。

2. 参数设计

参数设计函数关系

$$y=\frac{U}{\sqrt{R^2+(2\pi fL)^2}}$$

式中：y——电流强度，单位：A；

L——电感，单位：H；

f——频率，单位：Hz；

R——电阻，单位：Ω；

U——电压，单位：V。

目标值：$m=10$ A。

(1) 可控因素水平表

选择电阻 R 和电感 L 为可控因素，可控因素水平表如表 10-16 所示。

表 10-16　可控因素水平表

因素＼水平	1	2	3
R	0.5	5.0	9.5
L	0.01	0.02	0.03

(2) 可控因素正交表

可控因素正交表如表 10-17 所示。

表 10-17　可控因素正交表(内表)

方案	1(R)	2(L)	方案	1(R)	2(L)	方案	1(R)	2(L)
1	1(0.5)	1(0.01)	4	2(5.0)	1	7	3(9.5)	1
2	1	2(0.02)	5	2	2	8	3	2
3	1	3(0.03)	6	2	3	9	3	3

(3) 干扰因素水平表

选择电阻 r、电感 l、电压 v 和频率 f 为干扰因素，干扰因素水平如表 10-18 所示。

表 10-18　干扰因素水平表(外表)

方案	水平	干扰因素			
		r	l	v	f
1	1	0.45	0.009	90	50
	2	0.50	0.010	100	55
	3	0.55	0.011	110	60
2	1	0.45	0.018	90	50
	2	0.50	0.020	100	55
	3	0.55	0.022	110	60

续表 10-18

方案	水平	干扰因素			
		r	l	v	f
3	1	0.45	0.027	90	50
	2	0.50	0.030	100	55
	3	0.55	0.033	110	60
4	1	4.5	0.009	90	50
	2	5.0	0.010	100	55
	3	5.5	0.011	110	60
5	1	4.5	0.018	90	50
	2	5.0	0.020	100	55
	3	5.5	0.022	110	60
6	1	4.5	0.027	90	50
	2	5.0	0.030	100	55
	3	5.5	0.033	110	60
1	1	8.55	0.009	90	50
	2	9.50	0.010	100	55
	3	10.45	0.011	110	60
8	1	8.55	0.018	90	50
	2	9.50	0.020	100	55
	3	10.45	0.022	110	60
9	1	8.55	0.027	90	50
	2	9.50	0.030	100	55
	3	10.45	0.033	110	60

(4) 干扰因素正交表

选用 $L_9(3^4)$为干扰因素正交表，共有 9 张干扰因素正交表(外表)，1 号方案干扰因素正交表如表 10-19 所示。

表 10-19　1 号方案干扰因素正交表

试验方案	1(r)	2(l)	3(v)	4(f)	y_j
1	1(0.45)	1(0.009)	1(90)	1(50)	31.44
2	1	2(0.010)	2(100)	2(55)	28.70
3	1	3(0.011)	3(110)	3(60)	26.37
4	2(0.5)	1	2	3	29.16
5	2	2	3	1	34.58

续表 10-19

试验方案	1(r)	2(l)	3(v)	4(f)	y_j
6	2	3	1	2	23.47
7	3(0.55)	1	3	2	34.83
8	3	2	1	3	23.62
9	3	3	2	1	28.58

(5) 求质量特性值

根据干扰因素正交表的试验方案，经试验、计算其质量特性值如表 10-20 所示。

表 10-20 质量特性值

试验方案 j / 方案 i	y_{i1}	y_{i2}	y_{i3}	y_{i4}	y_{i5}	y_{i6}	y_{i7}	y_{i8}	y_{i9}
1	31.44	28.70	26.37	29.16	34.58	23.47	34.83	23.62	28.58
2	15.87	14.44	13.24	14.70	17.45	11.81	17.62	11.91	14.42
3	10.60	9.64	8.84	9.81	11.66	7.88	11.77	7.95	9.63
4	16.93	17.62	17.98	16.55	18.63	14.33	17.41	13.50	15.40
5	10.45	12.13	11.66	11.86	13.70	9.89	13.25	9.64	11.32
6	9.37	8.85	8.31	8.82	10.31	7.23	10.16	7.16	8.52
7	8.78	9.10	9.23	8.57	9.66	7.40	9.05	9.98	7.89
8	7.47	7.44	7.29	7.18	8.22	6.06	7.85	5.84	6.79
9	9.99	10.84	11.58	9.91	10.99	8.80	10.09	8.10	9.09

(6) 计算 SN 比 η 和灵敏度 s

计算公式为

$$\eta = 10 \cdot \lg \frac{\frac{1}{n}(S_m - V_e)}{V_e} (\text{dB}),$$

$$s = 10 \cdot \lg \frac{1}{n}(S_m - V_e)(\text{dB}),$$

$$S_m = n\bar{y}^2 = \frac{1}{n}\Big(\sum_{i=1}^{n} y_i\Big)^2,$$

$$V_e = \frac{1}{n-1}\sum_{i=1}^{n}(y_i - \bar{y})^2,$$

$$\bar{y} = \frac{1}{n}\sum_{i=1}^{n} y_i。$$

n 为方案 i 试验或计算的质量特性值的个数。计算结果见表 10-21。

表 10-21　结果统计分析

方案 i \ 因素 j	1(R)	2(L)	3(e)	4(($\tilde{e}$))	η_i(dB)	s_i(dB)
1	1	1	1	1	16.87	29.23
2	1	2	2	2	16.78	23.28
3	1	3	3	3	16.76	19.77
4	2	1	2	3	19.58	24.34
5	2	2	3	1	18.74	21.41
6	2	3	1	2	17.90	18.83
7	3	1	3	2	19.59	18.61
8	3	2	1	3	19.22	17.05
9	3	3	2	1	18.95	19.93
η 分析 T_{1j}	50.41	55.40			$T=164.39$	
η 分析 T_{2j}	56.22	55.11			$\bar{\eta}=18.27$	
η 分析 T_{3j}	57.76	53.88			$CT=3002.67$	
η 分析 s_j	10.02	0.44			$s_T=11.65$	
s 分析 T_{1j}	72.28	73.50			$T=192.45$	
s 分析 T_{2j}	64.58	63.30			$CT=4115.22$	
s 分析 T_{3j}	55.59	55.65				
s 分析 s_j	46.52	53.47				

注：$T=\sum\eta_i$，$CT=T^2/9$，$\bar{\eta}=\sum\eta_i/9$，$s_T=(\eta_1^2+\cdots+\eta_9^2)-CT$，$s_j=\frac{1}{3}(T_{1j}^2+T_{2j}^2+T_{3j}^2)-CT$。

（7）结果统计分析

SN 比 η 的方差分析见表 10-22。

表 10-22　SN 比 η 的方差分析

来源	波动平方和 s	自由度 ν	方差 $V=s/\nu$	$F=V/V_e$	纯波动 $s'=s-V_e$	贡献率 $\rho(\%)=s'/s_T$
R	10.02	2	5.01	18.56++	9.48	81.4
L	0.44	2	0.22			
e	1.19	4	0.30			
($\tilde{e}$)	(1.63)	(6)	0.27		2.17	1.86
T	11.65	8			11.66	100

$$V_e=\frac{1}{n-1}\sum(Y_i-\bar{Y})^2,$$

$(\tilde{e})=T-R$,

$e=T-R-L$。

注：$F_{0.01}(2,6)=10.92$；“++”影响高度显著。

灵敏度 s 的方差分析表见表 10-23。

表 10-23　灵敏度 s 的方差分析

来源	波动平方和 s	自由度 ν	方差 $V=s/\nu$	$F=V/V_e$	纯波动 $s'=s-V_e$	贡献率 $\rho(\%)=s'/s_T$
R	46.52	2	23.26	7.99 ·	40.70	36.5
L	53.47	2	23.74	9.19 ·	47.65	42.7
e	11.63	4	2.91		23.27	20.8
T	111.62	8			111.62	100
注：$F_{0.05}(2,4)=6.94$；$F_{0.01}(2,4)=18.00$；“·”影响显著。						

因素(因子)分类见表 10-24。

表 10-24　因素(因子)分类

因素类别	SN 比分析	灵敏度分析	因素名称	因素类别	SN 比分析	灵敏度分析	因素名称
1	··	·	稳定因素 R	3	/	·	调整因素 L
2	·	/	稳定因素无	4	/	/	次要因素无
注：按田口因素分类规定：当 SN 比分析与灵敏度分析两者皆为·影响显著或++影响高度显著的因素称为稳定因素或称为重要因素；当灵敏度分析·影响显著的因素称为调整因素或称为调节因素。							

(8) 最佳参数

由表 10-21 可以看出，最佳数组合为 R_3L_1，它使 SN 比 η 最大，通过表 10-22SN 比 η 分析和表 10-23 灵敏度 s 分析，由表 10-24 可以看到，电感 L 为调整因素，如果最佳参数组合的质量特性值没有达到目标值，可通过调整因素 L 调整到目标值。

3. 容差设计

质量特性 y 的目标值 $m=10$ A，用户对输出电流强度容许范围为 $m\pm4$ A，即 $\Delta_0=4$ A，超过此范围的损失为 $A_0=160$ 元，最佳参数为 $R=9.5\ \Omega$，$L=0.01$H，原方案采用三级品，那么是否有更好的容差设计方案呢?

(1) 试验方案

参数设计最佳方案的干扰因素水平如表 10-25 所示。试验方案如表 10-26 所示。

表 10-25　干扰因素水平表

因素＼水平	v	f	r	l
1	90	50	8.55	0.009
2	100	55	9.50	0.010
3	110	60	10.45	0.011

表10-26 试验方案

因素 方案	1 v	2 f	3 r	4 l	因素 试验方案	1 v	2 f	3 r	4 l
1	1(90)	1(50)	1(8.55)	1(0.009)	6	2	3	1	2
2	1	2(55)	2(9.50)	2(0.010)	7	3(110)	1	3	2
3	1	3(60)	3(10.45)	3(0.011)	8	3	2	1	3
4	2(100)	1	2	3	9	3	3	2	1
5	2	2	3	1					

(2) 试验数据

试验或计算结果如表10-27所示。

表10-27 试验数据

因素 方案	1 v	2 f	3 r	4 l	y_j	$y_j'=y_j-10$
1	1(90)	1(50)	1(8.55)	1(0.009)	9.99	−0.01
2	1	2	2	2	8.90	−1.10
3	1	3	3	3	8.01	−1.99
4	2(100)	1	2(9.50)	3	9.89	−0.11
5	2	2(55)	3	1	9.17	−0.83
6	2	3	1	2(0.010)	10.70	0.70
7	3(110)	1	3(10.45)	2	10.08	0.08
8	3	2	1	3(0.011)	11.76	1.76
9	3	3(60)	2	1	10.90	0.90
T_{1i}	26.90	29.96	32.45	30.06	$T=89.4$	
T_{2i}	29.76	29.83	29.69	29.68	$T=-0.6$	
T_{3i}	32.74	29.61	27.26	29.66		

(3) 统计分析

统计分析见表10-28。

表10-28 统计分析

来源	波动平方和 s	自由度 ν	方差 $V=s/\nu$	纯波动 $s'=s-V_e$	贡献率 $\rho(\%)=s'/s_T$
m	0.04	1	0.04	0.036 4	0.35
V_e	5.68	1	5.68	5.676 4	55.22
Δ_{Vq}	8×10^{-4}	1	—		

续表 10-28

来源	波动平方和 s	自由度 ν	方差 $V=s/\nu$	纯波动 $s'=s-V_e$	贡献率 $\rho(\%)=s'/s_T$
f_1	0.02	1	0.02	0.016 4	0.16
Δ_{fq}	4.5×10^{-4}	1	—		
R_1	4.49	1	4.49	4.486 4	43.64
Δ_{Rq}	6.05×10^{-3}	1	—		
L_1	0.03	1	0.03	0.026 4	0.26
Δ_{Lq}	7.2×10^{-3}	1	—		
e	0	0	—		
$(\tilde{e})$	(0.014 5)	(4)	(0.003 6)	0.033 1	0.32
T	10.28	9	1.14	10.28	100

(4) 正交多项式回归方程

贡献率大、影响显著的因素与质量特性 y 的回归方程为

$$y=9.93+0.097(V-100)-0.910(R-9.5)。$$

回归方程用于调整质量特性达到目标值。

(5) 损失函数和质量水平

根据已知条件，损失函数为

$$L(y)=\frac{A_0}{\Delta_0^2}(y-m)^2=\frac{160}{4^2}(y-10)^2。$$

原方案的元件 R 和 L 采用三级品，n 件产品 $y_1,y_2,\cdots,y_n$ 的质量水平为

$$\overline{L}=\frac{A_0}{\Delta_0^2}V_T=10V_T=10\times1.14=11.4\text{ 元}。$$

每件产品的平均质量损失为 11.4 元。

(6) 容差设计

由表 10-28 看出贡献率为 $\rho_{V1}=0.552\,2$，$\rho_{R1}=0.436\,4$。

电压 V 是环境因素，容差不能压缩。电阻 R 的容差，考虑两种压缩方案。

第一方案：电阻 R 采用二级品，容差 $\Delta R_2=\frac{1}{2}\Delta R_3$，增加成本 $P_2=3$ 元。质量水平为

$$\begin{aligned}L_2&=\overline{L}\left\{1-\rho_m-\rho_{RI}\left[1-\left(\frac{\Delta R_2}{\Delta R_3}\right)^2\right]\right\}\\&=11.4\times(1-0.003\,5-0.436\,4\times0.75)\\&=7.6\text{ 元}。\end{aligned}$$

第二方案：电阻 R 采用一级品，容差 $\Delta R_1=\frac{1}{10}\Delta R_3$，增加成本 $P_1=5$ 元。质量水平为

$$\begin{aligned}L_1&=\overline{L}\left\{1-\rho_m-\rho_{RI}\left[1-\left(\frac{\Delta R_1}{\Delta R_3}\right)^2\right]\right\}\\&=11.4\times(1-0.003\,5-0.436\,4\times0.99)\\&=6.4\text{ 元}。\end{aligned}$$

容差设计如表 10-29 所示。

表 10-29 容差设计

方案	成本 P(元)	质量损失 L(元)	总损失 $L_T=P+L$(元)
原方案 ΔR_3	0	11.4	11.4
第一方案 $\Delta R_2=\frac{1}{2}\Delta R_3$	3	7.6	10.6
第二方案 $\Delta R_1=\frac{1}{10}\Delta R_3$	5	6.4	11.4

由表 10-29 可见，第一方案为容差设计的最佳方案。电阻 R 用 9.4 Ω 的二级品，电感 L 用 0.01H 的三级品，质量特性达到目标值 10 A，总损失最小。

第十一章 可靠性分析

一、何谓可靠性分析，简述可靠性分析的用途、益处、局限性与注意事项及应用示例

1. 可靠性分析的概念

可靠性分析(reliability analysis)就是将工程和分析方法应用于评价、预计和保证所研究的产品或系统在某一段时间无故障运行。

可靠性分析使用的技术通常需要使用统计方法处理不确定性、随机特性或在一段期间内发生故障等的概率。这种分析通常包括使用适宜的统计模型来表征所关心的变量，如故障前时间，或故障间隔时间。这些统计模型的参数可从实验室或工厂试验或从现场作业所获得的经验数据作出估计。

可靠性分析还包括用于研究故障的物理性质和原因，以及预防或减少故障的其他技术(如失效模式和影响分析)。

2. 可靠性分析的用途

可靠性分析用于下述目的：

① 基于来自有限期间并包括许多规定的试验单元数的试验所获得的数据，验证规定的可靠性测度得到满足；

② 预测无故障运行的概率，或其他可靠性测度，如故障率、零件或系统的平均故障间隔时间等；

③ 建立产品或服务性能的故障形态及运作情况的模型；

④ 提供对概率设计有用的设计参数(如应力和强度)方面的统计数据；

⑤ 识别关键或高风险的零件以及可能的故障模式和机理，并支持查找原因和采取预防措施。

可靠性分析所使用的统计技术允许对所开发的可靠性模型的参数估计值和用这些模型做出的预计结果设定统计置信水平。

3. 可靠性分析的益处

可靠性分析提供了产品和服务抗故障或抗服务中断的性能的定量测度。可靠性活动与系统运行中风险的遏制密切相关。可靠性通常是感知产品或服务质量、以及顾客满意程度的影响因素。

在可靠性分析中使用统计技术的益处包括：

① 在规定的置信限内，具备预计和量化故障可能性以及其他可靠性测度的能力；

② 通过使用不同的冗余技术和降额策略，具备指导作出选择不同设计方案决策的能力；

③ 制定完成符合性试验的客观的接收或拒收准则，以证实可靠性要求得到满足；

④ 基于产品性能、服务和耗损数据的可靠性分析，具备策划最佳预防性维修和更换计划的能力；

⑤ 为经济地达到可靠性目标，改进设计的可能性。

4. 可靠性分析的局限性与应注意的事项

可靠性分析的基本假定是所研究的系统性能可通过统计分布合理地予以表征。因此，可靠性估计的准确度将取决于这种假定的正确性。

当存在可能符合或不符合同一统计分布的多个故障模式时，会增加可靠性分析的复杂性。此外，当在可靠性试验中观测到的故障数很小时，可能严重影响与可靠性估计相联系的统计置信水平和精密度。

另一个关键是与可靠性试验的条件有关，特别是当试验包括某种形式的“加速应力”（即应力比产品在正常使用中大得多）时更是如此。确定产品在试验中所观测的故障与在正常使用条件下产品性能之间的关系可能很困难，并且这将增加可靠性预计的不确定性。

5. 可靠性分析的应用示例

可靠性分析应用的典型示例包括：

① 验证零件或产品能满足规定的可靠性要求；

② 根据新产品引进时试验数据的可靠性分析，判断产品的寿命周期费用；

③ 基于对现货产品的可靠性分析，指导作出制造或购买现货产品的决策，并估计对交付目标和与预测故障有关的以后费用的影响；

④ 基于试验结果、质量改进和可靠性增长，推测软件产品成熟度，并建立符合市场要求的软件投放目标；

⑤ 确定主要产品的耗损特性，以有助于改进产品设计，或策划所要求的适宜的服务维修计划和工作。

二、何谓可靠性、可靠度

1. 可靠性　reliability

产品在规定的条件下和规定的时间区间内完成规定功能的能力。

该定义已被世界可靠性专家所公认，在该定义中时间是核心，因为不谈时间就无可靠性而言，可靠性是经得起时间考验的质量。产品不能完成规定功能，称为故障（或失效）。

产品的可靠性是产品质量的一项重要指标。例如，电视机的质量指标很多：图像的清晰程度、音质是否优美、选择性的好坏、灵敏度的高低等。这类指标通常称为产品的性能指标。此外还有一类质量指标，它能反映产品保持性能指标的能力。例如，电视机在出厂时（时间为零）其各项性能指标都符合标准，5 000 小时后电视机是否仍保持出厂时的各项性能指标，这也是用户十分关心的问题。厂方为了说明自己产品保持性能指标的能力，通过试验提出自己产品的平均寿命是多少，可靠度是多少或失效率是多少，这些与时间紧密相连的指标统称为可靠性指标。

可靠性的数学特征量常用可靠度、失效率、平均无故障工作时间以及平均寿命等指标来表征。一般采用概率表示。

2. 可靠度　reliability　$[R(t_1, t_2)]$

产品在规定的条件下和规定的时间区间(t_1, t_2)内完成规定功能的概率。

产品寿命 T 是随机变量，可靠度 $R(t)$ 为

$$R(t)=P(T>t)。$$

式中：t 是规定时间。显然 t 时刻可靠度，是指产品在 $(0,t)$ 内完成规定功能（或正常工作）的概率，即 t 时间内正常工作的概率，也称可靠度函数。

不可靠度 $F(t)$ 为

$$F(t)=P(T\leqslant t)。$$

式中：t 是规定时间。显然 t 时刻不可靠度，表示产品在 $(0,t)$ 内发生故障（或不能正常工作）的概率，即 t 时间内发生故障的概率。显然

$$R(t)+F(t)=1。$$

对于有限样本，设考察的产品总数为 N_0，经过 t 时间故障数为 $r(t)$，则产品在 $(0,t)$ 内，可靠度和不可靠度的估计值为

$$R(t)=\frac{N_0-r(t)}{N_0},\quad F(t)=\frac{r(t)}{N_0}。$$

如图 11-1 所示，随着时间增大，产品故障数目逐渐增多，可靠度由开始 $R(0)=1$ 逐渐降低至 $R(\infty)=0$，不可靠度由开始 $R(0)=0$ 逐渐增加至 $R(\infty)=1$。

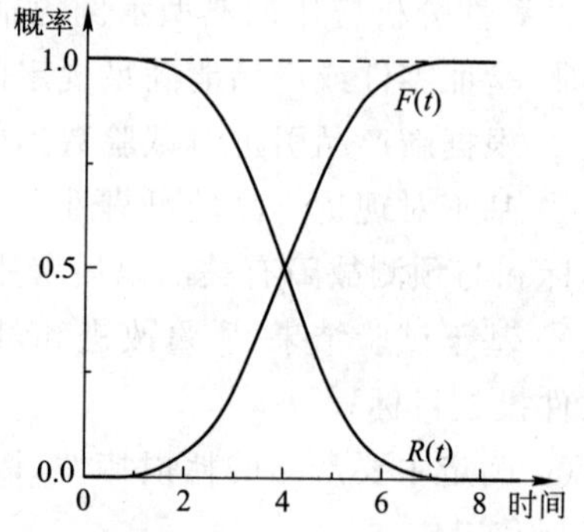

图 11-1 $R(t)$ 与 $F(t)$ 随时间变化示意图

示例 取某产品 100 个，进行可靠性试验，当 $t=30$ h 时，故障产品数目 $r(30)=40$ 个，试求 $t=30$ h 时产品的可靠度和不可靠度。

解：根据可靠度和不可靠度定义得知

$$R(30)=\frac{100-40}{100}=0.6,\quad F(30)=\frac{40}{100}=0.4。$$

所以该产品的可靠度为 0.6，不可靠度为 0.4。

三、何谓失效、失效率

1. 失效 failure

产品终止完成规定功能的能力这样的事件。

2. 失效率（瞬时失效率） failure rate (instantaneous failure rate) $\lambda(t)$

设产品在时刻 t 处于可用状态，在时间区间 $(t,t+\Delta t)$ 内出现失效的条件概率与区间长度 Δt 之比，当 Δt 趋于 0 时的极限（如果存在）。即

$$\lambda(t)=\lim_{\Delta t\to 0}\frac{P(t<T<t+\Delta t\mid T>t)}{\Delta t}。$$

这里的 T 表示失效前时间或首次失效前时间。

失效率函数 $\lambda(t)$ 与可靠度函数 $R(t)$ 的关系为

$$\lambda(t)=-\frac{\mathrm{d}[\ln R(t)]}{\mathrm{d}t},\quad R(t)=\exp\left\{-\int_0^t\lambda(x)\mathrm{d}x\right\}。$$

示例 1 某类电子元件 100 只在工作中，到 56 h 时失效 1 只，60 h 时又失效了 2 只，试计算其失效率。

解:$\lambda(56)=\frac{1}{100}=1(\%/h)$,

$\lambda(60)=\frac{2}{100-1}=2(\%/h)$。

所以它们的失效率分别为 1(%/h)和 2(%/h)。

示例 2 100 只产品工作三年失效了 4 只产品,假设产品每天工作时间为 12 h,试求该产品三年时间时的失效率。

解:产品总计工作时间

$$T=\frac{100+96}{2}\times 360\times 3\times 12=1\ 287\ 720\ 只/h$$

产品在三年时间时的失效率

$$\bar{\lambda}_{(3年)}=\frac{4}{1\ 287\ 720}=0.311\times 10^{-5}/h$$

我国电子行业规定的失效率可分为七个等级,见表 11-1。

表 11-1 失效率等级

等级	符号	最大失效率(1/h)	等级	符号	最大失效率(1/h)
亚五级	Y	3×10^{-5}	八级	B	1×10^{-8}
五级	W	1×10^{-5}	九级	J	1×10^{-9}
六级	L	1×10^{-6}	十级	S	1×10^{-10}
七级	Q	1×10^{-7}			

四、何谓故障、故障率与平均无故障工作时间

1. 故障 fault

产品不能执行规定功能的状态。预防性维修或其他计划性活动或缺乏外部资源的情况除外。

故障通常是产品本身失效后的状态,但也可能在失效前就存在。

2. 故障率 fault rate

是指任意时刻 t,尚未发生故障产品,在下一个单位时间内发生故障的概率。

3. 平均无故障工作时间 MTBF

也称平均寿命,指产品无故障工作时间的平均值。

对不可修复产品指失效前的平均工作时间,通常记为:MTTF(Mean Time To Failure)。

对可修复产品指两次相邻失效间的工作时间,而不是指整个产品报废的时间,通常记为:MTBF(Mean Time Between Failure)。

五、何谓维修、维修性与维修度

1. 维修 maintenance

为保持或恢复产品处于能执行规定功能的状态所进行的所有技术和管理,包括监督的活动。

维修可能包括对产品的修改。

2. 维修性　maintainability

在规定的条件下并按规定的程序和手段实施维修时，产品在规定的使用条件下，保持或恢复能执行规定功能状态的能力。

3. 维修度　maintainability

在规定的条件下并按规定的程序和手段实施维修时，产品在规定的使用条件下和规定的时间区间内保持或恢复能执行规定功能的概率。

六、何谓可用性、平均可用时间

1. 可用性　availability

在要求的外部资源得到保证的前提下，产品在规定的条件下和规定的时刻或时间区间内处于可执行规定功能状态的能力。它是产品可靠性、维修性和维修保障性的综合反映。

这里的外部资源不同于维修资源，它对产品的可用性是没有影响的。

2. 平均可用时间　mean up time MUT

可用时间的期望。

七、何谓产品的使用寿命，举例说明产品平均使用寿命的估算

1. 使用寿命　useful life

产品在规定的条件下，从规定时刻开始，到失效密度变到不可接受或产品的故障被认为不可修理时为止的时间区间。

产品的使用寿命即是产品能够正常使用的期限。即产品在规定的使用条件下，完成规定功能的工作总时间。对于任何一种产品（商品）不仅要求其性能好，而且还要求其经久耐用，这两者是缺一不可的。因此，产品的使用寿命是产品质量的一项重要指标，也为广大消费者所特别关注。

2. 产品平均使用寿命的估算

（1）产品平均使用寿命的直接计算

产品大都由若干零部件所组成，受不同零部件差异及其他各类因素的影响，即便是同一种产品的不同个体其使用寿命也不同。因此，对于产品寿命的评估基本是指平均寿命而言。对于一些常用的家用商品如电池、打火机、灯泡、计算器、电子词典、手机等产品的平均寿命计算方法一般按下式计算

$$L = \frac{\sum_{i=1}^{n} l_i}{n}$$

式中：L——产品平均寿命；

l_i——实际测试产品个体的寿命；

n——实际测试产品的个体数。

示例　从某厂生产的某批环形日光灯管中，随机抽取10只进行寿命测试，得到的试验数据如下（以h计）：1 050、1 100、1 080、1 120、1 200、1 250、1 040、1 130、1 300、1 200。试计算其平均寿命？

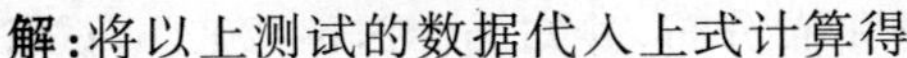

解:将以上测试的数据代入上式计算得

$$L=\frac{1}{10}(1\ 050+1\ 100+\cdots+1\ 200)=1\ 147(\mathrm{h})。$$

因此,该厂生产的环形日光灯管的平均寿命为 1 147 h。

(2) 模拟条件下的评估

通常一些产品的使用寿命常在模拟的试验条件下进行测试,如人为地设置产品使用中的温度、湿度、压力、冲击、频度等条件下进行模拟试验,测试评估出产品的平均使用寿命,如恒定应力寿命试验、加速寿命试验等。目前由于计算机的普及以及统计技术的应用,可以对一些较为复杂的系统进行模拟试验,评估出它们的平均使用寿命。模拟条件下的评估示例可参见第十二章中问题十模拟的示例。

对于可修复产品的寿命应按平均无故障工作时间的有关方法进行计算。

八、简述常见的失效分布类型

产品可靠性的各种数学特征都与其失效时间(寿命)的分布有关。已知失效分布函数,就可求出可靠度函数、失效率函数及平均寿命。如果知道失效分布函数的类型,就可通过参数估计出分布的特征参数。常见的失效分布类型有:指数分布、威尔布分布、正态分布、对数正态分布等类型。特别是威尔布分布是由瑞士威尔布(W. Weibull)于 1939 年首先提出用于处理材料疲劳寿命。此分布反映多部件中最弱部件的寿命。可用于滚珠轴承、继电器、传动装置、起动机、齿轮等部件的可靠性评价。下面对应用较多的威尔布分布简单加以介绍。

威尔布分布的密度函数为

$$f(t)=\begin{cases}\dfrac{m}{\eta^m}t^{m-1}\mathrm{e}^{-\left(\frac{t}{\eta}\right)^m}, & t>0,\\ 0, & t\leqslant 0。\end{cases}\tag{11-1}$$

式中:m 为形状参数;η 为尺度参数。

根据上述的密度函数,经推导可得可靠度 R 为

$$R(t)=\mathrm{e}^{-\left(\frac{t}{\eta}\right)^m},\quad t>0。\tag{11-2}$$

失效率 λ 为

$$\lambda(t)=\frac{f(t)}{1-F(t)}=\frac{m}{\eta^m}\cdot t^{m-1},\quad t>0。\tag{11-3}$$

平均寿命 MTTF 为

$$\mathrm{MTTF}=\eta\Gamma\left(1+\frac{1}{m}\right)。\tag{11-4}$$

示例 1 已知某飞机某部件的疲劳寿命分布服从威尔布分布,并从历次试验中,已知 $m=2,\eta=200$ h,试问使用 20 h,其可靠度与失效率为多少?

解:从题意 $m=2,\eta=200,t=20$,代入式(11-2)可靠度公式,得

$$R(t)=\mathrm{e}^{-\left(\frac{20}{200}\right)^2}=\mathrm{e}^{-0.01}=0.99。$$

代入式(11-3)失效率公式,得

$$\lambda(t)=\frac{2}{200^2}\cdot 20^{2-1}=0.1(次/100\ \mathrm{h})$$

故使用 20 h,其可靠度为 0.99,失效率为 100 h 0.1 次。

示例 2　已知某涡轮机的疲劳寿命 T 服从威尔布分布，并知 $m=2$，$\eta=200\ \mathrm{h}$，试求涡轮机的平均寿命？

解：利用式(11-4)，式中的 $\Gamma\left(1+\frac{1}{m}\right)$ 可根据 $\Gamma\left(1+\frac{1}{m}\right)$ 数值表查得（由于该表较大，本书附表中没有列入），经查得 0.886 2，代入数据得平均寿命

$$\mathrm{MTTF}=\eta\Gamma\left(1+\frac{1}{m}\right)=200\times0.886\ 2=177.24(\mathrm{h})。$$

所以该涡轮机的疲劳平均寿命为 177.24 h。

除以上介绍的威尔布分布外，在可靠性分析中，还常用指数分布、正态分布、对数正态分布等作为寿命分布。由于公式计算比较繁杂以及篇幅所限，这里不再一一介绍。

九、简述常用的可靠性试验方案

1. 完全试验

这种试验要进行到投试样品全部失效为止。即从总体中抽取大小为 n 的一个简单随机样本，获得该 n 个样品的寿命分别为 $t_1,t_2,\cdots,t_n$，这种样本称作完全样本。完全试验在大部分情况下无法实现，因为这往往要耗费大量的人力、物力、财力和时间，故常用以下两种试验替代。

2. 加速试验

为减少时间，可作加速试验。可靠寿命 t 常可表示为

$$t=10^{a+b/\mathrm{T}}$$

而 T 为影响寿命的应力，a，b 为常数。

按已有的(t_i,T_i)求出 a，b，据此得出正常应力 T_0 下的寿命 t。

示例 1　测得某计量器具在温度 T_i 下平均寿命 t_i 如下：

$$T_1=463\ \mathrm{K},\quad t_1=5\ 900\ \mathrm{h},$$

$$T_2=493\ \mathrm{K},\quad t_2=2\ 600\ \mathrm{h},$$

$$T_3=513\ \mathrm{K},\quad t_3=1\ 600\ \mathrm{h},$$

$$T_4=533\ \mathrm{K},\quad t_4=1\ 040\ \mathrm{h},$$

由

$$\lg t=a+b/T$$

按最小二乘法（n 为 i 的个数，现 $n=4$）

$$b=\frac{\sum\frac{\lg t_i}{T_i}-\frac{1}{n}\left(\sum\frac{1}{T_i}\right)\left(\sum\lg t_i\right)}{\sum\frac{1}{T_i^2}-\frac{1}{n}\left(\sum\frac{1}{T_i}\right)^2}=2.663,$$

$$a=\frac{1}{n}\left(\sum\lg t_i-b\sum\frac{1}{T_i}\right)=-1.98。$$

把求出的 b 与 a 以及正常的应力 T_0（正常温度）代入可靠寿命 t 的公式，即可求得正常应力 T_0 下的寿命。

3. 切尾试验

对一批产品作失效试验，有的产品很长时间也不失效，可用切尾试验。

为简单起见，以指数分布为例。

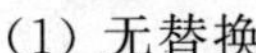

(1) 无替换

样品个数 n 失效后无替换，试验结束前测到 r 次失效，得失效时间

$$t_1 \leqslant t_2 \leqslant \cdots \leqslant t_r 。$$

1）定数切尾。做到 r 个失效停止，则平均寿命为

$$\hat{\theta} = \left\{ \sum_{i=1}^{r} t_i + (n-r)t_r \right\} \Big/ r 。$$

2）定时切尾。试验到时间 t 结束，则

$$\hat{\theta} = \left\{ \sum_{i=1}^{r} t_i + (n-r)t \right\} \Big/ r 。$$

示例 2　某器具在无替换，定时 $t=20$ h 切尾下，测 $n=88$ 台，得 n_i 台的失效时间 t_i

$$n_1=2,\quad t_1=0.32 \text{ h},$$
$$n_2=2,\quad t_2=0.76 \text{ h},$$
$$n_3=1,\quad t_3=1.44 \text{ h},$$
$$n_4=2,\quad t_4=2.36 \text{ h},$$
$$n_5=14,\quad t_5=4.52 \text{ h},$$
$$n_6=9,\quad t_6=9.73 \text{ h},$$
$$n_7=18,\quad t_7=19.60 \text{ h}。$$

于是

$$\hat{\theta}=\{0.32\times2+0.76\times2+\cdots+19.60\times18+(88-48)\times20\}\text{h}/48=27.33 \text{ h}。$$

(2) 有替换

样品个数 n，一旦某个样品失效，有好样品替补，试验结束前测到 r 次失效，失效时间

$$t_1 \leqslant t_2 \leqslant \cdots \leqslant t_r 。$$

1）定数切尾。做到 r 个失效停止，则

$$\hat{\theta}=nt_r/r 。$$

2）定时切尾。试验到时间 t 结束，则

$$\hat{\theta}=nt/r 。$$

示例 3　某器具在有替换，定时 $t=70$ h 切尾下试验 7 台，试验结束前测得 8 次失效，则

$$\hat{\theta}=7\times70 \text{ h}/8=61.25 \text{ h}。$$

十、简述系统可靠性的计算

执行某一任务，具有一定输入、输出特性的工作总体称为系统。

系统可靠性在产品设计、市场、使用的全过程中，都有研究课题。在设计阶段，根据元件的可靠度如何按不同的结构模型计算系统的可靠度，分析元件和系统之间的关系，如何在给定元件的可靠度的基础上提高系统的可靠性等。在生产制造阶段，大力开展质量管理、改进生产措施以保证达到设计的可靠性的要求。在使用阶段，对系统进行最佳的定期检查，采取必要的纠正和预防措施，保证系统的可靠性。

在可靠性设计方案的研究过程中，常假定元件或分系统有某种可靠性，然后计算所设计的系统的可靠性。

1. 串联系统的可靠性计算

如果系统 S 是由 n 个分系统 $S_1, S_2, \cdots, S_n$ 组成，n 个分系统中只要有一个失效，整个系

统 S 就失效，这样的系统称为串联系统。

串联系统的可靠性方块图表示如下

输入—S_1—S_2 …… S_n—输出

串联系统只有所有的分系统都正常工作时，系统才能正常工作。若以 W 表示系统 S 正常工作的事件，W_i 表示分系统 S_i 正常工作的事件，有

$$W = W_1 \cdot W_2 \cdot \cdots \cdot W_n$$

各分系统如果是相互独立的，则

$$P\{W\} = P\{W_1\} \cdot P\{W_2\} \cdot \cdots \cdot P\{W_n\}$$

即有

$$R = \prod_{i=1}^{n} R_i。$$

式中 R 表示系统 S 的可靠度，R_i 表示分系统 S_i 的可靠度。

示例 1　设某系统有 3 个分系统组成，总系统的可靠度为 0.9，问 3 个系统的可靠度各为多少？

解：根据公式 $R=R_i^3$

得

$$0.9 = R_i^3,$$

$$R_i = \sqrt[3]{0.9} = 0.96。$$

故 3 个系统的可靠度各为 0.96。

示例 2　在上例中的一个分系统的可靠度为 0.99，问其他两个分系统的可靠度应为多少？

解：根据公式 $R=R_i^3$ 得

$$R = 0.9 = 0.99 \times R_i^2,$$

$$R_i = \sqrt{0.9/0.99} = 0.956。$$

故其他两个分系统的可靠度应为 0.956。

2. 并联系统的可靠性计算

如果系统 S 的 n 个分系统 $S_1, S_2 \cdots, S_n$ 只要有一个分系统正常工作，系统 S 就正常工作，或者说，只有当全部系统完全失效时，才使系统 S 失效。这样的系统称为并联系统。

并联系统的可靠性方块图表示如下

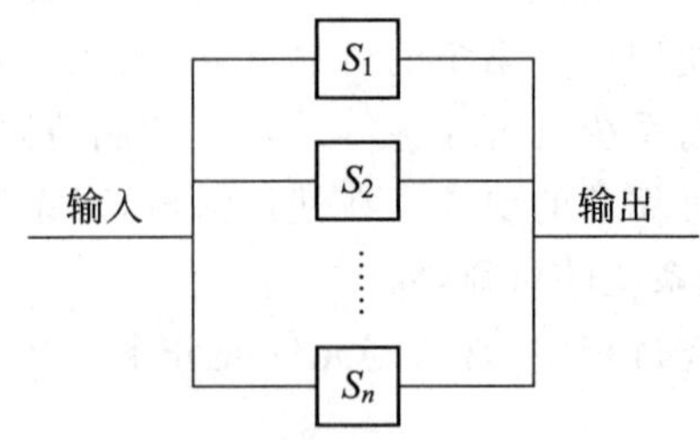

对并联系统也存在

$$\overline{W} = \overline{W}_1 \cdot \overline{W}_2 \cdot \cdots \overline{W}_n。$$

各分系统如果是互相独立的，则

$$1-P\{W\}=P\{\overline{W}\}=P\{\overline{W}_1\}\cdot P\{\overline{W}_2\}\cdot\cdots\cdot P\{\overline{W}_n\},$$

即

$$R=1-\prod_{i=1}^{n}(1-R_i)。$$

并联系统比串联系统可靠度大，可近似认为，串联取决于弱者，并联取决于强者。

示例 3 设某系统由 4 个元件并联而成，可靠度 $R_1=0.8$，$R_2=0.7$，$R_3=0.6$，$R_4=0.5$，求系统可靠度 R？

解：根据公式 $R=1-\prod_{i=1}^{n}(1-R_i)$ 得

$$R=1-(1-0.8)(1-0.7)(1-0.6)(1-0.5)=0.988。$$

示例 4 3 个单元的可靠度为 $R_1=0.9$，$R_2=0.8$，$R_3=0.7$，试比较由该 3 个单元组成的串联系统和并联系统的可靠度。

解：(1) 由串联公式计算，其串联系统可靠度为

$$R=\prod_{i=1}^{n}R_i=R_1\times R_2\times R_3=0.9\times 0.8\times 0.7=0.504。$$

(2) 由并联公式计算，其并联系统可靠度为

$$\begin{aligned}R&=1-\prod_{i=1}^{n}(1-R_i)=1-(1-R_1)(1-R_2)(1-R_3)\\&=1-(1-0.9)(1-0.8)(1-0.7)=0.994。\end{aligned}$$

从示例 4 可以看出，有可靠度相同的单元组成的并联系统，要比同样单元组成的串联系统的可靠度大的多。

3. 混联系统的可靠性计算

把若干个串联系统和并联系统重复地加以串联或并联的组合，就得到更复杂的可靠性结构模型。这样的系统统称为混联系统，如下图所示：

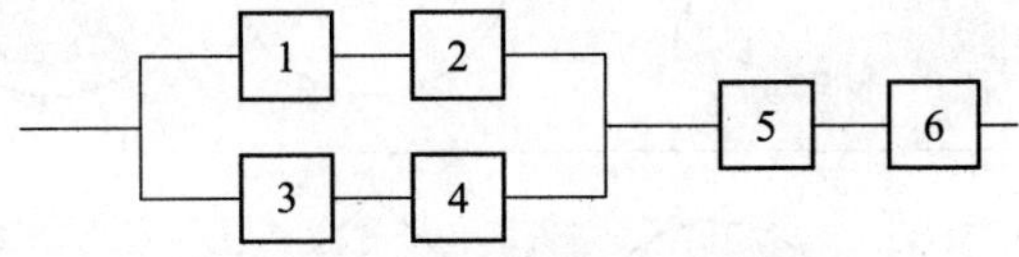

在计算混联系统的可靠度时，应把每个并联结构子系统的可靠度分别计算出来，然后，把它们作为一个功能链节加入系统，使原来的混联系统转化为串联系统，再对这个假想的串联系统进行可靠度的计算，这样就得到了混联系统的可靠度。

示例 5 如上图所示的混联系统。系统中各功能链节的可靠度已知为 $R_1=R_3=0.95$，$R_2=R_4=0.97$，$R_5=0.99$，$R_6=0.995$。求该系统的可靠度。

解：(1) 由串联系统计算公式，可得单元 1、2 和 3、4 串联后的可靠度

$$R_{12}=R_1\times R_2=0.95\times 0.97=0.921\ 5,$$
$$R_{34}=R_3\times R_4=0.95\times 0.97=0.921\ 5。$$

(2) 由并联系统计算公式，可得单元 1、2、3、4 构成的并联后的可靠度

$$R_{1234}=1-(1-R_{12})(1-R_{34})=1-(1-0.921\ 5)(1-0.921\ 5)=0.993\ 8。$$

(3) 计算子系统 1234 与单元 5、6 所构成的串联系统的可靠度

$$R_s = R_{1234} \times R_5 \times R_6 = 0.9938 \times 0.99 \times 0.995 = 0.97898。$$

十一、何谓故障树、故障树分析

1. 故障树　fault tree

表示产品的哪些组成部分的故障模式或外界事件或它们的组合导致产品的一种给定故障模式的逻辑图。

2. 故障树分析　fault tree analysis;FTA

以故障树的形式进行分析的方法，它用于确定哪些组成部分的故障模式或外界事件或它们的组合可能导致产品的一种已给定的故障模式。

故障树是一种特殊的倒立状逻辑因果关系图，它用事件符号、逻辑门符号和转移符号描述系统中各种事件之间的因果关系。逻辑门的输入事件是输出事件的“因”，逻辑门的输出事件是输入事件的“果”。仅含有故障事件以及与门、或门的故障树称为正规故障树。图 11-2 是一个典型的正规故障树释例。

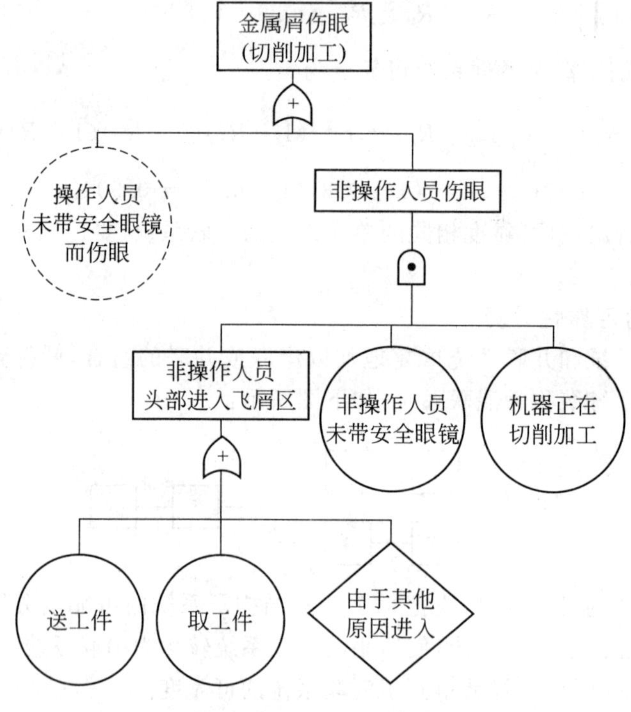

图 11-2　正规故障树释例

正规故障树释例：某工厂金属屑伤眼事故分析，见图 11-2。

故障树分析技术是美国贝尔电话实验室于 1962 年开发的，它采用逻辑的方法形象地进行危险的分析工作。特点是直观、明了、思路清晰、逻辑性强，可以作定性分析，也可以作定量分析。体现了以系统工程方法研究安全问题的系统性、准确性和预测性，它是安全系统工程的主要分析方法之一。一般来讲，安全系统工程的发展也是以故障树分析为主要标志的。

1974 年美国原子能委员会发表了关于核电站危险性评价报告,即“拉姆森报告”。报告中大量、有效地应用了 FTA,从而迅速地推动了故障树分析的发展。

十二、故障树中常用的符号与术语

1. 事件及其符号　event and symbols

在故障树分析中,各种故障状态或不正常情况皆称故障事件,各种完好状态或正常情况皆称成功事件。两者均可简称为事件。

(1) 底事件　bottom event

底事件是故障树分析中仅导致其他事件的原因事件。

底事件分为基本事件与未探明事件。

1) 基本事件　basic event

基本事件是在特定的故障树分析中无须探明其发生原因的底事件。

基本事件用圆形符号表示。见表 11-2。

2) 未探明事件　undeve loped event　(incomplete event)

未探明事件是原则上应进一步探明其原因但暂时不必或者暂时不能探明其原因的底事件。

未探明事件用菱形符号表示。见表 11-2。

(2) 结果事件　resultant event

结果事件是故障树分析中由其他事件或事件组合所导致的事件。

结果事件总位于某个逻辑门的输出端。

结果事件分为顶事件与中间事件。结果事件用长方形符号表示。见表 11-2。

1) 顶事件　top event　(head event, undesired event)

顶事件是故障树分析中所关心的结果事件。

顶事件位于故障树的顶端,总是所讨论故障树中逻辑门的输出事件而不是输入事件。

2) 中间事件　intermediate event

中间事件是位于底事件和顶事件之间的结果事件。

中间事件既是某个逻辑门的输出事件,同时又是别的逻辑门的输入事件。

另外还有特殊事件,如开关事件和条件事件等。

2. 逻辑门及其符号　logic gates and symbols

在故障树分析中逻辑门只描述事件间的逻辑因果关系。

(1) 与门　AND gate

与门表示仅当所有输入事件发生时,输出事件才发生。

与门符号见表 11-2。

(2) 或门 OR gate

或门表示至少一个输入事件发生时,输出事件就发生。

或门符号见表 11-2。

(3) 非门 NOT gate

非门表示输出事件是输入事件的对立事件。

非门符号见表 11-2。

表 11-2 故障树符号表

事件符号		逻辑门符号	
○	圆形，基本事件	与门符号	与门，全部输入人才输出
◇	菱形，未探明事件	或门符号（+）	或门，至少一个输入即有输出
▭	矩形，结果事件	非门符号（~）	非门，输入和输出事件对立

另外还有特殊门、表决门、异或门、禁门等。

十三、简述建立故障树的方法

建立故障树的方法主要有三种，主要包括演绎法、判定法和合成法。其中演绎法主要用于人工建树，判定法和合成法通常用于计算机辅助建树。

演绎法建树从顶事件开始，由上而下循序渐进逐级进行，其步骤如下：

① 分析顶事件。寻找引起顶事件发生的直接的、必要的、充分的原因。将顶事件作为输出事件，将所有直接事件作为输入事件，并根据这些事件的实际逻辑关系用适当的逻辑门相联系。

② 分析每一个与顶事件直接相联系的输入事件，如果该事件还能进一步分解，则将其作为下一级的输出事件。

③ 重复上述步骤，逐级向下分解，直到所有的输入事件不能再分解或不必再做分解为止，这些输入事件即为故障树的底事件。图 11-3 是某仓库失火的故障树图。

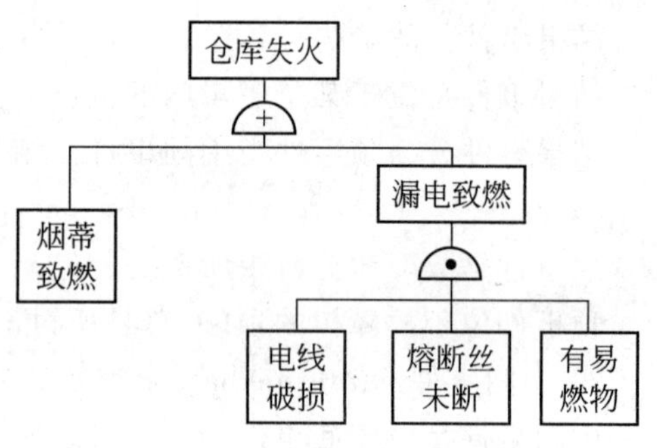

图 11-3 仓库失火的故障树

十四、简述故障树分析的基本程序

① 熟悉系统。要详细了解系统状态及各种参数，绘出工艺流程图或布置图。

② 调查事故。收集事故案例，进行事故统计，设想给定系统可能发生的事故。

③ 确定顶事件。顶事件为所关心的结果事件。对所调查的事故进行全面分析，从中找出后果严重且较易发生的事故作为顶事件。

④ 确定目标值。根据经验教训和事故案例，经统计分析后，求解事故发生的概率（频率），以此作为要控制的事故目标值。

⑤ 调查原因事件。调查与事故有关的所有原因事件和各种因素。

⑥ 画出故障树。从顶事件起，逐级找出直接原因的事件，直至所要分析的深度，按其逻

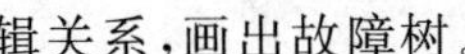

辑关系，画出故障树。

⑦ 分析。按故障树结构进行简化，确定各基本事件的结构重要度。

⑧ 事故发生概率。确定所有事故发生概率，标在故障树上，并进而求出顶事件(事故)的发生概率。

⑨ 比较。比较分可维修系统和不可维修系统进行讨论，前者要进行对比，后者求出顶事件发生概率即可。

⑩ 分析。原则上是以上这些步骤，但在分析时可视具体问题灵活掌握，如果故障树规模很大，可借助计算机进行。目前我国故障树分析一般都考虑到第7步进行定性分析时，也能取得较好效果。

十五、简述故障树分析的方法

故障树分析的方法有定性分析和定量分析两种。

定性分析是找出导致顶事件发生的所有可能的故障模式，即求出故障的所有最小割集。

定量分析主要有两方面的内容：一是由输入系统各单元(底事件)的失效概率求出系统的失效概率；二是求出各单元(底事件)的结构重要度，概率重要度和关键重要度，最后可根据这些重要度的大小排序得出最佳故障诊断和修理顺序，同时也可作为首先改善相对不大可靠的单元的数据。

1. 割集与最小割集

① 割集。故障树中一些底事件的集合。当这些底事件同时发生时，顶事件必然发生。

② 最小割集。若将割集中所含底事件任意去掉一个就不再成为割集，这样的割集就是最小割集。

2. 故障树的定性分析

在进行分析前首先把故障树化简：去掉明显的多余事件和多余逻辑门，用相同转移符号表示相同子树，用相似转移符号表示相似子树，并做故障树模块分解。求故障树的最小割集是定性分析的关键步骤，其方法主要有两种：上行法和下行法。

(1) 上行法

对每个结果事件，若下面是或门，则将此结果事件表示为该或门下的各输入事件的布尔和(事件并“+”)；若下面是与门，则将此结果事件表示为该与门下的输入事件(事件交“·”)。

上行法的步骤是：从底事件开始，由下向上逐级进行，按布尔运算的规则将顶事件表示成底事件积之和的最简式。其中每一项对应于故障树的一个最小割集。运算中要注意“吸收”，才能化为最简式。如有一项为 X_6，还有一项 X_4X_6，只保留 X_6，因为 X_6 的发生可以替代 X_4 与 X_6 同时发生的 X_4X_6，$\{X_6\}$ 是最小割集，而 $\{X_4X_6\}$ 不是最小割集。

示例1 已知故障树如图11-4所示，试用上行法求出所有最小割集。

解：从底事件开始，E_3 下面是与门，$E_3=X_1X_2X_3$；同理 $E_4=X_3X_4$；E_5 下面是或门，$E_5=X_4+X_6$；同理 $E_6=X_5+X_6$。类似地，有 $E_1=E_3+E_4=X_1X_2X_3+X_3X_4$，$E_2=E_5E_6=(X_4+X_6)(X_5+X_6)=X_4X_5+X_4X_6+X_5X_6+X_6X_6=X_4X_5+X_6$，$T=E_1+E_2=X_1X_2X_3+X_3X_4+X_4X_5+X_6$。故得故障树的所有最小割集有 $\{X_6\}$，$\{X_3, X_4\}$，$\{X_4, X_5\}$，$\{X_1, X_2, X_3\}$。

确定每个割集是否是最小割集可用素数法。只要对每一个底事件给定一个素数(素数是只能被1和本身整除的自然数,又称质数,如2,3,5,7,11,13,17,19等),每一个割集是相应底事件对应的素数之积,这些积相互做除法,若能整除则被除数对应的割集就不是最小割集,应当去掉。如令 $X_1=2, X_2=3, X_3=5, X_4=7, X_5=11, X_6=13$。如果在 E_2 中 X_6 没有把 X_4X_6 和 X_5X_6 吸收掉,则在最终的"最小"割集中多了 $\{X_4, X_6\}$ 和 $\{X_5, X_6\}$,显然错了。因为 $\{X_4, X_6\}=7\times13$, $\{X_6\}=13$, $7\times13\div13=7$,能整除表明 $\{X_4, X_6\}$ 不是最小割集,所以应当去掉,同理 $\{X_5, X_6\}$ 也应去掉。如果看到 $\{X_3, X_4\}\{X_4, X_5\}$ 中都有 X_4,就去掉其中的一个,则发生了遗漏,因为 $\{X_3, X_4\}=5\times7=35$, $\{X_4, X_5\}=7\times11=77$, $77\div35=11/5$, $35\div77=5/11$,不能整除,所以两个都是最小割集,都不能去掉。

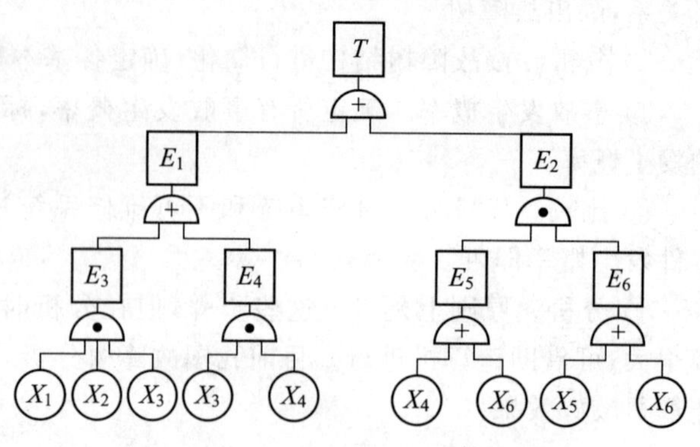

图 11-4

(2) 下行法

下行法的方法是"下行",其原则是对每一个输出事件,若下面是或门,则将该或门下的每一个输入事件各自排成一行;若下面是与门,则将该与门下的所有输入事件排在同一行。下行法求故障树的所有最小割集,办法是从顶事件开始按上述原则处理,从上向下逐级分解替代,直到所有结果事件被处理,所得每一行的底事件均是一个割集,然后两两比较,划去非最小割集的行,剩下的就是故障树的所有最小割集。

示例 2　对于示例1,用下行法求故障树的所有最小割集。

解:对于本题的故障树,下行法的步骤见表11-3。

表 11-3　下行法步骤

0	1	2	3	4	5
T	E_1 E_2	E_1 E_4 E_5E_6	$X_1X_2X_3$ X_3X_4 X_4E_6 X_6E_6	$X_1X_2X_3$ X_3X_4 X_4X_5 X_4X_6 X_6E_5 $X_6X_6=X_6$	$X_1X_2X_3$ X_3X_4 X_4X_5 X_6

(1) 定事件 T 下面是或门,将该门下的输入事件 E_1 和 E_2 各自排成一行。

(2) 事件 E_1 下面是或门,将该门下的输入事件 E_3 和 E_4 各自排成一行;

事件 E_2 下面是与门,将该门下的输入事件 E_5 和 E_6 排在同一行。

(3) 事件 E_3 下面是与门,将该门下的输入事件 X_1, X_2 和 X_3 排在同一行;

事件 E_4 下面是与门,将该门下的输入事件 X_3 和 X_4 排在同行;

事件 E_5 下面是或门,将该门下的输入事件 X_4 和 X_6 各自排成一行,并与事件 E_6 组合成 X_4X_6 和 X_6E_6。

(4) 事件 E_6 下面是或门，将该门下的输入事件 X_5 和 X_6 各自排成一行，并与事件 X_4 组合成 X_4X_5 和 X_4X_6，与事件 X_6 组合成 X_5X_6 和 X_6X_6。本步骤所得的每行均为一个割集。

(5) 进行两两比较，因为 $\{X_6\}$ 是割集，故 $\{X_4,X_6\}$ 和 $\{X_5,X_6\}$ 不是最小割集，必须划去。最后得该故障树的所有最小割集为：$\{X_6\}$，$\{X_3,X_4\}$，$\{X_4,X_5\}$，$\{X_1,X_2X_3\}$。

以上的下行法又称为 Fussell-Vesely 算法。

3. 故障树的定量分析

设故障树各底事件相互独立，各底事件的发生概率为 $p(x_i)$，$i=1,\cdots,n$。则系统的可靠度可以计算，基本方法是不交布尔代数算法。

对于与门：事件的运算 $E=X_1X_2$，不交型运算 $E=X_1X_2$；

对于或门：事件的运算 $E=X_1+X_2$，不交型运算 $E=X_1+X_2\overline{X_1}=X_2+X_1\overline{X_2}$；事件的运算 $E_1=X_1+X_2+X_3$，不交型运算 $E_1=X_1+X_2\overline{X_1}+X_3\overline{X_1}\ \overline{X_2}$。布尔不交型表达式虽然不是唯一的，但是在概率计算上完全是等效的。

示例 3 对示例 1 给出的故障树，设各底事件相互独立，且

$$P(X_1)=0.02,\quad P(X_2)=0.02,\quad P(X_3)=0.03,$$
$$P(X_4)=0.025,\quad P(X_5)=0.025,\quad P(X_6)=0.01。$$

试用布尔不交型求系统的可靠度。

解：顶事件 $T=X_6+X_3X_4+X_4X_5+X_1X_2X_3$，

化为不交型布尔和 $T=X_6+X_3X_4\overline{X_6}+X_4X_5\overline{X_6}\,\overline{X_3}+X_1X_2X_3\overline{X_6}\,\overline{X_4}$，

不交和表达式两端求概率，

$$\begin{aligned}P(T)&=P(X_6)+P(X_3X_4\overline{X_6})+P(X_4X_5\overline{X_6}\,\overline{X_3})+P(X_1X_2X_3\overline{X_6}\,\overline{X_4})\\&=P(X_6)+P(X_3)P(X_4)[1-P(X_6)]+P(X_4)P(X_5)[1-P(X_6)][1-P(X_3)]\\&\quad+P(X_1)P(X_2)P(X_3)[1-P(X_6)][1-P(X_4)]\\&=0.01+0.03\times0.025\times(1-0.01)+0.025\times0.025\times(1-0.01)\times(1-0.03)\\&\quad+0.02\times0.02\times0.03\times(1-0.01)\times(1-0.025)\\&=0.011\ 354。\end{aligned}$$

系统的可靠度

$$R_s=1-P(T)=1-0.011\ 354=0.988\ 646。$$

十六、何谓故障模式与影响分析

故障模式与影响分析　fault modest and effects analysis; FMEA

研究产品的每个组成部分可能存在的故障模式并确定各个故障模式对产品其他组成部分和产品要求功能的影响的一种可靠的定性分析方法。

FMEA 是一种定性为主的分析方法，不需要复杂的计算，易于掌握，有一定的应用价值。

FMEA 是以列表的方式进行。在表中列出系统的全部分系统或元件，对它们逐一分析失效模式、失效效应、故障概率、失效原因及其对系统的影响程度，综合出影响产品可靠性的主要问题，从而有针对性的提出改进措施。FMEA 不仅在失效分析中有用，而且对一般系统分析也很有用。

由于篇幅所限，FMEA 的示例不再举例，可参阅 GB/T 7826《系统可靠性分析技术失效

模式和效应分析(FMEA)程序》。

十七、何谓安全性评价,简述安全性评价的基本原理和方法分类

1. 安全性评价

是指综合运用安全系统工程学的理论方法,对系统存在的危险性进行定性和定量分析,确认系统发生危险的可能性及其严重程度,提出必要的控制措施,以寻求最低的事故率、最小的事故损失和最优的安全效益。

安全性评价在国外也称为危险性评价或风险评价,即是综合运用安全系统工程的方法,对系统的安全性进行度量和预测,通过对系统存在的危险性或称之为不安全因素进行辨识定性和定量分析,确认系统发生危险的可能性及其严重程度,对该系统的安全性给予正确的评价,并相应地提出消除不安全因素和危险的具体对策措施。通过全面系统,有目的、有计划地实施这些措施,达到安全管理标准化、规范化,以提高安全生产水平,超前控制事故的发生。

2. 安全性评价的基本原理

(1) 相关性原理

构成实体的要素是相关的,并且在分布形式和整体协调上相互联系。安全方面的事故和不安全的原因相联系,事故与事故之间也密切相关,故可根据相关性原理,收集历史上的数据,建立数学模型,确定分布或参数,作出预测或分析。

(2) 类推原理

以类似的事件为依据,对考察的事件作出推断,称为类推。安全性评价中的类推有:平衡推算法,代替推算法,因素推算法,比例推算法以及抽样和典型推算法。

(3) 概率推断评价原理

实体的安全状态有其不确定性的一面,是个随机过程,不过随机事件有一定的分布规律。对于具体的事件而言,概率极小的事件可以认为不发生,而概率大的不安全事件,则一般会发生。在实际应用中,概率应伴随评价结果同时给出,概率大的评价结论是可用的。

(4) 惯性原理

发展的延续性称为惯性。趋势外推、影响大的事件有大的惯性。依据惯性原理评价时要抓住按惯性发展的主要倾向,同时要注意偏离现象和偏离程度,适当加以修正。

3. 安全性评价方法的分类

(1) 定性安全性评价

定性安全性评价是对系统的危险性、事故或故障发生的可能性大小,由具有不同专业知识并且熟悉评价系统的专家凭借各自理论知识、丰富经验,以及掌握的同类或类似系统事故资料共同讨论确定的。定性安全性评价方法的结果的准确性可能较差一些。国内制定的安全性评价方法大多属于这一类。

(2) 半定量安全性评价

这种评价方法是对系统的各种危险有害因素按照一定的原则给予适当的指数(或点数),根据指数或所属等级确定其安全程度。

(3) 定量安全性评价

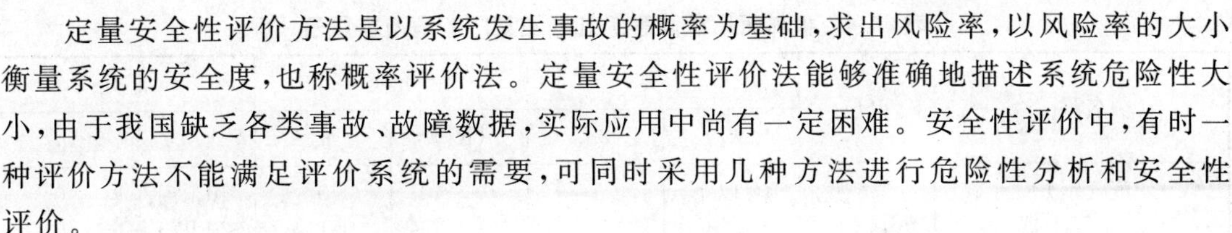

定量安全性评价方法是以系统发生事故的概率为基础，求出风险率，以风险率的大小衡量系统的安全度，也称概率评价法。定量安全性评价法能够准确地描述系统危险性大小，由于我国缺乏各类事故、故障数据，实际应用中尚有一定困难。安全性评价中，有时一种评价方法不能满足评价系统的需要，可同时采用几种方法进行危险性分析和安全性评价。

十八、简述安全性等级的评价

安全性指标的目标值是事故评价定量化的标准。世界上大多数国家及我国都制定了具有法律作用的安全标准和检查规范，这些规定就是评价的标准。根据评价标准可以计算危险性 D、损失率 R_T 及危险度 T，然后确定安全性等级。

(1) 危险性 D

$$D=L\times E\times C$$

式中：L——发生事故的可能性；

E——暴露于危险环境的频率；

C——事故发生可能造成的后果。

L 和 E 可看成是危险频率，C 相当于危险的严重程度，根据 D 值可划分安全性等级。

(2) 损失率 R_T

$$R_T=\text{严重程度}\times\text{频率}=\frac{\text{损失金额}}{\text{事故次数}}\times\frac{\text{事故次数}}{\text{单位时间}}=\frac{\text{损失金额}}{\text{单位时间}}$$

也可以由 R_T 的大小确定安全性等级。

(3) 危险度 T

在安全评价标准中把危险容量分为Ⅰ、Ⅱ、Ⅲ类，其中Ⅰ类容量最低，Ⅲ类最高，n_1、n_2、n_3 分别为Ⅰ、Ⅱ、Ⅲ类危险数量，c_1、c_2、c_3 是危险影响程度，也就是加权系数。于是危险程度可由下式计算：

$$T=(n_1c_1+n_2c_2+n_3c_3)/N$$

式中：N——项目的总量。

当计算结果 $T>T_2$ 为高度危险；$T_1<T<T_2$ 为中等危险；$T<T_1$ 为低度危险。其中 T_1、T_2 根据有关标准确定。除上述评价标准外，各行业还有其他一些评价标准。以一工厂危险等级的评价个例，供产品安全性评价时参考。

示例 表 11-4 是划分机械厂危险度等级的基准，它是根据我国机械行业 1 068 个企业 35 年的事故统计分析结果制订的。R_1、R_2 和 R_3 分别是Ⅰ、Ⅱ、Ⅲ类危险的数量界限，危险的加权系数 $c_1=10$，$c_2=20$ 和 $c_3=30$。表中的 m_1、m_2 和 m_3 分别为某市红光机械厂的Ⅰ、Ⅱ、Ⅲ类危险的项目数。若取危险等级的临界值 $T_1=13$，$T_2=23$，试确定红光机械厂的危险等级。

解：由 $n_1=\sum m_1=6$，$n_2=\sum m_2=5$，$n_3=\sum m_3=1$，$N=16$，代入上式得出危险度 T：

$$T=(n_1c_1+n_2c_2+n_3c_3)/N=(6\times10+5\times20+1\times30)/16=11.9。$$

因为 $11.9<13$，即 $T<T_1$，故该机械厂的危险度属于低度危险。

表11-4 机械工厂危险等级划分及某厂的危险容量表

名称	单位	Ⅰ类		Ⅱ类		Ⅲ类	
		(R_1)	m_1	(R_2)	m_2	(R_3)	m_3
蒸气锅炉	t	10以下	1	10～40	0	40以上	0
乙炔发生器	m^3/h	5以下	0	5～20	1	20以上	0
高压气瓶	个	40以下	1	40～100	0	100以上	0
闪点<40℃易燃储量	m^3	50以下	1	50～200	0	200以上	0
轻质易燃堆积量	t	10以下	1	10～50	0	50以上	0
冲力机(冲剪压机)	台	20以下	0	20～60	0	60以上	1
木工机械	台	4以下	0	4～10	1	10以上	0
起重机械	台	30以下	0	30～100	1	100以上	0
车辆	辆	40以下	0	40～100	1	100以上	0
空压机	m^3/min	40以下	1	40～100	0	100以上	0
变配电所	kVA	380以下	0	380～750	1	750以上	0
锻锤	t	0.5以下	1	0.5～1	0	1以上	0
电弧炼钢炉	t	5以下	0	5～10	0	10以上	0
冲天炉	t	5以下	0	5～10	0	10以上	0
煤气发生炉	台	3以下	0	3～10	0	10以上	0
制氧机	m^3/min	50以下	0	50～300	0	300以上	0

十九、简述风险分析的方法

风险是指“损失、损伤或损坏的可能性”或者说是指某种特定危险事件(事故或意外事件)发生的可能性和后果的组合。

实际上风险是由两个因素组合而成的,一是危险发生的可能性(危险概率);二是危险事件(发生)产生的后果。在社会活动中发生危险是难以避免的,所谓的危险就是可能造成伤害或破坏的根源,或者是可能导致伤害或破坏的某种状态。一般来说,如果某种危险的概率低于十万分之一,属于低风险。

产品的风险分析方法就是按照一定的程序对产品已知或潜在产生的不良影响或危害的可能性进行科学评价的过程所采取的方式、步骤。风险分析方法一般有定性分析、定量分析和决策树分析等。

1. 定性分析

定性分析是一种典型的模糊分析方法,它从主观的角度对风险成分进行排序,可以快捷的对威胁、危险进行系统评估,并对现有的保护措施进行评价。

2. 定量分析

定量分析方法是按照每个危险源、事故损失费用,事故发生的定量频次,为产品危险和脆弱性提供一套系统分析手段。分析所形成的量化值,将被用来计算损失概率。定量分析方法对风险进行量化,大大增加了可操作性,分析的目标更加具体明确。

由于风险分析涉及危险事件发生的“可能性”的问题,所以理所当然要用到概率论和统计技术。由于风险的大小取决于两大因素:一是事故发生的频率或概率;二是事故发生后造成损失(危害)的程度。因此风险率可用下式表示:

$$\text{风险率}=\frac{\text{损失(危害)程度}}{\text{事故次数}}\times\frac{\text{事故次数}}{\text{单位时间}}=\frac{\text{损失(危害)程度}}{\text{单位时间}}。$$

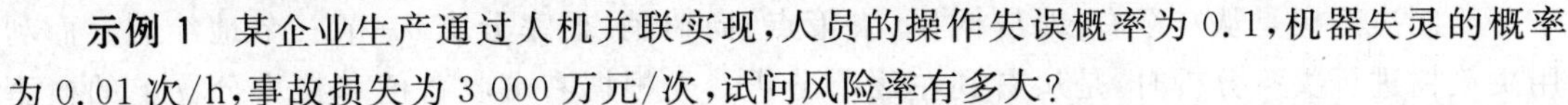

示例 1 某企业生产通过人机并联实现，人员的操作失误概率为 0.1，机器失灵的概率为 0.01 次/h，事故损失为 3 000 万元/次，试问风险率有多大？

解：将以上数据代入上式，计算得：

风险率＝3 000 万元/次×0.1×0.01 次/h＝3 万元/h

此风险率太大，企业通过对员工培训及强化了管理措施后，人员的操作失误概率降低为 0.01，并引进了失灵的概率为 0.001 次/小时的机器，试问企业采取措施后的风险率有多大？

将改进后的数据代入上式，计算得：

风险率＝3 000 万元/次×0.01×0.001 次/h＝0.03 万元/h

从而使企业的风险率大大降低。

上式中的风险率的指标，不同的国家，不同的行业和不同的部门都有自己的经验控制数。式中损失(危害)的严重度和事故发生的频率都是根据实践经验来确定的。目前这种风险分析有定性的也有定量的，但都在不断提高科学化定量水平。

定性分析方法和定量分析方法是工业产品的基本分析方法，在对风险评估中危害识别采用的是定量分析方法，危害描述、暴露评估和风险描述采用定性分析方法，但最好是采用定量分析方法，目前，多数情况下将定性和定量两种分析方法结合使用，这样更有利于对危险源比较系统的评估。

3. 决策树分析

决策树分析方法是在给定系统起始事件的情况下，分析此事件可能导致的各种事件的一系列结果，从而定性与定量的评价系统的特性，并可帮助人们做出处理或防范的决策。决策树是用方框(□)、圆圈(○)和线段(—)按一定规则组成的并用来表示一个决策问题的图形。由于其形状如树状，故称其为决策树，决策树的基本结构有如下三点：

① 方框为决策点，它表示决策者在这一点面临各种行动需要选择，决策点后面引出若干条分支，每一条分支表示一个备选行动，这种分支称为行动分支，行动分支上要标明行动的名称。

② 各行动分支的末端画一个圆圈，称为状态点。它表示在此点会遇到各种状态。状态点后所引出的分支称为状态分支，在状态分支上标明该状态名称及其发生的概率。因此状态分支又称概率分支。

③ 在每一概率分支末端要写上所对应行动在该状态下的收益值(或损失值)。

图 11-5 表示含有两个行动(a_1，a_2)和两个状态(s_1，s_2)的风险型决策问题的决策树，该决策问题的四个要素都明确地在该图上表示出来。

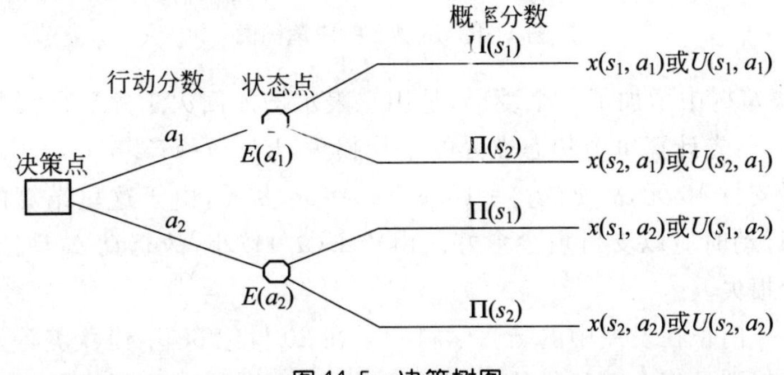

图 11-5 决策树图

绘制决策树是从左至右，即从树根（决策点）向树梢（概率分支）一节一节地绘制。而利用决策树进行决策分析时，是从右到左逐节分析。先根据右端收益值和概率分支上的概率值算得每一行动的平均收益 $E(a_1)$ 和 $E(a_2)$ 等，并把计算结果标在相应的状态点的下方（或上方），然后选择平均收益最大的行动作为最优行动，并舍去其他行动。

示例 2 某企业生产的钢结构零件每批 800 件，以往淬硬后不再回火，每批零件的不合格品率及其先验概率如下：

不合格品率	2%	5%	10%	15%	20%
先验概率	0.40	0.30	0.15	0.10	0.05

而增加回火工序后的不合格品率及其先验概率为：

不合格品率	1%	2%	3%
先验概率	0.70	0.20	0.10

可是增加回火工序后，每批零件要增加费用 40 元，而每产生一个不合格品的损失费用是 1.5 元，试问应该如何决策，要不要增加回火工序？

解：在该决策问题中有两个行动：a_1 是不增加回火工序，a_2 是增加回火工序，其不同状态有 7 个，分别记为：$s_1=1\%$，$s_2=2\%$，$s_3=3\%$，$s_4=5\%$，$s_5=10\%$，$s_6=15\%$，$s_7=20\%$，其概率分布如前所述（不出现的状态的概率命其为 0），若把 x_{ij} 为行动 a_i 在状态 s_j 下的损失费用，如：$x_{11}=x(s_1,a_1)=800\times2\%\times1.5=24$ 元。

其他 x_{ij} 的计算类似，对此问题绘制的决策树见图 11-6。

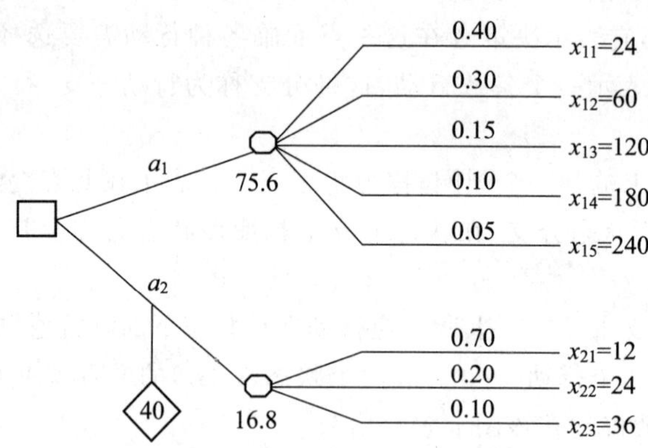

图 11-6 示例 2 的决策树图

图 11-6 的决策树中增加了一个菱形，是用它表示增加回火工序后所增加的支出 40 元，具体决策分析如下：先计算每个状态点处的平均损失，$E(a_1)=75.6$ 元，$E(a_2)=16.8$ 元，由于回火工序还要支付 40 元，故 $E(a_2)=16.8+40=56.8$ 元，由于这里结算的是支付费用大小，故选择最优行动时应以支付愈少愈好。由于 $E(a_2)$ 较小，故行动 a_2 是最优的，即增加回火工序可以减少损失。

风险分析是一门正在发展中的新兴学科。早在 20 世纪 50 年代欧美等发达国家就已经开始着手研究。特别是当今高新科技产品的出现和技术的进步更促进了风险分析发展。风险分析是评价安全性的一种有效的方法。运用风险分析原理可以控制和预防风险。

二十、简述安全性评价的基本程序

安全性评价方法,主要是利用上述风险分析进行评价。以故障树分析为基础的评价程序,安全性评价和可靠性分析中也经常被采用。

故障树分析,提供了事故发生的概率。事故造成或引发的严重危害程度,包括人员的伤亡,设备、机器、厂房等的损失,停工、停产的损失,有的由于波及周围环境引起的二次损失等。这种损失的严重程度主要是根据历史的经验和具体的实际情况来决定。

安全评价标准是衡量系统安全风险的一个尺度,风险分析的结果没有达到安全标准的,说明风险太大,要特别加强防范措施,防止事故的发生。安全评价标准的制定一定要从实际出发,防止过高、过低的两种倾向。评价标准由国家政府部门根据各个行业的实际情况而定。其评价的基本程序如下:

安全性评价的基本程序既适用于企业自评,也适用于专业安全评价机构的安全评价。

(1) 熟悉系统

广泛收集有关资料并熟悉这些资料,包括工艺流程、物料的危害特性、操作条件、设备结构、平面立面布置、环境状况等,以及有关的法规、标准、制度、相似事故案例。为了防止发生漏错,一般将系统划分成若干子系统(称为单元)进行评价。

(2) 识别危险

采用科学的方法和手段充分地辨识和查找系统内存在的各种危险因素,包括固有的、潜在的,以及可能出现的和在一定条件下转化的新的危险。

(3) 危险的量化

将找出来的危险因素,尽可能给予量化,并以数量大小说明其危险程度。对于定量安全性评价,还要求给出事故的概率和可能造成的损失。

(4) 计算危险度或风险率

通过一定的数学模型计算出系统(或子系统)的危险度,或风险率。若知道事故的概率和损失,则风险率=事故概率×事故损失。

(5) 危险的排除

针对找出来的危险因素,制定相应的安全技术和管理措施,消除或控制危险,使系统危险度降低。

(6) 确定危险或风险是否可以接受

将采取了安全措施后的系统危险度或风险率与安全指标比较,分析是否达到了人们可以接受的程度。

在分析评价对象的各种相关因素和变量后,归纳出问题的结构模式,再按逻辑层次编制评价程序。常用的两种模式是“评价安全性的理想程序”(见图 11-7)和以故障树为基础的“逻辑分析评价程序”(见图 11-8)。

目前,故障树分析方法已经从早期的航空、航天、核能等应用领域,渗透到各个工业应用领域,被公认为是可靠性和安全性分析和评价的一种简单、有效和最有发展前途的分析方法。例如,美国在导弹和火箭型号研制中,规定必须要进行故障树分析。

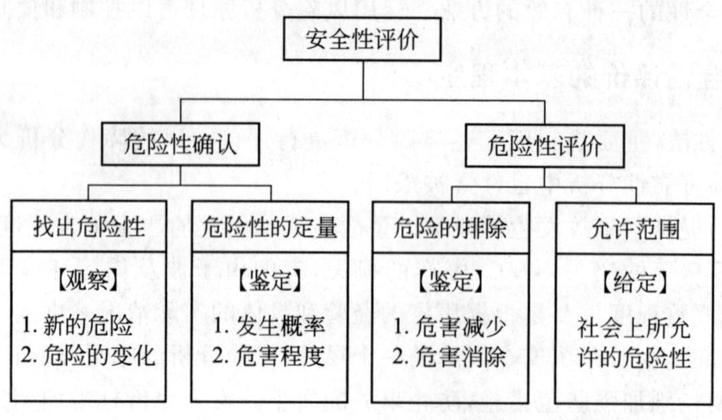

图 11-7 评价安全性的程序

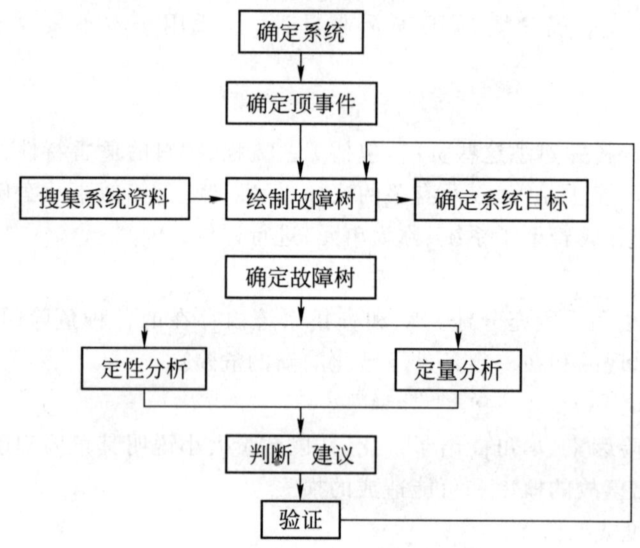

图 11-8 逻辑分析评价的基本程序

二十一、目前我国已颁布的主要可靠性方面的标准有哪些

国际电工委员会的可靠性技术委员会 IEC/TC 56 颁布了许多可靠性方面的标准。国际标准化组织在 ISO 10011—3 中指出:ISO 在电工方面与 IEC 保持密切关系。ISO/TC 176 与 IEC/TC 56 还共同提出了标准 ISO 9000—4《质量管理和质量保证标准 第 4 部分:可信大纲管理指南》,对复杂系统的可靠性管理作了规定。

我国也颁布了许多可靠性方面的标准,这些标准大多数是全国电工电子可靠性与维修性标准化技术委员会以及原电子工业部提出的。而且不少标准是参照、等效或等同采用了国际标准,这些标准的贯彻为提高我国产品的可靠性作出了贡献。主要的可靠性标准如下:

① GB/T 4888 故障树名词术语和符号

② GB/T 2689.1 恒定应力寿命试验和加速寿命试验方法 总则

③ GB/T 2689.2 寿命试验和加速寿命试验的图估计法(用于威布尔分布)

④ GB/T 2689.3　寿命试验和加速寿命试验的简单线性无偏估计法(用于威布尔分布)

⑤ GB/T 2689.4　寿命试验和加速寿命试验的最好线性无偏估计法(用于威布尔分布)

⑥ GB/T 4885　正态分布完全样本可靠度置信下限

⑦ GB/T 5080.1　设备可靠性试验　总要求(IEC 605-1,IDT)

⑧ GB/T 5080.2　设备可靠性试验　试验周期设计导则

⑨ GB/T 5080.4　设备可靠性试验　可靠性测定试验的点估计和区间估计方法(指数分布)

⑩ GB/T 5080.5　设备可靠性试验成功率的验证试验方案(IEC 605-5,IDT)

⑪ GB/T 5080.6　设备可靠性试验　恒定失效率假设的有效性试验

⑫ GB/T 5080.7　设备可靠性试验　恒定失效率假设下的失效率与平均无故障时间的验证试验方案(IEC 605-7,IDT)

⑬ GB/T 7288.1　设备可靠性试验　推荐的试验条件　室内便携设备　粗模拟(IEC 605-3-1,IDT)

⑭ GB/T 7288.2　设备可靠性试验　推荐的试验条件　固定使用在有气候防护场所设备精模拟(IEC 605-3-2,IDT)

⑮ GB/T 5081　电子产品现场工作可靠性、有效性和维修性数据收集指南(IEC 362,IDT)

⑯ GB/T 7289　可靠性、维修性与有效性预计报告编写指南(IEC 863,IDT)

⑰ GB/T 7826　系统可靠性分析技术　失效模式和效应分析(FMEA)程序(IEC 812,IDT)

⑱ GB/T 7827　可靠性预计程序

⑲ GB/T 7828　可靠性设计评审

⑳ GB/T 7829　故障树分析程序

㉑ GB/T 10093　概率极限状态设计(正态-正态模式)

㉒ GB/T 15174　可靠性增长大纲

以上仅列举了我国部分主要可靠性方面的标准,以便读者查阅参考。另外还颁布了专门用于电视机、计算机、摩托车以及设备维修导则等方面的可靠性标准,这里不再介绍。

第十二章 时间序列分析、统计容差与模拟

一、何谓时间序列分析，简述它的用途、益处、局限性与注意事项及应用示例

1. 时间序列分析的概念

时间序列分析(time series analysis)是一种动态数据处理的统计方法。该方法基于随机过程理论和数理统计学方法，研究随机数据序列所遵从的统计规律，以用于解决实际问题。

时间序列分析即是研究按时间顺序收集到的一组观测结果的一族方法。这里的时间序列分析是指诸如以下应用中的分析技术：

① 发现“滞后”形态，通过统计找出每一观测结果如何与它前面最接近的观察结果相关联，并在随后的每个滞后周期重复这一活动；

② 发现周期性或季节性形态，以便了解过去的成因因素如何对将来产生重复影响；

③ 使用统计工具预测将来的观测结果，或弄清哪些因素在时间序列中对变差的影响最大。

时间序列分析中使用的技术可包括简单“趋势图”。这样的基本图在“描述性统计”中已经给出。

2. 时间序列分析的用途

时间序列分析用来描述时间序列数据的形态，识别“离群值”(即必须调查其有效性的极值)，以有助于了解形态或做出调整，查明趋势的转折点。时间序列分析的另一个用途是用某一时间序列的形态解释另一个时间序列的形态，具有回归分析中的所有固有目标。

时间序列分析也用来预测时间序列的将来值，一般是将一些已知的上下限作为预测间隔。时间序列分析在控制领域具有广泛用途，且常用于自动过程。在这种情况下，以某一概率模型拟合以往的时间序列，预测将来值，然后通过尽可能小的变差来调整具体的过程参数，以保持设定目标的过程。

3. 时间序列分析的益处

时间序列分析方法在策划、控制工程、识别过程变化、预测以及测量一些外部干扰或活动所产生的影响方面十分有用。

当作出某一特定更改时，时间序列分析还能用于过程策划性能与时间序列预测值的比较。

使用时间序列方法可深入了解可能的因果形态。某些时间序列方法还能将系统(或可查明的)原因与偶然原因分开，并能将随时间序列出现的形态分解为周期性、季节性和趋势分量。

时间序列分析通常用于了解过程在特定条件下如何运转、以及什么调整可能对过程趋向某些目标值产生影响、或什么调整能减少过程变异。

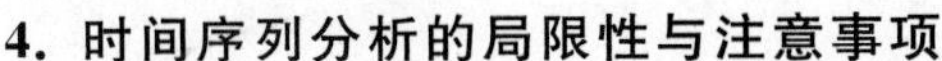

4. 时间序列分析的局限性与注意事项

回归分析所列出的局限性与注意事项也适用于时间序列分析。当为了了解原因和结果而建立过程模型时,需要具备选择最适宜模型和使用诊断工具以改进模型的技能水平。

在分析中,包括或遗漏某个观测值或一小组观测值,都可能对模型产生重要影响。因此,应理解有影响的观测值并与数据中的"离群值"相区别。

不同的时间序列估计技术可能具有不同的成功程度,这主要取决于时间序列的形态,以及针对可获得的时间序列数据的时间周期数量所期望的预测周期的数量,模型的选择应考虑分析的目标、数据的性质、相关成本以及各种模型的分析和预计特性。

5. 时间序列分析的应用示例

时间序列分析适用于研究一段时间内性能的形态。例如,过程测量、顾客抱怨、不合格、生产率和测试结果。

预测应用包括预测备品配件、缺席情况、顾客订单、材料需求、电力消耗等。

因果时间序列分析用于开发需求的预测模型。例如,在可靠性方面,用来预测在给定时间周期内的事件的数量以及事件间(如设备停机状态)时间间隔的分布。

二、简述时间序列分析的基本步骤

1. 收集数据资料、统计整理分类

用观测、调查、统计、抽样等方法取得被观测系统较长时期的时间序列动态数据。对收集的数据资料,加以整理,编成时间序列,并根据时间序列绘成统计图。时间序列分析通常是把各种可能发生作用的因素进行分类,传统的分类方法是按各种因素的特点或影响效果分为四大类:①长期趋势;②季节变动;③循环变动;④不规则变动。

2. 分析时间序列

时间序列中的每一时期的数据都是由许许多多不同的因素同时发生作用后的综合结果。根据动态数据作相关图,进行相关分析,求自相关函数。相关图能显示出变化的趋势和周期。应观察是否有离群点和拐点。离群点是指与其他数据不一致的观测值。如果离群点是正确的观测值,在建模时应考虑进去。如果是反常现象,则应把离群点调整到期望值。拐点则是指时间序列从上升趋势突然变为下降趋势的点。如果存在拐点,则在建模时必须用不同的模型去分段拟合该时间序列。

3. 选定近似数学模型

辨识合适的数学模型,进行曲线拟合,即用通用数学模型去拟合时间序列的观测数据。对于短的或简单的时间序列,可用趋势模型和季节模型加上误差来进行拟合。对于平稳时间序列,可用通用 ARMA 模型(自回归滑动平均模型)及其特殊情况的自回归模型、滑动平均模型或组合 ARMA 模型等来进行拟合。当观测值多于 50 个时一般都采用 ARMA 模型。对于非平稳时间序列则要先将观测到的时间序列进行差分运算,化为平稳时间序列,再用适当模型去拟合这个差分序列。

4. 利用时间序列分析进行预测

利用时间序列资料求出长期趋势、季节变动和不规则变动的数学模型后,就可以利用它来预测未来的长期趋势值 T 和季节变动值 S,在可能的情况下,预测不规则变动值 I。然后用以下模式计算出未来的时间序列的预测值 Y。

加法模式：$Y=T+S+I$。

乘法模式：$Y=T\times S\times I$。

如果不规则变动的预测值难以求得，就只求长期趋势和季节变动的预测值，以两者相乘之积或相加之和为时间序列的预测值。如果经济现象本身没有季节变动或不需预测分季分月的资料，则长期趋势的预测值就是时间序列的预测值，即 $Y=T$。但要注意这个预测值只反映现象未来的发展趋势，即使很准确的趋势线在按时间顺序的观察方面所起的作用，本质上也只是一个平均数的作用，实际值将围绕着它上下波动。

三、简述时间序列分析的基本特征

1. 时间序列分析法的前提是事物发展的连续规律性

时间序列分析法是根据过去的变化趋势预测未来的发展，它的前提是假定事物的过去延续到未来。

时间序列分析正是根据客观事物发展的连续规律性，运用过去的历史数据，通过统计分析，进一步推测未来的发展趋势。事物的过去会延续到未来这个假设前提包含两层含义：一是不会发生突然的跳跃变化，是以相对小的步伐前进；二是过去和当前的现象可能表明现在和将来活动的发展变化趋向。这就决定了在一般情况下，时间序列分析法对于短、近期预测比较显著，但如延伸到更远的将来，就会出现很大的局限性，导致预测值偏离实际较大而使决策失误。

2. 时间序列数据变动存在着规律性与不规律性

时间序列中的每个观察值大小，是影响变化的各种不同因素在同一时刻发生作用的综合结果。从这些影响因素发生作用的大小和方向变化的时间特性来看，这些因素造成的时间序列数据的变动分为四种类型。

① 趋势性。某个变量随着时间进展或自变量变化，呈现一种比较缓慢而长期的持续上升、下降、停留的同性质变动趋向，但变动幅度可能不相等。

② 周期性。某因素由于外部影响随着自然季节的交替出现高峰与低谷的规律。

③ 随机性。个别为随机变动，整体呈现出统计的规律性。

④ 综合性。实际变化情况是几种变动的叠加或组合。预测时设法过滤除去不规则变动，突出反映趋势性和周期性变动。

四、简述时间序列分析法的分类

时间序列预测法可用于短期预测、中期预测和长期预测。

根据对资料分析方法的不同，又可分为：简单序时平均数法、加权序时平均数法、移动平均法、加权移动平均法、季节趋势预测法、指数平滑法、季节性趋势预测法、市场寿命周期预测法等。

1. 简单平均数法

简单平均数法亦称简单序时平均数法或称算术平均法。即把若干历史时期的统计数值作为观察值，求出算术平均数作为下期预测值。这种方法基于下列假设："过去这样，今后也将这样"，把近期和远期数据等同化和平均化，因此只能适用于事物变化不大的趋势预测。如果事物呈现某种上升或下降的趋势，就不宜采用此法。

2. 加权平均数法

加权平均数法亦称加权序时平均数法就是把各个时期的历史数据按近期和远期影响程度进行加权，求出平均值，作为下期预测值。

3. 移动平均法

移动平均法就是相继移动计算若干时期的算术平均数作为下期预测值。

4. 加权移动平均法

加权移动平均法即是将简单移动平均数进行加权计算。在确定权数时，近期观察值的权数应该大些，远期观察值的权数应该小些。

上述几种方法虽然简便，能迅速求出预测值，但由于没有考虑整个社会经济发展的新动向和其他因素的影响，所以准确性较差。应根据新的情况，对预测结果作必要的修正。

5. 指数平滑法

指数平滑法即是根据历史资料的上期实际数和预测值，用指数加权的办法进行预测。此法实质是由内加权移动平均法演变而来的一种方法，优点是只要有上期实际数和上期预测值，就可计算下期的预测值，这样可以节省很多数据和处理数据的时间，减少数据的存储量，方法简便。是国外广泛使用的一种短期预测方法。

6. 季节趋势预测法

季节趋势预测法即是根据经济事物每年重复出现的周期性季节变动指数，预测其季节性变动趋势。推算季节性指数可采用不同的方法，常用的方法有季(月)别平均法和移动平均法两种：

① 季(月)别平均法。就是把各年度的数值分季(或月)加以平均，除以各年季(或月)的总平均数，得出各季(月)指数。这种方法可以用来分析生产、销售、原材料储备、预计资金周转需要量等方面的经济事物的季节性变动。

② 移动平均法。即应用移动平均数计算比例求典型季节指数。

7. 市场寿命周期预测法

市场寿命周期预测法就是对产品市场寿命周期的分析研究。例如对处于成长期的产品预测其销售量，最常用的一种方法就是根据统计资料，按时间序列画成曲线图，再将曲线外延，即得到未来销售发展趋势。最简单的外延方法是直线外延法，适用于对耐用消费品的预测。这种方法简单、直观、易于掌握。

五、简述移动平均法及其应用

移动平均法是一种简便、实用的方法，它是按一定时间间隔对给定的一系列数据求出简单平均数，每求出一次平均数，按数据点的顺序依次后移一个周期，因而求出的平均数称为移动平均数。移动平均法分一次移动平均法、加权移动平均法和趋势移动平均法。由于我们日常质量管理的数据大都属于平行移动类型，故多用一次移动平均法，下面对该方法进行简单的介绍。

一次移动平均法的计算公式为

$$\hat{x}_{t+1}=M_t(1)=\frac{x_t+x_{t-1}+\cdots+x_{t-n+1}}{n}$$

式中：t——周期数；

$M_t(1)$——一次移动平均值；

n——时间间隔内数据点的个数；

x_t——时间数列中第 t 期检验数据；

$\hat{x}_{t+1}$——第 $t+1$ 期预测(替代)值。

移动平均法实际上是一种加权平均，即给 n 个最近观测值以相同的权重 $1/n$，而给在此之前的观测值的权重为零，移动平均法根据数据的特点及预测目的 n 可取 3、4、5、6 等，通过移动平均数对数列进行修匀，可清除原数列中的短期波动。

示例　某实验室化验了 21 批水泥的氧化镁含量，其检验数据见表 12-1，以此为例说明一次移动平均法的应用。试问时间序列分析预测值与实际检验数据间是否存在显著性差异？

表 12-1　水泥氧化镁含量的检验和预测数据

周期数 t	检验数据 x_t	一次移动平均数 $M_t(1)$ $n=6$	理论预测值 $\hat{x}_{t+1}$	实测值—预测值
1	2.25			
2	2.26			
3	2.40			
4	2.36			
5	2.62			
6	2.40	2.38		
7	2.40	2.41	2.38	0.02
8	2.50	2.45	2.41	0.09
9	2.38	2.44	2.45	−0.07
10	2.40	2.45	2.44	−0.04
11	2.40	2.41	2.45	−0.05
12	2.38	2.41	2.41	−0.03
13	2.36	2.40	2.41	−0.05
14	2.36	2.38	2.40	−0.04
15	2.47	2.40	2.38	0.09
16	2.62	2.43	2.40	0.22
17	2.56	2.46	2.43	0.13
18	2.50	2.48	2.46	0.04
19	2.54	2.51	2.48	0.06
20	2.40	2.52	2.51	−0.11
21	2.53	2.52	2.52	0.01

解：此题取间隔内数据点的个数为 6，代入以上公式计算，则第 7 次的预测(替代)值为

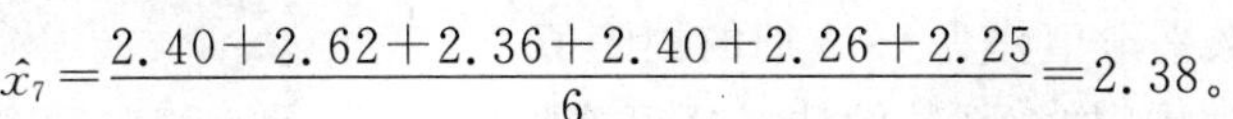

$$\hat{x}_7=\frac{2.40+2.62+2.36+2.40+2.26+2.25}{6}=2.38。$$

第 8 次的预测(替代)值为

$$\hat{x}_8=\frac{2.40+2.40+2.62+2.36+2.40+2.26}{6}=2.41。$$

以此类推一次移动平均法的理论预测值见表 12-1 中的第 4 列数据。

实测值(表 12-1 中的第 2 列)与理论预测值进行显著性检验。此例适宜采用成对对比 t 检验法,根据表中的数据计算得如下结果:

实测值与理论预测值的差值平均值$\bar{d}=0.018$。

差值标准差 $S_d=0.088$。

计算的 t 值 $t=0.792$。

查附表 4 得 $t_{0.975}(14)=2.145$。

因为 $t=0.792<2.145=t_{0.975}(14)$。

所以时间序列分析预测值与实际检验数据之间无显著性差异。

水泥检验标准 GB/T176《水泥化学分析方法》规定氧化镁的再现性限 R 为 0.30%,重复性限 r 为 0.25%,从表 12-1 中的“实测值—预测值”一栏可以看出,采用一次移动平均法的预测(替代)值与实际的检测值之差,远小于标准所规定的再现性限 R,也都小于重复性限 r。所以根据以往批次的检验数据进行的时间序列分析法的预测值替代实测值在理论上、实践上都是可行的。

六、简述指数平滑法及其应用

移动平均法虽然计算简单,但是由于计算移动平均值时,只用了近期的 N 个数据,没有充分利用时间序列的全部信息,且对参与运算的 N 个数据等权对待,这往往不符合实际情况。一般认为,越近期的数据越能反映当前的情况,对今后的预测影响越大,越远期的数据影响越小。虽然加权移动平均法能克服这个缺点,但人为选取 N 个权数,仍然带有较大的主观因素。指数平滑法则是对时间序列由近及远采取具有衰减性质的加权处理,是移动平均法的改进形式。

指数平滑法根据平滑次数的不同,可分为一次、二次、三次指数平滑法等方法,分别适应于不同类型的时间序列进行预测。现就一次指数平滑法加以说明。

设时间序列由 $y_1,y_2,\cdots,y_t,\cdots$表示;则一次指数平滑计算公式为

$$S_t^{(1)}=\alpha y_t+(1-\alpha)S_{t-1}^{(1)}$$

式中:$S_t^{(1)}$ 为一次指数平滑值;α 为加权系数,且 $0<\alpha<1$。

当 $t\to\infty$时,$S_t^{(1)}=\alpha\sum(1-\alpha)^j y_{t-j}$

从公式可见 $S_t^{(1)}$ 实际上是 $y_t,y_{t-1},\cdots,y_{t-j},\cdots$的加权平均。加权平均系数分别为 α,$\alpha(1-\alpha)$,$\alpha(1-\alpha)^2$,…。是按照几何级衰减,近期的数据权数较大,远期的数据权数变小,且权数之和 $\alpha\sum(1-\alpha)^j=1$。由于加权系数符合指数规律,又具有平滑数据的功能,所以称为指数平滑。

用这种平滑值进行预测,就是一次指数平滑法,

$$\hat{y}_{t+1}=S_t^{(1)}=\alpha y_t+(1-\alpha)\hat{y}_t,$$

也就是以第 t 期指数平滑值作为 $t+1$ 期的预测值。

一次指数平滑法中，加权系数的选择是很重要的。α 的大小规定了在新预测值中新数据和原预测值所占的比重。α 值越大，新数据所占的比重就越大，原预测值所占的比例就越小。上式也可改为

$$\hat{y}_{t+1}=\hat{y}_t+\alpha(y_t-\hat{y}_t)。$$

新预测值 $\hat{y}_{t+1}$ 是根据预测误差对原预测值进行修正而得到的。α 值越大，修正幅度越大，α 值越小，修正幅度越小。因此，α 值既代表预测模型对时间序列数据变化的反应速度，同时又决定预测模型修正误差的能力。

具体的 α 值如何选择，应综合考虑以下条件：

如果时间序列波动不大，比较平稳，则 α 值应取小一些（0.1～0.3），使预测模型能包含较长的时间序列的信息；如果时间序列具有迅速且明显的变动倾向，则 α 值应取大一些（0.6～0.8），使预测模型灵敏度高些，以便迅速跟上数据的变化。

在实用上，要多取几个 α 值进行试算，至于选择哪个 α 值可通过用均方误差 MSE 进行比较，最后选择误差较小 MSE 的 α 值。

用一次指数平滑法进行预测，还会涉及到初始值 $S_0^{(1)}$ 选取问题，当时间序列的样本容量大于 20 时，初始值对预测结果影响小，可选取第一期观察值作为初始值；当时间序列的样本容量较小（小于 20 时），应选择最初的几期观察值的均值作为初始值。

示例　2000～2006 年度某区域产品质量水平如下，试预测 2007 年度的产品质量水平。

年份	序号	质量水平 y_t	预测值					$(y_t-\hat{y}_t)^2$				
			$a=0.8$	$a=0.5$	$a=0.3$	$a=0.1$	$a=0.05$	$a=0.8$	$a=0.5$	$a=0.3$	$a=0.1$	$a=0.05$
2000	1	94.60	95.70	95.70	95.70	95.70	95.70	1.210	1.210	1.210	1.210	1.210
2001	2	96.80	94.82	95.15	95.37	95.59	95.65	3.920	2.722	2.045	1.464	1.334
2002	3	96.70	96.40	95.98	95.80	95.71	95.59	0.088	0.526	0.812	0.978	1.226
2003	4	95.70	96.64	96.34	96.07	95.81	95.54	0.885	0.406	0.136	0.012	0.025
2004	5	95.50	95.89	96.02	95.96	95.80	95.50	0.151	0.269	0.210	0.089	0.000
2005	6	95.10	95.58	95.76	95.82	95.77	95.45	0.228	0.435	0.520	0.448	0.123
2006	7	95.40	95.20	95.43	95.60	95.70	95.41	0.042	0.001	0.042	0.091	0.000
2007		结果	95.36	95.41	95.54	95.67	95.37	1.252	1.211	1.252	1.301	1.210
		MSE						0.179	0.173	0.179	0.186	0.1729

从数据变动情况分析，属于波动走势，用一次指数平滑法计算。

初始值用前两期数据：

$$S_0^{(1)}=\frac{y_1+y_2}{2}=\frac{94.6+96.8}{2}=95.7,$$

$$\hat{y}_1=S_0^{(1)},$$

$$\hat{y}_{t+1}=S_t^{(1)}=ay_1+(1-a)\hat{y}_t。$$

因此，当 $a=0.1$ 时，

$\hat{y}_2 = ay_1 + (1-a)$，　$\hat{y}_1 = 0.1 \times 94.6 + 0.9 \times 95.7 = 95.59$。

$\hat{y}_3 = ay_2 + (1-a)$，　$\hat{y}_2 = 0.1 \times 96.8 + 0.9 \times 95.6 = 95.72$。

$\hat{y}_4 = ay_3 + (1-a)$，　$\hat{y}_3 = 0.1 \times 96.7 + 0.9 \times 95.7 = 95.80$。

$\hat{y}_5 = ay_4 + (1-a)$，　$\hat{y}_4 = 0.1 \times 95.7 + 0.9 \times 95.8 = 95.79$。

$\hat{y}_6 = ay_5 + (1-a)$，　$\hat{y}_5 = 0.1 \times 95.5 + 0.9 \times 95.8 = 95.77$。

$\hat{y}_7 = ay_6 + (1-a)$，　$\hat{y}_6 = 0.1 \times 95.1 + 0.9 \times 95.8 = 95.73$。

$\hat{y}_8 = ay_7 + (1-a)$，　$\hat{y}_7 = 0.1 \times 95.4 + 0.9 \times 95.7 = 95.67$。

运用上述方法，我们可以分别得出 2007 年，该地区产品质量水平：

$a=0.1$，预测值为 95.67；

$a=0.05$，预测值为 95.37；

$a=0.3$，预测值为 95.54；

$a=0.5$，预测值为 95.41；

$a=0.8$，预测值为 95.36。

计算各预测值的均方误差 MSE。得出 $a=0.5$ 时，预测值为 95.41 的误差值最小，故 α 应采用 0.5，这样 2007 年的产品质量水平预测值为 95.41。

七、何谓统计容差法，简述统计容差法的用途、益处、局限性与注意事项及应用示例

1. 统计容差法的概念

统计容差法（statistical tolerancing）是基于某些统计原理确定容差的方法，它利用各零件相关尺寸的统计分布来确定组装件的总容差。

2. 统计容差法的用途

当把多个零件装配为一个组装件时，这些组装件的装配性和互换性的关键因素或要求通常不再是单个零件的尺寸，而是组装件的总尺寸。

总尺寸的极值（即最大值或最小值），只有在所有零件的尺寸均处于其各自容差范围的最高点或最低点时才会出现。在容差链框架内，当总尺寸容差由各零件容差相加时，就称为算术总容差。

为了统计确定总容差，假定组装件包括大量的零件，则处于单件容差范围一端的尺寸将与处于容差另一端的尺寸相平衡。例如，一个处于容差范围低端的单件尺寸能与处于容差范围高端的另一个尺寸（或几个尺寸的组合）相配合。从统计角度来讲，在某些情况下，总尺寸应是近似的正态分布，与单件尺寸的容差分布无关，因而可用来估计组装件的总尺寸的容差范围。当总尺寸容差给定时，可以据此来确定各零件容许的容差范围。

3. 统计容差法的益处

当一组单件容差给定时（不必相同），根据统计总容差计算所得出的总尺寸容差通常比从算术方法得出的总尺寸容差要小得多。

这表明当总尺寸容差给定时，统计容差法允许使用的单件尺寸容差的范围要比算术方法得出的大。这一点能给实际操作带来很大益处，因为容差范围越宽越有利于使用更简单

的和更经济有效的生产方法。

4. 统计容差法的局限性与注意事项

统计容差法首先要求确定能够接受的处于总尺寸容差范围之外的组装件比例。统计容差法的实际可行须满足以下前提：

(1) 各单件的实际尺寸可作为不相关的随机变量；

(2) 尺寸链是线性的；

(3) 尺寸链至少有四个零件；

(4) 各单件容差应为同一数量级；

(5) 尺寸链各单件尺寸的分布已知。

很明显，只有当研究的单个零件的生产受控并处于持续改进检测的状态下，才会满足上述条件。如果产品仍处于开发状态，则应使用经验和工程知识指导统计容差法的应用。

5. 统计容差法的应用示例

统计容差法的理论常用于有相加关系或简单相减关系（如轴和孔）的零件装配中，使用统计容差法的工业部门包括机械、电子和化学工业。这一理论也用于计算机模拟中，以确定最佳容差。

八、举例说明统计容差法的应用

1. 容差及统计性分析

是分析各元件容差对系统性能的影响大小，从而对参数准确性的选择提供依据的分析方法。

在设计一个系统时，通常是先设计元件，再决定系统。确定容差也是先确定各元件的容差，再根据元件的容差确定系统的容差。对于随机容差，通常用偏微分方法处理。

假设元件参数值为 x,y,z，构成的系统可以用函数 $f(x,y,z)$ 来表示，当 x 变化 Δx、y 变化 Δy、z 变化 Δz 引起的 f 变化 Δf 可以表示为

$$\Delta f(x,y,z)=\frac{\partial f}{\partial x}\Delta x+\frac{\partial f}{\partial y}\Delta y+\frac{\partial f}{\partial z}\Delta z$$

若 $f(x,y,z)=ax+by+cz=f(K)$，当 x,y,z 分别取 $x_1,y_1,z_1,x_2,y_2,z_2,\cdots$ 时，则

$x_i=\bar{x}+\Delta x_i,y_i=\bar{y}+\Delta y_i,z_i=\bar{z}+\Delta z_i$。相应地，$K_i=\bar{K}+\Delta K_i$，

因为 $\sigma_f=\sqrt{\frac{\sum_{i=1}^{n}f^2(\Delta K_i)}{n}}$，当各元件容差相互独立时，可得 $\sigma_f=\sqrt{a^2\sigma_x^2+b^2\sigma_y^2+c^2\sigma_z^2}$。

作为近似解，a,b,c 分别为 $f(K)$ 对 x,y,z 的偏微分。

2. 应用

示例　某组合件由两个不等直径的圆球和一带内锥角的块件组成。两个圆球置于块件的内锥角内（见图 12-1）。已知 $D_1=45.00$ mm，$\sigma_{D_1}=0.001$ mm；$D_2=15.00$ mm，$\sigma_{D_2}=0.001$ mm；$l_1=93.921$ mm，$\sigma_{l_1}=0.018$ mm；$l_2=20.961$ mm，$\sigma_{l_2}=0.001$ mm。

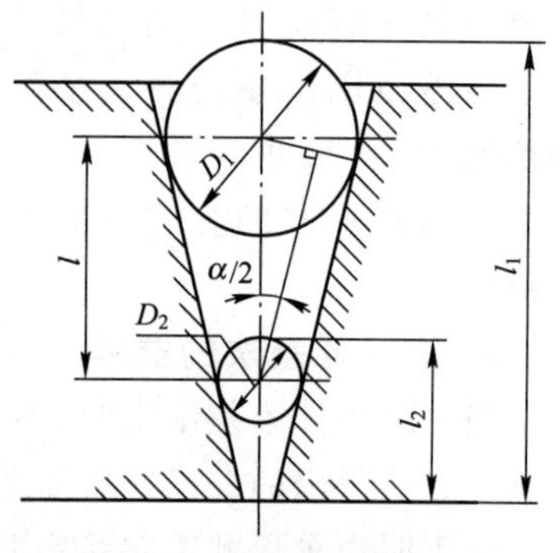

图 12-1　组合件示意图

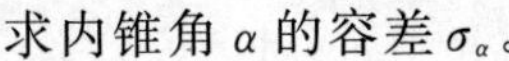

求内锥角 α 的容差 σ_α。

解:

$$f(D_1,D_2,l_1,l_2)=\sin\frac{\alpha}{2}=\frac{D_1-D_2}{2l_1-2l_2-D_1+D_2}=\frac{D_1-D_2}{2l},$$

$$\sigma_\alpha=\frac{2}{\cos\frac{\alpha}{2}}\sqrt{\left(\frac{\partial f}{\partial l_1}\right)^2\sigma_{l_1}^2+\left(\frac{\partial f}{\partial l_2}\right)^2\sigma_{l_2}^2+\left(\frac{\partial f}{\partial D_1}\right)^2\sigma_{D_1}^2+\left(\frac{\partial f}{\partial D_2}\right)^2\sigma_{D_2}^2},$$

$$\sin\frac{\alpha}{2}=\frac{45-15}{2\times 93.921-2\times 20.961-45+15}=0.2588,$$

$$\frac{\alpha}{2}=14°59'56'',$$

$$\frac{\partial f}{\partial l_1}=\frac{-(D_1-D_2)}{2l^2}=\frac{-(45-15)}{2\times 57.96^2}=-0.0045,$$

$$\frac{\partial f}{\partial l_2}=\frac{D_1-D_2}{2l^2}=\frac{45-15}{2\times 57.96^2}=0.0045,$$

$$\frac{\partial f}{\partial D_1}=\frac{l_1-l_2}{2l^2}=\frac{93.921-20.961}{2\times 57.96^2}=0.0109,$$

$$\frac{\partial f}{\partial D_2}=\frac{-(l_1-l_2)}{2l^2}=\frac{-(93.921-20.961)}{2\times 57.96^2}=-0.0109,$$

$$\sigma_\alpha=\frac{2}{0.9659}\sqrt{(0.0045)^2\times(0.018)^2+(0.0045)^2\times(0.001)^2+2(0.0109)^2\times(0.001)^2}\ \text{rad}$$

$$=2.071\sqrt{3.24\times 10^{-10}}\ \text{rad}$$

$$=2.071\times 1.797\times 10^{-5}\ \text{rad}$$

$$\approx 7.7''。$$

九、何谓模拟,简述模拟的用途、益处、局限性与注意事项及应用示例

1. 模拟的概念

模拟(simulation)是通过计算机程序用数学方式表示(理论或经验)系统,从而解决问题方法的集合。如果这种表达方式包括概率论的概念,尤其是包括随机变量,模拟则称为“蒙特卡罗法”。

2. 模拟的用途

从理论科学方面,如果不知道解决问题的综合理论,或如果知道,但不可能或难以解决,而通过计算机能获得解决方法时,则可使用模拟法。在经验方面,如果计算机程序能够充分地描述系统时,可使用模拟法。模拟在统计教学中也是一种有益的工具。

相对廉价的计算能力的发展正使模拟越来越多地应用于迄今还没有得到解决的问题。

3. 模拟的益处

在理论科学中,如果没有明确的解决问题的计算方法,或计算太繁琐,以至不能直接进行(如 n 维积分),则可采用模拟法(特别是“蒙特卡罗法”)。同样,在经验方面,当经验调查是不可能的或花费太大时,可采用模拟法。模拟的益处在于它提供了一种省时经济的解决问题的办法,或它最终提供了解决问题的办法。

统计教学中使用模拟法能有效地解释随机变差。

4. 模拟的局限性与注意事项

在理论科学中，选择基于概念推理得出的证据比模拟更具优势，因为模拟往往对结果的原因不能作出说明。

经验模型的计算机模拟可能受到模型不适宜的限制，即模型可能没有完全说明问题。因此，经验模型的计算机模拟不能替代实际经验调查和试验。

5. 模拟的应用示例

大型项目(如太空计划)通常采用蒙特卡罗法。模拟的应用不受任何具体工业类型的限制，典型的应用领域包括统计容差法、过程模拟、系统的优化、可靠性理论和预计。一些具体的应用有：

(1) 机械部件的变差建模；

(2) 复杂部件的振动形态建模；

(3) 确定最佳预防性维修计划；

(4) 在设计和生产过程中为优化资源配置所进行的费用和其他分析。

由于现今计算机的快速普及和提高，模拟统计技术的应用领域也越来越广泛。例如，所谓的“汉光兵棋推演”就是利用计算机技术进行的一种战场上的模拟技术。

十、举例说明模拟的应用

下面我们以目前在模拟统计技术中常用的蒙特卡罗(Monte-Carlo)法为例，对模拟技术加以说明。

蒙特卡罗方法的基本思想是，通过大量的数字模拟“试验”，得出某事件出现的频率，或某个随机变数的平均值作为问题的解。目前主要在计算机上进行。

设一个系统的特性值 W 取决于 K 个组成部分的特性值 $x_1,x_2,\cdots,x_K$，有

$$W=g(x_1,x_2,\cdots,x_K)。$$

计算机产生一系列[0,1]上均匀分布的伪随机数：$u_1,u_2,\cdots,u_i,u_N$。将每一个 u_i 转换成每一个 x_i 的分布的随机变量 x_{ij}，将 x_{ij} 代入 W 中，可得一系列对应的 W 值如下：

$$W_1,W_2,\cdots,W_M$$

只要 N 足够大，就可以得到 W 的统计规律 $F(W)$，从而求得问题的近似解。

示例　设由 A、B、C、D 四个组成部分按如下的可靠性框图(图 12-2)构成一个系统 S。

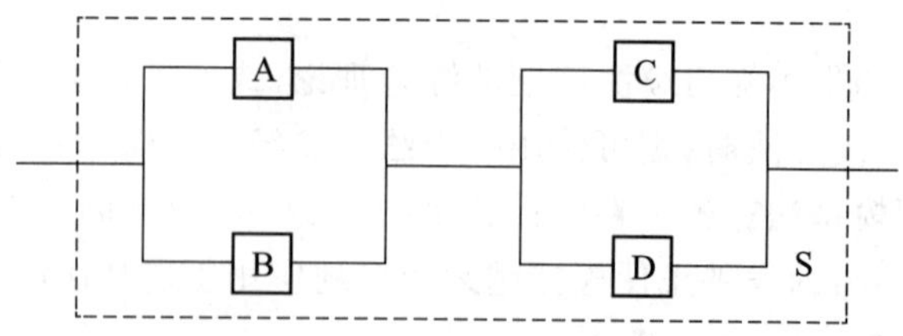

图 12-2　可靠性框图

A 的寿命 T_A 是期望值为 48 单位的指数分布；B 是 A 的储备，当 A 出故障时，B 立即接替工作，B 的寿命 T_B 是期望值为 20 单位、标准差为 4 单位的正态分布 $N(20,4)$；C 的寿命是期望值为 60 单位的指数分布；D 是 C 的储备，当 C 出故障时，D 立即接替工作，D 的寿命是期望值为 15 个单位、标准差为 3 单位的正态分布 $N(15,3)$。求系统 S 平均寿命 $\bar{t}_s$？

解:本题如用解析法求解比较困难。现用 Monte-Carlo 方法求解。

先产生四个均匀分布[0,1]上的随机数 u_1,u_2,u_3,u_4,将 u_1 转换为 $\theta=48$ 的指数分布随机变量 T_A 的第一个取值 t_{A1};将 u_2 转换成为 $N(20,4)$ 的正态分布随机变量 T_B 的第一个取值 t_{B1};将 u_3 转换为 $\theta=60$ 的指数分布随机变量 T_C 的第一个取值 t_{C1};将 u_4 转换成为 $N(15,3)$ 的正态分布随机变量 T_D 的第一个取值 t_{D1}。

当 A 于 t_{A1} 出故障时,B 立即接替工作,所以由 A、B 并联组成的部分要到 $t_{A1}+t_{B1}$ 时才出现故障;仿此,当 C 于 t_{C1} 出故障时,D 立即接替工作,所以由 C、D 并联组成的部分要到 $t_{C1}+t_{D1}$ 时才出现故障;但是只要 A、B 并联的部分或 C、D 并联部分之一出故障,系统 S 就出故障,所以系统 S 的第一个寿命数据 t_{S1} 为

$$t_{S1}=\min(t_{A1}+t_{B1},t_{C1}+t_{D1})。$$

由此类推,再产生[0,1]上的四个均匀分布随机数 u_5,u_6,u_7,u_8,经转换得 $t_{A2},t_{B2},t_{C2},t_{D2}$,于是又得 S 的第二个寿命数据 t_{S2} 为

$$t_{S2}=\min(t_{A2}+t_{B2},t_{C2}+t_{D2})。$$

以此类推,得 S 的 N 个寿命数据

$$t_{S1},t_{S2},\cdots,t_{SN}。$$

用这个方法模拟 $N=50$ 所得的数据如表 12-2 所示。

表 12-2 数 据 表

12.83(Ⅰ)	200.67(Ⅰ)	47.25(Ⅱ)	60.83(Ⅱ)	21.37(Ⅰ)
27.62(Ⅱ)	81.67(Ⅰ)	86.96(Ⅰ)	22.28(Ⅱ)	39.82(Ⅱ)
42.16(Ⅰ)	25.08(Ⅱ)	23.18(Ⅱ)	18.65(Ⅱ)	27.36(Ⅱ)
22.15(Ⅰ)	30.19(Ⅱ)	39.12(Ⅱ)	48.05(Ⅱ)	22.40(Ⅰ)
77.66(Ⅱ)	48.40(Ⅱ)	35.14(Ⅱ)	30.09(Ⅰ)	16.54(Ⅱ)
65.57(Ⅰ)	9.96(Ⅱ)	70.02(Ⅱ)	30.25(Ⅰ)	29.76(Ⅰ)
35.62(Ⅰ)	49.90(Ⅱ)	32.97(Ⅰ)	21.49(Ⅰ)	85.04(Ⅰ)
46.94(Ⅰ)	28.48(Ⅰ)	14.87(Ⅱ)	38.56(Ⅱ)	57.51(Ⅱ)
25.97(Ⅱ)	33.92(Ⅰ)	52.85(Ⅱ)	31.53(Ⅱ)	27.14(Ⅱ)
56.29(Ⅱ)	38.28(Ⅰ)	39.68(Ⅱ)	21.23(Ⅰ)	24.84(Ⅰ)

注:1. (Ⅰ)表示由 A、B 并联部分出故障导致 S 出故障。
2. (Ⅱ)表示由 C、D 并联部分出故障导致 S 出故障。

由表 12-2 的 50 个数据组成的子样,可得子样均值,即系统的平均寿命为

$$\bar{t}_s=\frac{1}{50}\sum_{i=1}^{50}t_{si}=\frac{1}{50}\times 2\,097.06=41.941。$$

第十三章 数据处理

一、何谓数字、数字数据，简述数字数据的分类

1. 数字

印度-阿拉伯数字系统的十个数字，按值排列。数字是一种用来表示数的书写符号。

即：0，1，2，3，4，5，6，7，8，9，这十个数码称为数字。

2. 数字数据

数据是我们统计的对象，人们习惯上把由数字组成的数字数据称为数据。从广义上讲，数据还包括用语言和文字表示的非数字数据（产品感官检验中应用的较多）。

数字数据指由数字（0，1，2，3，4，5，6，7，8，9）和小数点组成的数据。

数字数据是对可定量描述的特性的表达。可以通过抽样、测量、测试、分析、计算、记录获得。任何数字数据又都可以形成（服从）一定的分布（统计规律）。

3. 数字数据的分类

根据数据的性质，数字数据又可分为计量值数据和计数值数据。计数值数据又可分为计件值数据和计点值数据。

（1）计量值数据

计量值数据是指可以连续取值，在有限的区间内可以无限取值的数据。如长度、面积、体积、质量、密度、电压、电流、强度、纯度、农药残留量、有毒有害元素含量等，很大一部分产品质量特性值属于计量值数据。计量值数据大都服从正态分布。计量值的准确性取决于生产控制设备和检测设备的精度。计量值可用于判定计量对象的“合格”与“不合格”，但这种判定须依据事先确定的标准（规格）。由此计量值在统计时也可转化为计数值（例如在统计抽样检验中）。

（2）计数值数据

计数值数据是只能间断取值，在有限的区间内只能取有限数值的数据。计数值数据就是我们通常所说的数，在产品感官检验中大部分项目属于计数值数据，如布匹上的疵点数、铸件上的沙眼数、玻璃器皿上的气泡数，不合格产品的件数以及某些仪器所测试的项目如钢铁硬度计所测的洛氏硬度、布氏硬度等。所以计数值数据是以正整数（自然数）的方式表现。计数值数据又分为计件值数据和计点值数据两类。

1）计件值数据

计件值数据是指数产品（或其他物件）件数而得到的数值。计件值数据服从二项分布。

2）计点值数据

计点值数据是指数产品的缺陷数而得到的数值。计点值数据服从泊松分布。

计件值数据和计点值数据在统计抽样标准 GB/T 2828.1—2003 中接收质量限 AQL 的划分就是以此为依据。

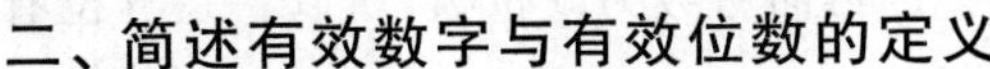

二、简述有效数字与有效位数的定义

1. 有效数字　significant figure

所谓有效数字:具体地说,是指在分析工作中实际能够测量到的数字。所谓能够测量到的是包括最后一位估计的,不确定的数字。我们把通过直读获得的准确数字称为可靠数字;把通过估读得到的那部分数字称为存疑数字。把测量结果中能够反映被测量大小的带有一位存疑数字的全部数字称为有效数字。

有效数字就是指在测量中所能得到的有实际意义的数字。即是指在一个近似数中,除最后一位是不甚确定的外,其他各数都是确定的。有效数字用于表示连续物理量的测定结果,指测量中实际能得到的数字,即表示数字的有效意义。有效数字一般是表示检测仪器所能测量到的数字。它不仅表明了数量的大小,也反映了检测方法和检测仪器的准确程度。在记录数据和计算结果时,所保留的有效数字中,只有最后一位可疑的数字。如 50 mL 滴定管的最小刻度是 0.1 mL,滴定后的体积,甲可能读 23.43 mL,乙可能读 23.44 mL,丙可能读 23.42 mL。这四位数字中,前三位有刻度是准确的,第四位因没有刻度是不准确的,所以称为可疑数字。但它又不是主观臆造的,所以记录时应保留它。

有效数字的位数,直接与测定的相对误差有关,例如,称得某物重为 0.518 0 g,它表示该物实际重量是 0.518 0±0.000 1 g,其相对误差 RE 为:

$$RE=\pm\frac{0.000\,1}{0.518\,0}\times100\%=\pm0.02\%。$$

如果少取一位有效数字,则表示该物质实际重量为 0.518±0.001 g,其相对误差 RE 为:

$$RE=\pm\frac{0.001}{0.518}\times100\%=\pm0.2\%。$$

这表明测量的准确度后者比前者低 10 倍。所以在测量准确度的范围内,有效数字的位数越多,测量也越准确,但超过测量准确度的范围,过多的位数也是毫无意义的。

有效数字位数与量的使用单位无关。如称得某物的质量是 12 g,两位有效数字。若以 mg 为单位时,应记为 1.2×10^4 mg,而不应记为 12 000 mg。若以 kg 为单位,可记为 0.012 kg 或 1.2×10^{-2} kg。

2. 有效位数

有效位数即是指几位有效数字。

对没有小数位且以若干零结尾的数值,从非零数字最左一位向右数得到的位数减去无效零(即仅为定位用的零)的个数;对其他十进位数,从非零数字最左一位向右数而得到的位数,就是有效位数。

示例 1　35 000 若有两个无效零,非零数字最左一位“3”向右数共 5 位数减去 2 个无效零数得 3,则为三位有效位数。应写为 350×10^2;若有三个无效零,则为两位有效数字。应写为 35×10^3。注意有效位数应在 10^n 之前全部写出。

示例 2　32,0.32,0.032,0.003 2 都为十进位数,非零数字最左一位“3”向右数都是两位数,则它们均为两位有效位数。0.032 0 从非零数字最左一位向右数是 3 位数,所以它为三位有效位数。

示例 3 13.580 为十进位数，从最左非零数字“1”再向右数为 5 位数，所以它是五位有效位数。同样 13.580 0 为六位有效位数。

有效数字也可以这样来理解；如果数据极限误差大于某一位的半个单位，该位就是有效数字的末位，且该位到其左边的非零数字一共有 n 位，n 就是该数据的有效数字的位数。

示例 4 某数据极限误差为 0.005，数据 0.234 的末位数应是 3，其有效数字（或有效位数）为 2 位。

示例 5 某数据极限误差为 0.5，数据 8 700.33 的末位数应是 0，其有效数字（或有效位数）为 4 位。

三、何谓数值修约、修约间隔

1. 数值修约 rounding off for numerical values

通过省略原数值的最后若干位数字，调整所保留的末位数字，使最后所得到的值最接近原数值的过程。

注：经数值修约后的数值称为（原数值的）修约值。

2. 修约间隔 rounding interval

修约值的最小数值单位。

注：修约间隔的数值一经确定，修约值即为该数值的整数倍。

示例 1 如指定修约间隔为 0.1，修约值应在 0.1 的整数倍中选取，相当于将数值修约到一位小数。

示例 2 如指定修约间隔为 100，修约值应在 100 的整数倍中选取，相当于将数值修约到“百”数位。

四、简述数值的修约规则

1. 确定修约间隔

① 指定修约间隔为 10^{-n}（n 为正整数），或指明将数值修约到 n 位小数。

② 指定修约间隔为 1，或指明将数值修约到“个”数位。

③ 指定修约间隔为 10^{n}（n 为正整数），或指明将数值修约到 10^{n} 数位，或指明将数值修约到“十”、“百”、“千”、……数位。

2. 进舍规则

① 拟舍弃数字的最左一位数字小于 5 时，则舍去，保留其余各位数字不变。

示例 将 12.149 8 修约到个数位，得 12；将 12.149 8 修约到一位小数，得 12.1。

② 拟舍弃数字的最左一位数字大于 5，则进一，即保留数字的末位数字加 1。

示例 将 1 268 修约到“百” 数位，得 13×10^{2}（特定场合可写为 1 300）。

注：示例中，“特定场合”系指修约间隔明确时。

③ 拟舍弃数字的最左一位数字为 5，且其后有非 0 的数字时进一，即保留数字的末位数字加 1。

示例 将 10.500 2 修约到个数位，得 11。

④ 拟舍弃数字的最左一位数字为 5，且其后无数字或皆为 0 时，若所保留的末位数字为奇数（1，3，5，7，9）则进一，即保留数字的末位数字加 1；若所保留的末位数字为偶数（2，4，6，

8,0),则舍去。

示例 1 修约间隔为 0.1(或 10^{-1})。

拟修约数值	修约值
1.050	10×10^{-1}(特定场合可写成为 1.0)
0.35	4×10^{-1}(特定场合可写成为 0.4)

示例 2 修约间隔为 1000(或 10^{3})。

拟修约数值	修约值
2 500	2×10^{3}(特定场合可写成为 2 000)
3 500	4×10^{3}(特定场合可写成为 4 000)

⑤ 负数修约时,先将它的绝对值按上述四条规定进行修约,然后在所得值前面加上负号。

示例 1 将下列数字修约到“十”数位。

拟修约数值	修约值
−355	-36×10(特定场合可写成为−360)
−325	-32×10(特定场合可写成为−320)

示例 2 将下列数字修约到三位小数,即修约间隔为 10^{-3}。

拟修约数值	修约值
−0.036 5	-36×10^{-3}(特定场合可写成为−0.036)

3. 不允许连续修约

拟修约数字应在确定修约间隔或指定修约数位后一次修约获得结果,不得多次按①~④规则连续修约。

示例 1 修约 97.46,修约间隔为 1。

正确的做法:97.46→97;

不正确的做法:97.46→97.5→98。

示例 2 修约 15.454 6,修约间隔为 1。

正确的做法:15.454 6→15;

不正确的做法:15.454 6→15.455→15.46→15.5→16。

五、简述 GB/T 8170 的数值修约规则的理论依据

目前的数值修约规则为什么要采取“四舍六入五单双”的法则,而废止我国传统的“四舍五入”法,这是因为国家标准 GB/T 8170—2008《数值修约规则与极限数值的表示和判定》充分地吸收采用了国外先进标准的内容。如美、英、日等国的标准,这也是国际贸易发展与国际接轨的需要。但重要的是它的科学性和符合性。因为用“四舍五入”法对数字极限修约,从很多修约后的数值中得到的均值和总和均偏大;而用标准推荐的修约规则,进舍的状况具有平衡性,进舍误差也具有平衡性,若干数值修约后,修约值之和变大与变小的可能性是相当的。现举 0~99 这 100 个数字来讲明这一道理,若采用“四舍五入”法,这 100 个数字中,0,10,20,30,…,90,这 10 个数字修约后的值不变(即不增大,也不变小);1~4,11~14,21~24,…,91~94,这 40 个数字在修约后值减小;5~9,15~19,25~29,…,这 50 个数字在修约后增大;这样在这 100 个数字中修约后 10 个值不变,40 个值减少,50 个值增大,所有总误差

不为零，从总的来看进大于舍，所以修约后总和和平均值均偏大。

若采用“四舍六入五单双”法，在这 100 个数字中，其中末尾是零的 10 个数，修约后值不变；末尾 1,2,3,4 的 40 个数字舍去；末尾是 6,7,8,9 的 40 个数字进位，而 5,15,25,35,45,55,65,75,85,95 这 10 个数字 5 个舍去，5 个进位。这样 0～99 个数字中，10 个值不变，45 个舍去，45 个进位，总误差为零。这就是为什么要采用“四舍六入五单双”的理论依据。

还可以从舍入的具体误差来解释，即在对数值修约时，会带来舍入误差，设某一数值要保留 n 位有效位数，由第 $n+1$ 位引入的误差如表 13-1 所示。

表 13-1　误差表

第 $n+1$ 位的数	0	1	2	3	4	5	6	7	8	9
舍入误差	0	−1	−2	−3	−4	5	4	3	2	1

而舍入误差是人为引入的误差，人们希望越小越好，最好是零。在过去的“四舍五入”法修约时，假定要保留 n 位有效位数，当第 $n+1$ 位是 5 以外的其他数字时，其舍入误差在极多次修约时相互抵消，但在第 $n+1$ 位是 5 时，却无法抵消。而“四舍六入五单双”法规定，当第 n 位上的数是偶数时，第 $n+1$ 位上的 5 予以舍去，此时的舍入误差为−5，当第 n 位上的数是奇数时，第 $n+1$ 位上的 5 进入，此时的舍入误差为＋5。由于第 n 位上的偶、奇数出现的概率各为 50%，其相应的舍入误差−5 和＋5 的概率也各为 50%，在极多次修约后相互抵消，使舍入误差趋近于零。因此，采用 GB/T 8170 的“四舍六入五单双”法比以前的“四舍五入”法更为合理。

六、简述加、减、乘、除的运算法则与演算方法

在数据处理时，常遇到一些准确度不同的数据。对于这类数据必须按照一定的法则进行运算，既可节省计算时间，又可避免过繁的计算引入错误，使结果能真正符合实际测试的准确度。常用的运算法则如下。

1. 加法与减法的运算

只有同一物理量才能进行加减运算，而且在运算之前还必须化为同样大小的单位。几个数相加减时，所得和或差的有效数字决定于绝对误差最大的值，即最后结果的有效数字自左起不超过参加计算数值中第一个出现的可疑数字。如在小数的加减计算中，结果所保留的小数点后的位数与各数值中小数点后位数最少者相同。

在实际计算时，保留的位数常比各数值中小数点后位数最少者多留一位小数，而计算结果则按上述规则处理。

示例 1　508.4−438.68＋13.046−6.054 8＝508.4−438.68＋13.05−6.05＝76.7。

最后计算结果只能按照绝对误差最大者(508.4 的绝对误差为 0.1，最大)，即小数点后位数最少者相同，所以得 76.7。

示例 2　12.3＋2.345＋0.123 4＝12.3＋2.34＋0.12＝14.8。

2. 乘法和除法的运算

几个数值相乘除时，所得积或商的有效数字位数决定于相对误差最大的数值。即要与各数值中有效数字位数最少者相同。在实际计算时，可先将各数值修约至比有效数字位数最少者多保留一位，然后再将计算结果按上述规则处理。

示例 1　0.067 6×70.19×6.502 36＝0.067 6×70.19×6.502＝30.9。

最后的计算结果应为保留位数按上述原则处理，三个数值的相对误差 RE 分别为

0.067 6：$RE=\pm\frac{0.0001}{0.0676}\times100\%=\pm0.1\%$，

70.19：$RE=\pm\frac{0.01}{70.19}\times100\%=\pm0.01\%$，

6.502 37：$RE=\pm\frac{0.00001}{6.50237}\times100\%=\pm0.0001\%$。

所以 0.067 6 的相对误差最大，有效数字的位数应决定于 0.067 6 的有效位数，即三位有效位数。另外 0.067 6 为三位有效数字，也是三个数值中有效位数最少者。因此，最后计算结果只能为三位有效数字。

示例 2　1.1×2.233×0.334 4＝1.1×2.23×0.334＝0.82。

3. 四则运算的演算方法

四则运算的演算方法很多，下面介绍一种简便、新颖的所谓"一位值规律"的方法供大家参考。

数据的一位值定义：是指把数据的个、十、百、…，位上的数字相加再相加（以下用符号"→"表示这一过程）直至得到一个一位数的数值（用(x)表示）。

例如，1 128→1＋1＋2＋8→12→1＋2＝(3)，

记作 1 128→(3)　即 1 128 的一位值为(3)，

同样，3 141→(9)　即 3 141 的一位值为(9)。

按上述方法所有的数据（包括小数、负数，但零除外）都可以得出(1)，(2)，…，(9)中 9 个一位值中的之一。

一位值规律：数据的一位值的运算与通常个位数的四则运算基本一致。演算方法如下。

① 加法。如，64　＋　431　＝　495　→(9)，
(1)　＋　(8)　＝　→(9)，
22 042　＋　773　＝　22 815→(9)，
(1)　＋　(8)　＝　→(9)，
7 302　＋　324　＝　7 626　→(3)，
(3)　＋　(9)　＝　→(3)。

例中实际计算的一位值与各个加数的一位值相加的一位值相同。因此，可以这样说，在数字连加时，公式左边的各数据的一位值之和的一位值，必然等于右边得数的一位值。即公式左右的一位值必然相等，若不相等则运算一定出现错误。

② 减法。减法是加法的逆运算，即 $a-b=c$，则 $a=c+b$。

如，7 313 － 822　＝6 491，
(5)　－ (3)　＝(2)　　即(5)＝(2)＋(3)。
4 647 － 7 721 ＝－3 074，
(3)　－ (8)　＝(－5)　即(3)＝(－5)＋(8)→(3)。
4 647 － 404　＝4 243，
(3)　－ (8)　＝(4)　　即(3)＝(4)＋(8)→(3)。

从上面的示例可以看出在减法中一位值与实际计算完全一致，但应注意移项时正负号

的变化。

③ 乘法。如，5 503 × 71 ＝390 713 →(5)，

(4) × (8) ＝32 →(5)，

4102 × 844 ＝3 462 088→(4)，

(7) × (7) ＝49 →(4)。

例中实际计算的一位值与各个乘数的一位值相乘积的一位值相同。因此，演算时只要看各乘数的一位值相乘得出的一位值与实际乘积的一位值是否相符即可。

④ 除法。除法是乘法的逆运算，即 $a\div b=c$，则 $a=c\times b$ 演算时如同乘法步骤一致。

从以上可以看出一位值的规律，因为数据的一位值计算无需动笔即可看出其结果，故看运算是否正确时，即可看公式左右的一位值是否相等或一位值与实际运算结果的一位值是否相等即可。

一位值规律同样适合于四则混合运算的演算，不过应注意先乘除，后加减。

一位值的规律同样适应于小数、负数以及除不尽的除法运算的演算。在此不再逐一举例。从一位值规律还可以引伸出其他有趣的现象，感兴趣的读者不妨动笔试试看。

七、简述乘方、开方以及对数、反对数的运算

1. 乘方和开方的运算

数字进行乘方或开方时，原数字有几位有效数字，计算结果就应保留几位有效数字。

示例 1　　$6.54^2=42.8$，$\sqrt{7.39}=2.72$。

2. 对数与反对数的运算

在数字的对数计算中，所取对数的小数点后的位数(不包括首数)应与真数的有效数字位数相同。

示例 2　求 c_{H^+} 为 7.98×10^{-2} mol/L 溶液的 pH？

$$c_{H^+}=7.98\times10^{-2}\ \text{mol/L},\ \text{pH}=-\lg c_{H^+}=1.098。$$

真数是 7.98 三位有效位数，对数 1.098 的小数点后也应是三位。

示例 3　求 pH 值为 3.20 溶液的 c_{H^+}？

$$\text{pH}=-\lg c_{H^+}=3.20,\ c_{H^+}=6.3\times10^{-4}\ \text{mol/L}。$$

上例中对数 3.20 的小数后有两位，所以真数也应取两位有效位数。

八、简述记数的一般规则

① 记录测量数据时，通常只保留一位可疑(不确定)数字。即记录的数据一定要如实地反映实际测量的准确度。例如，分析天平可称至±0.000 1 g，若称得某物质量为 0.250 0 g，就必须记做 0.250 0 g，不能记成 0.25 g 或 0.250 g。如从滴定管读取滴定液的体积恰为 24 mL，应当记为 24.00 mL，不能记成 24 mL 或 24.0 mL。

② 表示精密度时，如重复性限 r，再现性限 R，通常只取一位有效数字如 0.02，0.05 等，最多取两位有效数字如 0.15，0.20 等。

③ 在数值计算中，当有效数字确定之后，其余数字都应按标准 GB 8170 的数值修约规则进行修约。

④ 重量分析及容量分析测量数据多于四位有效数字时，计算结果只需保留四位有效数

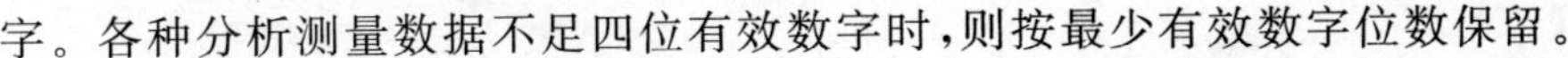

字。各种分析测量数据不足四位有效数字时，则按最少有效数字位数保留。

⑤ 测量结果的有效数字能达到的数位不能低于方法检出限的有效数字能达到的数位。

⑥ 在数值计算中，某些倍数、分数、不连续物理量的数目，以及不经测量而完全根据理论计算或定义得到的数值，其有效数字可视为无限。这类数值在计算中需要几位就可以写几位。例如，数学中的常数 π，e；三角形三角之和；1 m＝100 cm 中的 100；测量次数 n，自由度 υ；$Fe_2(SO_4)_3 \cdot 9H_2O$ 中的 2、4、3、9、2 等。

⑦ 在某些情况下，不能按 GB 8170 标准进行修约，如抽样时利用公式计算抽样最小次(个、份)数时，只能进不能舍。如公式计算得 28.2 次(个、份)时，应取 29，不能修约为 28。

另外在质量统计控制图的计算及控制限，一般应比要求的多保留一位。GB/T 6379.2 规定"在精密度试验中，测试结果要比标准方法中规定的有效数字位数至少多一位。如果该方法没有规定有效数字的位数，那么修约的误差不能超过重复性标准差估计值的 1/2"。

在评定不确定度时，合成自由度应取小不取大，如得 25.6，只能取 25。而不确定度则应取大不取小，对于合成标准不确定度 $u_c(y)$ 以及扩展不确定度 U 的有效数字一般为两位，中间计算时的位数可以适当多取。

计算所得的不确定度用于报告时，多的数字作最后一次舍入，这时利用 1/3 法则是适宜的，即当取至整数位时，小于 1/3 的小数舍去，大于 1/3 的小数进 1。

对法律法规、标准、国际机构、政府部门等有特殊要求的，按要求记数。

九、何谓离群值，简述离群值判断的简易方法

1. 离群值的有关概念

(1) 离群值　outlier

样本中的一个或几个观测值，它们离开其他观测值较远，暗示它们可能来自不同的总体。

注：离群值按显著性程度分为歧离值和统计离群值。

(2) 统计离群值　statistical outlier

在剔除水平下统计检验为显著的离群值。

(3) 歧离值　straggler

在检出水平下显著，但在剔除水平下不显著的离群值。

(4) 检出水平　detection level

为检出离群值而制定的统计检验显著水平。

注：除非根据标准达成协议的各方另有约，α 值应为 0.05。

(5) 剔除水平　deletion level

为检出离群值是否高度离群而指定的统计检验的显著水平。

注：剔除水平 α^* 的值应不超过检出水平 α 的值，除非根据标准达成协议的各方另有规定，α^* 值应为 0.01。

2. 离群值判断的简易方法

检验数据处理时，确定原因的离群值应弃去不用。检验操作过程中有明显的过失，如错用样品、称样时样品损失、溶样时有溅出、滴定时滴定液有泄漏等，则该次结果必须舍弃。在复查、审核时对能找出原因的离群值应弃去不用。对不知原因的离群值，也可按下述简易的

方法进行判断处理。

(1) 4d 法

4d 法即 4 倍于平均偏差法，适用于 4～6 个重复测定数据的取舍。具体的做法如下：

① 除了离群值 $x_?$ 外，将其余数据相加求出其算术平均值$\bar{x}$及平均偏差$\bar{d}$。

② 将离群值 $x_?$ 与平均值$\bar{x}$相减：

若 $x_? - \bar{x} \geqslant 4\bar{d}$，则离群值 $x_?$ 应舍去；

若 $x_? - \bar{x} < 4\bar{d}$，则离群值 $x_?$ 应保留。

示例 1 实验室重复测得如下一组数据：30.18、30.56、30.23、30.35、30.32，试问其中最大值是否应舍去？

解：30.56 为最大值，是否定为离群值 $x_?$。

计算其余数据的算术平均值$\bar{x}$和平均偏差$\bar{d}$：

$$\bar{x} = \frac{30.18 + 30.23 + 30.35 + 30.32}{4} = 30.27,$$

$$\bar{d} = \frac{0.09 + 0.04 + 0.08 + 0.05}{4} = 0.065。$$

因为 $x_? - \bar{x} = 30.56 - 30.27 = 0.29$，$0.29 > 4\bar{d} = 4 \times 0.065 = 0.26$，

故 30.56 为离群值，应舍去。

(2) Q 检验法

① 将所有测定数据按小大顺序排列，即

$$x_1 < x_2 < \cdots < x_n。$$

② 计算 Q 值

$$Q 值 = \frac{|x_? - x|}{x_{max} - x_{min}}。$$

式中：$x_?$——离群值；

x——与离群值 $x_?$ 相邻之值；

x_{max}——最大值；

x_{min}——最小值。

③ 查 Q 表（表 13-2），比较由 n 次测量求得的 Q 值与表中所列的相同测量次数的 $Q_{0.90}$ 之大小。$Q_{0.90}$ 表示 90%的置信度。

若 $Q \geqslant Q_{0.90}$，则 $x_?$ 为离群值，应舍去；

若 $Q < Q_{0.90}$，则 $x_?$ 不是离群值，应保留。

示例 2 测定某铁矿样品中的铁含量，7 次测定结果（%）为：57.20、55.40、57.30、57.50、57.60、57.50、57.90，其中 55.40 值为最小值，试问是否为离群值？

解：将测定结果按小大顺序排列得

55.40＜57.20＜57.30＜57.50＜57.60＜57.90。

$$Q 值 = \frac{|x_? - x|}{x_{max} - x_{min}} = \frac{|55.40 - 57.20|}{57.90 - 55.40} = 0.72,$$

查 Q 值表 13-2 得知，$n = 7$ 时，$Q_{0.90} = 0.51$。

因为 $Q = 0.72 > Q_{0.90} = 0.51$，所以 55.40 为离群值，应舍去。

表13-2 置信水平的Q值

测量次数	3	4	5	6	7	8	9	10
$Q_{0.90}$	0.94	0.76	0.64	0.56	0.51	0.47	0.44	0.41
$Q_{0.95}$	1.53	1.05	0.86	0.76	0.69	0.64	0.60	0.58

(3) 3σ 原则检验法

由正态分布的重要结论可知，在一定条件下，多次重复测定其得到的测定值，落在$[\mu-3\sigma,\mu+3\sigma]$范围内的概率为99.73%。若有个别数据超出这个范围，根据小概率事件原理，则有理由认为属于离群数据，应予以剔出。

示例3 用零级千分尺测量某机械零件(轴径)的尺寸，得到以下测量值(单位:mm)：7.972、7.969、7.964、7.975、7.972、7.968、7.970、7.967、7.969、7.974，试问这些测量值中是否有离群值?

解:经计算得出$\bar{x}=7.970$，$S=0.003$。

以样本均值$\bar{x}$估计总体均值μ，以样本标准差S近似估计总体标准差σ，则

$\bar{x}-3S=7.970-3\times0.003=9.961$，

$\bar{x}+3S=7.970+3\times0.003=9.979$。

示例中的测量值全部落在[0.961,0.979]的范围之内，说明无离群值存在。

十、简述离群值的来源、判断与处理方法

1. 离群值的来源

离群值按产生原因分为两类：

① 第一类离群值是总体固有性的极端表现，这类离群值与样本中其余观测值属于同一总体。

② 第二类离群值是由于试验条件和试验方法的偶然偏离所产生的结果，或产生于观测、记录、计算中的失误，这类离群值与样本中其余观测值不属于同一总体。

对离群值的判定通常可根据技术上或物理上的理由直接进行，例如，当试验者已经知道试验偏离了规定的试验方法，或测试仪器发生问题等，这些值应弃去不用。当上述理由不明确时，才能用GB 4883规定的方法或简易的判断方法进行离群值的判定。

离群值分为三种情形：即上侧情形，离群值为高端值；下侧情形，离群值为低端值；双侧情形，离群值可为高端值，也可为低端值。

2. 离群值的判断

在离群值判断之前应规定在样本中检出离群值个数的上限，当检出的离群值个数超过了这个上限时，对此样本应作慎重的研究和处理。

(1) 单个离群值情形

① 依实际情况或以往的选定适宜的离群值检验规则。

② 确定适当的显著性水平。

③ 根据显著性水平和样本量，确定检验的临界值。

④ 由观测值计算相应统计量的值，根据所得值与临界值的比较结果做出判断。

(2) 判定多个离群值的检验规则

在允许检出离群值的个数大于 1 的情况下，按 GB 48834.4 规定的检验规则进行检验。若没有检出离群值，则整个检验停止；若检出离群值，当检出的离群值总数超过上限时，就停止检验，对此样本应慎重处理。否则，采用相同的检出水平和相同的规则，对除去已检出的离群值后余下的观测值继续检验。

3. 离群值的处理

(1) 处理方式

① 保留离群值并用于后续数据处理；

② 在找到实际原因时修正离群值，否则予以保留；

③ 剔除离群值，不追加观测值；

④ 剔除离群值，并追加新的观测值或用适宜的插补值代替。

(2) 处理规则

对检出的离群值，应尽可能寻找技术上和物理上的原因，作为处理离群值的依据。应根据实际问题的性质，权衡寻找和判定产生离群值的原因所需代价，正确判定离群值的得益即错误剔除正常观测值的风险，以确定实施下述三个原则之一：

① 若在技术上或物理上找到了产生离群值的原因，则应剔除或修正；若未找到产生它的技术上或物理上的原因，则不得剔除或进行修正。

② 若在技术上或物理上找到产生离群值的原因，则应剔除或修正；否则，保留歧离值，剔除或修正统计离群值；在重复使用同一检验规则检验多个离群值的情形，每次检出离群值后，都要再检验它是否为统计离群值，若某次检出的离群值为统计离群值，则在此离群值及在它前面检出的离群值(含歧离值)都应剔除或进行修正。

③ 检出的离群值(含歧离值)都应剔除或进行修正。

十一、简述 GB/T 4883 离群值的判断方法

1. 未知标准差情形离群值的判断规则(限定检出离群值的个数不超过 1 时)

GB 4883 规定了标准差已知和标准差未知的两种情况，但在我们质量管理中大多数情况下标准差是未知的，所以我们仅对标准差未知的情况加以介绍。当标准差未知和离群值个数不超过 1 时，GB/T 4883 规定使用格拉布斯(Grubbs)检验法和狄克逊(Dixon)检验法，检验者可根据实际需要选定一种。

(1) 格拉布斯(Grubbs)检验法

1) 上侧情形

① 计算统计量的值 G_n，这里 $x_{(n)}$ 是最大观测值，$\bar{x}$ 和 S 是样本均值和样本标准差，分别表示

$$G_n=(x_{(n)}-\bar{x})/S,S=\left[\frac{1}{n-1}\sum_{i=1}^{n}(x_i-\bar{x})^2\right]^{1/2};$$

② 确定检出水平 α，在附表 6《格拉布斯检验法的临界值表》中查出对应 n,α 的临界值 $G_{1-\alpha}(n)$；

③ 当 $G_n>G_{1-\alpha}(n)$，判断最大值 $x_{(n)}$ 为离群值；否则判未发现 $x_{(n)}$ 是离群值；

④ 在给出剔除水平 α^* 的情况下，在附表 6 查出对应 n,α^* 的临界值 $G_{1-\alpha^*}(n)$。

当 $G_n>G_{1-\alpha^*}(n)$，判 $x_{(n)}$ 为统计离群值；否则判未发现 $x_{(n)}$ 是统计离群值(即 $x_{(n)}$ 为歧

离值）。

2）下侧情形

与上侧规则相同，但要使用统计量

$$G_n'=(\bar{x}-x_{(1)})/S$$

来代替 G_n，要判断的是最小观测值 $x_{(1)}$。

3）双侧情形

① 计算统计量 G_n 和 G_n' 的值；

② 确定检出水平 α，在附表 6 查出对应 $n,\alpha/2$ 的临界值 $R_{1-\alpha/2}(n)$；

③ 当 $G_n>G_n'$，且 $G_n>R_{1-\alpha/2}(n)$，判断 $x_{(n)}$ 为离群值；当 $G_n'>G_n$，且 $G_n'>R_{1-\alpha/2}(n)$ 时，判断 $x_{(1)}$ 为离群值；否则判未发现离群值；

④ 在给出剔除水平 α^* 的情况下，在附表 6 查出对应 $n,\alpha^*/2$ 的临界值 $R_{1-\alpha^*/2}(n)$。

当 $G_n>G_n'$，且 $G_n>R_{1-\alpha^*/2}(n)$ 时，判断 $x_{(n)}$ 为统计离群值；当 $G_n'>G_n$，且 $G_n'>R_{1-\alpha^*/2}(n)$，判断 $x_{(1)}$ 为统计离群值；否则未发现 $x_{(n)}$ 是统计离群值(即 $x_{(n)}$ 为歧离值)。

示例 1 有 10 个实验室检验同一食品中的二氧化硫含量，测试的结果(自小而大排列)如下(%)：1.49、1.50、1.54、1.59、1.61、1.62、1.64、1.71、1.72、1.83，试检验最大值 1.83 和最小值 1.49 是否为离群值，检出水平 $\alpha=0.05$。

解：计算平均值 $\bar{x}=1.625$，标准差 $S=0.106$，

$$G_{10}=(x_{10}-\bar{x})/S=(1.83-1.625)/0.106=1.934,$$

对 $n=10$，查附表 6，$G_{0.95}(10)=2.176$，因 $G_{10}<G_{0.95}(10)$，故判断 $x_{(10)}$ 不是离群值。

$$G_1=(\bar{x}-x_{(1)})/S=(1.625-1.49/0.106=1.274,$$

对 $n=10$，查附表 6，$G_{0.95}(10)=2.176$，因 $G_1<G_{0.95}(10)$，故判断 $x_{(1)}$ 不是离群值。

经检验 10 个实验室的检测值都没有离群值。

(2) 狄克逊(Dixon)检验法

1）单侧情形

① 对于按大小排列的观测值 $x_{(1)}\leqslant x_{(2)}\leqslant\cdots\leqslant x_{(n)}$，若样本量 $3\leqslant n\leqslant 30$ 按表 13-3 计算统计量 D_n 或 D_n''；

表 13-3

样本大小	检验高端离群值	检验低端离群值
n：3～7	$D_n=r_{10}=\dfrac{x_{(n)}-x_{(n-1)}}{x_n-x_{(1)}}$	$D_n'=r_{10}'=\dfrac{x_{(2)}-x_{(1)}}{x_{(n)}-x_{(1)}}$
n： 8～10	$D_n=r_{11}=\dfrac{x_{(n)}-x_{(n-1)}}{x_{(n)}-x_{(2)}}$	$D_n'=r_{11}'=\dfrac{x_{(2)}-x_{(1)}}{x_{(n-1)}-x_{(1)}}$
n： 11～13	$D_n=r_{21}=\dfrac{x_{(n)}-x_{(n-2)}}{x_{(n)}-x_{(2)}}$	$D_n'=r_{21}'=\dfrac{x_{(3)}-x_{(1)}}{x_{(n-1)}-x_{(1)}}$
n： 14～30	$D_n=r_{22}=\dfrac{x_{(n)}-x_{(n-2)}}{x_{(n)}-x_{(3)}}$	$D_n'=r_{22}'=\dfrac{x_{(3)}-x_{(1)}}{x_{(n-2)}-x_{(1)}}$

② 确定检出水平 α，在附表 7(a)《狄克逊检验法的临界值表》查出对应 n,α 的临界值 $D_{1-\alpha}(n)$；

③ 检验高端值，当 $D_n>D_{1-\alpha}(n)$，判断 $x_{(n)}$ 为离群值；检验低端值时，当 $D_n'>D_{1-\alpha}(n)$，

判断 $x_{(1)}$ 为离群值；否则判未发现离群值；

④ 在给出剔除水平 α^* 的情况下，在附表 7(a) 查出对应 n,α^* 的临界值 $G_{1-\alpha^*}(n)$。

检验高端值，当 $D_n > G_{1-\alpha^*}(n)$，判断 $x_{(n)}$ 为统计离群值；检验低端值，当 $D'_n > G_{1-\alpha^*}(n)$，判断 $x_{(1)}$ 为统计离群值；否则，判断未发现 $x_{(1)}$ 是统计离群值（即 $x_{(1)}$ 为歧离值）。

2）双侧情形

① 计算统计量 D_n 与 D'_n 的值（按上述方法）；

② 确定检出水平 α，在附表 7(b)《双侧狄克逊检验法的临界值表》查出对应 n,α 的临界 $\widetilde{D}_{1-\alpha}(n)$；

③ 当 $D_n > D'_n, D_n > \widetilde{D}_{1-\alpha}(n)$，判断 $x_{(n)}$ 为离群值，当 $D''_n > D_n$，$D'_n > D_n > \widetilde{D}_{1-\alpha}(n)$，判断 $x_{(1)}$ 为离群值；否则判未发现离群值；

④ 在给出剔除水平 α^* 的情况下，在附表 7(b) 查出对应 n,α^* 的临界值 $D_n > \widetilde{D}_{1-\alpha^*}(n)$。当 $D_n > D'_n, D_n > \widetilde{D}_{1-\alpha}(n)$ 判断 $x_{(n)}$ 为统计离群值，当 $D'_n > D_n$，$D'_n > D_n > \widetilde{D}_{1-\alpha^*}(n)$，判断 $x_{(1)}$ 为统计离群值，否则，判断未发现 $x_{(1)}$ 是统计离群值（即 $x_{(1)}$ 为歧离值）。

示例 2 随机抽样检验一批炮弹的射程（m）：25 060、25 160、26 170、26 220、24 080、26 260，试问最小值 24 080 是不是离群值？

解：先将数值从小到大排列得 24 080、25 060、25 160、26 170、26 220、26 260。

根据表 13-3，$D'_n = r'_{10} = \dfrac{x_{(2)} - x_{(1)}}{x_{(n)} - x_{(1)}} = \dfrac{25\ 060 - 24\ 080}{26\ 260 - 24\ 080} = 0.450$，

查附表 7(a) $D_{0.95}(6) = 0.560$，$D'_n < D_{0.95}(6)$，故判断最小值 24 080 不是离群值。

2. 未知标准差情形离群值的判断规则（限定检出离群值大于 1 时）

根据 GB 4883 的规定，在标准差未知，离群值检出个数上限大于 1 时，应当使用偏度—峰度检验法或狄克逊检验法的重复使用的方法，检验者可根据实际要求选定其中的一种。

（1）偏度—峰度检验法

使用偏度—峰度检验法必须符合使用条件，即考察样本诸观测值，确认它们的样本来自正态总体，而极端值应较明显的偏离样本主体。

1）单侧情形—偏度检验法

① 计算偏度统计量 b_s 的值

$$b_s = \frac{\sqrt{n}\sum_{i=1}^{n}(x_i - \bar{x})^3}{\left[\sum_{i=1}^{n}(x_i - \bar{x})^2\right]^{3/2}} = \frac{\sqrt{n}\left[\sum_{i=1}^{n}x_i^3 - 3\,\bar{x}\sum_{i=1}^{n}x_i^2 + 2n(\bar{x})^3\right]}{\left[\sum_{i=1}^{n}x_i^2 - n\,\bar{x}^2\right]^{3/2}}。$$

② 确定检出水平 α，在附表 8《偏度检验法的临界值表》中查出临界值 $b_{1-\alpha}(n)$。

③ 对上侧情形，当 $b_s > b_{1-\alpha}(n)$ 时，判定最大值 $x_{(n)}$ 为离群值；否则判未发现 $x_{(n)}$ 是离群值；对下侧情形，当 $-b_s > b_{1-\alpha}(n)$ 时，判定最小值 $x_{(1)}$ 为离群值；否则判未发现 $x_{(1)}$ 是离群值。

④ 对于检出的离群值 $x_{(1)}$ 或 $x_{(n)}$，确定剔除水平 α^*，在附表 8 中查出临界值 $b_{1-\alpha^*}(n)$。对上侧情形，当 $b_s > b_{1-\alpha^*}(n)$ 时，判定最大值 $x_{(n)}$ 为统计离群值；否则判未发现 $x_{(n)}$ 是统计离群值（即 $x_{(n)}$ 为歧离值）；对下侧情形，当 $-b_s > b_{1-\alpha^*}(n)$ 时，判定最大值 $x_{(1)}$ 为统计离群值；否则判未发现 $x_{(1)}$ 是统计离群值（即 $x_{(1)}$ 为歧离值）。

2）双侧情形—峰度检验法

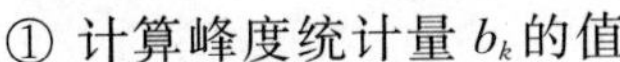

① 计算峰度统计量 b_k 的值

$$b_k=\frac{n\sum_{i=1}^{n}(x_i-\bar{x})^4}{\left[\sum_{i=1}^{n}(x_i-\bar{x})^2\right]^2}=\frac{n\left[\sum_{i=1}^{n}x_i^4-4\bar{x}\sum_{i=1}^{n}x_i^3+6\bar{x}^2\sum_{i=1}^{n}x_i^2-3n\bar{x}^4\right]}{\left[\sum_{i=1}^{n}x_i^2-n\bar{x}^2\right]^2}。$$

② 确定检出水平 α，在附表 9《峰度检验法的临界值表》中查出临界值 $b'_{1-\alpha}(n)$。

③ 当 $b_k>b'_{1-\alpha}(n)$ 时，判定离均值 $\bar{x}$ 最远的观测值为离群值；否则判未发现离群值。

④ 对于检出的离群值，确定剔除水平 α^*，在附表 9 中查出临界值 $b'_{1-\alpha^*}(n)$。当 $b_k>b'_{1-\alpha^*}(n)$ 时，判定离均值 $\bar{x}$ 最远的观测值为统计离群值；否则判未发现该离群值是统计离群值（即该离群值为歧离值）。

3）重复使用峰度检验法的示例

该例为离群值问题早期研究中的著名实例（1883 年）。观测金星垂直半径的 15 个观测数据的离差经排列后为（单位：s）：

−1.40　−0.44　−0.30　−0.24　−0.22　−0.13　−0.05　0.10　0.18　0.20　0.39　0.48　0.63　1.01

由问题的背景需要判断 $x_{(1)}=-1.40$ 和 $x_{(n)}=1.01$ 是否离群。

根据 GB/T 4882—2001，使用正态概率纸进行正态性检验。

将上述数据点在正态概率纸上（见图 13-1），此时，样本的诸点近似在一条直线近旁两侧，当画出适宜的直线后，样本的低端向上而高端向下偏离，故可用偏度—峰度检验法。

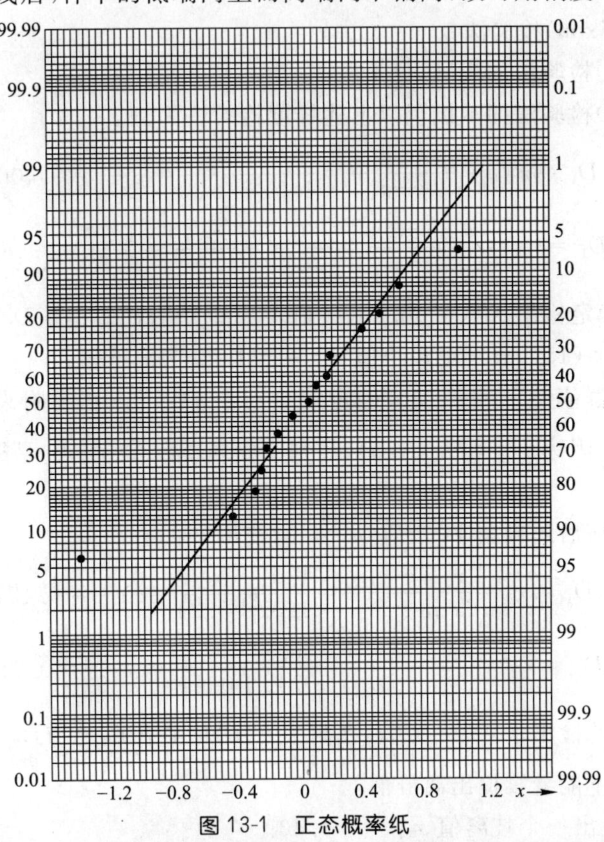

图 13-1　正态概率纸

计算得

$\sum_{i=1}^{15}x_i$	$\sum_{i=1}^{15}x_i^2$	$\sum_{i=1}^{15}x_i^3$	$\sum_{i=1}^{15}x_i^4$
0.27	4.254 5	−1.417 671	5.170 248 05

$$\bar{x}=0.27/15=0.018, b_k=4.386$$

确定检出水平 $\alpha=0.05$，在附表 9 中查出临界值 $b'_{0.95}(15)=4.13$，因 $b_k=4.386\ 0>b'_{0.95}(15)=4.13$，判定距离均值 0.018 最远的 $x_{(1)}=-1.40$ 为离群值。

对于检出的离群值 $x_{(1)}=-1.40$，确定剔除水平 $\alpha^*=0.01$，在附表 9 中查出临界值 $b'_{0.99}(15)=5.30$，因 $b_k=4.386<b'_{0.99}(15)=5.30$，故判未发现该离群值 $x_{(1)}=-1.40$ 是统计离群值(即 $x_{(1)}=-1.40$ 为歧离值)。

取出 $x_{(1)}=-1.40$ 之后，对余下 14 个值进行计算如下：

$\sum_{i=1}^{14}x_i$	$\sum_{i=1}^{14}x_i^2$	$\sum_{i=1}^{14}x_i^3$	$\sum_{i=1}^{14}x_i^4$
0.27	4.254 5	−1.417 671	5.170 248 05
+1.40	−1.960 0	+2.744 000	−3.841 600 00
1.67	2.294 5	1.326 329	1.328 648 05

$\bar{x}=1.67/14=0.119\ 3$，再计算 $b_k=2.816\ 4$。确定检出水平 $\alpha=0.05$，在附表 9 中查出临界值 $b'_{0.95}(14)=4.11$，而 $b_k=2.816\ 4<b'_{0.95}(14)=4.11$，故不能再检出离群值。

所以，本例只检出一个歧离值 $x_{(1)}=-1.40$。

(2) 狄克逊(Dixon)检验法

狄克逊(Dixon)检验法的规则，见本题 1. 中的(2)。

狄克逊(Dixon)检验法的示例仍以上述峰度检验法为例。

$$D_{15}=r_{22}=\frac{x_{(15)}-x_{(13)}}{x_{(15)}-x_{(3)}}=\frac{1.01-0.48}{1.01+0.30}=\frac{0.53}{1.31}=0.406,$$

$$D'_{15}=r'_{22}=\frac{x_{(3)}-x_{(1)}}{x_{(13)}-x_{(1)}}=\frac{-0.30+1.40}{0.48+1.40}=\frac{1.10}{1.88}=0.585。$$

对双侧问题，确定检出水平 $\alpha=0.05$，在附表 7(b)中查出临界值 $\widetilde{D}_{0.95}(15)=0.565$，由于 $D'>D_{15}$ 且 $D'>D_{0.95}(15)$，故判定最小值 $x_{(1)}=-1.40$ 为离群值。

对于检出的离群值 $x_{(1)}=-1.40$，确定剔除水平 $\alpha^*=0.01$，在附表 7(b)中查出临界值 $\widetilde{D}_{0.99}(15)=0.647$。因为 $D'_{15}<\widetilde{D}_{0.99}(15)$，故判未发现 $x_{(1)}=-1.40$ 是统计离群值(即 $x_{(1)}=-1.40$ 为歧离值)。

取出这个观测值后还剩余 14 个值($n=14$)，使用

$$D_{14}=r_{22}=\frac{x_{(14)}-x_{(12)}}{x_{(14)}-x_{(3)}}=\frac{1.01-0.48}{1.01+0.24}=\frac{0.53}{1.25}=0.424$$

$$D'_{14}=r'_{22}=\frac{x_{(3)}-x_{(1)}}{x_{(12)}-x_{(1)}}=\frac{-0.24+0.44}{0.48+0.44}=\frac{0.20}{0.92}=0.217$$

对于上述确定的检出水平 $\alpha=0.05$，在附表 7(b)中查出临界值 $\widetilde{D}_{0.95}(14)=0.586$，因为 $D'_{14}<\widetilde{D}_{0.95}(14)$，故不能继续检出离群值。

所以，本例只检出一个歧离值 $x_{(1)}=-1.40$。

十二、简述数据插补的应用及其方法

1. 数据插补的应用

在质量管理以及科学研究中，实际检测得到的数据，往往不是连续的而是间断的。例如相隔一定时间间隔或按某个自变量(如含量百分比值)的一定的间隔检测得到一个数值。那么，在两个相邻检测值之间未经测定的数值是多少？例如，在研究食品中有害元素不同含量的检测方法中，总是用某一既定的方法对它们不同含量档次的分析结果进行不断地分析观测，得到一系列的检测值。但经常会由于仪器故障或样品不同含量档次的不齐全而漏测了一些数据，或由于明显的过失误差或某种突然干扰使一些数据不可靠，而无法使用，从而造成数据的不连贯，造成分析工作的困难。对于上述情况，常常需要按一定的方法来求出某两个值之间未经测定的数值，并补上那些空缺的数值。

在本书后面的一些统计附表中，如 t 分布、F 分布、χ^2 分布的分位数及数值表大都是取自国家标准中的统计用表，由于篇幅的限制，不可能把所有的自由度的对应值一一都列出。但在有些情况下所需自由度的对应数值没有列出，为了不影响统计分析、就需要用数据插补的方法求出这些空缺的数值。

再如在矿产品、煤炭等散装物料采样、制样的一些标准中，特别是一些国际标准中，最大标称粒度所对应的最小样品量，都是每一粒度档次对应某一样品量，但在实际应用中不少需要的粒度档次空缺，无法查到对应的样品量。在此情况下就需要用数据插补的方法才能求出这些对应的样品量。

上述情况是需要补插的数值两边都具有确定的数值，故处理这种问题的方法称为内插法。但在检测值序列的前面或后面也需要知道其可能的数值的话，则可用已知范围的检测值来推定未知范围的数值，这称为外推法。外推法和内插法的目的是一致的，下面介绍的内插方法，也同样可用于外推法。由于所得到的外推数值的精密度在一定的外推范围内也可与内插结果相比拟。所以在进行外推时，只需将内插公式中的 x 值换成 x 范围以外的数值即可。

2. 线性内插法

数据的插补有多种方法如线性内插法、差分插值法、拉格朗日内插法、图解内插法、辛蒲生公式、多重数值积分法等，但日常应用最多的还是线性内插法。

线性内插是一种最简单也是应用最为普遍的内插法。假定 y 为 x 的函数，$y=f(x)$，若已测得对应于 x_p 和 x_q 的两个数值；$y_p=f(x_p)$，$y_q=f(x_q)$，现要求出 x_p 和 x_q 之间任一 x 值所对应的 y 值。假定由 x_p 到 x_q 之间任一 x 值的所对应的 y 值是随 x 而线性变化的，如图 13-2 所示，它与 $y_p \sim y_q$ 之外的数值无关。

由图 13-2 可以得到：

$$\frac{y-y_p}{y_q-y_p}=\frac{x-x_p}{x_q-x_p}$$

故

$$y=y_p+\frac{x-x_p}{x_q-x_p}(y_q-y_p)$$

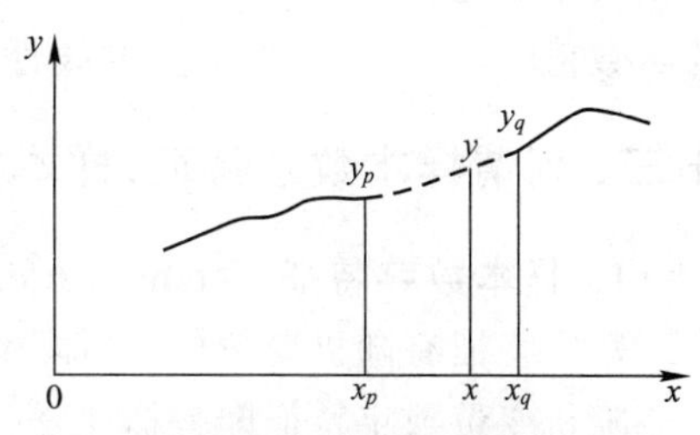

图 13-2　线性内插图

其中 x_p, x_q, y_p, y_q，是已知的，x 是需要求其函数值(即插值)的数值。将 x 代入上式,即得到所求的插值。对 x 取不同的数值,即可求得任一对应的 y 值。若求 x_p 和 x_q 以外的数值时,上式可用作外推公式。但使用时要特别小心,只有在根据一定的理由认为 $x_p \sim x_q$ 以外的数值也基本属于相当的线性关系时才能应用。线性内插法常用于要求不高,变化简单的情况。

例如,在 ISO 13909-4《硬煤和焦炭—机械采样—第 4 部分:煤—样品的制备》中的表 1 列出了缩分后的样品最小质量,第一栏煤的最大标称粒度从小于 0.5 mm～300 mm,共设了 22 个档次,每一档次后面都有对应的样品最小量,但却没有我国经常使用的 25 mm 这一档次,类似这样的问题都可以利用线性内插法加以解决。

示例　已知表 13-4 的一些数值,求最大标称粒度 25 mm 所需的不同样品的最小质量?

表 13-4　缩分后样品的最小质量

煤的最大标称粒度/mm	一般分析和通用样品/kg	全水分样品/kg	粒度分析样品/kg	
			精密度 1%	精密度 2%
31.5	55	10	65	15
22.4	32	7	25	6

解:当最大标称粒度 25 mm 时,所需的最小一般分析和通用样品

$$y = y_p + \frac{x - x_q}{(x_q - x_p)}(y_q - y_p)$$

$$= 32 + \frac{25 - 22.4}{31.5 - 22.4} \times (55 - 32) = 39(\mathrm{kg}),$$

所需的最小全水分样品

$$y = 7 + \frac{25 - 22.4}{31.5 - 22.4} \times (10 - 7) = 8(\mathrm{kg}),$$

所需的最小粒度分析样品(精密度 1%)

$$y = 25 + \frac{25 - 22.4}{31.5 - 22.4} \times (65 - 25) = 36.4(\mathrm{kg}),$$

所需的最小粒度分析样品(精密度 2%)

$$y = 6 + \frac{25 - 22.4}{31.5 - 22.4} \times (15 - 6) = 9(\mathrm{kg})。$$

另外,上面提到的在数据统计处理时的一些常用数学用表可以用此法求得内插值。如在相关系数检验表中从 30 开始只列 35、40、45、50 的函数值,而我们需要自由度为 32、37 等的函数值时,就可以利用以上的线性内插法近似地求出它的对应值。

十三、何谓样本数字特征,样本数字特征分哪两类

1. 样本数字特征　sample numercal characteristics

数字特征有随机变量(或总体)数字特征与样本数字特征之分。

随机变量数字特征即是描述随机变量在某些方面的重要特征,常用随机变量的数字特征有数学期望、分位数、众数、方差、矩、相关系数等。

样本数字特征即是表征一个样本分布的数字。因为在日常质量管理中，都是以样本推断总体。因此，在实际工作中主要研究的是样本数字特征。为了对样本分布有一个概括全面的了解，就需要用几个数字来表达出它们的整体状况，这几个表征样本分布的数字在统计学中称为样本的数字特征。用样本数字特征估计随机变量(或总体)数字特征。

2. 样本数字特征的分类

样本数字特征可分为位置数字特征和离散数字特征两大类。

(1) 位置数字特征

位置数字特征是用来描述一组样本数据集中趋势的样本统计量。因为在大多数情况下，较大和较小的值发生的频数一般比较少，大部分数值总是集中在某个区域内不断的变化。它反映了数据的中心位置和集中的趋势或者一般质量水平的代表。常用的有算术平均数、中位数和众数等。

(2) 离散数字特征

离散数字特征是用以表示数据的离散性质或波动程度的，是指相对于某一确定数而言的一种偏离程度。一般地是把各数值相对于算术平均数的差异作为出发点来讨论的。在产品质量检验中常用来表示商品品质的稳定均匀程度。

常用的离散数字特征有极差、方差、标准差、变异系数和四位数间距等。

十四、简述常用的一些位置数字特征及其计算方法

位置数字特征一般是指平均数而言，它是用以表达数据集中位置的，是品质检验的主要指标。我们在试验中所获得的数据往往是分散的，必须把它们集中起来，反映其共同趋向的平均水平。也就是说它表达了数据的集中位置，反映了数据的总的情况或者说它具有代表性。

常用的一些位置数字特征有算术平均、加权算术平均、几何平均、中位数、众数等。

1. 算术平均(值) arithmetic mean

样本算术平均值$\bar{x}$即是数值的总和被其个数除。它是对总体均值 μ 的一个无偏、一致、有效的估计值。它是表示产品质量检测数据集中趋势最常用的数字特性。它的计算简单，是一种最容易理解和最容易接受的平均值，常简称为均值。它的计算方法有以下几种：

(1) 直接计算法

设有一组产品质量数据，以 x_i 表示，则有 $x_1, x_2, \cdots, x_n$，共有 n 个组成，它的算术平均值$\bar{x}$为：

$$\bar{x} = (x_1 + x_2 + \cdots x_n)/n \text{ 或 } \bar{x} = \frac{1}{n}\sum_{i=1}^{n} x_i。$$

示例 1 某花生制品厂八月份共加工出口花生仁 35 批，每批化验的水分含量(%)如下：3.6、3.2、3.3、3.3、3.0、3.5、3.8、3.5、3.6、3.5、3.4、3.5、3.6、4.0、3.8、3.7、3.2、3.8、3.8、3.6、3.9、3.6、3.4、3.5、3.4、3.7、3.2、3.1、3.6、3.3、3.7、3.9、3.4、3.3、3.1。问该厂八月份出口花生仁的水分含量为多少？

解：将数据代入上式计算得

$$\bar{x} = \frac{1}{n}\sum_{i=1}^{n} x_i = (3.6 + 3.2 + 3.3 + \cdots 3.1)/35 = 3.51(\%)。$$

(2) 简算法

① 对于未分组的数据算术平均值的简便算法如下

$$\bar{x}=A+\sum d_i/n$$

A 为一假定值，$d_i=x_i-A$，n 为样本数。对于 A 的选择有两种方法，一是选择接近平均的一个数值；二是选择一个合适的整数或根据具体情况选择一个比较方便的数值。

仍以示例 1 为例，可选择整数 3 作为 A，这样计算起来就简便多了。

将每批花生的水分含量减去 3，代入上式计算

$$\bar{x}=A+\sum d_i/n=3+(0.6+0.2+0.3+\cdots0.1)/35=3.51(\%)。$$

② 用频数表计算法。在检测次数较多的情况下，经常把这些数据整理成频数表，再根据频数表来求它的算术平均。

设经 n 次检测后，出现 k 个数值，即 $x_1,x_2,\cdots x_k$，经整理后每数值出现的频率又分别为 $f_1,f_2,f_3,\cdots,f_k$。则

$$\bar{x}=(x_1f_1+x_2f_2+\cdots+x_kf_k)/n \quad 或 \quad \bar{x}=\sum_{i=1}^{k}x_if_i/n。$$

如示例 1 的数据用频数表计算法，更为简便。将数据代入上式，计算得

$$\bar{x}=(3.0\times1+3.1\times2+3.2\times3+3.3\times3+3.4\times4+\cdots+4.0\times1)/35=3.51(\%)。$$

该示例由于数据偏少还看不出频数表法计算算术平均的便捷之处，但在处理大量的检测数据时，频数表法可以使人们一目了然，既不易出错，又快速简便，可以明显显示出它的优越性。

2. 加权算术平均 arithmetic weighted mean; weighted average

加权算术平均$\bar{x}_w$即是各数值与其权相乘之和，再除以权之和，权为赋予各数值的非负系数。其计算公式

$$\bar{x}_w=\frac{\sum w_i\cdot x_i}{\sum w_i}$$

式中：$\bar{x}_w$——加权算术平均；

x_i——项目检测值；

w_i——权数或检测值所代表的量或出现的频数。

加权算术平均在产品质量检验中得到广泛地应用，如煤炭贸易结算常以该批各列车煤炭化验的收到基低位发热量和各列车不同的重量进行加权算术平均得出全批的收到基低位发热量进行结算。特别是在进出口贸易中经常使用到加权算术平均，如粮食、饲料、水泥、油类等商品。在进出口批量较大的铁矿石、镍矿石、煤炭等散装矿产品时，为了提高检验的精密度，往往要把批（或一船）划分成若干个副批（采样单元）进行采样、制样和化验，得出每一副批的检验结果，然后与每一副批的重量进行加权算术平均，得出全批的检验结果。对于商品中的易散失的全水分检验，划分成若干个副批然后再加权算术平均尤为重要。

示例 2 从某港口进口一船镍矿石，共计 52 396 t，分 6 个副批采样，各副批的重量和水分含量如下所示：

重量(t)：	8 400	9 000	8 000	9 500	8 490	9 006
水分(%)：	29.24	29.35	29.41	29.48	29.68	29.92

试问该船镍矿石的水分含量为多少？

解：将以上各数据代入上式得：

$$\bar{x}_w=\frac{\sum w_i \cdot x_i}{\sum w_i}$$

$$=\frac{8\ 400\times 29.24+9\ 000\times 29.35+8\ 000\times 29.41+9\ 500\times 29.48+8\ 490\times 29.68+9\ 006\times 29.92}{8\ 400+9\ 000+8\ 000+9\ 500+8\ 490+9\ 006}$$

$=29.52(\%)$。

所以该船镍矿石的水分含量为29.52%。

3. 几何平均值　geometrical mean

几何平均值G即是为几项或几个数值的乘积的n次方根。或是说是几个样本$x_1,x_2,\cdots,x_n$的几个变量值乘积的n次方根。对于分组的数据可依据下式求得

$$G=\sqrt[n]{x_1\cdot x_2\cdots x_n}=\sqrt[n]{\prod_{i=1}^{n}x_i}$$

式中：G——几何平均值；

n——样品个数；

x_i——检测值。

利用对数简化上式，将使几何平均值计算更简捷，公式两边各取以e为底的对数，则：

$$\lg G=1/n(\lg x_1+\lg x_2+\cdots+\lg x_n)=1/n\sum_{i=1}^{n}\lg x_i。$$

由此可知，n个检测值的几何平均的对数值等于各检测值的对数值的算术平均。几何平均值常用于计算有关比率及平均发展(增长)速度等问题。

示例3　为检验某种产品质量的分解速度，原样含分解物(μg/g)为50，共贮存4个月，每月测定一次，其结果依次为：51、54、60、100。试求该产品分解物的月平均分解速度？

解：由以上数据可以分别计算出后一个月为前一个月的分解速度，它们分别为102%、106%、122%和152%。将数据代入上式得几何平均值G为

$$\lg G=1/4(\lg 102+\lg 106+\lg 122+\lg 152)=2.075\ 5,$$

$$G=119(\%)。$$

因此该产品分解物的月平均分解速度为119%。

4. 中位数　median

中位数Me即是随机变量或它的概率分布的0.5分位数。或是说中位数是样本$x_1,x_2,\cdots,x_n$的各变量值按大小顺序排列，处于中间位置上的值。

样本中位数　sample median

当样本量n为奇数时，样本中位数是第$(n+1)/2$个次序统计量(将样本按数值从小到大排列)；当样本量n为偶数时，中位数是第$n/2$与第$n/2+1$个次序统计量的算术平均值。

例如，1、3、4、5、7、8、9的中位数是5；

1、3、4、5、7、8、9、10的中位数是$\frac{5+7}{2}=6$。

从上述概念可以看出，中位数是一个居于中间位置的变量值，它在产品质量检验中应用很广，这主要是因为：

① 中位数不受极端检测值的影响；

② 中位数确定方法比较简单，不需要进行复杂的计算；

③ 产品质量检验中的一些品级指标易于采用。

示例 4　为检验某型号枪支子弹的射程，共射击了 15 发子弹，其射程分别为(m)：1 125、1 285、1 250、1 248、1 285、1 300、1 350、1 325、1 324、1 305、1 312、1 293、1 279、1 273、1 259，求其中位数。

解：将这些数据按从小到大的顺序重新排列：

1 125、1 248、1 250、1 259、1 273、1 279、1 285、1 285、1 293、1 300、1 305、1 312、1 324、1 325、1 350，

由于数据的个数为奇数，中位数是第$(n+1)/2$个次序统计量，即：$(15+1)/2=8$，则中位数为第 8 个次序统计量

$$Me=1\ 285(m)$$

因此该枪支的子弹射程为 1 285 m。

中位数除用于产品质量总体水平评定外，还常用于产品检验实验室的能力验证、检验结果的取舍(如铁矿石的检验标准)、质量控制图、显著性检验等诸多方面。

5. 众数　mode

众数 M_0 即是密度函数或概率函数达到极大值的点。或是说样本数据中出现次数最多(频率最大)的数称为众数。

例如，3、4、4、5、6、5、7、8、5、9 其众数为 5；

有些数据中可能无众数。

例如，42，41，45，48，50，60，55。

众数显示了产品质量特性的最一般的水平。例如市场上销售的鞋、帽、袜、手套等商品的规格尺码的制定，是要使多数人穿上舒适，也是为了取得最大的经济效益，所以一般是采用众数，而不是也不能采用平均数。

例如甲、乙两个班在一个月 30 天的生产中，每班生产合格产品的件数如下：

甲班：　18 件(24 天)　　17 件(2 天)　　20 件(4 天)

乙班：　19 件(23 天)　　17 件(4 天)　　18 件(3 天)

从上述的数据很容易看出，甲班最有代表性的数是 18，它的频率为 24/30，出现的最多；乙班最有代表性的数是 19，它的频率为 23/30，出现的最多；甲、乙两个班出现频率最多的数值 18 和 19，分别称为这两组数据的众数。

示例 5　根据示例 1 出口花生仁水分含量的数据，确定 35 批花生仁水分含量的众数。

解：从示例 1 出口花生仁水分含量的数据可以看出，出现频率最多的是 3.5%，共计出现了 5 次，所以 3.5%是众数。

6. 第一四分位数和第三四分位数

(1) 第一四分位数　first quartile

第一四分位数(Q_1)是这样的一个数，当把数据集划分为两个部分时，其中小于等于此数的数据占整个数据集的 25%，大于等于此数的数据占整个数据集的 75%。它的准确计算公式是：首先将样本按从小到大的顺序排好，记其中第 i 名者为 $X_{(i)}$。对于给定的 n，先求出 $\frac{n+1}{4}$，其整数部分记为 k，其小数部分记为 f(当然 $0\leqslant f<1$)。

$$Q_1 = X_{(k)} + f(X_{(k+1)} - X_{(k)})。$$

例如，$n=40$，$\frac{n+1}{4}=10.25$，$k=10$，$f=0.25$，所以 Q_1 一定介于 $X_{(10)}$ 与 $X_{(11)}$ 之间，而且有 $Q_1 = X_{(10)} + 0.25(X_{(11)} - X_{(10)})$。样本量较大时，临近次序统计量间的差距很小，可以取 $f=0.5$，因而可以近似有

$$Q_1 = (X_{(k)} + X_{(k+1)})/2$$

式中，k 是$\frac{n+1}{4}$的整数部分。

(2) 第三四分位数　third quartile

第三四分位数(Q_3)是这样的一个数，当把数据集划分为两个部分时，其中小于等于此数的数据占整个数据集的 75%，大于等于此数的数据占整个数据集的 25%。它的准确计算公式是这样的：对于给定的 n，先求出$\frac{3(n+1)}{4}$，其整数部分记为 k，其小数部分记为 f(当然 $0 \leqslant f < 1$)。

$$Q_3 = X_{(k)} + f(X_{(k+1)} - X_{(k)})。$$

例如，$n=40$，$\frac{3(n+1)}{4}=30.75$，$k=30$，$f=0.75$，所以 Q_3 一定介于 $X_{(30)}$ 与 $X_{(31)}$ 之间，而且有 $Q_3 = X_{(30)} + 0.75(X_{(31)} - X_{(30)})$。样本量较大时，临近次序统计量间的差距很小，可以取 $f=0.5$，因而可以近似有

$$Q_3 = (X_{(k)} + X_{(k+1)})/2$$

式中 k 是$\frac{3(n+1)}{4}$的整数部分。

第一四分位数和第三四分位数广泛应用于稳健统计技术。

十五、简述产品质量指标均值的区间估计

十四题所述的内容，属于统计推断中的点估计，但为了准确起见，需对产品质量指标的均值进行区间估计，即是总体均值的区间估计。

设 $X \sim N(\mu, \sigma^2)$，如果 σ 已知，则对应于置信概率 $1-\alpha$，均值 μ 的置信区间为：

$$\mu = \bar{x} \pm u_{\alpha/2}\sigma/\sqrt{n}。$$

设 $X \sim N(\mu, \sigma^2)$，如果 σ 未知，则对应于置信概率 $1-\alpha$，均值 μ 的置信区间为：

$$\mu = \bar{x} \pm t_{1-\alpha/2}(\nu)S/\sqrt{n}。$$

由于在日常产品质量检验中，σ 大都未知，所以我们通常使用的是下面的公式，式中 t 值可由附表 4《t 分布的分位数表》查出，S 为样本标准差，n 为样本容量，ν 为自由度，$\nu=n-1$，α 为显著性水平，通常 α 取 0.05，总体均值 μ 的置信区间是指有 95% 的把握，总体均值 μ 在($\bar{x} - t_{1-\alpha/2}(\nu)S/\sqrt{n}$，$\bar{x} + t_{1-\alpha/2}(\nu)S/\sqrt{n}$)这一区间内。

置信区间反映了产品质量指标均值的所在范围，它也是反映产品质量稳定(均匀)性的一个重要指标，置信区间愈大，产品质量的稳定性越低，反之则高。

示例　为评估某批钢件的屈服点，抽取 10 件样品，测量值(t/cm^2)分别为：5.11、5.20、5.20、5.15、5.27、5.23、5.35、5.15、5.00、5.28，试估计该批钢件屈服点及其置信区间($\alpha=0.05$)。

解:计算钢件的屈服点

$$\bar{x}=\frac{1}{n}\sum_{i=1}^{n}x_i=5.194。$$

用贝塞尔公式计算样本标准差

$$S=\sqrt{\frac{1}{n-1}(\sum(x_i-\bar{x})^2)}=0.098\ 6。$$

查附表 4,$t_{0.975}(9)=2.262$,$t_{0.975}(9)\times S/\sqrt{n}=0.070$。

代入公式得

$$\mu=\bar{x}\pm t_{1-\alpha/2}(\nu)S/\sqrt{n}=5.194\pm0.070。$$

所以该批钢件在 95%的置信水平下屈服点的估计值为 5.194(t/cm^2),有 95%的把握屈服点在 5.124~5.264(t/cm^2)之间。

十六、简述常用的一些离散数字特征及其计算方法

1. 极差　range

极差 R 即是样本中质量特性值最大值与最小值之差。

对于产品质量检验而言,极差 R 即是指标(质量特性)的最大值 x_{max} 与最小值 x_{min} 之差。计算公式为:

$$R=x_{max}-x_{min}。$$

极差是一种简便、快速表示指标数据离散程度的方法,极差愈小,说明产品的质量愈稳定。但极差只取决于指标的两个极端值,既与产品的件数无关,又与产品指标的中间值无关,所以只能直观地判断产品质量大概的稳定状况,它不能全面的、准确的反映出产品质量的稳定程度。

在产品质量检验中,从交检批抽取一组样本进行检验,它们的极差愈大则说明产品的质量愈不稳定,极差愈小则说明产品质量愈稳定。当抽检样本的极差大于以前的极差时,则说明有可能该批产品的质量不如以前的稳定(均匀、精密)。若有公差要求时,当极差接近或大于公差时,则说明产品质量极不稳定,有不合格品存在。

示例 1　以本章第十四题中的示例 4 为例,试计算某型号枪支子弹的射程的极差。

解:将枪支子弹的射程按从近到远进行排列如下:

1 125、1 248、1 250、1 259、1 273、1 279、1 285、1 285、1 293、1 300、1 305、1 312、1 324、1 325、1 350。

然后将枪支子弹的最远射程和最近射程代入上式,计算得:

$$R=x_{max}-x_{min}=1\ 350-1\ 125=225(m)。$$

所以该枪支子弹的射程极差为 225 m。若有其他枪支或以往的射程极差的记录,这样就可以相互比较,非常直观地判断出该批枪支子弹是否较其他枪支或以往的质量稳定。

2. 偏差　deviation

指观测值对于某个中心值的差,即观测值相对于平均值的差异。偏差与误差是两个不同的概念,偏差用来表示检测结果的精密度,而误差表示检测结果的准确度。

与误差的表示方法一样,偏差也有两种表示方法,即绝对偏差和相对偏差。

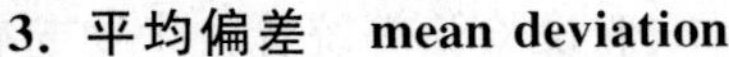

3. 平均偏差　mean deviation

平均偏差 δ 又称算术平均偏差，是观测值距某个中心值偏差的算术平均。其中所有的偏差都取其正值。即各次观测值偏差的绝对值之和除以观测次数。

$$\delta=\frac{\sum|x_i-\bar{x}|}{n}。$$

同极差相比，平均偏差能较好的反映观测的精密度。因为它既考虑了观测的次数，又考虑了所有各次的观测值。但它也存在一定的缺点，它对特大、特小的偏差不够敏感，现举例说明。

示例 2　甲乙两人分别对同一样品进行了 10 次测试，其结果如下：

甲：1.3、1.3、0.6、0.6、1.0、1.1、1.3、0.9、0.7、1.2

乙：1.0、1.1、0.3、1.2、0.9、1.5、0.8、1.3、1.1、0.8

试计算它们的平均偏差。

解：甲的平均值：

$$\bar{x}_1=\frac{1.3+1.3+0.6+0.6+1.0+1.1+1.3+0.9+0.7+1.2}{n}=1.0,$$

乙的平均值：

$$\bar{x}_2=\frac{1.0+1.1+0.3+1.2+0.9+1.5+0.8+1.3+1.1+0.8}{10}=1.0,$$

甲的平均偏差：

$$\delta_1=\frac{0.3+0.3+0.4+0.4+0+0.1+0.3+0.1+0.3+0.2}{10}=0.24,$$

乙的平均偏差：

$$\delta_2=\frac{0+0.1+0.7+0.2+0.1+0.5+0.2+0.3+0.1+0.2}{10}=0.24。$$

可见甲、乙测试的平均偏差都是 0.24，但明显可以看出第二组数据的精密度比第一组差，因为其中有两个较大的偏差。但用平均偏差并未反映出两组数据精密度的差别。

4. 标准差　standard deviation *S*

标准差又称标准偏差。它是方差的正平方根。它是表示精密度和数据离散程度的最主要的指标。

计算公式(贝塞尔公式)为

$$S=\sqrt{\frac{\sum(x_i-\bar{x})^2}{n-1}}\text{或 }S=\sqrt{\frac{1}{n-1}\left[\sum x_i^2-\frac{1}{n}(\sum x_i)^2\right]}。$$

通常总体标准差用符号 σ 表示；而样本标准差用符号 S 来表示。标准差与平均偏差相比，对特大和特小的偏差具有较高的敏感性，这样能更好地说明数据的精密度，在上一示例中，若用标准差来表示，情况就很清楚了，甲的标准差为 0.29，乙的标准差为 0.33，由此明显地看出甲的精密度好。

标准差在实验室日常的数据处理及样品抽取中是最常用的一项统计指标，它不仅用于衡量精密度。在质量管理中也常用来表示产品质量稳定性和均匀性。

目前不少产品，如生丝、抽纱等均以此来衡量产品质量的稳定或均匀程度。同时也在测量分析、试验设计、过程能力分析、SPC(质量控制)图、抽样、假设检验等统计技术中起着重要作用。

5. 方差　variance

方差是观测值距离算术平均的平均平方偏差,即是标准差的平方。

根据所考虑情况的不同,可以将距离算术平均的平方偏差用偏差的个数除或用偏差的个数减1除。因此对于 n 个观测值 $x_1,x_2,\cdots,x_n$ 算术平均为

$$\bar{x}=\frac{1}{n}\sum x_i。$$

方差可以用以下两个公式之一表示

$$\frac{1}{n}\sum(x_i-\bar{x})^2 \quad 或 \quad \frac{1}{n-1}\sum(x_i-\bar{x})^2。$$

通常总体(随机变量)的方差用 σ^2 表示,公式用前者;而样本方差用 S^2 来表示,公式用后者。

在处理具体的检测数据时,标准差应用的较多,但在抽样、制样和化验的误差传递分析过程中,常用方差表示变量的变异性。这是由于方差的可加性和传递性所决定的,即两个相互独立的随机变量 X 与 Y 之和(或差)的平方等于它们的方差之和。

$$S^2(X\pm Y)=S^2X+S^2Y。$$

因此,实验室的方差分析及国内外的抽样标准及其理论,都是采用方差表示误差的变异性,推导出具体的抽样方案。

在质量管理中,方差也是表示产品质量稳定性、均匀性的常用指标。

示例3　上季度质检员随机抽取6件产品检验的结果是:196.2、188.4、188.0、231.0、177.0、191.2。本季度又随机抽取了6件产品进行检验,结果是:233.4、168.5、224.3、197.3、177.7、194.4。试问本季度与上季度的产品质量稳定程度是否一致($\alpha=0.05$)?

解:(1) 假设 $H_0:\sigma_1^2=\sigma_2^2$。

(2) 计算统计量:

$S_1=18.59,S_2=25.42$,

$$F=\frac{S_2^2}{S_1^2}=1.870。$$

(3) 显著性水平 $\alpha=0.05$,由附表5F表查得:$F_{0.05}(5,5)=5.05$。

(4) 统计推断:因为 $F=1.870<5.05=F_{0.05}(5,5)$。

所以接受原假设,则认为本季度与上季度的产品质量稳定程度是一致的。

6. 变异系数　coefficient of variation

变异系数 CV 又称相对标准差,亦称 CV 值。是标准差与算术平均的绝对值之比。通常用百分数表示,其公式为:

$$CV=\frac{S}{\bar{x}}\times 100\%。$$

标准差虽然是表示产品质量稳定程度的很好的一个指标,但它只与各个数值的离差有关,而与各个数值本身的大小无关,这样在有些场合下就不能客观地反映出不同产品质量稳定(均匀、精密)程度的高低。

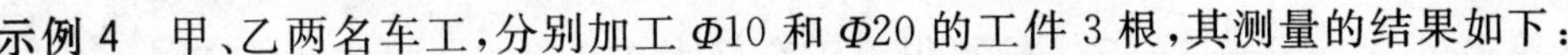

示例 4 甲、乙两名车工，分别加工 $\Phi10$ 和 $\Phi20$ 的工件 3 根，其测量的结果如下：

甲：10.0，10.1，10.2

乙：20.0，20.1，20.2

问甲、乙两名车工谁加工工件的精密度更高些？

解：将甲、乙加工的工件测量的结果分别代入上式，得出：

甲：$\bar{x}_1=10.1, S_1=0.1, CV_1=0.99\%$。

乙：$\bar{x}_2=20.1, S_2=0.1, CV_2=0.50\%$。

若仅以标准差来表示加工的精密程度，甲、乙两名车工加工的标准差都是 0.1，但这显然与事实不符，事实上乙的明显好于甲，若用变异系数则就非常明了，乙加工工件的精密程度明显高于甲的精密程度。

在纺织品的质量检验中，把变异系数称为均方差不均率；在矿产品机械采样设备中，要求采样设备在定质采样中，采取的每个份样的重量大体上均匀一致，重量变异系数则是它的一项重要考核指标。

7. 四分位数间距 Inter-Quartile Range(IQR)

四分位间距(IQR)等于第三四分位数与第一四分位数的差值，即：

$$IQR=Q_3-Q_1。$$

它代表了居中的 50%的数据范围。样本四分位间距越大，表明数据间的离散程度越大；四分位间距越小，表明数据间的离散程度越小。

以上离散数字特征各有优劣。总的来说，标准差最为常用，它对离散状况有较好的代表性；另外它对样本量的大小关系不太密切，样本量大些或小些都可使用，n 大于 6 时标准差要比极差好些。标准差对异常值敏感，这是它的特点。相对标准差用于观测值不同离散程度的比较。方差与标准差相似，量纲虽为原量纲的平方，因而使用不太方便，但它具有可加性和传递性，因而在某些场合应用特别方便。极差仅与极端值有关，使用具有一定的局限性，但它的计算简单、明了，在 n 较小时，代表性可满足要求。四分位间距与样本量关系不密切，且对异常值不太敏感，是表示离散程度最稳健的统计量。

十七、简述产品质量变异的区间估计

产品质量特性的稳定性(变异)常用方差或标准差来度量，因此产品质量变异的区间估计即是对总体方差 σ^2 或总体标准差 σ 的区间估计。区间估计范围越小表明产品质量越稳定。通常以样本方差 S^2 对总体方差 σ^2 进行估计

$$S^2=\frac{1}{n-1}\sum(x_i-\bar{x})^2。$$

它服从标准正态分布的独立随机变量的平方和并服从 χ^2 分布，其统计量为

$$\chi^2=\frac{(n-1)S^2}{\sigma^2}。$$

服从 $\chi^2(\nu)$ 分布，因为 χ^2 分布的密度曲线对 $x=0$ 是不对称的，为确定置信区间的临界点，有

$$P\left(\chi^2_{\alpha/2}<\frac{(n-1)S^2}{\sigma^2}<\chi^2_{1-\alpha/2}\right)=1-\alpha。$$

由不等式 $\chi^2_{\alpha/2} < \frac{(n-1)S^2}{\sigma^2} < \chi^2_{1-\alpha/2}$ 可得出正态总体方差 σ^2 的区间估计为

$$\left[\frac{(n-1)S^2}{\chi^2_{1-\alpha/2}},\quad \frac{(n-1)S^2}{\chi^2_{\alpha/2}}\right]。$$

由此可得出正态总体标准差 σ 的区间估计为

$$\left[\frac{\sqrt{n-1}S}{\sqrt{\chi^2_{1-\alpha/2}}},\quad \frac{\sqrt{n-1}S}{\sqrt{\chi^2_{\alpha/2}}}\right]。$$

示例 从某机床加工的一批零件中随机抽取16件，测得的长度(mm)如下：12.15 12.12 12.01 12.28 12.16 12.03 12.01 12.06 12.07 12.11 12.08 12.01 12.06 12.09 12.13 12.03，试求该批零件长度的方差估计值 S^2 和标准差估计值 S 以及它们的置信区间($\alpha=0.05$)?

解： $\bar{x}=\sum x_i/n=12.09$，

$$S=\sqrt{\frac{1}{n-1}(\sum x_i-\bar{x})^2}=0.071,$$

$S^2=0.005\ 04$。

查附表3《χ^2 分布的分位数表》得

$$\chi^2_{0.025}(15)=6.26,\chi^2_{0.975}(15)=27.49。$$

将上列数据代入公式即得：

$$\frac{(n-1)S^2}{\chi^2_{0.975}}=\frac{(16-1)\times0.005\ 04}{27.49}=0.002\ 75,$$

$$\frac{(n-1)S^2}{\chi^2_{0.025}}=\frac{(16-1)\times0.005\ 04}{6.26}=0.012\ 08。$$

因而总体方差 σ^2 的置信区间($\alpha=0.05$)为(0.002 75,0.012 08)。

进而得总体标准差 σ 的置信区间($\alpha=0.05$)为(0.052 4,0.109 9)。

所以该批零件长度的方差估计值为0.005 04，其置信区间为(0.002 75,0.012 08)。该批零件长度的标准差估计值为0.071，其置信区间为(0.052 4,0.109 9)。

十八、简述统计软件在数据处理中的应用

在质量管理数据统计处理中由于统计数据量过大、过于复杂，特别是在模拟、多元回归、稳健设计、曲面设计、质量功能展开等较为繁杂、深奥的统计技术中，给数据处理带来很大的困难，另外手工计算往往容易出现差错，造成对质量管理判断上的失误。而今计算机的应用已经非常普遍。而计算机在数据统计处理中的应用也有很大的发展，要使计算机在数据处理中更科学更普及地开展，最重要的是统计软件应用问题。目前在统计分析方面已形成上百种统计应用软件包。下面拟对目前常用的几个统计软件进行简单的介绍，以便在ISO 9000质量管理工作中推广应用。

1. SPSS统计软件包

SPSS统计软件包是美国SPSS公司在20世纪70年代推出的计算机应用软件，是世界有名的统计分析软件之一。SPSS统计软件包具有九个不同模块的统计分析软件，它功能齐

全、内容丰富，几乎已成为各种数据处理及统计分析无所不包的统计软件。SPSS 软件包的功能主要有以下几个方面。

（1）数据的定义与操作

主要包括数据类型、长度定义、原始数据输入、进行学术与逻辑运算、数据的分类排序、数据的显示、数据的输出等功能。

（2）统计分析

统计分析主要包括频率的分布、寿命表、描述量数、方差分析、因子分析、复相关、复回归、判别分析、快速聚类分析等方面的内容。

（3）趋势分析

趋势分析主要对时间序列进行分析，它包括绘图、平滑、分解、回归、频率分析等内容。

（4）表格功能

SPSS 的表格功能具有涵盖变量类型多、方便控制表的结构格式，在表中可进行基本计算，实现多表连接等优点。

（5）绘图功能

使用 SPSS 绘图程序可以方便而快速地生成条形图、线性图、圆形图、散点图、直方图等统计常用图形。

（6）编辑功能

SPSS 具有强大的编辑功能，它可以很方便地完成插入、写出、删除文件、标记、拷贝、移动等模块功能。它可用来编辑系统以外的软件。

2. SAS 统计软件包

SAS 统计软件包也是世界有名的统计软件包之一，它集数据管理、数据统计分析和信息处理于一体，具有功能齐全，分析理论应用严谨，数据处理功能较强等特点，在统计领域得到了广泛的应用。SAS 的主要功能有以下几个方面。

（1）描述统计

主要包括求变量间的相关系数，单元或多元频率分布，计算子体平均数及标准差、制作各统计描述量的分层表等内容。

（2）数据分析

包括拟合线性和逻辑曲线模型，进行方差分析和逻辑回归等内容。

（3）方差分析

该软件可提供各种试验设计所得数据进行方差分析的方法，还可进行多元回归，对方差进行重复试验以及计算通常线性模型的组合方差的估计值等。

（4）回归分析

主要包括使用最小二乘法计算线性回归模型的截距和斜率，用最小二乘法或加权最小二乘法对非线性参数模型进行回归分析等功能。

（5）多元分析

多元分析包括进行正常的相关分析，部分常规相关以及常规的冗余分析，以及提供多种类型的公共因子和联合因子的因子分析方法。

（6）判别分析

包括常规的判别分析、多元的单向分析以及进行逐步判别分析等功能。

3. Excel 统计软件包

Excel 是美国微软公司于 1987 年研制开发的 Windows 环境下的电子表格系统，是 Microsoft Office 自动化集成软件的重要部分，是目前我们应用最为广泛的表格处理软件。它的电子表格、图表和数据库管理三大功能为复杂的统计分析工作带来了极大的方便。它基本上包括了本书所述的在质量管理中常用的统计技术的工具和方法的大部分内容。它的统计分析功能如下。

（1）分析工具的统计分析功能

Excel 软件中提供了 15 个数据分析工具，称为“分析工具库”。其中除统计绘图、制表外，主要有以下方面的功能。

① 描述统计量计算。如集中趋势测度：平均值、中位数、众数；离散程度测度：极差、标准差、方差；数据分布测度：峰值、偏度；数值统计：最小值、最大值、总和等。

② 参数估计。利用“描述统计”分析工具，可以计算正态分布下方差未知的样本均值极限误差，从而实现单一总体均值的区间估计。

③ 假设检验。利用 F 检验、t 检验工具，可以进行总体均值、方差的显著性检验。

④ 方差分析。利用方差分析工具，可进行单因素和双因素的方差分析。

⑤ 回归分析。利用“相关系数”和“协方差”分析工具，可以对两个及两个以上变量间的相关关系进行分析计算。利用回归分析，可以建立简单线性回归和多元线性回归模型，并可对模型的有效性进行检验分析。

⑥ 时间序列分析。利用“指数平滑”工具，可对时间序列基于前期预测值导出相应的新预测值，进行趋势分析。利用“移动平均”工具，可对时间序列数据进行移动平均处理，进行数据的趋势分析。

⑦ 抽样。利用“随机数发生器” 工具，可以按照用户选定的分布类型，在特定区域中生成一系列独立随机数。利用“抽样分析”工具，可以抽取具有代表性的样本。

⑧ 数据变换。利用“傅里叶分析”工具，可以对数据进行快速傅里叶变换(FFT)和逆变换，变换后的数据用于相关系数检验和分析。

（2）统计函数的统计分析功能

Excel 中提供了 78 个统计函数用于统计分析。这些统计函数的统计分析功能除频数分布处理外，主要是进行描述统计量计算。

① 集中趋势计算。包括算术平均数、几何平均数、中位数、众数、四分位数等。

② 离散程度计算。包括样本标准差、总体标准差、样本方差、总体方差等。

③ 数据分布形状测度计算。包括偏度、峰度等。

④ 数值计算。包括计数、极值、排序等。

（3）概率计算

① 离散分布概率计算。包括排列、二项分布、超几何分布、泊松分布等。

② 连续变量概率计算。包括正态分布、标准正态分布、对数正态分布、χ^2 分布、t 分布、F 分布等、还包括参数估计、假设检验、回归分析等众多统计技术内容，这里不一一阐述。

4. MINITAB 统计软件包

MINITAB 软件包是一个全方位的统计软件包，它于 1972 年诞生于美国宾夕法尼亚大学统计系。它提供了普通统计学所涉及的所有功能，如描述性统计分析、假设检验、相关与回归、列联表和多元统计分析等，并包括了丰富的质量分析工具，如统计过程控制、试验设计、测量系统分析、可靠性分析和抽样检验等，这些内容都可以在该软件中轻松的实现。同时，MINITAB 能够绘制箱线图、直方图、散点图、时间序列图、曲面图和概率分布图等 20 多类统计图形，生动形象地显示了数据分析处理的结果。

另外还有很多统计软件包如 BMDP、Stata、EPINFO、Statistica、SPLM、CHISS、SASD、PEMS、DAS、SDAS、Nosa 等都具有各自的优点和特点，但要想在质量管理中熟练应用这些软件包，还必须掌握好统计技术的基本理论。

附 表

附表 1 标准正态分布函数表

$$\Phi(u)=\int_{-\infty}^{u}\frac{1}{\sqrt{2\pi}}e^{-\frac{u^2}{2}}du$$

u	0.00	0.01	0.02	0.03	0.04	0.05	0.06	0.07	0.08	0.09
0.0	0.500 000	0.503 989	0.507 978	0.511 966	0.515 953	0.519 939	0.523 922	0.527 903	0.531 881	0.535 856
0.1	0.539 828	0.543 795	0.547 758	0.551 717	0.555 670	0.559 618	0.563 559	0.567 495	0.571 424	0.575 345
0.2	0.579 260	0.583 166	0.587 064	0.590 954	0.594 835	0.598 706	0.602 568	0.606 420	0.610 261	0.614 092
0.3	0.617 911	0.621 720	0.625 516	0.629 300	0.633 072	0.636 831	0.640 576	0.644 309	0.648 027	0.651 732
0.4	0.655 422	0.659 097	0.662 757	0.666 402	0.670 031	0.673 645	0.677 242	0.680 822	0.684 386	0.687 933
0.5	0.691 462	0.694 974	0.698 468	0.701 944	0.705 401	0.708 840	0.712 260	0.715 661	0.719 043	0.722 405
0.6	0.725 747	0.729 069	0.732 371	0.735 653	0.738 914	0.742 154	0.745 373	0.748 571	0.751 748	0.754 903
0.7	0.758 036	0.761 148	0.764 238	0.767 305	0.770 350	0.773 373	0.776 373	0.779 350	0.782 305	0.785 236
0.8	0.788 145	0.791 030	0.793 892	0.796 731	0.799 546	0.802 337	0.805 105	0.807 850	0.810 570	0.813 267
0.9	0.815 940	0.818 589	0.821 214	0.823 814	0.826 391	0.828 944	0.831 472	0.833 977	0.836 457	0.838 913
1.0	0.841 345	0.843 752	0.846 136	0.848 495	0.850 830	0.853 141	0.855 428	0.857 690	0.859 929	0.862 143
1.1	0.864 334	0.866 500	0.868 643	0.870 762	0.872 857	0.874 928	0.876 976	0.879 000	0.881 000	0.882 977
1.2	0.884 930	0.886 861	0.888 768	0.890 651	0.892 512	0.894 350	0.896 165	0.897 958	0.899 727	0.901 475
1.3	0.903 200	0.904 902	0.906 582	0.908 241	0.909 877	0.911 492	0.913 085	0.914 657	0.916 207	0.917 736
1.4	0.919 243	0.920 730	0.922 196	0.923 641	0.925 066	0.926 471	0.927 855	0.929 219	0.930 563	0.931 888
1.5	0.933 193	0.934 478	0.935 745	0.936 992	0.938 220	0.939 429	0.940 620	0.941 792	0.942 947	0.944 083
1.6	0.945 201	0.946 301	0.947 384	0.948 449	0.949 497	0.950 529	0.951 543	0.952 540	0.953 521	0.954 486
1.7	0.955 435	0.956 367	0.957 284	0.958 185	0.959 070	0.959 941	0.960 796	0.961 636	0.962 462	0.963 273
1.8	0.964 070	0.964 852	0.965 620	0.966 375	0.967 116	0.967 843	0.968 557	0.969 258	0.969 946	0.970 621
1.9	0.971 283	0.971 933	0.972 571	0.973 197	0.973 810	0.974 412	0.975 002	0.975 581	0.976 148	0.976 705
2.0	0.977 250	0.977 784	0.978 308	0.978 822	0.979 325	0.979 818	0.980 301	0.980 774	0.981 237	0.981 691
2.1	0.982 136	0.982 571	0.982 997	0.983 414	0.983 823	0.984 222	0.984 614	0.984 997	0.985 371	0.985 738
2.2	0.986 097	0.986 447	0.986 791	0.987 126	0.987 455	0.987 776	0.988 089	0.988 396	0.988 696	0.988 989
2.3	0.989 276	0.989 556	0.989 830	0.990 097	0.990 358	0.990 613	0.990 863	0.991 106	0.991 344	0.991 576
2.4	0.991 802	0.992 024	0.992 240	0.992 451	0.992 656	0.992 857	0.993 053	0.993 244	0.993 431	0.993 613
2.5	0.993 790	0.993 963	0.994 132	0.994 297	0.994 457	0.994 614	0.994 766	0.994 915	0.995 060	0.995 201
2.6	0.995 339	0.995 473	0.995 604	0.995 731	0.995 855	0.995 975	0.996 093	0.996 207	0.996 319	0.996 427
2.7	0.996 533	0.996 636	0.996 736	0.996 833	0.996 928	0.997 020	0.997 110	0.997 197	0.997 282	0.997 365
2.8	0.997 445	0.997 523	0.997 599	0.997 673	0.997 744	0.997 814	0.997 882	0.997 948	0.998 012	0.998 074
2.9	0.998 134	0.998 193	0.998 250	0.998 305	0.998 359	0.998 411	0.998 462	0.998 511	0.998 559	0.998 605
3.0	0.998 650	0.998 694	0.998 736	0.998 777	0.998 817	0.998 856	0.998 893	0.998 930	0.998 965	0.998 999
3.1	0.999 032	0.999 065	0.999 096	0.999 126	0.999 155	0.999 184	0.999 211	0.999 238	0.999 264	0.999 289
3.2	0.999 313	0.999 336	0.999 359	0.999 381	0.999 402	0.999 423	0.999 443	0.999 462	0.999 481	0.999 499
3.3	0.999 517	0.999 534	0.999 550	0.999 566	0.999 581	0.999 596	0.999 610	0.999 624	0.999 638	0.999 651

续表

u	0.00	0.01	0.02	0.03	0.04	0.05	0.06	0.07	0.08	0.09
3.4	0.999 663	0.999 675	0.999 687	0.999 698	0.999 709	0.999 720	0.999 730	0.999 740	0.999 749	0.999 758
3.5	0.999 767	0.999 776	0.999 784	0.999 792	0.999 800	0.999 807	0.999 815	0.999 822	0.999 828	0.999 835
3.6	0.999 841	0.999 847	0.999 853	0.99 9858	0.999 864	0.999 869	0.999 874	0.999 879	0.999 883	0.999 888
3.7	0.999 892	0.999 896	0.999 900	0.999 904	0.999 908	0.999 912	0.999 915	0.999 918	0.999 922	0.999 925
3.8	0.999 928	0.999 931	0.999 933	0.999 936	0.999 938	0.999 941	0.999 943	0.999 946	0.999 948	0.999 950
3.9	0.999 952	0.999 954	0.999 956	0.999 958	0.999 959	0.999 961	0.999 963	0.999 964	0.999 966	0.999 967
4.0	0.999 968	0.999 970	0.999 971	0.999 972	0.999 973	0.999 974	0.999 975	0.999 976	0.999 977	0.999 978
4.1	0.999 979	0.999 980	0.999 981	0.999 982	0.999 983	0.999 983	0.999 984	0.999 985	0.999 985	0.999 986
4.2	0.999 987	0.999 987	0.999 988	0.999 988	0.999 989	0.999 989	0.999 990	0.999 990	0.999 991	0.999 991
4.3	0.999 991	0.999 992	0.999 992	0.999 993	0.999 993	0.999 993	0.999 993	0.999 994	0.999 994	0.999 994
4.4	0.999 995	0.999 995	0.999 995	0.999 995	0.999 996	0.999 996	0.999 996	0.999 996	0.999 996	0.999 996
4.5	0.999 997	0.999 997	0.999 997	0.999 997	0.999 997	0.999 997	0.999 997	0.999 998	0.999 998	0.999 998
4.6	0.999 998	0.999 998	0.999 998	0.999 998	0.999 998	0.999 998	0.999 998	0.999 998	0.999 999	0.999 999
4.7	0.999 999	0.999 999	0.999 999	0.999 999	0.999 999	0.999 999	0.999 999	0.999 999	0.999 999	0.999 999
4.8	0.999 999	0.999 999	0.999 999	0.999 999	0.999 999	0.999 999	0.999 999	0.999 999	0.999 999	0.999 999
4.9	1.000 000	1.000 000	1.000 000	1.000 000	1.000 000	1.000 000	1.000 000	1.000 000	1.00 0000	1.000 000

本表对于 u 给出正态公布函数 $\Phi(u)$ 的数值。例：对于 $u=1.33$，$\Phi(u)=0.908\ 241$。

附表 2 计量值控制图系数表

样本大小	均值控制图			标准差控制图						极差控制图							中心数控制图	
	控制界限系数			中心线系数		控制界限系数				中心线系数		控制界限系数					控制界限系数	
n	A	A_2	A_3	C_4	$1/C_4$	B_3	B_4	B_5	B_6	d_2	$1/d_2$	d_3	D_1	D_2	D_3	D_4	m_3	m_3A_2
2	2.121	1.880	2.659	0.797 99	1.253 3	0	3.267	0	2.606	1.128	0.886 5	0.853	0	3.686	0	3.267	1.000	1.880
3	1.732	1.023	1.954	0.886 2	1.128 4	0	2.568	0	2.276	1.693	0.590 7	0.888	0	4.358	0	2.574	1.160	1.187
4	1.500	0.729	1.628	0.921 3	1.085 4	0	2.266	0	2.088	2.059	0.485 7	0.880	0	4.698	0	2.282	1.092	0.796
5	1.342	0.577	1.427	0.940 0	1.063 8	0	2.089	0	1.964	2.326	0.429 9	0.864	0	4.918	0	2.114	1.198	0.691
6	1.225	0.483	1.287	0.951 5	1.051 0	0.030	1.970	0.029	1.874	2.534	0.3946	0.848	0	5.078	0	2.004	1.135	0.549
7	1.134	0.419	1.182	0.959 4	1.042 3	0.118	1.882	0.113	1.806	2.704	0.369 8	0.833	0.204	5.204	0.076	1.924	1.214	0.509
8	1.061	0.373	1.099	0.965 0	1.036 3	0.185	1.815	0.179	1.751	2.847	0.351 2	0.820	0.388	5.306	0.136	1.864	1.160	0.432
9	1.000	0.337	1.032	0.969 3	1.031 7	0.239	1.761	0.232	1.707	2.970	0.336 7	0.808	0.547	5.393	0.184	1.816	1.223	0.412
10	0.949	0.308	0.975	0.972 7	1.028 1	0.284	1.716	0.276	1.669	3.078	0.324 9	0.797	0.687	5.469	0.223	1.777	1.176	0.363
11	0.905	0.285	0.927	0.975 4	1.025 2	0.321	1.679	0.313	1.637	3.173	0.315 2	0.787	0.811	5.535	0.256	1.744		
12	0.866	0.266	0.886	0.977 6	1.022 9	0.354	1.646	0.346	1.610	3.258	0.306 9	0.778	0.922	5.594	0.283	1.717		
13	0.832	0.249	0.850	0.979 4	1.021 0	0.382	1.618	0.374	1.585	3.336	0.299 8	0.770	1.025	5.647	0.307	1.693		
14	0.802	0.235	0.817	0.981 0	1.019 4	0.406	1.594	0.399	1.563	3.407	0.293 5	0.763	1.118	5.696	0.328	1.672		
15	0.775	0.223	0.789	0.982 3	1.018 0	0.428	1.572	0.421	1.544	3.472	0.288 0	0.756	1.203	5.741	0.347	1.653		
16	0.750	0.212	0.763	0.983 5	1.016 8	0.448	1.552	0.440	1.526	3.532	0.283 1	0.750	1.282	5.782	0.363	1.637		
17	0.728	0.203	0.739	0.984 5	1.015 7	0.466	1.534	0.458	1.511	3.588	0.278 7	0.744	1.356	5.820	0.378	1.622		
18	0.707	0.194	0.718	0.985 4	1.014 8	0.482	1.518	0.475	1.496	3.640	0.274 7	0.739	1.424	5.856	0.391	1.608		
19	0.688	0.187	0.698	0.986 2	1.014 0	0.497	1.503	0.490	1.483	3.689	0.271 1	0.734	1.487	5.891	0.403	1.597		
20	0.671	0.180	0.680	0.986 9	1.013 3	0.510	1.490	0.504	1.470	3.735	0.267 7	0.729	1.549	5.921	0.415	1.585		
21	0.655	0.173	0.663	0.987 6	1.012 6	0.523	1.477	0.516	1.459	3.778	0.264 7	0.724	1.605	5.951	0.425	1.575		
22	0.640	0.167	0.647	0.988 2	1.011 9	0.534	1.466	0.528	1.448	3.819	0.261 8	0.720	1.659	5.979	0.434	1.566		
23	0.626	0.162	0.633	0.988 7	1.011 4	0.545	1.455	0.539	1.438	3.858	0.259 2	0.716	1.710	6.006	0.443	1.557		
24	0.612	0.157	0.619	0.989 2	1.010 9	0.555	1.445	0.549	1.429	3.895	0.256 7	0.712	1.759	6.031	0.451	1.548		
25	0.600	0.153	0.606	0.989 6	1.010 5	0.565	1.435	0.559	1.420	3.931	0.254 4	0.708	1.806	6.056	0.459	4.541		

附表3 χ^2分布的分位数表

ν	双侧情形				单侧情形			
	$\chi^2_{0.025}$	$\chi^2_{0.975}$	$\chi^2_{0.005}$	$\chi^2_{0.995}$	$\chi^2_{0.05}$	$\chi^2_{0.95}$	$\chi^2_{0.01}$	$\chi^2_{0.99}$
1	0.001	5.023	0.000 039	7.879	0.004	3.841	0.000 2	6.635
2	0.051	7.378	0.010	10.597	0.103	5.991	0.020	9.210
3	0.216	9.348	0.072	12.838	0.352	7.815	0.115	11.345
4	0.484	11.143	0.207	14.860	0.711	9.488	0.297	15.277
5	0.831	12.833	0.412	16.750	1.145	11.071	0.554	15.086
6	1.237	14.449	0.676	18.548	1.635	12.592	0.872	16.812
7	1.690	16.013	0.989	20.278	2.167	14.067	1.239	18.475
8	2.180	17.535	1.344	21.955	2.733	15.507	1.646	20.090
9	2.700	19.023	1.735	23.589	3.325	16.919	2.088	21.666
10	3.247	20.483	2.156	25.188	3.940	18.307	2.558	23.209
11	3.816	21.920	2.603	26.757	4.575	19.675	3.053	24.725
12	4.404	23.337	3.074	28.300	5.226	21.026	3.571	26.217
13	5.009	24.736	3.565	29.819	5.892	22.362	4.107	27.688
14	5.629	26.119	4.075	31.319	6.571	23.685	4.660	29.141
15	6.262	27.488	4.601	32.801	7.261	24.996	5.229	30.578
16	6.908	28.845	5.142	34.267	7.962	26.296	5.812	32.000
17	7.564	30.191	5.697	35.719	8.672	27.587	6.408	33.409
18	8.231	31.526	6.265	37.156	9.390	28.869	7.015	34.805
19	8.907	32.852	6.844	38.582	10.117	30.144	7.633	36.191
20	9.591	34.170	7.434	39.997	10.851	31.410	8.260	37.566
21	10.283	35.479	8.034	41.401	11.591	32.671	8.897	38.932
22	10.982	36.781	8.643	42.796	12.338	33.924	9.542	40.289
23	11.689	38.076	9.260	44.181	13.091	35.173	10.196	41.638
24	12.401	39.364	9.886	45.559	13.848	36.415	10.856	42.980
25	13.120	40.647	10.520	46.928	14.611	37.653	11.524	44.314
26	13.844	41.923	11.160	48.290	15.379	38.885	12.198	45.642
27	14.573	43.194	11.808	49.645	16.151	40.113	12.879	46.963
28	15.308	44.461	12.461	50.993	16.928	41.337	13.565	48.278
29	16.047	45.722	13.121	52.336	17.708	42.557	14.257	49.588
30	16.791	46.979	13.787	53.672	18.493	43.773	14.954	50.892

附表 4　t 分布的分位数表

ν	双侧情形		单侧情形	
	$t_{0.975}$	$t_{0.995}$	$t_{0.95}$	$t_{0.99}$
	12.706	63.657	6.314	31.821
2	4.303	9.925	2.920	6.965
3	3.182	5.841	2.353	4.541
4	2.776	4.604	2.132	3.747
5	2.571	4.032	2.015	3.365
6	2.447	3.707	1.943	3.143
7	2.365	3.499	1.895	2.998
8	2.306	3.355	1.860	2.896
9	2.262	3.250	1.833	2.821
10	2.288	3.169	1.812	2.764
11	2.201	3.106	1.796	2.718
12	2.179	3.055	1.782	2.681
13	2.160	3.012	1.771	2.650
14	2.145	2.977	1.761	2.624
15	2.131	2.947	1.753	2.602
16	2.120	2.921	1.746	2.593
17	2.110	2.898	1.740	2.567
18	2.101	2.878	1.734	2.552
19	2.093	2.861	1.729	2.539
20	2.086	2.845	1.725	2.528
21	2.080	2.831	1.721	2.518
22	2.074	2.819	1.717	2.508
23	2.069	2.807	1.714	2.500
24	2.064	2.797	1.711	2.492
25	2.060	2.787	1.708	2.485
26	2.056	2.779	1.706	2.479
27	2.052	2.771	1.703	2.473
28	2.048	2.763	1.701	2.467
29	2.045	2.756	1.699	2.462
30	2.042	2.750	1.697	2.457
40	2.021	2.704	1.684	2.423
60	2.000	2.660	1.671	2.390
120	1.980	2.617	1.658	2.358
∞	1.960	2.576	1.645	2.326

注：对于 $\nu>30$ 的内插，取 $Z=120/\nu$ 作为自变量。

附表 5　F 分布位数表

$F_{0.95}(\nu_1,\nu_2)$的数值

ν_2 \ ν_1	1	2	3	4	5	6	7	8	9	10	15	20	25	30
1	161	199	216	225	230	234	237	239	241	242	246	248	249	250
2	18.5	19.0	19.2	19.2	19.3	19.3	19.4	19.4	19.4	19.4	19.4	19.4	19.5	19.5
3	10.1	9.55	9.28	9.11	9.01	8.94	8.89	8.85	8.81	8.79	8.70	8.66	8.64	8.62
4	7.71	6.94	6.59	6.39	6.26	6.16	6.09	6.04	5.99	5.96	5.86	5.80	5.77	5.75
5	6.61	5.79	5.41	5.19	5.05	4.95	4.88	4.82	4.77	4.74	4.62	4.56	4.52	4.50
6	5.99	5.14	4.76	4.53	4.39	4.29	4.21	4.15	4.10	4.06	3.94	3.87	3.83	3.81
7	5.59	4.74	4.35	4.12	3.97	3.87	3.79	3.73	3.68	3.64	3.51	3.44	3.40	3.38
8	5.32	4.46	4.07	3.84	3.69	3.58	3.50	3.44	3.39	3.35	3.22	3.15	3.11	3.08
9	5.12	4.26	3.86	3.63	3.48	3.37	3.29	3.23	3.18	3.14	3.01	2.94	2.89	2.86
10	4.96	4.10	3.71	3.48	3.33	3.22	3.14	3.07	3.02	2.98	2.85	2.77	2.73	2.70
15	4.54	3.68	3.29	3.06	2.90	2.79	2.71	2.64	2.59	2.54	2.40	2.33	2.28	2.25
20	4.35	3.49	3.10	2.87	2.71	2.60	2.51	2.45	2.39	2.35	2.20	2.12	2.07	2.04
25	4.24	3.39	2.99	2.76	2.60	2.49	2.40	2.34	2.28	2.24	2.09	2.01	1.96	1.92
30	4.17	3.32	2.92	2.69	2.53	2.42	2.33	2.27	2.21	2.16	2.01	1.93	1.88	1.84

$F_{0.975}(\nu_1,\nu_2)$的数值

1	648	799	864	899	922	937	948	957	963	969	985	993	998	1001
2	38.5	39.0	39.2	39.2	39.3	39.3	39.4	39.4	39.4	39.4	39.4	39.4	39.5	39.5
3	17.4	16.0	15.4	15.1	14.9	14.7	14.6	14.5	14.4	14.4	14.3	14.2	14.1	14.1
4	12.2	10.6	9.98	9.60	9.36	9.20	9.07	8.98	8.90	8.84	8.66	8.56	8.50	8.46
5	10.0	8.43	7.76	7.39	7.15	6.98	6.85	6.76	6.68	6.62	6.43	6.33	6.27	6.23
6	8.81	7.26	6.60	6.23	5.99	5.82	5.70	5.60	5.52	5.46	5.27	5.17	5.11	5.07
7	8.01	6.54	5.89	5.52	5.29	5.12	4.99	4.90	4.82	4.76	4.57	4.47	4.40	4.36
8	7.57	6.06	5.42	5.05	4.82	4.65	4.53	4.43	4.36	4.30	4.10	4.00	3.94	3.89
9	7.21	5.71	5.08	4.72	4.48	4.32	4.20	4.10	4.03	3.96	3.77	3.67	3.60	3.56
10	6.94	5.46	4.83	4.47	4.24	4.07	3.95	3.85	3.78	3.72	3.52	3.42	3.35	3.31
15	6.20	4.77	4.15	3.80	3.58	3.41	3.29	3.20	3.12	3.06	2.86	2.76	2.69	2.64
20	5.87	4.46	3.86	3.51	3.29	3.13	3.01	2.91	2.84	2.77	2.57	2.46	2.40	2.35
25	5.69	5.29	3.69	3.35	3.13	2.97	2.85	2.75	2.68	2.61	2.41	2.30	2.23	2.18
30	5.57	4.18	3.59	3.25	3.03	2.87	2.75	2.65	2.57	2.51	2.31	2.20	2.12	2.07

附表 6　格拉布斯检验法的临界值表

n	90%	95%	97.5%	99%	99.5%	n	90%	95%	97.5%	99%	99.5%
						26	2.502	2.681	2.841	3.029	3.157
						27	2.519	2.698	2.859	3.049	3.178
3	1.148	1.153	1.155	1.155	1.155	28	2.534	2.714	2.876	3.068	3.199
4	1.425	1.463	1.481	1.492	1.496	29	2.549	2.730	2.893	3.085	3.218
5	4.602	1.672	1.715	1.749	1.764	30	2.563	2.745	2.908	3.103	3.236
6	1.729	1.822	1.887	1.944	1.973	31	2.577	2.759	2.924	3.119	3.253
7	1.828	1.938	2.020	2.097	2.139	32	2.591	2.773	2.938	3.135	3.270
8	1.909	2.032	2.126	2.221	2.274	33	2.604	2.786	2.952	3.150	3.286
9	1.977	2.110	2.215	2.323	2.387	34	2.616	2.799	2.965	3.164	3.301
10	2.036	2.176	2.290	2.410	2.482	35	2.628	2.811	2.979	3.178	3.316
11	2.088	2.231	2.355	2.485	2.564	36	2.639	2.823	2.991	3.191	3.330
12	2.134	2.285	2.412	2.550	2.636	37	2.650	2.835	3.003	3.204	3.343
13	2.175	2.331	2.462	2.607	2.699	38	2.661	2.846	3.014	3.216	3.356
14	2.213	2.371	2.507	2.659	2.755	39	2.671	2.857	3.025	3.228	3.369
15	2.247	2.409	2.549	2.705	2.806	40	2.682	2.866	3.036	3.240	3.381
16	2.279	2.443	2.585	2.747	2.852	41	2.692	2.877	3.046	3.251	3.393
17	2.309	2.475	2.620	2.785	2.894	42	2.700	2.887	3.057	3.261	3.404
18	2.335	2.504	2.651	2.821	2.932	43	2.710	2.896	3.067	3.271	3.415
19	2.361	2.532	2.681	2.854	2.968	44	2.719	2.905	3.075	3.282	3.425
20	2.385	2.557	2.709	2.884	3.001	45	2.727	2.914	3.085	3.292	3.435
21	2.408	2.580	2.733	2.912	3.031	46	2.736	2.923	3.094	3.302	3.445
22	2.429	2.603	2.758	2.939	3.060	47	2.744	2.931	3.103	3.310	3.455
23	2.448	2.624	2.781	2.963	3.087	48	2.753	2.940	3.111	3.319	3.464
24	2.467	2.644	2.802	2.987	3.112	49	2.760	2.948	3.120	3.329	3.474
25	2.486	2.663	2.822	3.009	3.135	50	2.768	2.956	3.128	3.336	3.483
51	2.775	2.964	3.136	3.345	3.491	76	2.922	3.111	3.287	3.502	3.654
52	2.783	2.971	3.143	3.353	3.500	77	2.927	3.117	3.291	3.507	3.658
53	2.790	2.978	3.151	3.361	3.507	78	2.931	3.121	3.297	3.511	3.663
54	2.798	2.989	3.158	3.368	3.517	79	2.935	3.125	3.301	3.516	3.669
55	2.804	2.992	3.166	3.376	3.524	80	2.940	3.130	3.305	3.521	3.673
56	2.811	3.000	3.172	3.383	3.531	81	2.945	3.134	3.309	3.525	3.667
57	2.818	3.006	3.180	3.391	3.539	82	2.949	3.139	3.315	3.529	3.682
58	2.824	3.013	3.186	3.397	3.546	83	2.953	3.143	3.319	3.534	3.687
59	2.831	3.019	3.193	3.405	3.553	84	2.957	3.147	3.323	3.539	3.691
60	2.837	3.025	3.199	3.411	3.560	85	2.961	3.151	3.327	3.543	3.695
61	2.842	3.032	3.205	3.418	3.566	86	2.966	3.155	3.331	3.547	3.699
62	2.849	3.037	3.212	3.424	3.573	87	2.970	3.160	3.335	3.551	3.704
63	2.854	3.044	3.218	3.430	3.579	88	2.973	3.163	3.339	3.555	3.708
64	2.860	3.049	3.224	3.437	3.586	89	2.977	3.167	3.343	3.559	3.712
65	2.866	3.055	3.230	3.442	3.592	90	2.981	3.171	3.347	3.563	3.716
66	2.871	3.061	3.235	3.449	3.598	91	2.984	3.174	3.350	3.567	3.720
67	2.877	3.066	3.241	3.454	3.605	92	2.989	3.179	3.355	3.570	3.725
68	2.883	3.071	3.246	3.460	3.610	93	2.993	3.182	3.358	3.575	3.728
69	2.888	3.076	3.242	3.466	3.617	94	2.996	3.186	3.362	3.579	3.732
70	2.893	3.082	3.257	3.471	3.622	95	3.000	3.189	3.365	3.582	3.736
71	2.897	3.087	3.262	3.476	3.627	96	3.003	3.193	3.369	3.586	3.739
72	2.903	3.092	3.267	3.482	3.633	97	3.006	3.196	3.372	3.589	3.744
73	2.908	3.098	3.272	3.487	3.638	98	3.011	3.201	3.377	3.593	3.747
74	2.912	3.102	3.278	3.492	3.643	99	3.014	3.204	3.380	3.597	3.750
75	2.917	3.107	3.282	3.496	3.648	100	3.017	3.207	3.383	3.600	3.754

附表 7(a) 狄克逊检验法的临界值表

n	统计值	90%	95%	99%	99.5%
3		0.886	0.941	0.988	0.994
4		0.679	0.765	0.889	0.926
5	$r_{10}=\frac{x(n)-x(n-1)}{x(n)-x(1)}$ 或 $r'_{10}=\frac{x(2)-x(1)}{x(n)-x(1)}$	0.557	0.642	0.780	0.821
6		0.482	0.560	0.698	0.740
7		0.434	0.507	0.637	0.680
8		0.479	0.554	0.683	0.725
9	$r_{11}=\frac{x(n)-x(n-1)}{x(n)-x(2)}$ 或 $r'_{11}=\frac{x(n)-x(1)}{x(n-1)-x(1)}$	0.441	0.521	0.635	0.677
10		0.409	0.477	0.597	0.639
11		0.517	0.576	0.679	0.713
12	$r_{21}=\frac{x(n)-x(n-2)}{x(n)-x(2)}$ 或 $r'_{21}=\frac{x(3)-x(1)}{x(n-1)-x(1)}$	0.490	0.546	0.642	0.675
13		0.467	0.521	0.615	0.649
14		0.492	0.546	0.641	0.674
15		0.472	0.525	0.616	0.647
16		0.454	0.507	0.595	0.624
17		0.438	0.490	0.577	0.605
18		0.424	0.475	0.561	0.589
19		0.412	0.462	0.547	0.575
20		0.401	0.450	0.535	0.562
21		0.391	0.440	0.524	0.551
22	$r_{22}=\frac{x(n)-x(n-2)}{x(n)-x(3)}$ 或 $r'_{22}=\frac{x(3)-x(1)}{x(n-2)-x(1)}$	0.382	0.430	0.514	0.541
23		0.374	0.421	0.505	0.532
24		0.367	0.413	0.497	0.524
25		0.360	0.406	0.489	0.516
26		0.354	0.399	0.486	0.508
27		0.348	0.393	0.475	0.501
28		0.342	0.387	0.469	0.495
29		0.337	0.381	0.463	0.489
30		0.332	0.376	0.457	0.483

附表 7(b) 双侧狄克逊检验法的临界值表

n	统计量	95%	99%
3		0.970	0.994
4		0.829	0.926
5	r_{10}和r'_{10}中最大者	0.710	0.821
6		0.628	0.740
7		0.569	0.680
8		0.608	0.717
9	r_{11}和r'_{11}中最大者	0.564	0.672
10		0.530	0.635
11		0.619	0.709
12	r_{21}和r'_{21}中最大者	0.583	0.660
13		0.557	0.638
14		0.586	0.670
15	r_{22}和r'_{22}中最大者	0.565	0.647
16		0.546	0.627
17		0.529	0.610
18		0.514	0.594
19		0.501	0.580
20		0.489	0.567
21		0.478	0.555
22		0.468	0.544
23	r_{22}和r'_{22}中最大者	0.459	0.535
24		0.451	0.526
25		0.443	0.517
26		0.436	0.510
27		0.429	0.502
28		0.423	0.495
29		0.417	0.489
30		0.412	0.483

附表 8　偏度检验法的临界值表

n	95%	99%	n	95%	99%
8	0.99	1.42	40	0.59	0.87
9	0.97	1.41	45	0.56	0.82
10	0.95	1.39	50	0.53	0.79
12	0.91	1.34	60	0.49	0.72
15	0.85	1.26	70	0.46	0.67
20	0.77	1.15	80	0.43	0.63
25	0.71	1.06	90	0.41	0.60
30	0.66	0.98	100	0.39	0.57
35	0.62	0.92			

附表 9　峰度检验法的临界值表

n	95%	99%	n	95%	99%
8	3.70	4.53	40	4.05	5.02
9	3.86	4.82	45	4.02	4.94
10	3.95	5.00	50	3.99	4.87
12	4.05	5.20	60	3.93	4.73
15	4.13	5.30	70	3.88	4.62
20	4.17	5.38	80	3.84	4.52
25	4.14	5.29	90	3.80	4.45
30	4.11	5.20	100	3.77	4.37
35	4.08	5.11			

附表 10　符号检验表($P(S\leqslant S_\alpha)=\alpha$)

n \ α	0.01	0.05	0.10	0.25	n \ α	0.01	0.05	0.10	0.25	n \ α	0.01	0.05	0.10	0.25	n \ α	0.01	0.05	0.10	0.25
1					21	4	5	6	7	41	11	13	14	16	61	20	22	23	25
2					22	4	5	6	7	42	12	14	15	16	62	20	22	24	25
3				0	23	4	6	7	8	43	12	14	15	17	63	20	23	24	26
4				0	24	5	6	7	8	44	13	15	16	17	64	21	23	24	26
5			0	0	25	5	7	7	9	45	13	15	16	18	65	21	24	25	27
6		0	0	1	26	6	7	8	9	46	13	15	16	18	66	22	24	25	27
7		0	0	1	27	6	7	8	10	47	14	16	17	19	67	22	25	26	28
8	0	0	1	1	28	6	8	9	10	48	14	16	17	19	68	22	25	26	28
9	0	1	1	2	29	7	8	9	10	49	15	17	18	19	69	23	25	27	29
10	0	1	1	2	30	7	9	10	11	50	15	17	18	20	70	23	26	27	29
11	0	1	2	3	31	7	9	10	11	51	15	18	19	20	71	24	26	28	30
12	1	2	2	3	32	8	9	10	12	52	16	18	19	21	72	24	27	28	30
13	1	2	3	3	33	8	10	11	12	53	16	18	20	21	73	25	27	28	31
14	1	2	3	4	34	9	10	11	13	54	17	19	20	22	74	25	28	29	31
15	2	3	3	4	35	9	11	12	13	55	17	19	20	22	75	25	28	29	32
16	2	3	4	5	36	9	11	12	14	56	17	20	21	23	76	26	28	30	32
17	2	4	4	5	37	10	12	13	14	57	18	20	21	23	77	26	29	30	32
18	3	4	5	6	38	10	12	13	14	58	18	21	22	24	78	27	29	31	33
19	3	4	5	6	39	11	12	13	15	59	19	21	22	24	79	27	30	31	33
20	3	5	5	6	40	11	13	14	15	60	19	21	23	25	80	28	30	32	34